北京師範大學「九八五」三期項目經費資助

元代文獻與文化研究

第一輯

北京師範大學古籍與傳統文化研究院　編

韓格平　魏崇武　主編

中　華　書　局

圖書在版編目(CIP)數據

元代文獻與文化研究.第一輯/北京師範大學古籍與傳統文化研究院編;韓格平,魏崇武主編.—北京:中華書局,2012.9

ISBN 978-7-101-08857-1

Ⅰ.元… Ⅱ.①北…②韓…③魏… Ⅲ.①古文獻學-中國-元代②文化史-研究-中國-元代

Ⅳ.①G256.1②K247.03

中國版本圖書館 CIP 數據核字(2012)第 193288 號

書　　名	元代文獻與文化研究　第一輯
編　　者	北京師範大學古籍與傳統文化研究院
主　　編	韓格平　魏崇武
責任編輯	俞國林
出版發行	中華書局
	(北京市豐臺區太平橋西里 38 號　100073)
	http://www.zhbc.com.cn
	E-mail:zhbc@zhbc.com.cn
印　　刷	北京市白帆印務有限公司
版　　次	2012 年 9 月北京第 1 版
	2012 年 9 月北京第 1 次印刷
規　　格	開本 787×1092 毫米　1/16
	印張 21　插頁 2　字數 390 千字
印　　數	1-1500 冊
國際書號	ISBN 978-7-101-08857-1
定　　價	88.00 元

目　録

·文學研究

·歷史研究

·青年園地

發刊詞

在學界前輩的關懷和同仁的支持下,經過精心的策劃與籌備,《元代文獻與文化研究》終於面世了!

元朝是中國歷史上幅員空前遼闊、多元文化交流空前活躍的朝代,其社會歷史內容十分豐富和複雜,這對於學術研究來說具有相當高的挑戰性,而這也正是其魅力所在。數世紀來,國內外許多先輩學人爲之付出了很多努力,取得了非凡成就。如何將元代文化的研究繼續推進,取得更豐碩的成果,是當今學者無法回避的問題。

北京師範大學原校長陳垣先生在元代典籍與文化的研究上有傑出成就,其《元也里可温教考》、《元西域人華化考》、《〈元典章〉校補》、《〈通鑑〉胡注表微》等著述是本領域的經典之作。學界公認,陳垣先生與王國維先生一起開創了元代文史研究的新局面。北京師範大學古籍研究所第一任所長白壽彝先生在回族史和伊斯蘭教史研究方面有開拓之功和突出貢獻,其《回族人物志》、《中國伊斯蘭史存稿》等著作中有許多關於元代回族人物及伊斯蘭教的重要論述。副所長啟功先生、郭預衡先生對於元代的文學、藝術等亦有不少深刻獨到的研究。

正因爲有上述的淵源,北京師範大學古籍研究所自 1981 年成立以來,逐步確立了以元代文史研究和元代古籍整理作爲本所的科研重點和學術特色。隨著《國內所藏元人文集版本目錄》以及《全元文》相繼被批准列入全國高校古委會重點資助項目後,本所整理元代文獻的序幕就此拉開。經過十六年的艱苦努力,李修生先生主編的《全元文》終於于 2005 年底全部完成並出版。在此之後,元代經史子集四部文獻的整理與研究逐步提上日程。2008 年底,古籍研究所更名爲古籍與傳統文化研究院後,本院開展了"《元代古籍集成》數據庫"的建設,各種紙本的整理成果也相繼湧現,如《元代別集叢刊》已出版二十部二十五種,《元代古籍總目》、《元代經部要籍選刊》、《元代史部要籍選刊》、《元代子部要籍選刊》、《元代集部要籍選刊》等也在進行之中。在這種形勢下,本院創辦《元代文獻與文化研究》年刊,借此建立一個新的交流平臺,進一步推動元代文獻與文化的研究,可以說是非常必要和適時的。

目前,國內有關元代的學術刊物有元史研究會主辦的《元史論叢》和南京大學元史研究室主辦的《元史及民族與邊疆研究集刊》,均已出版相當多的期數,貢獻很大。2011 年 9 月,清華大學國學院推出《清華元史》創刊號,爲此園地再添一朵奇葩。以上刊物均以發表有關蒙元史研究的學術論文爲主。本刊則力求突出文獻研究的特色,目録、版本、校勘、輯佚、辨僞等,均屬本色當行的欄目。雖以漢文文獻爲主,但諸多非漢文文獻的研究和譯介成果也十分歡迎。此外,關於蒙元文化諸方面的探討也會在本刊占相當篇幅,它們將體現本刊涉及領域的廣泛性。所有來稿,若能考訂精深,鼓勵鑽透牛角;只要文獻扎實,任由揮灑宏論。

竭誠期待海內外同仁不吝賜稿!

· 特稿

元代的儒户

—— 元代文化史筆記之一

李修生

【内容提要】　本文根據陳垣先生《史源學實習》所指示的方法，擇蕭啟慶先生關於元代儒户的名著《元代的儒户：儒士地位演進史上的一章》，一一追尋其史源，同樣運用蕭先生的方法，進行考證辨析，以練習讀史之能力，對元代儒户的數量，南北儒户定籍時的社會背景，元代教育的狀況和儒人數量的增長進行尋繹，試圖封中國儒學教育鏈的元代段落有初步的認識。

【關鍵詞】　儒户；戊戌選試；腹裹；江南

近年，關於元代文化史的研究著作漸多，自己在這方面的學習興趣也漸濃。元代的儒學、儒人、儒户，是研究元代文化史，必然關注的議題。但儒學著作甚多，不認真讀，一時不易説明白。儒人的心態，涉及的問題不少，只是空談，一時也不易深入。儒户問題，有時賢的專門論著，結合這些著作及有關史書來讀，似稍便於把握，遂成爲我學習這方面問題的起點。蕭啟慶先生的《元代的儒户：儒士地位演進史上的一章》①是一篇具有開拓性的著作。陳得芝先生、陳高華先生、姚大力先生的有關著作也對於解讀儒户問題有重要的價值。現將筆記整理出來，勉力成文，希望得到讀者和專家的指正。

---

① 蕭啟慶著《元代史新探》臺灣新文豐出版公司 1983 年出版第 1 至 58 頁。

一、元代儒户的數量

《元代的儒户：儒士地位演進史上的一章》一文，説："漢地儒户的數目，便是前述的至元十三年籍的三千八百九十户。這時漢地在籍軍民總户數爲二百三十二萬，儒户不過占0.61%"①。"（依文中所説數字計算，似非0.61，而是0.167。此處0.61，可能是抄録或排印的差錯。）江南儒户的數目，蕭啟慶先生則根據現在所知浙東道、慶元路、鎮江府、松江府、建康路五地儒户數與總户數的比例進行推算説："五地儒户平均佔總户數的0.85%。元代江南各省入籍户數爲一千一百八十四萬零八百户，若依上述比例推算，則整個江南儒户總數當在十萬零六百四十七户左右，加上漢地儒户，總數約爲十一萬零四千五百四十户。"並説："上列的數字衹可視爲最高的可能數而已。"②

蕭啟慶先生文中漢地儒户數的依據是《元史·世祖本紀》：

> 至元十三年三月"戊寅，敕諸路儒户通文學者三千八百九十，並免其徭役；其富實以儒户避役者爲民；貧乏者五百户，隸太常寺。"③

敕書没有説所謂"諸路"都指哪些地區，也没有明確説是指江南以北所有地區，我們能否指出至元十三年三月前已分揀考試的地域範圍呢？根據相關史料，我們初步確認其地域範圍是"腹裏"，《廟學典禮》卷3《儒户照歸附初並葉提舉續置儒籍抄户》、《儒户照抄户手收入籍》，及《元典章》十七户部卷之三《儒醫抄數爲定》，均依舊例，引聖旨移准尚書省諮文，説：

> 議得：腹裏儒户，至元十三年試中者，止免一身差役。所據江南儒人，比及選試分揀定奪以來，將歸附之初元籍儒户，於儒户項下作數。④

這幾篇文書的記載，可以視爲敕書所指地域爲腹裏的一個證據。腹裏，也即中書省，包括今河北、山東、山西及内蒙古部分地區。

---

① 蕭啟慶著《元代史新探》臺灣新文豐出版公司1983年出版第15頁。
② 以上均見同書第15、16頁。
③ 《元史》卷九，中華書局標點本1976年版第一册第180至181頁。
④ 王頲點校《廟學典禮》卷3，浙江古籍出版社1992年版第58頁、59頁。《元典章》，中國書店1990年版第271頁。

蕭啟慶先生説王惲是至元十三年甄別考試的主試。王惲確實參加了這年考試儒生的工作，但他是主管河南五路的考試。其子王公孺撰寫的《王公神道碑銘》中説，"十三年，奉命同陳節齋考試河南五路儒士。語於陳曰：吾道如線，不宜用平時取法，凡就試者，皆以通文學第之"①。而王惲與陳祐（字節齋）赴河南的時間，是在四月，也即在三月敕書公布之後。王惲在《故中奉大夫浙東宣慰使趙郡陳公哀辭》中説，"維十有三年夏四月壬辰胐，堂移考試河南，得貳公行，躍躍不能寐。遂自梁抵申，由宛葉入洛，而竟事於汴，寢飯游居，不斯須離者，餘七十日。"②按他們二人定的考試原則，應當有相當數字的儒生入選。王惲還特別打報告要求給一些儒人補試，上《定奪儒户差發》奏狀：

> 竊見試中儒人户内，多有户下餘丁不曾就試，官司收係當差。又有因故不及就試儒人，亦行全户當差。若蒙將元籍試中儒人户下餘丁、不曾就試户計，照依丁酉年試驗儒人聖旨體例，全免本户差發；外及因故不及就試儒户，乞差官再行試驗，試中者依例免差，黜落者收係當差，實為受賜。外有至元八年欽奉聖旨，保勘到委通文學，續報倚差儒人，於至元十三年亦行就試中選，若蒙依例除差，以為後勸。③

不知至元十三年是否讓這些人再行試驗。但可以肯定至元十三年敕書中的儒户數，沒有也不可能包括河南中試的數字；如果當年進行了補試，也不可能包括在同年三月的敕書中，至元十三年三月公佈的數字，只能是腹裏此前分揀考試儒户的數字。

又，元憲宗四年（1254）廉希賢任京兆宣撫使後，也曾將部分儒生入儒籍："國朝創制，凡名為士類者，毋隸奴籍。獨京師多豪右，廢格不行。公至，一如令，有稍通章句者，亦來僥倖，其主蓄憾弗置，公哀其情，出私錢贖之，俾附儒籍。"④

另，據《廟學典禮》卷一《秀才免差發》文所附《高智耀傳》⑤記載，元世祖忽必烈，"及即位，刻符印付公，凡漢北、河西儒户，悉委公鎮之，從公給文以為驗。"高智耀還將漢北、淮、蜀爲駆口的儒人三、四千釋爲民。此事得罪權勢，也引起對所釋儒户是否儒生的議論。至元八年曾經進行分揀。

《元典章》十七《户部》卷之三《户口條畫》中《儒人户》："中統四年，不經分揀附籍漏

①《全元文》第 13 册，鳳凰出版社 1999 年版第 257 頁。

②《全元文》第 6 册，鳳凰出版社 1998 年版第 627 頁。

③王曉欣點校《憲臺通紀》，浙江古籍出版社 2002 年版第 502 頁。

④蘇天爵輯撰，姚景安點校《元朝名臣事略》卷 7《平章廉文正王》，中華書局 1996 年版第 126 頁。

⑤王頲點校《廟學典禮》卷 1，浙江古籍出版社 1992 年版第 10 至 11 頁。

籍儒人,或本是儒人壬子年別作名色附籍,並户頭身故子弟讀書,又高智耀收拾到驅儒,仰從實分揀。能通文學者,依例免差;不通文學者,收係一例當差。外,諸色人户下子弟讀書深通文學者,止免本身雜役。"①根據這些記載,至元十三年腹裏儒户,及京兆、淮、蜀、河南等地所置儒户合計約在八千户以上。

同時,漢地軍民在籍總户數,蕭啟慶先生引(日)愛宕松男著作,資料來源爲王惲《玉堂嘉話》卷四所記:"至元七年,天下軍民並析居總二百三十二萬户。"②元世祖統一全國前進行了一次户口普查,即至元七年(1270),據《元史·世祖本紀》,至元七年,"是歲,天下户一百九十三萬九千四百四十九。"③至元十一年,"是歲,天下户一百九十六萬七千八百九十八。"④爲至元七年户數加上其他地區新增户數。《元史·地理志》、《新元史·地理志》,中書省户數爲一百三十五萬五千三百四十四户⑤。依《元史·地理志》記録的中書省的户數計算,中書省儒户與總户數之比,爲0.21%。

江南,今指浙江和江蘇江南部分地區,歷史上不同時期所指範圍不同。南宋時設有江南西路、江南東路、兩浙西路、兩浙東路,包括江浙行省、江西行省和今江蘇、安徽、湖北部分地區。蕭啟慶教授所指"江南",把湖廣地區也包括在内,這也是有依據的。元至元十四年,相應設浙東海右道、江南浙西道、江東建康道、江西湖東道。至元複增:江南湖北道、嶺南廣西道、福建廣東道。至元三十年設江南十道:江東建康道、江西湖東道、江南浙西道、浙東海右道、江南湖北道、嶺北湖南道、嶺南廣西道、海北廣東道、海北海南道、福建閩海道。蕭啟慶先生採取已知儒户地區作爲抽樣統計,然後推理統計得出江南儒户的數字,這種統計方法是蕭啟慶先生較早採用的,是可行的。他用史料有記載的浙東道、慶元路、鎮江府、松江府、建康路五地的儒户數,和《元史·地理志》所載五地户數,測出儒户所佔比例,推算出江南儒户的總數。五地資料來源爲:浙東道,據《廟學典禮》卷三《儒户照抄户手入籍》;慶元路,據袁桷《延祐四明志》;鎮江府,據俞希魯《至順鎮江志》;松江府,據顧清明正德《松江府志》。建康路,據張鉉《金陵新志》。

我們現在借閲書籍較蕭啟慶先生當年撰此文時要容易的多,現根據各書影印本進行覆核,發現了部分問題。核對各項數字後,仍用蕭啟慶先生的方法,推理統計儒户的總數

①《元典章》,中國書店1990年版第267頁。
②四部叢刊初編縮印本《秋澗先生大全文集》卷96第908頁。
③《元史》卷7,中華書局標點本1976年版第132頁。
④同書卷8,第159頁。
⑤梁方仲編著《中國歷代户口、田地、田賦統計》,上海人民出版社1980年版第178頁。

字。現依次將核對情況,説明如下:

浙東道:

蕭啟慶先生文:

浙東道總户數　　　　八八八、九二四(據《元史·地理志》婺州路、紹興路、温州
　　　　　　　　　　　　　路、台州路、處州路,合計數)

儒户數　　　　　　　　八、七二四(據《廟學典禮》之《儒户照抄手入籍》)

儒户與總産數比例爲0.98%

慶元路總户數　　　　二四一、四五七(據《元史·地理志》)

儒户數　　　　　　　　三、四零五(據袁桷《延祐四明志》)

儒户與總户數比例爲1.41%

這裏首先遇到的一個問題是:慶元路是否在浙東道的轄區内? 蕭啟慶先生在注文中説:
"慶元路雖地屬浙東,但在元代不屬浙東海右肅政廉訪司治下,另設有浙東道宣慰司都元
帥府,故與浙東道分列。"這裏要搞清楚慶元路的歸屬。我們應該注意到幾方面的情況:
一、《儒户照抄户手入籍》文中,所説總户數與儒户數,是歸附後最早的記録,當時可能是
仍沿宋建制的浙東道。自然是包括慶元路的;二、袁桷《浙東廉訪司重建澄清堂記》、《明
遠堂記》①,皆説,浙東廉訪司治所在婺州,所轄七郡(即紹興、慶元、温、婺、台、衢、處),慶
元路是包括在内的;三、文中總户數爲,一百一十四萬,宋時七郡户數,據《宋史地理志》記
録,有一百一十萬二千零三十八户,從這個數位看,應也是包括七郡的户數。四、宣慰司
都元帥府,在元代不同時期,其性質與作用不同。至元十五年以後,爲行省的分治機構,
處理軍民事務,是省和路府間的承轉機關;浙東道宣慰司都元帥府轄浙東七郡。元世祖
至元間儒户定籍尚未設置。肅政廉訪司與宣慰司都元帥府是監察與被監察的關係,也有
一定形式的協同配合②。慶元路同屬浙東海右道肅政廉訪司、浙東道宣慰司都元帥府轄
制,計算時慶元路應不重複列入。③

　　《廟學典禮》卷3《儒户照抄户手入籍》,爲行省户房文書,關於浙東道總户數、儒户數

---

　　①袁桷《清容居士集》卷18,四部叢刊本;《全元文》第23册,鳳凰出版社2001年版第431頁至
433頁。

　　②參看李治安《行省制度研究》南開大學出版社2002年版第354頁。

　　③陳得芝、陳高華先生《蕭啟慶著〈元代史新探〉評介》,1984年第4期,也曾對浙東儒户數和所得江
南儒户數提出商榷。

位有清楚的記載:

> 照得:浙東道抄數南北人户約計一百一十四萬,儒户止有八千七百二十四户,較之分數,百不及一。若將見抄儒户權行攢寫入籍,聽後試驗,似望早得完備。①

因爲當時抄數統計南北諸色户計,傳達聖旨要求江南儒人,"將歸附之初元籍儒户,於儒户項下作數。"江南官員則認爲,歸附之初記録,有多種情況,不能反映實際情況。最後,勉强以至元二十七年爲准。《廟學典禮》卷三《儒户照抄户手入籍》中舉出一些例證,説明不能以歸附之初的抄數爲依據。浙東道的儒户數位就是作爲這類材料列出的。今天我們作概算的時候,只能依據已知數字,並非不能引用。但是,既然同一資料中已知總户數與儒户數,就不必用《元史·地理志》户數,可以直接用文書中所列儒户與總户數計算,其比例爲0.765%。

鎮江府:

蕭啟慶先生文:	總户數	一一三、四零七(據《元史·地理志》)
	儒户數	八三九(據俞希魯《至順鎮江志》)
	儒户與總户數比例爲0.74%	
核對:	總户數	一一三、七七五(據俞希魯《至順鎮江志》②)
	儒户數	八三九(據俞希魯《至順鎮江志》)
	儒户與總户數比例爲0.737%	

建康路:

蕭啟慶先生文:	總户數	二二三、二八七(據《元史·地理志》)
	儒户數	七三九(據張鉉《至正金陵新志》)
	儒户與總户數比例爲0.33%	
核對:	總户數	二二六、四六八(據張鉉《至正金陵新志》③)
	儒户數	七三九(據《至正金陵新志》)
	儒户與總户數比例爲0.326%	

松江府:

---

①王頲點校《廟學典禮》卷3,浙江古籍出版社1992年版第62頁。
②俞希魯《至順鎮江志》,《宋元方志叢刊》中華書局1990年版。
③張鉉《至正金陵新志》,《宋元珍稀地方誌叢刊》乙編,四川大學出版社2009年版。

蕭啟慶先生文：　　　　總戶數　　　　一六三、九三一（據《元史·地理志》）

　　　　　　　　　　　　儒戶數　　　　一八六（據顧清正德《松江府志》）

　　　　儒戶與總戶數比例爲0.11%

核對：顧清正德《松江府志》①記錄了至元十三年總戶數和儒戶數，至元二十七年總戶數，至正中總戶數和儒戶數等三項數字。照錄如下：

元至元十三年戶二十三萬四千四百七十一

儒戶　　　　　　　　　　　　　　　　一九三

　　　（原注：此報省數也。中雁兵難，實管僅一十二萬餘戶）

至元二十七年實在戶一十六萬三千九百三十六

至正中戶數一十七萬七千三百四十八，

南人戶一十六萬九千二百二十六，

儒戶數一八六。

我們若以至元十三年報省數計算，儒户與總戶數比例爲0.0793%；若以實管數，儒户與總戶數比例爲0.15%；若以至元十三年儒户數與至元二十七年總户數計算，比例爲0.112%（後面統計，採用此數）；四地儒户與總戶數，凡同一方志中保存有同期數字者，均採用同一資料，不採用《元史·地理志》數字。松江府情況特殊，採用至元十三年儒户數，至元二十七年人口總户數（《元史·地理志》也採用至元二十七年總户數，但所記錄的個位數不同，可能是轉錄出現的錯誤）。四地儒户數總計：一萬零四百八十八；總户數：一百六十四萬四千一百七十九。儒户與總户數比例爲0.637%。元代江南各省至元二十七年入籍總户數爲一千一百八十四萬零八百户，依此比例計算，江浙、江西、湖廣諸地儒户總數爲：七萬五千四百二十五户。再加上腹裏、河南諸地，儒户總數約爲八萬三千户左右。

　　陳得芝先生在《從"九儒十丐"看元代儒士的地位》一文中說，"南方地區，滅南宋後，允許原來的科第之家和真才碩學之士皆可入儒籍。由於南方書香之家多，加以登記中出現了'豪富不文之人經營入籍，規避差徭'，引起了一場爭論，最後勉强以至元二十七年的户籍爲准（《廟學典禮》卷二《分揀儒户不可輕易》）並見同書卷三《抄户局攢報儒籍始末》，《儒户照歸附初籍並葉提舉續置儒籍抄户》，《儒户照抄户手狀入籍》諸條。根據現存個別地方的户口資料推算，在文化發達的江浙行省，儒户在總户數中所占比例也不過千分之五、六，其他地區當更少，應有許多原來的儒者之家未能入籍。""全國儒士不下六、

---

①顧清《松江府志》，《宋元方志叢刊》中華書局1990年版。

七萬(姑且按儒户每户一人計)"①。也就是説陳得芝先生估計全國儒户爲六、七萬。並説,根據現存個别地方的户口資料推算,但並没有公布所依據資料,也没有説明千分之五、六,是如何計算出來的。

二、南北儒户定籍時社會背景的不同

論及南北儒户定籍不能不注意南北定籍時社會背景的不同。北方,在滅金後政府開始進行大規模的户口統計,元太宗七年(1235)分遣官員赴漢地諸路括户;乃馬真皇后稱制元年(1242)續括漏籍。這是北方初定户籍。北方腹裏儒户定籍是起始于元太宗窩闊台九年(1237)選試儒人。第二年完成,所以稱"戊戌選試"。《廟學典禮》卷一收録《選試儒人免差》聖旨:

> 丁酉年八月二十五日,皇帝聖旨道與呼圖克、和塔拉、和坦、諤嚕、博克達棻爾固齊官人每:自來精業儒人,二十年間學問方成。古昔張置學校,官爲廩給,養育人才。今來名儒凋喪,文風不振。所據民間應有儒士,都收拾見數。若高業儒人,轉相教授,攻習儒業,務要教育人才。其中選儒士,若有種田者,輸納地税,買賣者,出納商税,開張門面營運者,依行例供出差發,除外,其餘差發並行蠲免。此上委令斷事官蒙格德依與山西東路徵收課程所長官劉中,編[行]諸路一同監試,仍將論及經義、詞賦分爲三科,作三日程試,專治一科爲一經,或有能兼者但不失文義者爲中選。其中選儒人,與各住處達嚕噶齊、管民官一同商量公事勾當者。隨後照依先降條例,開闢舉場,精選入仕,續聽朝命。准此。

這是一則重要的歷史文獻,它是這次選試儒人的指導性公文的原件。"戊戌選試"是耶律楚材、郭德海等力請的結果。但當時耶律楚材的真正身份是大必闍赤,,只不過是主管漢人文書的"書史"。主政的是行署燕京的大斷事官(也可棻魯忽赤)及所屬文書官(必闍赤)組成。元太宗窩闊台對這幾位棻魯花赤(引文中稱"棻爾固齊")下達聖旨,才能真正推行此事。這道聖旨包括了幾方面的内容:首先講的是這項工作的重要性和要求,要求:"民間應有儒士,都收拾見數。"使得民間儒士得到存恤救振,有了一定的社會地位。第二是儒人免差。此後,凡是説到儒户免差問題的公文,都徵引這道聖旨。這兩項在當時儒人大量淪爲驅口奴隸的情況下是耶律楚材等人的主要目的。第三是"高業儒

---

① 陳得芝《蒙元史研究叢稿》,人民出版社 2005 年版第 425—427 頁。

人,轉相教授,攻習儒業,務要教育人才。"儒人講學是重要的使命。許衡就是此後開始授徒的。第四是這次選試的具體安排。最後是關於儒人的政治出路問題:這次中選儒人,有資格與各住處絮魯花赤、管民官一同商量公事勾當者(並没有確定任命何職);今後準備"照依先降條理,開闢舉場,精選入仕。"明確説明這次不是開闢舉場,以後再"續聽朝命。"儘管這次選試,没有解決儒人科考和選中任職的正式説法,但還是一個重要的政策變化。次年選試完成,中試者四千三百人,取得儒人身份,得以入儒籍。有的儒人開始講學,也有少數人進入仕途。儒户成爲諸色户計之一,是一種身份的標誌。

此後抄籍時也有補入,如劉巨川(濟之)就是元憲宗二年(1252)抄籍時列入儒户的。至元八年(1271)也曾整頓户口。至元十三年又考試分揀儒户。但北方儒户開始定籍是通過"戊戌選試"進行的。當時的社會背景與江南儒户定籍時,是不能同日而語的。

元太祖成吉思汗時期,雖然已經佔領了黄河以北大部分地區,並顯露出勝機。但金朝仍然固守黄河一線,並佔有山西部分、陝西大部分地域。蒙軍二萬餘多是來去迅速,殺掠而過,將黄河以北之地幾成丘墟;降蒙和投金的地方武裝也展開爭城奪地的戰爭。戰爭十分殘酷,如李俊民《重修廟學記》所説,"貞祐甲戌(1214)春,天兵上太行,烈焰所焚,蕩然一空。"①殺戮嚴重,伏屍遍野。李俊民文集中有多篇《祭孤魂榜》、《祭孤魂青詞》②。李俊民自己家,他下一輩十四人(没包括他們的妻室),戰後只剩下一個孫子輩的人。好在有了兩個重孫,爲"李氏之裔"③。丘處機西行向元太祖講道,元太祖對於他不應金、宋的徵聘,表示贊許。丘處機要他愛惜生命,不要殺戮。告訴他:經略得當,可以在中原成霸業。元太祖死前,也下詔許不殺戮。元太宗窩闊台即位後,遵循元太祖成吉思汗制定的攻金戰略,側翼包抄、聯宋滅金,蒙古軍分三路,經過四年的戰爭,才完成對北方農耕區的全面佔領。殺戮情況較前有改變,但包括瘟疫流行,糧食短缺,死者過百萬。整個北方遭遇到的破壞是很大的。陳高華教授稱其爲"天崩地解的時代"④。動盪的時局,許多儒人面臨國、家、個人命運的危機,死亡、流離者的數字很大;淪爲奴隸者,也不在少數。戊戌中選的儒人,就有四分之一是奴隸身份。另外,蒙古諸王、貴戚將中原民户分爲自己的"投下户",漢族世侯也延攬很多儒人。還有許多儒士隱身於佛道之門,陳垣先生就稱全

---

①《全元文》第1册,鳳凰出版社1998年版第55頁。

②同書第65頁、67頁、72頁、73頁、77頁等。

③同書第61至62頁。

④參看陳高華《元代文化史》2009年版。

真道爲"隱修會。"①也有些儒人混跡於社會各個行業。南宋徐霆就在元太宗窩闊台七、八年,隨使臣到過燕京,他在《黑韃事略》中説:

> 有亡金之大夫混于雜役,墮于屠沽,去爲黄冠,皆尚稱舊官。王宣撫家有推車數人,呼運使,呼侍郎。②

這種情況下進行的考試,怎麼可能反映原有科舉之家的面貌呢!

考試儒人的情況,各地也不盡相同,在漢族世侯統治穩固的地方,考試儒人也較多。如山西澤州,據李俊民文記載"就兩府試,預選者百二十有二人,"澤州總户數爲一千八百一十三户③,儒户占千分之六點七。有的地方戰爭剛結束,比例就很低。有的地方可能就沒有能參加考試。也有些儒人沒有參加考試。

這次考試雖然是一次特殊條件下進行的資格審查,但它還是起了重要的作用,説明蒙古貴族在進入中原後逐步推行漢化,建立繼承唐宋傳統的政府的初始過程。

江南儒户定籍,始於至元十三(1276)年,最後以至元二十七年(1290)的抄籍爲准。江南儒户定籍距北方儒户定籍已近半個世紀,除戰爭進行地區外,沒有大的破壞。"歸附之初,止憑坊里正人等具寫諸色户數,類攢籍策,""若依各處學籍查照,除杭州路有至元十八年葉提舉置到儒户籍策外,其餘諸路儒籍,多系縣學教諭、山長、教授歸附後各年不等自行置到文册",經過江南有關官員的爭取,在重視歸附初籍並葉提舉續置儒籍的條件下,以至元二十七年的抄籍爲准。

元統一滅宋的過程,戰爭進行的地區,還是有破壞,但宋太皇后謝氏獻傳國玉璽及降表,部分地區遵從太后歸降的旨意歸降,抗元的軍隊,沒有有效的進行抗爭便兵敗。所以,沒有像北方那樣慘烈的損傷。江南儒户定籍時,元王朝已基本完成繼漢唐傳統的中央王朝的框架。元世祖中統建元詔書宣稱:

> 稽列聖之宏規,講前代之定制。建元表歲,示人君萬世之傳;紀時書王,見天下一家之義。法《春秋》之正始,體大《易》之乾元。④

---

① 參看陳垣《南宋初河北新道教考》中華書局 1962 年版。
② 彭大雅、徐霆《黑韃事略》,據《黑韃事略箋證》,《王國維遺書》第 13 册,上海古籍出版社 1983 年版。
③《全元文》第 1 册,第 55 頁、52 頁。
④《元史》卷 9,中華書局 1976 年版第 1 册第 65 頁。

表示既尊循祖宗,又按照歷代的定制。所謂"正始",即明王道之義,以統天下,萬物奉之以爲始。所謂"乾元",謂天德之廣,萬物之生,皆資之以爲始。詔書是文臣代寫,但可以看到其建國的基本方針。在元世祖忽必烈統治時期,儒學得到發展,教育系統逐步形成。所以,江南儒户的定籍處於相對寬鬆的情況下進行。止憑坊里正人等具寫諸色户數,或系縣學教諭、山長、教授歸附後各年不等自行置到文册。最後,局勢進一步穩定,至元二十七年還允許補充調整。宋亡時,有部分從事抗元的儒人殉難,部分儒人在新朝任職,有約半數的儒人選擇隱遁,但隨著元世祖尊儒和優待儒户的政策,隨後也逐漸與新政權合作。陳得芝先生在《程鉅夫奉旨求賢江南考》一文中,説:

> 據不完全資料統計,淳祐至咸淳年間(一二四一——一二七四)之宋進士儒元者,除少數人情況不明外,被收入《宋季忠烈録》、基本上可以歸入抵制型的占12.6%,出仕元朝的占37.8%,隱退不仕的占43%,大體反映了元初江南士人的動向。但這只是就進士出身者而言,如果從南士整體看,求出仕的比例可能還要大些。這裏需要説明,出仕與否並不能作爲衡量其人是非善惡或品格高低的惟一準繩,不僅那些爲生活所迫而勉强就教職者無可厚非,就是出任朝廷或地方政府官員者,也應視其實際政績而不是以狹隘民族主義觀點和陳腐的忠君思想來評價。同時,不仕者也不盡是拒絶出仕,有些人只是没有機會而已。①

應該説儒人在國亡和民族問題面前,頭腦裏是引起巨大震盪的,但面對政府政策無重大改變,政府官員也有很多是原任職人員的情況,又加以尊儒興學,並於至元二十三年(1286),程鉅夫江南訪賢,更喚起江南儒人用世之心。從至元二十五(1288)年起,南方儒人紛紛北上,政治態度也趨平和。如東南著名學者劉辰翁在至元二十二年(1285)撰《吉水縣修學記》②、《臨江軍新喻縣學重修大成殿記》③稱讚地方官員修學尊孔。他說:"得乎道而爲天,得乎天而爲命,道命一物也,古今一日也。道在是則夫子在是,夫子在是則君道在是,故事道如夫子,事夫子如事君。至元二十七年撰《丞相莽哈岱美棠碑文》讚揚行省丞相的功績。前二文中還只用甲子,後文則用"至元"年號,代表了儒人對國家的認同。元世祖忽必烈至元十七(1280)年》,派人探黄河源;至元二十三正式啟動修《大一統志》(後被稱《元一統志》);開鑿通惠河、會通河、濟州河,至元三十年(1293),京杭大運河

---

① 陳得芝著:《蒙元研究史叢考》,人民出版社2005年版第567頁。
② 《全元文》第8册,1998年版第577—579頁。
③ 《全元文》第8册,1998年版第575—577頁。

全部建成。如吳澄《送蕭九成北上序》:"車不同軌,書不同文,行不同倫,而一統之大,未有如今日。睢盱萬狀,有目者之所未嘗睹;咿嘔九譯,有耳者之所未嘗聞。財力之饒,兵威之驚,又非拘儒曲士之所能知。"①江南局勢的穩定,儒人開始與元政權合作。所以,江南儒戶大都順利入籍。

對於南北儒戶的情況,也要具體分析:首先,至元十三年腹裏分揀考試定籍是按各路戶籍所在地進行的。這和四十年前的"戊戌選試"不同。

當年儒士考試地並不限原籍,如許衡是覃懷河內人(今河南沁陽、焦作),出生於新鄭(今河南新鄭),戊戌選試是在大名(今河北大名);麻革是山西臨晉(今山西臨猗)人,在武川(今内蒙古武川西南)應試;楊奐,是乾州奉天(今陝西乾縣)人,在東平(今山東東平)應試。所以,不能將戊戌選試與至元十三年腹裏分揀考試儒人簡單的比較數字。再者,江南儒戶,也不都是江南本籍人。如據《至順鎮江志》,鎮江儒戶中,屬土著的本籍儒戶爲七百三十七;僑寓的儒戶爲八;客居的儒戶九十二。本籍儒戶占當地儒戶的百分之八十三。再如,據《至順鎮江志》,至元二十七年抄籍戶口,在城南人戶一萬八千二百五,北人戶三千一百一(其中漢人二千九百五十二,色目人一百四十九)南人戶約占七分之六弱。還應該注意到:南宋初年、元代統一全國前後,這是我國歷史上一次大的遷徙。居民遷徙的數量是很大的,北人南遷很多,南人也有移居海外,如韓、日、安南、泰國、緬甸、印尼、爪哇等地;北地也有南方移民,如王惲《烏台筆補》之《論關陝事宜狀》"竊見京兆乃關陝重鎮,其居民太半南驅放良、歸順等戶。"②所以,當地儒學也得到更快發展。四川、淮河以南,因長期戰爭及屯田,也有大量遷徙。因此,對於不同時期,南、北儒戶情況都需具體分析,也不可將江南儒戶的數字全部視爲江南土著儒籍。

三、餘論

儒戶與儒人不同。儒戶是元代戶籍之一。儒戶必須有人入學就讀,朔望並須詣學陪拜聽講,每月課試,逐月載籍,終歲考其優劣。其他諸色人戶均可讀書習儒,但並非儒戶。所以,儒戶數字不等於儒人數字。行科舉時,儒戶與非儒戶出身的儒人都可參加考試。同時,我們應該注意到:儒人數字在不同時期是不同的,隨著元代教育的發展,儒人數字逐漸增多,也是不應該忽視的問題。

---

① 《全元文》第 14 册,1999 年版第 115—116 頁。
② 《憲台通紀》,浙江古籍出版社 2002 年版第 329 頁。

蕭啟慶先生在文中論及南宋、金代科舉的情況，推算南宋和金朝的科舉之家的數量，結合分析元代南北儒户，是很好的思路。他說：

> 漢地、江南的金宋科舉之家能有幸入籍爲儒户者，在比例上相差頗大。金宋二代每科及第進士人數本在伯仲之間。金代治下的户口遠少於南宋，但自承安五年（1200）至天興二年（1233），共錄取進士七千四百人，府試舉人至少五倍於此。但至元十三年所甄定的漢地儒户數不及四千。南宋自淳祐四年（1244），三十年間，共取進士近六千人，取解者或十倍於此。但江南儒户，如前所述，可能多達十萬左右，足可容納南宋所有的科第之家。①

循着同樣的思路，我們考察一下南宋和金朝科舉和考生的情況。首先，史實證明，南宋與金後期都是經濟發展，户口繁衍的時期，據梁方仲編著《中國歷代户口、田地、田賦統計》據《文獻通考》卷十一《户口二》和《金史·食貨志》記載：

> 宋甯宗嘉定十六年（1223）户一二、六七零、八零一；口二七、八四五、零八五。金章宗泰和七年（1207）户八、四一三、一六四；口五三、五三二、一五一。②

金代户數少於南宋，但人口數卻多於南宋。所以，不能簡單地説金代治下的户口遠少於南宋。

科舉取士情況，據劉海峰、李冰著《中國科舉史》統計，南宋自淳祐四年（1244）至滅國，共取十一科，正奏名進士5811名，特奏名進士3698名。③ 金登科數多科無準確記録。據蕭啟慶先生所引資料，也爲估計數字，實際數字可能遠低於這個數字。參加考試儒生的數字，不易估算，我們試以已知史料進行推算。南宋趙汝愚（？—1196）以集英殿修撰帥福建，上疏言選舉事，"本州今次科場所納家保狀，計一萬六千餘人"，"以前舉終場人數計之，一萬五千餘人。"④也就是説福建參加解試最後交卷人數一萬五千餘人，約爲當地總户數的百分之一。淳熙十三年（1186）福州參加解試的人數也有萬人。當時福建科舉之盛，實爲天下之冠。元初儒户定籍，浙東道也以抄籍數，儒户"較之分數，百不及一"。認爲不符合實際。可見，當時教育最發展地區儒生可達户數的百分之一，其他地區低於這

① 蕭啟慶《元代史新探》，臺灣新文豐出版公司1983年版第16頁。
② 梁方仲編著《中國歷代户口、田地、田賦統計》，上海人民出版社1980年版第168頁。
③ 劉海峰、李冰著《中國科舉史》，東方出版中心2004年版第458頁。
④ 明黃淮、楊士奇編《歷代名臣奏議》卷169，上海古籍出版社版。

個比例。南宋兩浙路、江南東路、江南西路、福建路,是文化最興盛地區。五路合計戶數爲七百一十三萬餘戶,以略低於百分之一計,則五地考生數約低於七萬。南宋所轄湖、廣、蜀、淮等地考生也有一定數量,合計應在八萬以上。儒人不等於考生,儒人總數字要高一些。

西夏科舉具體情況不明,但據《廟學典禮》卷一《秀才免差發》所附《高智耀傳》知:西夏科舉設蕃漢二科,蕃科經賦與漢等,只是文字不同。

金朝科舉數字不完整。據李俊民《題登科記後》,承安五年(1200)經義榜,共三十三人,其中山西、河北、中都、山東籍者二十八人,占百分之八十五。可知,這一地區是文化最興盛的,也即元代的腹裏是文化最興盛地區。關於金朝會試録取人數,《金史》卷五十一《選舉一》:

> 凡會試之數,大定二十五年,詞賦進士不得過五百人。二十八年,以不限人數,遂至五百八十六人。章宗令合格則取,故承安二年至九百二十五人。時以複加四舉終場者,數太濫,遂命取不得過六百人。泰和二年,上命定會試諸科取人數,司空襄言:“試詞賦經義者多,可五取一,策論絶少,可四取一。恩榜本以優老於場屋者,四舉受恩則太優,限以年則礙異材,可五舉則受恩。”平章徒單鎰等言:“大定二十五年至明昌初,率三、四人取一。”平章張汝霖亦言:“五人取一,府試百人中才得五耳。”遂定制,策論三人取一,詞賦經義五人取一,五舉終場年四十五以上、四舉終場年五十以上者受恩。①

這是泰和二年(1202),金章宗命討論決定會試諸科録取人數問題。從他們的發言中,可以知道:府試録取比例大約是二十比一,有的地區可能没有達到這個比例。會試録取定制爲策論是三比一,詞賦經義是五比一。會試録取人數大定二十八年(1188)爲五百八十六人。會前定録取名額不得過六百人。依此推算,考生應有四萬餘人。儒人也應高於這個數字。

前面,我們推算至元十三年儒户定籍時,約爲八萬三千户左右。對照南宋、金、西夏科舉情況,南方儒人差距不大,北方儒人則遠低於金朝。北方及蜀、淮遭受的破壞,人民的傷亡是很惨烈的。

元代儒户是元代諸色户計之一。其他諸色人户均可讀書習儒,所以,儒人數位要遠

---

① 《金史》卷51,中華書局1976年版,第4册第1144頁。

大於儒户的數字。如《元統元年進士録》①,漢人進士二十五人中,儒户子弟三人,約占八分之一。南人進士二十五人中,儒户子弟十人,占十分之四。也就是説,有很多中選考生,並不是出身儒户家庭。從這種情況分析,雖不能説北方非儒户考生是儒户考生的六、七倍,南方非儒户考生雖不能説是儒户考生的一倍多,但全國儒人肯定多於儒户的數字。

　　元代教育系統的形成經歷了一個較爲漫長的過程。元定宗二年(丁未,1947)張德輝被召見,談及尊孔興學,元世祖於是令旨趙振玉、張德輝重修真定廟學,海迷失後稱制元年(己酉,1249)八月落成。元好問撰文稱頌。但整個教育系統的建成是到元世祖至元後期和元成宗大德時期。中央的國子學與地方官辦儒學,構成了中國傳統官方儒學教育的體系。我們從全國教育系統,也可以推算教育系統官員、職員、教師及學生人數。進而可以看到元代教育的發展,儒人增長的趨勢。根據《元史·地理志》統計全國路府州縣學的數字:

　　　路學:一百八十五

　　　府學:三十三

　　　上州:六十

　　　下州:二百九十九

　　　縣學:一千一百二十七

共計一千七百零四所。蕭啓慶先生根據至元二十一年的政府規定:"教授,路設一員,學正、學路各一員。散府,上、中州設教授一員,縣設教諭一員。""路府州縣各添直學一員"。又根據《元史·選舉志》加上:"書院設山長一員",估計全國教官的名額。這項規定,是政府針對教育官員冗濫的情況,對於教育系統官員數及各分品級,俸禄、升轉定立的文件。實際上,教育系統官員冗濫的情況一直存在,所以,這一規定,也一再被强調,一再被後公布的文件引用。教育官員職員的實際數字要大的多。《廟學典禮》卷二《郡縣學院官職員數》:

　　　今將擬定設各名員數開坐前去,合下仰照驗施行。總管府:教授二員,錢糧官二員,學録、學正各二員,齋長、諭各一員。散府:教授二員,錢糧官一員,學録、學正各一員,齋長、諭各一員。書院:山長二員,錢糧官一員,學録、學正各一員,齋長、諭各

---

①王頲點校《廟學典禮》(外二種),浙江古籍出版社1992年版第169—226頁。

一員。縣學:教諭二員,錢糧官一員,齋長、諭各一員。①

這是至元十九年行中書省劄付浙東宣慰司的。我們必然會注意到,各級學校不是只有這些有品級的官員、職員,還有一些專業的教師,如松江府學,至正時期,改設大、小學之齋,置五經齋,聘專經之師五人。② 還必須注意,祭祀是廟學的重要活動,各廟學的禮樂人也要考慮在內,如:松江府廟學有"執樂者廿五人,肄樂者三十八人。"③真定路,"郡學始建,置樂生十有六人,春秋二仲上丁釋奠,猶用俗樂。延祐五年改作雅樂,增置四十有五人。至順二年,援樂生例,請設相禮及諸執事者,又置禮生二十有五人,尋增置八人"④,元後期,武衛、警巡院、驛站、鹽場也有廟學,如虞集《武衛新建先聖廟學記碑》:"凡衛必有營,營有城郭、樓堞、門障、關禁、官治、行伍、廬舍、庫庚、衢巷、市井,而特立先聖孔子之廟,儒學在焉。衛之官,有都副指揮使,以下將帥偏裨什伯之長,委積營作之署,幕府文書之史,而特設儒學教授,以教士大夫子弟焉。"另,國子監、蒙古國子監、地方路府州縣蒙古字學、醫學、陰陽學的學官也要統計在內。元代實有書院數,也是越算越多。何佑森《元代書院之地理分佈》(香港《新亞學報》1956 年第二卷第一期)、王頲《元代書院考略》(《中國史研究》1984 年第 1 期)、白新良《中國古代書院發展史》(載《江西古代書院研究》(江西教育出版社,1993)統計數字分別是四零七、四零八、四零六所。但他們所計各地區數字並不相同,均取其最高數統計爲四六七所。此外,還有相當數量的待補候選的官員,如《行省差設教諭》説道待補學官的情況:

　　照得:即目到省學官已有五百八十餘員,山長、學正窠闕僅有一百餘處,又提舉司、縣設教諭二員,見在守闕,複有四百以上。似此氾濫,員多闕少,久而不能遷調,使真才實學之士,一概沉滯,甚不副國家設立學校之意。⑤

又如《元典章》卷九吏部《考試教官等例》:

　　府州教授窠缺南北八十九處,,即日在選籍記五百餘員,已有守候八、九年者,尚不知何時注授。⑥

①王頲點校《廟學典禮》卷 1,浙江古籍出版社 1992 年版第 17 頁。
②周伯琦《至正重修廟學記》,《全元文》第 44 冊,鳳凰出版社 2004 年版第 557 頁。
③同上,《全元文》第 44 冊,鳳凰出版社 2004 年版第 557 頁。
④歐陽玄《真定路學樂户記》,《全元文》第 34 冊,鳳凰出版社 2004 年版第 530 頁。
⑤《廟學典禮》卷 6,浙江古籍出版社 1992 年版第 123 頁。
⑥《元典章》,中國書店 1990 年版第 145 頁。

把在任與待補候選的人員也算在內,合計儒人數應在萬人以上。元代地方學校,不能不提到鄉村基層興辦的社學。元代鄉村基層組織爲社,立社條例中要求每社設立學校一所。元代設立社學,社學歸大司農司管,《元史·世祖本紀》至元二十三年(1286)"大司農司上諸路學校凡二萬一百六十六所";至元二十五年"立學校二萬四千四百餘所"。這類社學的數字有不少虛報的成分,有的可能沒有辦成,或廢棄。社學有經師一員,農業技術教師一員,其中經師達到儒人水準的也應有一定數量。另外,元代官員總數在二萬六千餘人,除去學官和非儒人,儒人也應有相當數量。這樣統計的結果,元代官吏、學校教職員的儒人數在四萬左右。

各級學校,包括國子監、蒙古國子監、路、府、州、縣學,學生人數多寡不一,少者十數、數十人,多者一二百人,通常視當地經濟情況而定。若以每處平均收儒生五十人計算,書院收二十人計算(私塾、家塾,許多建立短暫的書院的儒生未計在內),地方蒙古字學、醫學、陰陽學收十人計算,則全國儒生當在十四萬以上。北方從元太宗選士算起,至元末,有一百三十年;南方從元世祖至元十三年(1276)至元順帝二十八年(1368),有九十多年;從元世祖至元二十七年(1290)至元順帝至正十一年(1351)社會大動亂,也有六十年。以上述辦學規模計算,在學儒生逐年累積,數字應有成倍數增長。尚未計社會上其他職業儒人。元至正初年,較至元十三年腹裏考試儒生,至元十三年至二十七年江南儒户定籍時,儒人數量有大幅度增加。所以,元代教育人才對於中國文化發展的貢獻,理應給予相應的評價。

2011 年 9 月 8 日初稿,

10 月 7 日二稿;2012 年 2 月 26 日三稿於戀堂。

【作者簡介】 李修生(1933—),男,山東德平人,北京師範大學古籍與傳統文化研究院教授,主編《全元文》、《古本戲曲劇目提要》等,著有《元雜劇史》等。

《元典章·户部·差發》校釋

陳高華　張　帆　劉　曉

【内容提要】　本文是對《元典章》卷二五《户部十一·差發》進行的詳細校釋,包括原文標點、參考文獻、校注、解題四部分。

【關鍵詞】　元典章;户部;差發

前言

　　《元典章》共六十卷,後附《新集》,不分卷。此書是元代前、中期法律文書的彙編,對於元朝歷史、中國法制史和中國中古語言的研究,都有極其重要的價值。近年以來,我們對《元典章》的“户部”部分加以整理,有關成果,已陸續發表。本文對《元典章》卷二五《户部十一·差發》(共收文書十六條)和《新集》的《賦役·差發》(共收文書三条)加以整理。以臺北故宫博物院影印元刻本爲底本,以通行的沈刻本爲參校本。爲使用方便,對文書用阿拉伯數字加以編號,《元典章》從“251”到“2516”,《新集》從“新賦1”到“新賦3”。每條均在標題後注明元刻本、沈刻本頁碼。正文都加標點,凡删字用小字體圓括號( )表示,增字用方括號[　]表示。正文之外,還有“參考文獻”、“校注”、“解説”三部分。“參考文獻”收錄與正文可資比較的有關資料,如《元史》、《通制條格》等。“校注”既有文字的校勘,又有各種辭彙(職官、制度、人名、地名、族名等)的注釋。“解説”則講述我們對該條文書的理解和認識。不當之處,敬請指正。

户部卷之十一　典章二十五

差發［影避　減差］^{⟨1⟩}

【校注】

〈1〉［影避　減差］　據下文及《元典章》全書體例補。

25·1 包銀從實科放（1043、25/1a，1161）

中統元年五月，中書省奏准宣撫司條款內一件^{⟨1⟩}：

據本路年例合該納官存留包銀^{⟨2⟩}、并系料^{⟨3⟩}、糧税^{⟨4⟩}等差發，近年以來各處官吏往往上下計購，通行賄賂，循習舊弊，虛行除破官物，私己用度，以致民間俱各徵足，官司不得實用，爲害非輕。今歲差發等事，仰照勘元抄到民户數目，從實科放，不可止循上年虛例。據照勘出來底民户數目、差發總額，比附上年增餘數目，從實定額。

【參考文獻】

《元史》卷四《世祖紀一》：“［中統元年五月］乙未，立十路宣撫司。”宣撫司條款即此時發佈。

【校注】

〈1〉宣撫司條款內一件　《元典章》各卷收“宣撫司條款”共八款，見植松正《元代條畫考（一）》，《香川大學教育學部研究報告》第一部第四十五號。

〈2〉包銀　元朝賦税主要有科差、税糧兩項。科差包括包銀、絲料兩種。包銀主要徵收貨幣。“包之法，憲宗乙卯年始定之。初，漢民科納包銀六兩，至是止徵四兩，二兩徵銀，二兩折收絲絹、顔色等物。”（《元史》卷九三《食貨志一·科差》）

〈3〉系料　即絲料，科差之一種。

〈4〉糧税　即差發中的税糧，徵收實物爲主。“其取於内郡者，曰丁税，曰地税，此倣唐之租庸調也。取於江南者，曰秋税，曰夏税，此倣唐之兩税也。”（《元史》卷九三《食貨志一·税糧》）

【解説】

中統元年四月，忽必烈即帝位。即位詔書中説：“爰當臨御之始，宜新弘遠之規。祖述變通，正在今日。”表示要進行革新。五月，建元中統。同月，成立十路宣撫司，旨在加强中央集權,革除弊政。蒙古前四汗時期,賦役繁重,官吏上下其手,敲詐勒索,百姓苦不堪言。"宣撫司條款"中這一件要求差發(賦役)"從實定額","從實科放",就是針對這種情况而發的。此件文書標題是"包銀從實科放",是不够准確的。應是"差發從實科放"。

25·2 驗土産均差發(1043、25/1a,1161)

中統元年五月,中書省奏准宣撫司條款内一件:

今年照勘定合科差發總額,府科與州,驗民户多寡、土産難易,以十分爲率,作大門攤[1]均科訖,仍出榜文,開坐各州合着差發數目,該絲絹若干,分朗曉示,務要通知。州科與縣,縣科與村,各出榜文開坐差發數目,以此爲例。至于縣榜,須要見村莊各户花名、合該一年差發數目,仍於本縣市曹、村莊輳集處各各曉示,以見至公無私。外,據已分付漏籍[2]、老幼等户,照依今降詔書内條款,協濟[3]本處見當差發户計,敷補均科,與當差發民户依上只作一榜,通行曉示施行。

【校注】

〈1〉大門攤　按門(户)攤派之意。《元史》卷九三《食貨志一·税糧》云:"初,阿里海牙克湖廣時,罷宋夏税,依中原例,改科門攤,每户一貫二錢,蓋視夏税增鈔五萬餘錠矣。"正是按户攤派之意。

〈2〉漏籍　户籍登記時遺漏,後來補登入册者稱爲漏籍户。

〈3〉協濟　《吏學指南·徵斂·差發》:"協濟,猶添助氣力也。"

【解説】

此件文書也是"宣撫司條款"(參見25·1"包銀從實科放")中的一款,規定差發徵收的具體措施。一是將每年差發總額層層分解,下達到户。一是張榜公開曉示,使百姓知情。這二項措施也是爲了革除原有弊端而發的。

25·3 差發從實科徵(1044、25/1b,1162)

中統二年四月二十日,中書省奏准條畫内一款該:

中統元年科訖差發,多有不盡户計。所據今歲科差,須管仔細照勘,各要盡實科徵,不致隱漏。兼各路投下户計差發,欽奉見降聖旨,亦從各路總管府驗數科徵。仰各路管民官照勘本管地面内住坐人户[1],及不以是何人等應合收係當差者,須管從實盡數科徵見了數目,開坐關部,轉行申省聞奏。若是中間却有漏落不盡實去處,事發到官,定將當該官吏嚴行斷罪。外,宣撫司有失體究者,亦行治罪[2]。

【參考文獻】

《元史》卷四《世祖紀一》:"[中統二年四月]乙卯,詔十路宣撫使量免民間課程。命宣撫司官勸農桑,抑游惰,禮高年,問民疾苦,舉文學才識可以從政及茂才異等,列名上聞,以聽擢用;其職官污濫及民不孝悌者,量輕重議罰。"按,四月"乙卯"爲二十四日。王惲《中堂事記中》(《秋澗先生大全集》卷八一)載,中統二年廿四日,"諸相入朝,奏准七道宣撫司所行條畫",第一條即此。文字略有出入。

【校注】

〈1〉住坐人户 《中堂事記中》作:"見住人民户"。

〈2〉亦行治罪 《中堂事記中》於此句下有:"仍先取管民官甘結文字。"

【解説】

本件文書是"宣撫司條畫"中的一款。主旨是核實户口,從實盡數科徵差發,特別指出投下户計差發亦由各路總管府科徵。這對投下特權是有力的抑制。

25·4 投下户絲銀驗貧富科(1044、25/1b,1162)

至元二年二月,欽奉聖旨立總管府新定條畫〈1〉内一款節該:

隨處州城所有諸王并諸投下人户,除匠人、打捕户、鷹房子、金銀銕(治)[冶]〈2〉户另行外,有分撥民户五户絲〈3〉,投下交參户〈4〉每年合納絲線、包銀并五户絲,仰與本路民户一體驗貧富科徵,於本處送納。據本投下合得五户絲數等物,照依中書省定到月日,省□關要者。若欲於順便處取要呵,亦就順便處應副與者。

【參考文獻】

《元史》卷六《世祖紀三》:"[至元二年二月]甲子,以蒙古人充各路達魯花赤,漢人充總管,回回人充同知,永爲定制。"

【校注】

〈1〉立總管府新定條畫 《元典章》各卷收"立總管府新定條畫"四款,見植松正《元代條畫考(二)》,《香川大學教育學部研究報告》第一卷第四十六號。

〈2〉金銀銕(治)[冶]户 "銕古作銕"(《康熙字典》戌集上金部)。金銀銕冶户即從事金銀鐵發掘冶鍊的人户。

〈3〉五户絲 "絲料之法,太宗丙申年始行之。每二户出絲一斤,并隨路絲線、顏色輸于官;五户出絲一斤,并隨路絲線、顏色輸于本位。"(《元史》卷九三《食貨志一·科差》)"本位"即人户所屬投下。"五户絲"即人户向投下交納的絲料,五户合出一斤。

〈4〉投下交參户 交參户指各地區外來人户,户籍在原居地。元朝監察官員王惲説:

"交參散漫户計,本管上司差設權府提領、招撫總把之類,另行管領,中間不無侵擾,使失業貧民,轉致困弊。今後似此户計,合無令見住官府收繫土著,元籍路分推送除豁。"(《論交參户土著事狀》,《秋澗先生大全集》卷八六)參看本卷25·8"禁起移避差發"。投下交參户即外來人户中由投下設官管轄者。

【解説】

本件文書標題是"投下户絲銀驗貧富科",其實除了"驗貧富科"外,還有一個重要原則,那便是投下户與本地民户一體科徵,這和25·3"差發從實科徵"的原則是一致的。本件文書還明確投下户向當地官府交納絲銀,投下到省部或其他順便處領取,也就是不許各投下直接向投下户徵收科差,這樣可以減輕投下户的負擔。

25·5 驗貧富科赴庫送納(1044、25/1b,1162)

至元十九年五月,御史臺咨:奉中書省劄付:

據户部呈:"依奉省部勾集各路正官、首領官、人吏,驗至元十八年元管、交參、協濟科差户額[1],收除到至元十九年實科户數。"照得欽奉聖旨條畫節文:"諸應當差發,多係貧民,其官豪富强,往往僥倖苟避。已前合罕皇帝聖旨,諸差發驗民户貧富科取。今依驗人户事(業)[産]多寡[2],品搭高下,類攢鼠尾文簿[3]科斂[4]。"欽此。除已開坐事理,劄付户部,通行各路,欽依聖旨事意,據元管、交參、協濟等户合着差發,通濟驗人户氣力產業,品答高下,貧富科攤,務要均平,出給花名由帖,並不得多餘答帶。各於村莊置立粉壁,開寫各户所有差發數目,及於臨民府州司縣各衙門首,將概管村(坑)[坊][5]科定花名差發數目分頭榜示。如中間官吏、坊里正人等因而作弊、輕重不均者,有人陳告或因事發露到官,究問得實,嚴行懲誡。將本路州縣村坊鼠尾花名合着數目,依上年體例攢造備細文册申部。及將所納差發,仰本路照依上年,於酌中牢固處置庫收受。合設庫官,大者三員,小者二員,攢典庫子,大處三名,小處一名,自開庫日爲始給俸。除都省差設監納、大使各一員外,其餘人員仰各路依上於近上有抵業、不作過犯户計内保差。官司不得設立寫抄人等,或從納户,或諸人抄寫。其所納差發文並要兩平依理收受,畫時印押,給付官民户朱鈔[6]各一紙,亦不得答帶加耗,取要分例,刁蹬澀滯。仰更爲行下各道按察司體察施行。

【參考文獻】

欽奉聖旨條畫節文:詳見《通制條格》卷十七《賦役·科差》"中統五年八月"條(《校注》第369條),《至正條格·條格》卷二七《賦役·科差文簿》"中統五年八月"條(《校注》第134條)。文字有出入。

【校注】

〈1〉元管、交参、協濟科差户額　"元管、交参、協濟是元朝北方户籍中的幾種名稱。"中統元年,立十路宣撫司,定户籍科差條例。然其户大抵不一,有元管户、交参户、漏籍户、協濟户。"(《元史》卷九三《食貨志一科差》)元管户指正式户口調查時登記在册的人户。交参户指户籍不在當地的外來人户(参看25·4注〈4〉)。協濟户指正式户口登記時漏載、後來補充登記的人户。

〈2〉事(業)[産]多寡　據《通制條格》、《至正條格》改。又,據以上兩書,此句下有"以三等九甲爲差"。

〈3〉鼠尾文簿　根據居民丁口、産業多寡,劃分户等(三等九級),編製成册,便是鼠尾簿。它是官府用來作爲賦役調發的依據。"鼠尾簿"前代已有,"鼠尾"似指由粗到細而言,即編排時上等在前,中、下户次之、又次之。下文的"鼠尾花名合着數目"亦是由上到下之意。

〈4〉科斂　《通制條格》、《至正條格》無此二字。

〈5〉村(坑)[坊]　據下文改。元代城中設坊,是行政管理的基層單位。

〈6〉朱鈔　鈔,文據。朱鈔,蓋有紅色官印的文據。

【解説】

這件文書重申差發徵收的基本原則,一是根據人户丁産,"品答高下,貧富均攤"。但不知何故將劃分户等的文字删去了(可能是脱漏)。一是出榜公示。文書後一部分專門講倉庫管理人員設置問題,顯然,倉庫管理已成爲賦税徵收中不可忽視的重要環節。

25·6 差發照籍仍詢衆(1046、25/2b,1164)

元貞元年六月,江西行省:

據左右司〈1〉呈軍民未便事内一件:"隨處官司,凡遇定差弓手〈2〉、水站〈3〉、祗候、曳剌等項科役,中間多有偏負不均。蓋爲元籍文册田畝丁産,係是二十六年抄數到,已是六年,人户興進消乏不等。若止照依元籍定差,實是不均。今後凡有定差科役,莫若檢照元籍,詢問各鄉都職事、耆老人等,推排各户即今見有田産,從公定差,似望各得均平。"省府准呈,仰依上施行。

【校注】

〈1〉左右司　元朝中書省設左右司,管理文牘,後分置兩司,見《元史》卷八五《百官志一》。行省設左右司,見《元典章》卷七《吏部一官制一·職品·内外文武職品》。此處應指江西行省左右司。

〈2〉弓手 "元制,郡邑設弓手,以防盜也。……職巡邏,專捕獲。官有綱運及流徙者至,則執兵仗導送,以轉相授受。外此則不敢役,示專其職焉。"(《元史》卷一百一《兵志四·弓手》)

〈3〉水站 元朝在全國設置驛站,維持交通。在居民中簽發站户,爲驛站服務。站有水、陸之分,水站指在水站服役的站户。

【解説】

這件文書將弓手、水站、祇候、曳剌通稱爲"科役",是不妥的。水站是諸色户計中站户的一類,是世代相襲,永久性的。弓手的情況和水站相同。祇候、曳剌則是有一定年限,臨時性的。但他們又有共同之處,都是按一定丁力財產簽發的,都爲政府無償服役。按丁力財產簽發,依據的是户籍登記的資料。元朝統一,至元二十六年在江南作過户籍調查,以後再没有進行過。居民的丁口財產狀況不斷變化,完全以原有户籍登記的資料簽發,必然"多有偏負不均"。所以有人建議,以户籍資料爲基礎,還要徵求地方"職事耆老"的意見,根據實際情況加以調整。

25·7 站户餘糧當差(1046、25/2b,1164)【見站赤門站户類。】

影 避

25·8 禁起移躲差發(1047、25/3a,1165)

中統四年七月,燕京路總管府〈1〉奏准條畫内一款:

"本路多有起移〈2〉交參躲閃差發人户,乞禁約,今後經由官司,方許起移"事。准奏。今後若有起移户計,如無上司堪用信憑許起移(交)[文]面〈3〉,不得發遣。如須有合起户計,仰各處差來官齎把文字,經由所在官司,然後發遣,仍行移本路官司推收合着差發。如不經由所在官司,私下縱令起移者,驗各户合着差發,勒令本處主首〈4〉、鄰佑人等陪納,仍約量斷罪施行。

【校注】

〈1〉燕京路總管府 蒙古取金中都,改爲燕京路,路設總管府。世祖至元元年,改中都。

〈2〉起移 遷徙。

〈3〉(交)[文]面 "交"誤,應作"文"。"文面"即"文字"。《通制條格》卷二《户令·冒户》"至元三年七月"條:"欽奉聖旨節該:今後應有係官當差人户,非奉朝省文面,不得擅便投屬隨諸王并投下官員勾當。"

〈4〉主首　元朝地方結構，縣以下設鄉、都二級。鄉設里正，都設主首，負責催辦賦稅，處理上級交辦的各種雜事。里正、主首是差役的項目，都在當地殷實人户中簽發，定期輪换。

【解説】

忽必烈即位之初，燕京路有不少外來的流動人口，他们的户籍不在當地，稱爲"交參躲閃差發人户"。這些外來人口的户籍所在地，常常派人前來"起移"，就是强迫他們回到原籍，承當各種賦役。"起移"實際是各地政府爭奪户口，常常引起社會混亂，弊端甚多。燕京路總管府針對這種情況，提出兩方面措施。一是要有"上司堪信文憑"，才許"起移"。一是如果燕京路有人"私下縱令起移"，就要主首和鄰佑人等承擔被起移者原來負擔的賦役，還要治罪。

25·9 投下影占户計當差（1047、25/3a，1165）

元貞元年十一月，欽奉聖旨節該：

"據中書省奏：'江浙行省陳説：有力富强之家往往投充諸王位下及運糧水手〈1〉、香莎糯米〈2〉、財賦〈3〉、醫人〈4〉、僧道、火佃〈5〉、舶商〈6〉等諸項户計影占，不當雜泛差役，止令貧難下户承充里正、主首，錢糧不辦，偏負生受。各處行省俱有似此户計，乞一體頒降聖旨'事。准奏。仰照勘不以是何投下諸名色影蔽有田納税諸富豪户計，從本省分揀，與其餘富户一例輪當里正、主首，催辦錢糧，應當雜泛差役。於内若有疑惑不能予决者，具由咨中書省定奪，卻不得因而動搖。"欽此。

【參考文獻】

《元史》卷一八《成宗紀一》："［元貞元年十一月］戊戌，……詔江浙行省括隱漏官田及檢劾富强避役之户。"

《通制條格》卷一七《賦役·主首里正》"大德五年八月"條（《校注》371條）："大德五年八月，欽奉聖旨節該：'據中書省奏，江浙省言，先爲有力富强之家，諸色名項等户計影占，不當雜泛差役，止令貧難下户承充里正、主首，錢糧不辦，偏負生受。已嘗頒降聖旨，一例輪當。今有各管官司，往往別稱事故，聞奏聖旨執把除免，乞奏定例事。'准奏，仰不以是何投下及運糧水手、香莎糯米、財賦、醫、儒、僧道、也里可温、答失蠻、火佃、舶商等諸色影蔽有田納税富豪户計，即與其餘富户一例輪當里正、主首，催辦錢糧，應當雜泛差役，永爲定例。其各管官司，今後再不得似前推稱事故，別行聞奏，並依已降聖旨一例均當。"欽此。

《至正條格·條格》卷二七《賦役·均當主首里正》“大德五年八月”條同(《校注》第169條)。

【校注】

〈1〉運糧水手 元代開設海運,由江南向北運輸糧食。並在民間簽發專門從事海運的水手。

〈2〉香莎糯米 指從事香莎糯米生產以供宮廷需要的人戶。

〈3〉財賦 指財賦府所轄人戶。

〈4〉醫人 即醫戶。

〈5〉火佃 “火佃”一名,始見於南宋,指租種地主土地的佃戶。明、清兩代區“火佃”作爲佃戶的稱呼在徽州地區很流行。見劉重日:《“火佃”新探》、《再論“火佃”的淵源及其性質》,載《瀕陽集》,黄山書社2003年版。)元代文獻中僅此一例。此處“火佃”與僧道、舶商等並列,應是諸色戶計之一種,似與一般意義的佃戶不同。其性質尚須研究。

(6)舶商 從事海外貿易的商人。

【解説】

元朝的雜泛差役是前代力役和差役的總稱。雜泛就是力役,也叫夫役。即出人丁從事各種體力勞動,如修河、遞運官物等。差役就是前代的職役,有里正、主首、坊正、隅正、庫官、庫子等名目。前四種主要爲官府催辦賦稅以及各種雜事,後兩種在官府各種倉庫中辦事。承當雜泛差役是沉重的負擔,不少人因此家破人亡。在元朝諸色戶計中,有不少戶(如投下戶、運糧水手、香莎糯米等)經過朝廷批准,是可以不承擔雜泛差役的,因此,民戶中的“有力富强之家”便設法投入這些戶計中,以求免當。這樣一來,雜泛差役更多地落到民戶中的貧難小户頭上。其結果一是“錢糧不辦”,賦稅收不上來;一是“偏負生受”,貧難者更加困苦。這件頒佈於元貞元年十一月的聖旨要求從免當雜泛差役的諸色戶中,將民戶中的富戶分揀出來,依舊承當雜泛差役。過了六年,大德五年八月又頒佈内容幾乎完全相同的聖旨,説明前一道聖旨没有什麽作用,而後一道聖旨的作用也是可疑的。

25·10 休遮護當差事(1048、25/3b,1166)

中書省咨:

大德三年六月初九日,完澤丞相[1]等奏過:“前福建等處行省平章政事闍里吉思[2]陳言一件:‘那裏官人每、富户有勢的人每,將百姓每田地占着,交百姓每做佃户,不交當雜泛差役有,合禁治。’麽道説有。俺商量來,‘交百姓每做佃户種養也者,根腳[3]裏的不揀甚麼差發有呵,依體例當者,休遮護者。'麼道,在前也禁約着有來。如今'做佃户交種養也者,依衆百姓每體例裏,不揀甚麼差發交當者,有勢力的人每休遮護者。'麼道行文字,更教廉訪司官人每也着糾察者。"麼道奏呵,奉聖旨:"那般者。"欽此。

【參考文獻】

《元史》卷二十《成宗紀三》:"(大德三年六月)戊午,……禁福建民冒稱權豪佃户,規免門役。"

【校注】

〈1〉完澤丞相　蒙古族。至元二十八年任中書右丞相。成宗即位後仍在位,大德七年去世。其生平略見《元史》卷一三〇本傳。

〈2〉闍里吉思　蒙古按赤歹氏。初在世祖忽必烈怯薛中任博兒赤,至元二十五年任司農少卿,升司農卿、湖廣平章。成宗大德二年改福建行省平章。其生平見《元史》卷一三四本傳。

〈3〉根腳　根腳一詞有多種涵義,此處應指身世、出身而言,即原來是何種人户,應當何種差發,要繼續承當。

【解説】

福建地區權貴、富户霸占百姓的土地,抑逼百姓充當自己的佃户。這些百姓原来承擔國家的雜泛差役,現在成爲佃户,只爲權貴、富户服役,不再承擔國家的雜泛差役。這對各級政府来説,是很大的損失。這件文書要求佃户繼續承擔原有的差發,不許"有勢力的人"庇護,但對他們霸占土地的行爲,則聽之任之,不加追究。

25·11 躲避差發(1048、25/3b,1166)

大德六年四月　日,中書省咨:

大德六年正月二十日奏過事内一件節該:"'江南富豪勢要官員人等,執把添氣力的聖旨行着,躲避差發有。那般的聖旨拘收呵,怎生?'闍里[1]教臺官題奏呵,這言語衆人與俺商量定奏者,麼道聖旨有來。俺衆人商量来,權豪勢要官員人等搔擾百姓,無疑惑的,便教拘收了聖旨者。於内有陰陽[2]、(大)[太]醫[3]、秀才[4]等,并這裏行着年老放還,與聖旨来的也有也者。總一概拘收呵,不宜。似這般一等各人的姓名緣故,明白文書裏説將来者。合拘收的、不合拘收的,那其間分間了,奏呵,怎生? 商量来。"奏呵,奉聖旨:"您商量的是也,那般者。"欽此。

【參考文獻】

《元史》卷二十《成宗紀》三:"[大德六年正月]庚戌,……帝語臺臣曰:'朕聞江南富户侵占民田,以致貧者流離轉徙,卿等嘗聞之否?'臺臣言曰:'富民多乞護持璽書,依倚以欺貧民,官府不能詰治,宜悉追收爲便。'命即行之,毋越三日。"

【校注】

〈1〉闊里　即徹里,蒙古燕只吉台氏。成宗大德元年拜南臺大夫,大德七年改江浙行省平章政事。其生平見《元史》卷一三〇本傳,《牧庵集》卷一四《平章政事徐國公神道碑》。

〈2〉陰陽　陰陽之學包括天文、占候、星卜、相宅、選日等内容。以此類伎藝謀生者即稱爲陰陽人。

〈3〉(大)[太]醫　即醫生。

〈4〉秀才　指漢人、南人中的儒生。

【解説】

元朝皇帝常頒發聖旨,賜予某些户計、寺院、個人以免除賦役的特權,即所謂"添氣力的聖旨",或"護持璽書。"統一以後,很多江南富户通過各種途徑,得到"護持璽書",也就可以逃避應當賦役的義務。監察部門建議拘收此類聖旨。中書省原則同意,但認爲江南有的陰陽人、醫生、儒士和"年老放還"者亦得到聖旨,應區別對待。元成宗同意分別處理。"年老放還"者應指原南宋官員,居留於大都,因年老允許回鄉。

25·12 禁站户簪帶躲避差發(1049、25/4a,1167)【見禮部僧道類〈1〉】

【校注】

〈1〉見禮部僧道類　《元典章目録》作"見站赤門站户類",是。《元典章》卷三六《兵部三驛站》有"站户簪帶避役"一條。

25·13 禁職田佃户規避差役〈1〉(1049、25/4a,1167)

至大二年三月,江西廉訪司〈2〉奉行臺劄付:

監察御史申徵事〈3〉呈:"切惟國家設官分職以任事,厚禄均俸以代耕,正欲絶其貪婪,養其廉恥,澄其源而清其流,吏有養而民有賴,立制之良,無以易此。先欽奉聖旨節該:'和買和雇、雜泛差役,如今依着在先聖旨體例,除上都、大都其間自備首思站赤,并邊遠出征軍人外,諸王、公主、駙馬不以是何投下諸色人户,與大數目〈4〉當差的軍站民户一體均當者。'欽此。卑職思惟諸職官三品職田,佃户有至五七百户,下至九品,亦不下三五十户,出給執照,不令應當雜泛差役,卻令供給一家所用之費,謂如倩借人畜,寄養豬羊,馬草柴薪,不勝煩擾,爲緣影占,終莫能言。又有無田虛包子粒之家,亦有規避門户,投充莊官佃户。大抵法久成弊,應須改更,變而通之,古今所尚。呈乞照詳。"憲臺仰禁約施行。

【校注】

〈1〉差役:《元典章目録》作"差發"。應以"差役"爲是。

〈2〉江西廉訪司　全稱是江西湖東道肅政廉訪司,隸江南行臺。龍興路(路治今江西南昌)置司。

〈3〉申徵事　徵事郎,文官從七品階。

〈4〉大數目　國家户籍上登記的户口數目。

【解説】

這件文書是元朝職田的重要資料。元朝制度,各級官員的俸禄有兩部分,一是貨幣,即俸鈔:一是實物,外任官員有職田,朝内官員有禄米。各級官員職田多寡不等。職田由佃户承租官員收取職田的地租。從這件文書可知,(一)各級官員職田佃户數量是很大的;(二)職田佃户不但要交地租,而且要承擔各種勞役,生活是很困苦的;(三)職田佃户和其他"有勢力的人"的佃户一樣,逃避國家的各種義務(見25·10〔休遮護當差事〕),元朝政府關心的,不是職田佃户的艱苦環境,而是要他們繼續應當義務。

減　差

25·14 被災去處量減科差四件(1051、25/5a,1169)

中統(五)〔元〕年五月〈1〉,中書省奏准宣撫司條款:

〔一,〕〈2〉被災去處,以十分爲率,最重者雖多,量減不過四分。其餘被災去處,依度驗視,從實遞減三分、二分等。科降差發,視此爲差。

一,被災去處差發,如無本色,許令折納諸物。

一,不被災去處,斟酌民户難易,委實偏重去處,十分爲率,雖多,不過裁減一分。

一,據已上被災去處、不被災去處等第減訖差發分數,各各明朗開坐數目,籍定鼠尾文簿,以爲定額,務要差發辦,民户安,不可偏廢。

【校注】

〈1〉中統(五)〔元〕年五月　宣撫司條款頒於中統元年五月,見前25·1、25·2。

〈2〉〔一,〕據下文補。

【解説】

這件文書也是""宣撫司條款"中之一款,對被災以後減免的辦法作出具體規定,最重者不過四分,也就是説即使遭災顆粒未收還需交納六分,可見封建國家的壓迫是很殘酷的。

25·15 投下五户不科要(1051、25/5a,1169)

至元二十九年二月,准御史臺咨,奉中書省劄付:

來呈:"備山東東西道提刑按察司⁽¹⁾申:'照刷出臨清縣⁽²⁾文卷一宗,依准管匠官王德開每年關到五户絲料,俵散當差人户織造七托⁽³⁾裏絹,赴本局送納,不見上司許令織造明文,侵擾不便'"事。得此。都省照得中統五年八月内條畫内一款:"哈罕皇帝聖旨、先帝聖旨:據各投下分撥到民户,除五户絲外,不揀甚麼不交科要。"欽此。户部議得:"投下關支五户絲,並從本投下用度,別無許令俵散民户織造絹疋體例,擬合照依條畫内事理施行。"都省准呈。除已劄付户部,依上施行。

【參考文獻】

"中統五年八月内條畫",見《通制條格》卷二《户令·非法賦斂》"大德八年三月"條(《校注》第11條)、同書卷三〇《營繕投下織造》"至元二十八年十二月"條(《校注》第646條),文字略有出入。

【校注】

〈1〉山東東西道提刑按察司　至元六年二月,"以立四道提刑按察司詔諭諸道。"(《元史》卷六《世祖紀三》)山東東西道提刑按察司即其中之一。隸御史臺。

〈2〉臨清縣　屬濮州,濮州直隸中書省。今山東臨清。

〈3〉托　成年男子伸開兩手,從一手指尖到另一手指尖,即爲一托。

【解説】

元朝定制,投下户要向所屬投下交納五户絲,並無其他義務。但投下總是想方設法對投下户進行剝削,本件文書中所説强迫他們"織造七托裏絹",便是一例。元朝政府在處理這一事件時,只是重申原來的規定,即"除五户絲外,不揀甚麼不交科要"。此外並無懲罰的措施。實際上對此類事件是很寬容的。此件文書標題"投下五户不科要"是不准確的。"五户"概念不清,應是"五户絲";標題應作:"投下除五户絲外不科要"。

25·16 納綿户雜泛(1052、25/5b,1170)

大德十一年,行臺准御史臺咨,准詹事院⁽¹⁾咨:

近據管領諸路打捕鷹納綿等户都總管府⁽²⁾呈:"本管打捕人匠等户,累奉世祖皇帝、裕宗皇帝聖旨節該:'隨路有的民户、匠人、打捕户、鷹房子,除本位下差發外,不揀甚麼休奪要者,(体)[休]使氣力欺負者⁽³⁾。'欽此。大德二年,又有本府達魯花赤不老嘉議⁽⁴⁾奏奉聖旨,將和雇和買、雜泛夫役除免。近年以來,有各州官司樁科一切雜泛逼臨,多有逃移人户。若准所申啟稟,除當本位下正額差税外,將州縣雜泛夫役照依在先體例除免,似望不逼人户逃竄。具呈照詳。"得此。大德十一年九月二十八日,本院官啟過事内一件:"皇太后撥與咱每的納綿總管府管着的百姓,除本位下合納的差税外,隨處管民官科要和雇和買、雜泛夫役,好生受,後頭失散了去也。如今屬皇太后位下徽政院(5)管得軍民諸色人匠等户,'除本位下合納的差税外,不揀甚麼差(撥)[發](6)、和雇和買、雜泛夫役,休科要搔擾者。來往的使臣每休安下者,諸人休爭要者。但有的勾當,省裏、臺裏諸衙門都休問者,交徽政院本位下官人每問者。'宣諭執把的聖旨與了也。"啟呵,奉令旨:"依着徽政院體例,與翰林文字,索要宣諭執把的聖旨者。另寫與執把的令旨者。"敬此。

【校注】

〈1〉詹事院 至元十九年立,管理皇太子位下各項事務。秩正二品。成宗即位後,"乃以院之錢糧選法工役,悉歸太后位下,改爲徽政院以掌之。大德九年復立詹事院,尋罷。十一年,更置詹事院,秩從一品,設官十二員。"(《元史》卷八九《百官志五》)按,世祖太子真金早死。成宗鐵穆耳是真金之子,他即位後尊真金妻爲太后,並改詹事院爲徽政院,只是名稱上的改動。大德九年六月,成宗立皇子德壽爲皇太子,故重新設立詹事院。但是年十二月德壽病死,詹事院又罷。大德十一年,成宗死,無子,其侄海山嗣位,是爲武宗。海山以弟愛育黎拔力八達爲皇太子,故重新立詹事院。

〈2〉管領諸路打捕鷹納綿等户都總管府 "管領諸路打捕鷹房納錦等户總管府,秩正三品。……掌人户一萬三千有奇,歲辦税糧皮貨、採捕野物鷹鶻以供内府。至元十二年,賜東宮位下,遂以真定所立總管府移置大都,隸詹事。十六年,合併所管之户,置都總管以總治之。三十一年,詹事院罷,隸徽政。至大四年,隸崇祥院。"(《元史》卷八九《百官志五》)

〈3〉(体)[休]使氣力欺負者 據文意改。

〈4〉不老嘉議 不老,人名,其生平待考。嘉議,嘉議大夫,文散官正三品。

〈5〉徽政院 管理太后位下各項事務的機構,至元三十一年立。參見注〈1〉。

〈6〉差(撥)[發] 據文意改。差發即賦役。

【解説】

有元一代,百姓要負擔多種封建義務,但經朝廷特許,可以全部或部分免除。這件文書重中,詹事院(原徽政院)系統人户,除了"本位下合納的差役外",不承擔其他任何義務。文書中説"隨處管民官科要和雇和買、雜泛夫役",實際是反映出很多地方官員對某些户享有免除特權的不滿。諸色人户是否免除雜泛差役、和雇和買等項,在元代一直是爭論不休、不斷變化的問題,也是激發社會矛盾的重要因素。這原是詹事院向皇太子愛育黎拔力八達呈報的文書,故用"啟";皇太子批示,故用"令旨"。

新集

賦役　差發

新賦1　江南無田地人户包銀(2297、賦/1a,2415)

延祐七年六月　日,江浙行省准中書省咨:

延祐七年四月二十一日奏:"腹裏漢兒百姓無田地的,每一丁納兩石糧,更納包銀、絲線有。江南無田地人户,是甚差發不當,各投下合得的阿哈探馬兒[1]官司代支,也不曾百姓身上科要。好生偏負一般。俺衆人商量來,便待依着大體例,丁糧、包銀、絲線全科呵,莫不陡峻麼? 如今除與人作佃庸作、賃房居住、日趁生理單身貧下小户不科外,但是開張解庫[2]、鋪蓆[3]、行船做買賣有營運殷實户計,依腹裏百姓在前科着包銀例,每一户額納包銀二兩,折至元鈔一十貫。本處官司驗各家物力高下,品答均科呵,怎生?"奏呵,奉聖旨:"依着恁衆人商量來的行者。"欽此。又奏:"這勾當行的其間,行省官提調着,休交動擾,御史臺、監察御史、肅政廉訪司添力成就者。若路府州縣官吏人等作弊放富差貧,取要錢物,交百姓生受的有呵,要了罪過,罷了他每勾當。交監察、廉訪司體察呵,怎生?"奏呵,奉聖旨:"那般者。"欽此。除已劄付御史臺,欽依施行外,都省咨請欽依施行。仍委本省官、首領官提調科徵,每歲五月十五日爲始開庫收受,八月中納足通行起解。

【參考文獻】

《元典章》卷二一《户部七·錢糧·科徵包銀》[21·15],文字略同,部分内容互有詳略。

【校注】

〈1〉阿哈探馬兒　蒙語"五户絲"之音譯。《秋澗先生大全集》卷八〇《中堂事記上》云:"諸投下五户絲料(譯語曰:阿合答木兒)自來就徵於州郡"。"阿哈探馬兒"即"阿合答木兒"之異譯。

〈2〉解庫　當鋪。

〈3〉鋪蓆　商店。

【解説】

元朝北方實行的賦稅制度中有"包銀"一項,每户平均二兩,但全國統一以後,江南并未推行。元仁宗延祐七年三月,英宗即位。四月,同时頒布兩件徵收包銀的文書,一件即本條,另一件内容是徵收回回人户包銀(見下新賦3)。徵收江南無地人户包銀遭到各方面反對,泰定二年(1325年)取消。詳見《中國經濟通史·元代經濟卷》第409—413頁(中國社科出版社2007年版)。

新賦2　官糧一斗添二升(2298、賦/1b,2416)

江浙行省准中書省咨:

延祐七年四月二十一日奏:"腹裏漢兒百姓當着軍站、喂養馬駝、和雇和買一切雜泛差役,更納着包銀、絲線、税糧,差發好生重有。亡宋收附了四十餘年也,有田的納地税,做買賣納商税,除這的外别無差發,比漢兒百姓輕有。更田多富户每,一年有收三二十萬石租子的,占着三二千户佃户,不納係官差發。他每佃户身上要租子重,納的官糧輕。這裏取些小呵,中也者。待驗田畝上添科呵,田地有高低,納糧的則例有三二十尋,不均匀一般。除福建、兩廣外,其餘兩浙、江東、江西、湖南、湖北、兩淮、荆湖這幾處,驗着納税民田見科糧數,一斗上添答二升。這般商量來。"奏呵,奉聖旨:"依着恁衆人商量來的行者。"欽此。都省除已劄付御史臺,欽依施行外,咨請欽依施行。仍委本省官、首領官提調科徵,依期送納。果有不通舟楫去處,照依本處開倉時估折收價鈔,將元科添答糧數開咨。

【參考文獻】

〈1〉《元典章》卷二四《户部十·科添二分税糧》24·9略同,較詳。

〈2〉《元史》卷二七《英宗紀一》:"[延祐七年四月]己巳,……增兩淮、荆湖、江南東西道田賦,斗加二升。"

【解説】

元英宗即位後,爲增加財政收入,採取了一系列措施,除增收包銀外,還要在江南增收百分之二十税糧。但是,從一些文獻来看,這次加税并未實行,或是和江南包銀一樣,實行以後很快又取消。參看《中國經濟通史·元代經濟卷》第374頁。這件文書中有關南北賦税的差别和江南地租、佃户狀况的叙述,具有很高價值。

新賦3　回回當差納包銀(2298、賦/1b,2416)

江西行省准中書省咨:

延祐七年四月二十一日奏:"諸色户計都有當的差發有。回回人每、并他放良通事[1]人等,不當軍站差役,依體例合交當差發的,多人言説,臺官每也幾遍動文書。'教商量者'麼道,有聖旨來。如今俺商量來,回回、也里可温、竹忽[2]、答失蠻,除看守着寺院、住坐念經祝壽的,依着在前聖旨體例休當者,其餘的每、并放良通事等户,在那州縣裏住呵,本處官司抄數了,立定文册,有田的交納地税,做買賣納商税,更每户額定包銀二兩,折至元鈔一十貫,驗着各家物力高下,品答均科呵,怎生?"奏呵,奉聖旨:"依着恁衆人商量來的行者。"欽此。都省除已劄付御史臺,欽依施行外,咨請欽依施行。

【參考文獻】

〈1〉《至正條格》第 142 條同。

〈2〉《元史》卷二四《英宗紀一》:"[延祐七年四月]己巳,……課回回散居郡縣者,户歲輸包銀二兩。"

【校注】

〈1〉放良通事　通事本爲翻譯之意,在這裏則指一種特殊群體。宋元戰争期間,包括回回在内的不少北方人,因不堪忍受蒙古統治者的壓迫,逃亡南方,其中許多人原來的身份爲驅口。南宋將他們編組爲軍隊——通事軍,用來對抗蒙古人。爲争取這些人,元世祖忽必烈於中統二年八月十四日頒發聖旨,其中特别提到:"諸回回通事人等逃在彼軍者,許令自還爲良,不屬舊主。"(《秋澗先生大全文集》卷八二《中堂事記下》)此即爲以後元代"放良通事"的由來。可參見劉曉《宋元時代的通事與通事軍》,《民族研究》2008 年第 3 期。

〈2〉竹忽　又作朮忽(《元典章》卷五七《刑部十九諸禁·禁宰殺·禁回回抹殺羊做速納》)。猶太人。

【解説】

延祐七年三月,元文宗即位。四月二十一日,採取了幾項增加賦税的措施。即江南無地人户包銀、全國回回人户包銀和江南税糧一斗添二升。江南無地人户包銀見"新賦1",江南税糧一斗添二升見"新賦2"。此件文書則宣佈對全國回回、也里可温、竹忽、答失蠻人户(宗教人士除外)徵收包銀,每户二兩,折合至元鈔十貫。從有關記載來看,江南税糧一斗添二升並未實行,江南無地人户包銀後來取消,只有這一項回回等人户包銀是一直實行的。見《中國經濟通史·元代經濟卷》第 413—414 頁。

【引用文獻】

《元史》　宋濂等　中華書局點校本

《通制條格校注》　方齡貴校注　中華書局 2001 年版

《至正條格校注》　李玠奭等　韓國韓國學中央研究院 2007 年版

《秋澗先生大全集》　王惲著　《四部叢刊》本
《牧庵集》　姚燧著　《四部叢刊》本

【作者簡介】　陳高華,(1938.3—),男,浙江省温嶺市人。中國社會科學院學部委員、歷史研究所研究員,兼中央文史館館員、中國元史研究會名譽會長。主要研究方向:元史、海交史等。

劉曉(1970.4—),男,山東省煙臺市人。中國社會科學院歷史研究所研究員、中國元史研究會副會長。主要研究方向:元史。

張帆(1967.3—),男,内蒙古呼和浩特市人。北京大學歷史系教授、中國元史研究會副會長。主要研究方向:元史。

元人總集研究示例

楊　鐮

【内容提要】　元人總集,是元代文學與元代歷史文化的結合點。特別值得關注的是,流傳至今的元人總集,有若干種保存了元代原創面貌。本文以其中的《郭公敏行録》與《述善集》爲例,通過對元人總集的分析研究,力圖探索認識元代文學與歷史文化的全新視野。

【關鍵詞】　《郭公敏行録》;《述善集》

從 1984 年開始,筆者致力於元詩文獻的著録、普查、考證、辨僞。這一過程持續了 20 多年,爲《全元詩》編撰打下基礎。現將對兩種文獻《郭公敏行録》與《述善集》的研究,整理成文,作爲示例。《郭公敏行録》,以一位名人爲中心,《述善集》,以一個家族爲中心,上述兩種總集流傳至今,不僅豐富了元代詩文作品傳世數量,恢復了元代歷史發展過程遺失的珍貴細節,也爲元人總集的編撰與成書提供了樣板。

上篇　郭公敏行録

《四庫全書》編成後,阮元《四庫未收書提要》著録了兩種元人的文獻,一種即《編類運使復齋郭公敏行録》(簡稱《郭公敏行録》),另一種是《運使郭公言行録》(簡稱《郭公言行録》),並以精鈔本收入《宛委别藏》叢書。這兩種善本互相關聯,均爲元史名臣郭郁的個人文獻彙集。《郭公言行録》一卷,作者署"福州路儒學教授徐東述",是郭郁傳記彙編。《郭公敏行録》不分卷,篇幅頗大,"無卷次、無撰人名氏。前有古侯黄文仲及三山林興祖兩序,疑出二人所編。按:郁有《言行録》一卷,已抄録。此特其宦游所至,與當日賢士大夫一時投贈之作。"①

　　郭郁,生卒年不詳。字文卿,號復齋。祖籍汴梁封丘(今屬河南),遷居大名(今屬河北)。早年學《易》于侯克中。累官江浙行省督事,皇慶元年(1312)除浮梁州知州,歷高郵知府,至治三年(1323)正月,調任兩浙都轉運鹽使司同知,泰定元年(1324)擢江西憲僉,泰定二年改慶元路總管,泰定四年遷福建都轉運鹽使。《至正四明續志》卷一、《新元史》卷一九四有傳略。歷仕江南各地時,熱衷接納文人學子,時名頗著。

　　元代文學作品,普遍有投贈、謁見、接風、送行、歌功頌德、叙舊懷故的篇章,有的還是名篇。除傳統詩文,散曲也不例外,關漢卿〔南呂·一枝花〕《贈珠簾秀》即是一例。據流傳至今的集序可知,在元代,針對某個具體人物集中寫作詩文,往往構成社會交往的組成部分。收到並保存這類作品,以其結爲一編,成爲名人的特殊名刺,是時尚所致。然而除《郭公敏行録》,沒有其他的同類成集著作,完整保存至今。而《郭公敏行録》就成爲這種取向的僅見的"文化化石"。

　　清鈔本《郭公敏行録》保存在《宛委別藏》叢書之中。此外,中國國家圖書館收藏有元至順刻本,顯然這就是《宛委別藏》鈔本的祖本。以元刻本與清鈔本比勘,鈔本有訛錯,但很少,個別地方刻本殘損不清,卻可依鈔本過録。刻本的殘損,應該在鈔本抄成之後。

　　《郭公敏行録》不分卷,保存的詩文大致以郭郁爲官地點彙集。全書存詩271首,而且全不見於其他總集。除詩,還有四首詞,數十篇文章。這些詩文的作者,身份差異較大,有著名詩文家、官吏,儒生、儒士、商賈⋯⋯。有的作者如今不大爲人所知,比如"艮齋",就是元代雙目失明的文人侯克中②。

　　這種以郭郁爲題詠對象的總集,有兩組"民謡",一組名爲《昌江百詠》(實際存詩45首),另一組名爲《民謡十首》。

　　昌江,即元代浮梁州。《昌江百詠》詩序云:

　　　　《淇奧》之美武公,《泮水》之頌僖公,皆邦人歌其君之善也。有善則歌,有過則規。言之者無罪,而聞之者足以戒,詩之義也。皇慶壬子,復齋郭侯來尹吾州,公明廉惠之政,洋溢乎耳目,銘鏤乎心肝。同僚和衷以治,邦人樂而歌之,紀善政爲民謡,目曰《昌江百詠》。辭不尚文,事紀其實,以俟觀民風者得焉。

　　　①阮元《四庫未收書提要》。
　　　②侯克中別號"艮齋"。有《艮齋詩集》十卷傳世。侯克中的經學著作《大易通義》有郭郁所作之序,此"艮齋"無疑是侯克中。

上述"紀善政"的"民謠",爲體現發自民間,"邦人樂而歌之"的特點,詩篇之後往往加以紀實文字作爲注釋,如:

> 下車先政辟儒官,不但張誇棟宇雄。次第更徭加勉勵,吾身親見漢文翁。

詩後注云:"公初至,謁文廟。見殿宇損漏,即勸誘儒生隨力樂助,或修或造,棟宇一新。"

> 千古浮梁鎖要津,名存實廢幾經春。濟川小試爲霖手,從此應無病涉人。

詩後注云:"浮梁古以浮橋得名。歸附後橋廢。皇慶壬子,有以競渡致殺人者。公悉拘管屬龍舟六千餘隻,横江爲橋,名以'濟衆'。既革競渡之擾,因成濟川之功。"

> 抑强扶弱凛秋霜,落膽奸豪走欲僵。金石可銷山可動,毫端未易轉炎涼。

詩後注云:"公廉知豪强侵兼小弱,故因事痛懲之。雖關節百端不爲動,於是豪强斂游。"

有了詩後注,顯然爲便於"觀民風者得焉"。文人寫作"民謠",使其詩有了明確的針對性。

《民謠十首》,一連以三首詩歌頌郭郁爲民伸張正義的膽識,《抑强扶弱》云:"各場貧富錯羌徭,貧日艱難富日驕。洞察民情親整肅,奸邪雄猾總魂消。"《私鹽訟簡》云:"鹽訟凡經化筆春,不容攀指擾平民。隨時斷遣無留獄,盡伏清廉法令伸。"《平反冤枉》云:富欺貧事百端,每誣鹽事欲欺官。公心獨有神明見,一一平反不受瞞。"

以上兩組七言絶句,實際是"詩狀"的範本。

除了詩文,《郭公敏行録》還保存了四首詞,其一,是元人姚堅作。

> 水調歌頭　　大梁郭公①七十壽詞
> 菊耐九秋晚,梅接小春回。乾坤好景如此,初度笑顔開。須信人生七十,那更公家萬石,有子亦奇哉。盛世寫圖畫,和氣藹樽罍。　　汴梁客,東滄海,北燕台。雙溪人士,多幸鳩杖日徘徊。重見汾陽富貴,更作渭川勳業,白髮未相催。起舞爲公壽,瑶鶴下蓬萊。

朱友聞詞如下:

---

① 這裹的"郭公",指郭郁之父。

　　百字令　　番陽餞章

　　芝山如畫,五年間,多費黃堂心力。南國重來棠蔽芾,壓盡江東春色。畎畝堯
民,水雲楚澤,鶴去遥天碧。書船歸後,思公惟對周易。　　月下濯足滄浪,笑他漁
父,只識磯頭石。豈不興懷攀鐙處,馬首髮蒼須白。人意綢繆,君恩深重,夜看星朝
比。茫茫煙海,浮梁能幾千尺。

方希願詞云①:

　　沁園春　　番陽餞章

　　畫戟清香,緑鬢朱顔,當代偉人。任宦情淡泊,歸舟空載。滿腔惻隱,噓律生温。
襦褲歌謡,佩衿弦誦,留得甘棠千樹春。昌江上,把它年政績,寫入堅瑶。　　曳裾
曾客公門,只冰雪相看意自真。更研朱點易,幾回清夜,對梅索句,長記芳辰。風雨
情深,江湖興遠,咫尺清光立要津。長亭路,但相期汗漫,上下龍雲。

　　姚堅,字里不詳。朱友聞,鄱陽(江西波陽)人,延祐年間在世。方希願,字里不詳。皇慶
三年(即延祐元年)正月,知州郭郁(復齋)出示侯克中(艮齋)所作《寄贈復齋郡侯》詩,方
希願曾以七律和之。以上三人,其人其詞,《全金元詞》與《全宋詞》均未收錄②,是元
佚詞。

　　關於《郭公言行録》與《郭公敏行録》,原來有一個難題始終未獲解決:郭郁是元史名
人,其中的詩文撰寫者如鄧文原、湯炳龍、侯克中、揭祐民、仇遠等都有文集傳世,時名頗
著,可元人文獻之中就見不到涉及《郭公言行録》與《郭公敏行録》的明確記述,《郭公敏
行録》中的數百篇詩文也從不見於其他總集③。

　　《郭公敏行録》(元刊本與清鈔本)共收入四首詞,除姚堅、朱友聞、方希願三人三首,
還收録劉忠〔太常引〕詞一首。《全金元詞》(下册 1127 頁)有〔太常引〕詞,題爲《送郭復
齋》,作者署“劉忠之”,經過比勘,〔太常引〕《送郭復齋》就是《郭公敏行録》保存的第四首

---

①《宛委别藏》叢書所收清鈔本《類編運使復齋郭公敏行録》,本詞未署作者。據元刻本《類編運使
復齋郭公敏行録》補詞作者之名。
　②參見《文學研究集刊》2009 年刊《元詞輯佚補正示例》。
　③在鄧文原《巴西集》(《四庫全書》本)卷上,有《送郭文卿赴浮梁知州序》與《浮梁州重建廟學記》。
《四庫全書》本《巴西集》,是江西巡撫采進本,《四庫全書總目》卷 166 認爲,這種版本“或好事者搜采遺
篇,以補亡佚,亦未可知”。《巴西集》兩篇文章顯然輯自《郭公敏行録》(《送郭文卿赴浮梁知州序》,《郭
公敏行録》作《國子司業鄧善之送文卿知州赴浮梁任序》),但並未提到來源。

詞。《全金元詞》是據《詞綜》卷三十三引録。《郭公敏行録》的〔太常引〕詞無題目，《詞綜》擬出《送郭復齋》之題（郭郁，號復齋），顯然其出自《郭公敏行録》，但在引録時將作者"劉忠"誤作"劉忠之"，"劉忠之"的"之"是衍文。《全金元詞》也因之致誤。清初朱彝尊編録《詞綜》時，曾直接或間接使用了《郭公敏行録》。也就是説，阮元爲編集《宛委别藏》而抄録《郭公敏行録》之前，儘管罕見流傳，但已經受到文獻家的注意。同時，一定程度上證明了《四庫全書》編者的判斷：鄧文原《巴西集》是明清之際人重編，不是原本。

下篇　述善集

與《郭公敏行録》相較，《述善集》三卷同樣提供了元代文獻（文學總集體制）的一個範例：《述善集》三卷將記述色目家族（唐兀歹）在中原存在的作品彙爲一編，三卷詩文針對的是楊氏在濮陽從落地生根到成爲土著這一過程。

1986 年——至今 25 年前，河南濮陽縣柳屯鄉楊十八郎村的村民楊存藻，將家中一部舊鈔本公之於衆，這就是由家族秘藏六百年的名爲《述善集》的文獻。楊存藻家藏《述善集》三卷，共有兩部鈔本，一般以甲本、乙本稱之。乙本抄録年代較晚，應該是爲了多一個保險係數而過録的副本。《述善集》三卷，卷一題作《善俗卷》，卷二題作《育材卷》，卷三題作《行實卷》。本書卷首有明嘉靖十四年、隆慶元年的兩篇序，卷末是兩種附録，其一是《歷代鄉約》，其二是《楊氏家譜》。附録是《述善集》成書以後，陸續彙集的有關資料。《述善集》三卷編録於元末，創意於至正十八年（1358）。面對時代潮流，改朝換代不可避免，楊氏族長楊崇喜（唐兀崇喜）將有關家族來歷的詩文編成三卷，妥善保存，是希望後人不忘出處來歷，認同新的居住地。附録的《楊氏家譜》，則有清人、民國初期人的序文，是濮陽縣柳屯鄉楊氏與鄉鄰同守"鄉黨之義"的約定。

河南濮陽縣柳屯鄉楊十八郎村的楊氏家族，是來自西夏（賀蘭山）的色目氏族，目前在其家族墓地，還有《大元贈敦武校尉萬户府百夫長唐兀公碑》，這就是其入元第一代在濮陽定居的地理標誌。河南的平頂山、南陽、洛陽等地，元代都有色目氏族定居，比如潢川馬祖常家族、郟縣廼賢家族等，但是保存有如此完整的家族文獻者，目前僅此一見。《述善集》三卷保存了近 80 篇有關詩文，不但豐富了現存的元人作品，也爲元代文獻的一種特殊類別——爲在中原定居的一個色目部族所作詩文的總集，留下樣本。以詩文祝楊氏家族"家運昌盛"、"團族興學"、"講信修睦"、"里仁爲美"者，有張翥、曾堅、張以寧、潘迪等文壇名人，也有同屬來自西夏、定居中原的馬國驥、李顏等色目氏族人士。

關於《述善集》三卷,前些年出版了《元代西夏文獻述善集校注》①、《述善集研究論集》②等,對《述善集》作了全面的推薦介紹研究。我編錄《全元詩》時依據的《述善集》三卷,則是借助楊富學先生提供的原稿影本。

從《述善集》開始編訂至今,濮陽縣柳屯鄉楊十八郎村的楊氏家族一直因其受到關注。這三卷詩文與序跋,是來自賀蘭山,定居河南、河北、山東三省交界處的濮陽(元代屬開州)的唐兀移民的記憶之結。開州方志之中,保存有元人王繼善《題楊崇喜亦樂堂詩》,這兩首詩就出自《述善集》卷二。其二詩云:

> 詩禮傳家業,芸香藹棟楹。義途修坦熟,性地入高明。千里熏蘭復,九皋感鶴鳴。浮雲時事改,應不役斯名。

至正間,濮陽楊崇喜(唐兀崇喜)爲族人建鄉校,講室名爲"亦樂堂",曾邀王繼善爲其題詠。亦樂堂,是唐兀家族與鄉鄰交流的通道。

《述善集》卷一,有"開州牧守忠公嚴也再拜"詩一首。詩自署"開州牧守忠公嚴也再拜",作者的歸屬,難於判斷③。元人許有壬《至正集》卷一《瑞麥賦》序中提到:"大名爲河北大郡,開又屬州之大者。皇上新令守之法,於是哈答吉、月魯元臣、白守忠公嚴,皆以郎官慎選,出守是州。"關於瑞麥,《元詩選癸集》之《丙集》李絅小傳說,有白守信其人曾作《瑞麥頌》。《至正集》卷十七亦有題爲《白志仁教授孝行》的七言律詩一首,詩題注云:"公嚴檢校父也。"《至正集》卷二十一有《白公嚴檢校自任城訪予相下首謁先公塋感其高義作詩謝之》。故暫定詩作者姓名爲白公嚴。白公嚴,字守忠,色目人。曾任檢校之職,至正年間,以郎官爲大名開州達魯花赤。在《述善集》卷一,白公嚴詩云:"里人自致澆風變,郡守何曾教化行。但願斯民總相效,老夫拭目看升平。"這首詩寫於至正八年(1348),作爲開州的監郡,同屬色目人的白公嚴期待的升平盛世,是不同民族同處一鄉。

《述善集》結集在至正中期以後,當時中原已經進入戰亂,唐兀楊氏家族以《述善集》申明來歷,同時通過有關詩文表示:不會放棄新的家園,不會聽任戰火蔓延。在此期間,柳屯鄉楊十八郎村保境安民,爲附近的蒙古色目居民與中原的漢人提供了避難處所。清〔光緒〕《開州志》卷八,收錄有一首題爲《避難至開州》的七言律詩,作者是韋平。韋平,字里不詳。這首詩寫到:

---

① 甘肅人民出版社 2001 年版。
② 甘肅人民出版社 2001 年版。
③《元代西夏文獻述善集校注》(第 33 頁)定其名爲"忠公嚴"。

出門仗劍願成功,到此誰知百戰空。殘壘猶憐衰草白,降旗枉照夕陽紅。一從解甲悲淮右,無復攀髯戀禁中。消盡雄心愁末路,天涯托缽梵王宫。

韋平心目之中,戰亂四起,開州則是"衆生平等"的淨土。通讀《述善集》三卷,來自西夏的楊氏是這一願望的宣導者、身體力行者。

《述善集》三卷由家族秘藏六個世紀之後,適時公之於衆。其間,僅有個別人知道它的存在。然而,衆多的同類文獻則流失在歷史發展過程之中。《述善集》三卷編訂的明初,當權者曾極端抵制前朝的文化,此後,歷經改朝換代的戰亂、災荒,直至"文化大革命"的"破四舊"等人禍,《述善集》三卷安然無恙,完整流傳至今,完全是出於楊氏家族的珍惜愛護。借助它,使傳世元人總集增添了一個前所未見的類型,爲中原居民和諧相處提供了一個例證,傳世的元人詩文增加了三卷之數。

【作者簡介】 楊鐮(1947—),男,遼寧遼陽人,中國社會科學院文學研究所研究員、博士生導師,北京師範大學古籍與傳統文化研究院兼職教授。

· 文獻研究

高麗末年三十家文集提要(上)

邱瑞中

【内容提要】 高麗立朝五百多年,大致相當於中國晚唐元朝結束。朝鮮半島的個人文集,亦産生於這一時期。前有崔致遠的《孤雲集》和《桂苑筆耕集》,中期有幾部高僧的文集傳世。高麗後期一百五十年間,卻出現了大量的個人文集,保存至今的有李奎報《東國李相國文集》等七十餘家。

成吉思汗崛起漠北,鐵騎曾多次跨過鴨綠江。高麗王朝從抵抗轉向歸順,至忽必烈以後,與元朝結成姻親。此時在高麗文獻中,大量記載了有關中國的史料。近三十年,韓國學者整理出版了《韓國歷代文集叢書》3000 冊,《韓國文集叢刊》400 巨冊。

本目錄專門介紹蒙元時期的文集。

【關鍵詞】 高麗;蒙元時期;文集

在朝鮮半島,王氏高麗王朝曾見證了蒙元帝國崛起、興盛。衰亡的全過程。這段時間大約有 150 年。期間保存至今的個人文集有 30 部。

朝鮮半島個人文集的結集始于唐末崔致遠。崔氏自編《桂苑筆耕集》二十卷,後人輯《孤雲集》三卷。這是三韓別集類開山鼻祖。以後有釋義天《大覺國師文集》二十三卷、《外集》十三卷。義天是高麗第十三代國王文宗之第四子。在北宋時代,曾泛海赴中國學習《華嚴經》,弘揚賢首(法藏)教義。還有林椿《西河集》六卷。《西河集》在高麗末年由李仁老收集殘稿編成。

現在朝鮮半島大量保存下來的集部文獻,自李奎報始。時間相當於中國蒙元時代的高麗別集類文獻有以下特徵:

第一,文從兩漢,詩宗盛唐。李穡《復用圓齋詩韻聊以述懷》之九:"今人盡說學唐詩,妙處誰曾更苦思。"又說:"抽毫書晉字,煉句學唐詩。"(《偶吟》三首)

第二,高麗詩文,繼承中國詩歌之興、觀、群、怨的傳統。從作者思想到作品內容,都反映了當時的社會生活。高麗時代的詩,可以證史。

第三,這三十家作者幾乎都是政府官員。其文多有代國家擬寫之書、狀、表、牒。其中很多人到過大都,有"行錄"或"紀行詩"可資今日考據。

第四,詩文中的序、注,往往是歷史之記錄。

第五,高麗三千里江山,人口相對集中。此三十家文集的作者之間,有種種聯繫。權姓爲三韓世家,李齊賢和李穡先後做了權家女婿,權近(其文集入明)文名最著。李達衷是李齊賢的堂侄。鄭浦與鄭樞、李穀與李穡是父子,閔思平是金九容的外祖父。白文寶、李穀、李齊賢同學於白頤正門下,三韓始有理學,而李穡把理學推爲高麗顯學,影響半島六百年歷史。這種家庭、師生、朋友關係,在高麗編織成一張巨大的文化網,每一個人,幾乎都可以從相近的文集中找到有關他的歷史資料。

這三十家文集,是我從《韓國文集叢刊》中輯錄出來,只抽取與蒙元時代有直接關係的詩文,釐爲二冊,2004 年由廣西師範大學出版社出版。以後我們很多人共同完成了《韓國文集中的明代史料》(2006 年)《韓國文集中的清代史料》(2008 年)之輯錄。我們還將出版補遺部分。

1992 年,中國與韓國建交。1999 年夏,韓國青雲大學校總長金炯德先生訪問內蒙古師範大學,我向他請求一部《韓國文集叢刊》。三個月後,我收到他贈送的 100 冊。2001 年夏,青雲大學校新總長金熙重博士又繼續贈書 240 冊。近年我們陸續補齊全書。

金炯德,號銀泉,1927 年 12 月 31 日出生於中國東北。他的父親金井松,字辰謨,任吉林師範學校教師,系大韓民國獨立運動成員,1934 年卒。母親崔景林,1972 年卒于中國瀋陽。1945 年日本投降,18 歲的金炯德隻身回到韓國,先爲軍人,以後與朋友合作創辦忠清南道產業集團,又轉業創辦慧田大學和青雲大學校,2009 年逝世。我曾獲得他多方關照和祝福。願他的靈魂在天國安息。

1、《東國李相國文集》五十三卷　李奎報著

李奎報字春卿,號白雲居士(1168—1241),高麗毅宗二十二年,南宋乾道四年,金大

定八年生;高麗高宗二十八年,南宋淳祐元年,蒙古太宗十三年卒。

奎報黃驪縣人,父允綏,官至户部郎中,母金壤縣金氏。奎報九歲能屬文,時號奇童,九經子史,一覽輒記,以詩捷著稱。二十一歲舉司馬試中第一,翌年擢進士第,俄補全州書記。

奎報性耿直,爲政剛猛,不避艱險。三十九歲被儒官所薦,補直翰林院。四十七歲除右正言,知制誥。五十一歲因公事被劾,出爲桂陽都護府副使,尋以禮部郎中、起居注官見召,未幾除寶文閣待制。六十二歲以直言犯忌,流於蝟島,翌年放還王京。時蒙古侵軼,奎報以散官典制文書。六十四歲起爲正議大夫、判秘書省事、寶文閣學士。六十五歲入相,爲紫金光禄大夫、知門下省事、户部尚書、集賢殿大學士、判禮部吏部事,加太子大保。《高麗史》卷102有傳。

蒙古太祖八年(1213年),命皇弟哈撒兒尋海而東,取薊州、遼西等地。十一年(1216年)契丹人金山、元帥六哥率領九萬人入高麗。十三年(1218年)太祖派遣哈只吉、劄剌領兵過鴨綠江征討契丹。蒙古壓境,屢加征詰。奎報久掌兩制,凡國家王言帝誥、高文大册以及外國交聘表狀、征誥文字均出其手。這些文獻主要保存於《東國李相國文集》第二十八卷和第三十二卷。如《蒙古兵馬元帥幕送酒果疏》(1218年),《蒙古國使費迴上皇大弟書》(1219年),《蒙古國使費迴上皇帝表》(1219年),《國銜行答蒙古書(壬辰二月)》(1232年),《送撒裏打官人書(壬辰四月)》(1232年),《答河西元帥書(壬辰五月)》(1232年),《答沙打官人書(壬辰十一月)》(1232年),《送晉卿承相書》(1232年),《送蒙古大官人書(壬辰十二月)》(1232年),《密告女真漢兒書》(1233年),《蒙古皇帝上起居表(戊戌十二月)》(1238年),《送晉卿丞相書》(1238年)等。

這是成吉思汗時期、窩闊台時期,蒙古征伐高麗的歷史文件,大部分被鄭麟趾采入《高麗史》高宗十七年至二十二年《本紀》中。《元史·本紀》所記,僅寥寥數十字,而《元史·高麗傳》語焉不詳,且多有錯訛。李奎報致耶律楚材晉卿的兩通書信,恰與《湛然居士文集》卷七《和高麗使三首》內容相合。這在元代文獻中,是頗爲有趣的史事。

李奎報有《東國李相國文集》五十三卷,其中《前集》(又稱《全集》)四十一卷,系其次子李涵于1237年輯成。這些詩文,具經過作者審定,同一類型的作品,按照年、月、日順序排比。奎報長於作詩,著文時,又往往以詩相伴,故他的詩文互相呼應,頗易系年。奎報的詩是現實主義作品,故其詩、文都是當時高麗國史的記録。

李奎報生活在高麗後期,他的政治活動,正在成吉思汗崛起,到窩闊台一朝。蒙古兩代君主發動了征服高麗的戰爭。李奎報以典制文書直接纂寫高麗政府給蒙古皇廷之往來檔案,這些文獻的內容、收信人以及發出時間,成爲蒙古對高麗戰爭的"一世"檔案。再加上紀事詩和其他文獻作爲補充材料,使高麗文獻成爲研究蒙古早期朝廷活動的外國文獻之重要源泉。

自李奎報起,高麗王國與蒙元帝國幾乎一齊呼吸命運。而高麗王朝在最後一百年間的三十家别集,亦成爲研究元朝歷史的重要輔助資料。一部《高麗史》,其最後百餘年史事,無不與蒙元歷史相聯繫。這是研究蒙元歷史者不能不給予特別關注的。

《東國李相國文集》五十三卷,年譜一卷。其中《前集》(又稱《全集》)四十一卷,奎報次子李涵於 1237 年輯成。《後集》十二卷,於高宗二十八年(1241 年)輯畢,崔瑀督其事。秋七月,奎報寢疾,遂募工雕版,九月初二日卒,未及竣事。高宗三十八年(1251 年),敕奎報孫李益培據家藏本讎校再版。朝鮮時代又多次雕版重印。半葉十行十八字。

2、《梅湖遺稿》不分卷　陳澕著

陳澕號梅湖,高麗明宗(1171—1197)至高麗高宗(1214—1259)之間,生卒年不詳。

陳澕與李奎報同時代,與奎報齊名,號稱"李正言、陳翰林"。陳澕事蹟久湮,大約在高宗時做過右司諫、知制誥。出外知公州事,卒於官。其曾祖陳龍厚事高麗仁宗,祖父陳俊,居家清州吕陽縣,行伍出身,有勇力,拜衞將軍,戍北界。高麗明宗朝累拜知樞密院事,進參知政事、判兵部事。陳俊性耿直,有時譽。因平定内亂,有功於國家,頗得文臣稱讚。《高麗史》卷 100 有傳。父陳光賢官樞密副使。兄名湜,《高麗史》卷二十二高宗十四年有名。弟名温,三人皆登第。陳澕以書狀官奉使入金,看到蒙古已經興起。如《奉使入金》、《憶金翰林》、《使金通州九日》、《金明殿石菖蒲》都是此行之作。他生前詩名甚高,可惜文集不傳。

《梅湖遺稿》先由洪萬輯佚,獲若干首,因殘篇斷簡,不能成册。陳澕裔孫歸之於譜。朝鮮英祖四十八年(崇禎三壬辰,1772 年),南泰普又輯出若干首,釐爲二篇。越十一年,陳湜十五世孫陳厚輯録諸家評論及湜、温昆仲詩歌,編成《梅湖遺稿》,不分卷,排字印行。半葉十行二十字,活字本。

3、《南陽詩集》二卷　白賁華著

白賁華號南陽(1180—1224),高麗明宗十年,南宋淳熙七年,金大定二十年生;高麗高宗十一年,南宋嘉定十七年,金正大元年,蒙古成吉思汗十九年卒。

賁華少力學,工屬文,十九歲中舉,同年登進士第。金泰和六年(1206 年),籍屬内侍,歷十九年。以做事認真著稱。契丹入境,劫掠尤甚,出爲宣撫使賑貸災民。歷官秘書校書郎、衞尉寺注簿、少府寺丞,五遷至閤門祗侯。未幾以尚書禮部員外郎賜紫金魚袋,卒於宣州防禦副使。生二子,長曰希諗,祝發爲僧,次曰叔明。

《南陽詩集》由希諗搜集編次,於高麗高宗三十六年(1249年)付梓。版面漫漶,大部分文字無法辨讀,系昭和十八年(1943年)海印寺用六百多年前舊版刷印。《南陽詩集》多爲唱和之作,有關佛教者尤夥。其墓誌由李奎報作,説契丹之亂,白賁華曾受命賑貸災民"所活不可數"。

4、《止浦集》二卷　金坵著

金坵字次山,號止浦(1211—1278),高麗熙宗七年,南宋嘉定四年,金大安三年,蒙古成吉思汗六年生;高麗忠烈王四年,元至元十五年卒。

金坵系出新羅國姓,四五歲始讀經史,善屬文,時稱神童。二十三歲擢文科第二名。李奎報稱:"繼我秉文衡者,必此人。"初受濟州通判,築石垣以防鹿馬蹂躪農田。考滿拜翰林。庚子(1240年,蒙古窩闊台十二年)充書狀官赴蒙古,著《北征録》行於世。癸亥(1263年,元中統四年)忽必烈怒責高麗,金坵屢撰表咨,致辭懇切,世祖心悦,親有賞賜,擢翰林學士,知制誥。與李藏用同修高麗神宗、熙宗、康宗《實録》。元朝達魯花赤胡服入宮,見王不拜,金坵彈劾之,達魯花赤大怒,金坵終不爲動。他力主宮内學館收士人子弟學習漢語,裨正翻譯之失。又與柳敬等同修高宗《實録》。官至吏部尚書、寶文閣大學士,拜世子貳師。晚年卜居止浦。《高麗史》卷106有傳。

金坵有《北征録》,不在文集中,只收紀行詩六首,已極珍貴。如獲《北征録》,必於蒙元史研究大有益焉。文集中多表狀書信,亦可注釋元人文集。金坵與李奎報文可助探索蒙元時代中國高麗之關係史。

《止浦集》卷二是"應制録",即金坵代國家所擬政文高册。這些原始文獻及注文頗有價值。如《賀新登寶位起居表》小注云:"元宗元年庚申(1260年)三月丁亥,蒙古皇弟忽必烈即皇帝位。遣永安公僖奉表賀即位。"又有《賀表》"臣伏聞皇帝陛下,今年三月二十四日,新即寶位。受萬邦朝賀者,千齡啟旦,如日之升。"云云。查三月丁亥是二十日,三月二十四日,爲辛卯。《元史·世祖本紀》:"中統元年三月戊戊辰朔,車駕至開平。親王合丹、阿只吉率西道諸王,塔察兒、也先哥、忽剌忽兒、爪都率東道諸王皆來會,與諸大臣勸進。帝三讓,諸王大臣固請。辛卯,帝即皇帝位。"辛卯是二十四日,當是登基大典之日。丁亥,即二十日,當爲"帝三讓,諸王大臣固請"之日,是日確定忽必烈繼承大統,故金坵小注曰:"蒙古皇弟忽必烈即皇帝位。"忽必烈的登基典禮準備了72小時。可見時勢之急迫。金坵之掌制誥,忽必烈一朝,許多政事,凡與高麗朝相關者,均有表奏存焉,其小注可作研究之門徑。又有三首致王鶚信,惜未見王氏之回復。

《止浦集》由坵之八代孫金東灝於崇禎後三乙卯（1795 年，清乾隆六十年）輯佚而成。年譜系十六世孫金弘哲編撰。1801 年辛酉刊行於世。總二卷 107 板。半葉十行十九字。

5、《動安居士集》五卷　李承休著

李承休字體休，號動安居士（1224—1300），高麗高宗十一年，南宋嘉定十七年，金正大元年，成吉思汗十九年生；高麗忠烈王二十六年，元大德四年卒。

承休以號行。幼知書，以布衣言事，獲知於高麗忠敬王元宗。曾以書狀官從順安公入元，觀見世祖忽必烈，每遇恩賜，上表陳謝，語輒驚人，名遂大振。後事忠烈王，爲正言司諫，益好言事而不納。以密直副使、詞林學士致仕，屏跡頭陀山。承休治家有法，三子皆有名。長曰林宗，官至讞部散郎。次子出家，赴曹溪僧，爲禪門宗師。季子衍宗，與崔瀣同登進士第。卷末收歐陽玄文一篇，稱其詩文語意清峻，思致不塵，有飄然世外之趣，可與金季名士角逐一藝之長。承休性好佛，歸隱後，借三和寺佛藏一部，攻讀十年畢。後以別業施爲僧舍，匾其居曰"看藏庵"。《高麗史》卷 109 有傳。

承休著《賓王錄》（又稱《行錄》）四卷。記録高麗元宗十四年、元世祖至元十年（1273 年）八月，元宗子順安公赴大都賀忽必烈皇帝冊封皇后和皇太子之事，詳細記載大典盛況。又記八月二十七日，忽必烈在大都城北五里萬壽山東側新落成之長朝殿宴請各國使臣之盛會，侍宴七千人。館辦侯友賢學士告之曰："此殿可容一萬人"，"其殿壯制極巧，窮創之至，不可得而言之。"諸王、大官、百僚，黎明入殿，皇子、公主與使節及諸臣參差而就座。丹黃畫地面，龍須白席爲之方卦，區以別位，而書其官號。皇帝皇后自便殿而出，就位。閤門喝鞠躬、拜興、三舞蹈，跪左膝，三叩頭，山呼而禮成。皇太子起，獻壽畢，伎樂爭呈，歌舞迭起，笙鏞間奏。堂上堂下，繪山繡嶽。蒙元皇帝，自忽必烈起實施漢化。他在金蓮川開府，接納金朝一班漢臣謀劃，確立以儒治國之方略。建都燕京，以漢家傳統改造宮廷政治生活，治理國家。

又，據李承修説，長朝殿於八月"二十有七日落之。"查《世祖本紀》，八月無長朝殿落成之記載。這麼巨大的殿宇，落成之日，與忽必烈聖誕典禮，僅差一天。而其殿基至今未見考證，故猜測，它是"棕毛殿"一類建築。魏堅《元上都建築遺存的考古學研究》説："考古調查發現，在外城西部北端的東西隔牆南側，有一平坦的直徑達 160 餘米的圓形高阜之地，與周邊的圍壕高差約 50 ~ 80 釐米。元代詩人曾經盛讚的棕毛殿，或許就應位於此處。馬可·波羅描繪它是用竹子作梁架，以金漆纏龍繞柱，劈竹塗金作瓦，殿內壁畫花草百鳥，外用彩繩牽拉固定，高達百尺，廣可容數千人同時進餐，故也稱作'竹宮'。當時在上都舉行的各種宴會中，規模最大，費用最多的'詐馬宴'，就在棕毛殿舉行。每逢宴會，

王公貴族宿衛大臣均要穿皇帝賜的'質孫服'赴宴。'質孫服'就是衣冠顔色完全一樣的服飾，因而'詐馬宴'也稱作'質孫宴'，一般要大宴三天，每天換一套服飾。可見當時上都宴會的空前盛況。"魏堅教授的這些研究，可能對研究長朝殿，有所啓發。李承休説，典禮活動結束後，諸王大臣曾受命更換衣服，再進殿進餐。而高麗使臣授敕可以不更換衣服。這又與"詐馬宴"情況相同。長朝殿應該是放大了的蒙古包。元朝宮廷慶典及盛宴禮儀在承休筆下叙述至爲細密，雖中土文獻，亦未之見也。

至元十一年(1274年)甲戌，六月十九日元宗薨。李承休又以書狀官奔告元朝。六月二十一日由松京啓程，七月十二日抵上都開平府。忽必烈於十八日下旨："宮主後行，而國王先還本國行孝者。"十九日高麗國王一行從開平府出發，八月二十四日回到松京。

三韓人觀光中國，多有燕行之録，所記頗詳備。這部到中國之觀光記録，從現存文獻看，似爲第一篇。然而觀其體例，雖爲日記，但不是每日都有記録，雖然也記行程，但不是依日序紀其里程、打尖住宿、站驛名稱，它只記録發生過重要事件的日子。又李承休的《賓王録》實爲日後整理手記而成篇章，它不是準備向國王彙報的"備忘録"，故《賓王録》與二百年後的《朝天録》比較，頗不完備。另外從高麗末年的别集中，探討這種專門記載到中國出使的公私日記體紀實文獻，尚未發現第二部。以此我們是否可以這樣猜測：以向三韓國王彙報到中國出使之見聞的工作報告，是在朝鮮時代形成的。在高麗時代，後世稱之爲《燕行録》的有關中國之系統文獻，尚未問世。而李承休因放逐賦閑，追記以往在中國之見聞，則開了《燕行録》的先河。《燕行録》實際上是朝鮮王國對付其宗主國的情報源頭，政策依據。《燕行録》是朝鮮王朝的重要政治工具。

本書還收至元十年，李承休與元翰林學士侯友賢的唱和詩若干首。

《動安居士集》是承休1290年親自編定之《行録》四卷，與其三子衍宗搜集編輯的《雜著》一卷合刊而成，時在高麗末年。有至正十九年李穡序，總90板。半葉十行十八字。

6、《謹齋集》四卷　安軸著

安軸字當之，號謹齋(1282—1348)，高麗忠烈王八年，元世祖至元十九年生；高麗忠穆王四年，元至正八年卒。

安軸父以縣吏登第，隱而不仕。軸力學工文，中第調全州司録。元泰定元年(1324年)朝廷會試，中三甲第七名，敕授遼陽路蓋州判官。高麗忠肅、忠惠王時升遷不定。國家之表、箋、詞、命，多出其手。參修忠烈、忠宣、忠肅王三朝《實録》。《高麗史》卷109有傳。

安軸赴大都會試,有紀行詩。其廷對策問卷保存完整,是元朝保留下來的試卷(泰定甲子科)。安軸文集中保存著一篇《請同色目表》,它是反映元代社會將中國人劃分四等的重要文獻,亦是高麗王朝極力親近蒙古統治集團的證據。其表云:"……伏念小邦,先投聖化,累著殊勳。方初釐降帝姬,永以慶流于萬世。今又誕生聖嗣,必將福及于三韓。有何不世之功,值此難遭之幸。親則是一家甥舅,義則爲同體君臣。茲遠別於漢南,得同入於色目。伏望諒臣匪他之懇,知臣附本之心,廓闢至仁,俯頒諭旨,則臣不敢仰日月,披肝露膽,期報恩榮,至子孫竭力輸忠,勉修職貢。"

《謹齋集》由安軸女婿鄭良生於 1364 年刊版,初名《關東瓦注集》。1445 年,由玄孫安崇善補遺重刊。1740 年,安軸裔孫增補時人及作者遺文再版,定名《謹齋先生集》,釐爲四卷。1910 年,軸之裔孫安有商又增補重刊。總 104 板,半葉十行十八字。

7、《益齋亂稿》十一卷　李齊賢著

李齊賢字仲思,號益齋(1287—1367),高麗忠烈王十三年,元世祖至元二十四年生;高麗恭愍王十六年,元至正二十七年卒。

齊賢家世遙遠,先祖次第有序。父李瑱,母朴氏。齊賢十五歲魁成均館試,同年又中丙科。權溥以女妻之。權溥系出古昌,遠祖以降,世爲高麗權貴。溥長女適齊賢,兩位次女適王室兩大君。權溥以王親國戚知貢舉,門生兩代亦曾掌試,高麗末年,朝中以權溥爲核心,形成一個文化和權力的重心。齊賢當然獲得妻族勢力之支持。他二十二歲入選藝文春秋館,二十五歲爲西海道按廉使。元大德十一年(1307 年),高麗忠宣王佐元仁宗平定內難,迎立武宗海山,有功於元朝,受武宗、仁宗寵遇,遂以太尉留住大都官邸,傳國於忠肅王。他在大都建萬卷堂,交結京師文學名士,召齊賢赴都,興會諸彦,時在延祐元年(1314 年)正月。一時名輩如閻復、元明善、趙孟頫等咸與優游。齊賢周旋其間,學問益進,唱和之作頗多。延祐三年(1316 年),齊賢隨忠宣王奉使西蜀,紀游之作已成史跡。忠宣王又降香江南,齊賢隨記江南所見。不久歸東國。元至治二年(1322 年)冬,齊賢再赴大都,時忠宣王被讒遷西蕃。明年,齊賢赴西蕃,謳吟道中,忠憤之情藹然。忠肅末年,高麗內亂,齊賢能秉正處事,頗得人心,立身於亂世。年七十,封金海侯,翌年致仕。齊賢天資厚重,勤于治學,光明正大,故所發議論,所做事業,堪爲高麗之表率。史學有春秋筆法,重朱子理學,言辭平和,對酒只論古今,東國之人無不敬重。《高麗史》卷 110 有傳。

李齊賢是高麗後期第一個長期在元大都居住的文官。他以忠宣王的文化閣僚身份,交往大都文人,其詩文創作,自然具有不同于半島本土作家之特徵。而其跟隨忠宣王游歷中華名山大川、江河上下,作品情懷,又有外國人的獨立風格,故其詩存,別具文獻意

義。大元王朝,自第二代皇帝成宗繼位,便留下金真諸子之間內部矛盾的禍源。成宗死後,其兄答剌麻八剌的兩個兒子以武力奪取政權,揭開以後七代帝王血腥鬥爭的帷幕。高麗忠宣王等幾代君臣或參與王權之爭奪,或親歷殘酷之屠戮,成爲有元一代王室更迭的見證人。故自李齊賢開始,以後文臣作家之著作,頗多涉獵元朝宮闈政治,其詩文或行間注釋,成爲研究元代歷史的異民族記錄。在《文集》卷八,有《乞比色目表》,可見高麗末期,民族精神不振,統治者比附心理增強的現實狀況。在韓國,李齊賢是眾人研究的重要作家。

《益齋亂稿》系齊賢少子彰路、長孫寶林裒集散篇成帙,於元至正末年刊板,由李穡作序。1432年(明宣德七年),朝鮮世宗命再刊板行世。1600年,其十一世孫李時發,校勘《亂稿》十卷,櫟翁《稗說》四卷、《孝行錄》一卷,手寫《拾遺》,於慶州刊板印行。附柳成龍跋。1698年裔孫黃海道觀察使李寅燁合李𪓌(齊賢之七世孫)《再思堂散稿》,於海州刊板,爲第四刻。《益齋亂稿》十卷,《拾遺》一卷,總二四二板,半葉十行十八字。

8、《拙稿千百》二卷　崔瀣著

崔瀣字彥明,號拙翁(1287—1340),高麗忠烈王十三年,元世祖至元二十四年生;忠惠王復位一年,元順帝至元六年卒。

瀣乃唐末崔致遠之後,九歲能詩,長學日進,大爲先輩所服。登第,補成均學官。高麗忠肅王八年(1321年)赴大都應試,中英宗至治辛酉(1321年)宋本榜及第,授遼陽路蓋州判官。蓋州地僻,居五月,移病東歸。累官至檢校成均大司成、典儀副令、藝文應教。瀣才奇志高,讀書爲文辭,不資師友,超然自得。不惑異端,不溺習俗,而務合於古人。至論異同,苟知其正,雖老師宿儒爲時所宗者,且詰且折,確持不變。他放蕩敢言,不容於時,終不爲大用。平生不理家業,自號拙翁。嘗著《猊山隱者傳》以爲自述,評價頗爲中肯。家貧而無後,兩娶而遺三女。《高麗史》卷109有傳,采自李穀所撰墓誌也。

《拙稿千百》二卷,由崔瀣自編審定,卒後,友人閔思平出力刊行。李達衷爲閔思平撰《墓誌銘》曰:"善交游,嘗與拙翁崔先生友善,尤篤喜其文。出力刊行。其敦信樂善類此。"李穡《牧隱文稿》卷九《贈金敬叔秘書詩序》云:"古今著書者眾矣。吾三韓近世,獨快軒文正公爲傑。然其門人雞林崔拙翁,又其次也。裒輯之富,稱快軒;簡釋之精,稱拙翁。然未能盛行於世,工匠之拙也,簡秩之重也。"崔瀣著述,所存儘是文章,而以序、墓誌居多。其囊括年代,幾乎占盡有元一代。雖然所記儘是高麗人歷史,但幾乎均與元朝有聯繫。故《拙稿千百》所記事件,多可補證《元史》。

崔瀣之文,能自編審定,又有親朋早日付梓,且能將原刻本流播後世,誠不易也。讀者諸君勿以其字拙而輕之。卷一末有"至正十四年甲午(1354年)八月 日晉州牧開版"二行。卷二末有七行小字,開列監修人職官及刻工人名。末行爲郭忠守。韓國學者認爲郭系主持雕版之人。半葉九行,十九至二十三字。總七十六板。一九三零年,育德財團影印。

9、《及庵詩集》五卷　閔思平著

閔思平字坦夫,號及庵(1295—1359),高麗忠烈王二十一年,元元貞元年生;高麗恭愍王八年,元至正十九年卒。

思平系出高麗名門,九世祖以下,代有宰輔。他五歲喪母,長於祖父膝下,叨庭鯉對,超然有氣度。大宰金貞烈倫以女妻之。貞烈喜賓客,一時名彥,多從之游。思平因有所觀感,爲學日進。中延祐乙卯(1315年)高麗朴仁幹榜進士。高麗國王歷授官職。大元至正九年,隨忠定王赴大都,歸國,忠定王繼位,授檢議參理、藝文館大提學、知春秋館事、號輸誠秉義協贊功臣、進贊成事、商議會議都監事。思平以詩酒自娛,爲人坦坦蕩蕩。生一女,孫男二人,親授之學,皆登科第,在歷史上頗有影響。

閔思平詩,宗老杜追陶潛,高風絶塵,不陷流俗。亦多誄詞,所哭儘是高麗名家,與中國不相關。他的外孫金九容是高麗末年著名政治家。

《及庵詩集》由金九容以家藏本編次而成。因戰亂,思平詩文多散亡,此二卷,系九容奉外祖父之命録副珍藏者。1370年,思平門徒慶尚道按廉使李頤雕版印行。總五卷八十八板,半葉十一行十五字。前有李齊賢、白文寶序,均手跡上板。

10、《稼亭集》二十一卷　李穀著

李穀字中父,號稼亭(1298—1351),高麗忠烈王二十四年,元大德二年生;高麗忠定王三年,元至正十一年卒。

李穀二十三歲中高麗秀才科第二名,二十九歲中元征東省鄉試第三名。泰定四年(1327年),三十歲,赴大都會試不第。元統元年(1333年)再赴大都會試中第,殿試第二甲,此高麗人殿試擢入二甲之第一人也,賜進士出身。授承事郎、翰林國史院檢閱官。翌年,奉詔使高麗。元順帝至元元年(1335年)還京師。授儒林郎。征東行中書省左右司員外郎。高麗忠肅王拜忠顯大夫、成均祭酒、藝文館提學、知制教。至正元年(1341年);齎賀改元表再赴京師,因留居六年。授中瑞司典簿。

李穀晚年曾扈駕順帝幸上都,返高麗頒新曆,往返於大都與高麗之間。他是在元大都居住幾二十年,結交元朝士大夫較多的一位高麗人。這在有元一代,高麗士族中,恐怕

無人可比。在大都,他寫了很多高麗人寓居中國之事蹟。在高麗,他又寫了寓居三韓的中國人。李穀詩多紀事,《灤京紀行》一組,描繪元上都地理環境,人文景觀,以及棕毛殿之詐馬宴,歷歷如畫。燕京詩文,記事頗詳,生活氣息濃郁。詩歌多有與揭傒斯唱和者。末卷附元人歐陽玄、宋本、謝端、焦鼎、岳至、王士點、王沂、潘迪、揭傒斯、宋褧、程益、程謙、郭嘉、黃溍、王思誠、蘇天爵、劉聞、劉閏、貢師泰、余闕、成遵、周暾、張起巖、林希光、葉恒、傅亨、方道睿詩文。

《稼亭集》由其子李穡于1361年編輯而成。1364年高麗恭愍王十三年,元至正二十四年,由其女婿在錦山初刻。1422年其孫李種善托江原道觀察黜陟使柳思訥重新刊版。佚文系裔孫李基祚於大丘補刊。時在1635年。二十七年後,裔孫李泰淵在全州刻第四板。李穀李穡父子在高麗時期的漢學成就獨冠三韓,對後世文學、思想影響頗深。《稼亭集》二十卷,《雜錄》一卷,總293板。半葉十行二十字。

11、《雪轂集》二卷　鄭浦著

鄭浦字仲孚,號雪轂(1309—1345),高麗忠宣王元年,元至大二年生;高麗忠穆王元年,元至正五年卒。

鄭浦是崔瀣的學生,又是他的女婿。向與李穀相好甚深。李穀集中多有二人唱和詩歌,又有悼念詩。入翰林,拜諫議大夫,出守蔚州,有惠政。奉表入京師,爲丞相別哥普化(別哥不花)所重。將薦之天子,而仲孚病不起。子鄭樞奉柩歸葬。鄭樞是李齊賢門生。

鄭浦與高麗士大夫廣泛交往,詩歌酬唱,可見三韓漢學之盛。又能填詞,有《浣溪沙》二首。出使大元,更發詩興。集雖兩卷,但赴都之紀事紀行詩,可見其行程與時事。

《雪轂集》,鄭樞輯録,洪武八年(1375年)由李邦翰出資刊成。現在流行的本子,是其八代孫鄭述《西原世稿》輯刊本,時在1609年。《西原世稿》系鄭氏家族詩文集,包括鄭浦、鄭樞、鄭總、鄭琯、鄭贄、鄭擢、鄭孝文、鄭枻、鄭永通九人。總二卷,三十七板。半葉十一行十九字。

12、《霽亭集》四卷　李達衷著

李達衷字仲權,號霽亭(1309—1385),高麗忠宣王元年,元至大二年生;高麗辛禑十一年,明洪武十八年卒。

達衷系出三韓名門,爲人剛正,十八歲登忠肅王丙寅(1326年)科第。以户部尚書出爲東北面兵馬使。將還,跪飲朝鮮太祖李成桂所進酒,稱此十七歲公子必大家業。高麗恭愍王十四年(1365年),以僧遍照爲國師,是爲辛旽。辛旽外爲苦淡之行,惑君欺世,而實耽酒色,舞弄朝綱。達衷面斥之被貶。達衷是李齊賢堂侄,叔侄二人共與白文寶作國史紀年傳,這實際是爲高麗唱輓歌。

李達衷的詩歌,多鼎革之聲。這與他對高麗王朝的失望有直接關係。三韓半島政權相對穩定,高麗王朝立國五百餘年。故三韓詩文,鼎革之聲並不多見。達衷詩歌,有特殊的歷史風貌。它不是末世之悲歎,作者以批判的詩聲呼喚新世界的誕生,有積極向上的精神。如《次金君綏韻》"孤雲事業屬誰家,屈指英才也不多。益老拙翁俱已逝,山川應複蘊精華。"

《霽亭集》由達衷孫江原道觀察使李宥商在春川初刻,亡佚。其裔孫李德培、李祐新等人遍搜典籍,輯錄成冊,釐爲四卷,於 1836 年刊於浮石寺。總六十七板。半葉十行二十字。

13、《澹庵逸集》三卷　白文寶著

白文寶字和父,號澹庵,又號動齋(1303—1374),高麗忠烈王二十九年,元大德七年生;高麗恭愍王二十三年,明洪武七年卒。

白文寶先世系出中國大唐蘇州。唐德宗建中時(780 年—783 年)避讒東渡,仕新羅宣德王,官光禄大夫、左僕射、大司徒、號松溪,名白宇經。文寶資性廉潔正直,十五歲受學於權溥。忠肅王庚申(1320 年)中秀才。其時高麗佛教久行,儒學不明。彝齋白頤正入元購得程朱理學之書返東國,文寶及李穀、李齊賢、朴忠佐、李仁復等首先師授,講明性理之學,一變三韓舊染之陋。忠肅王八年戊辰(1321 年),二十六歲除春秋館檢閱。忠肅王因被元朝系留大都,及還高麗,憂悸損性,深居禁殿,不親政事,於時群邪並進,賣官鬻爵,紊亂紀綱。文寶掌修國史,極論安邦立國之道。元順帝至元二年丙子(1336 年),從忠肅王朝於大都。尋拜正言,累遷至右常侍。忠穆王三年丁亥(1347 年),元朝皇后族弟奇三萬怙恃威福,恣行不法,文寶下巡軍獄,杖殺之。1349 年遷廣州牧。明年召遷。文寶上疏請行司馬光十科取士之制。高麗恭愍王嘉納之,開書筵,與李齊賢等更日侍讀,進講經史法言。凡時政得失、民間利害,直言極諫。高麗末年,內有權臣弄權,外有倭寇屢犯,京城不安。恭愍王執文寶手曰:"與卿講治道凡幾年,乃有今日邪?"文寶無以對,唯流涕慰上而已。遂以集賢館大提學致仕。其謂胞弟文質曰:"古人云'知止不怠',此正吾退休之日。"辛禑當朝,命文寶爲師父,累辭不就。戒律子孫,喪亂之際,不可仕進。著《喪禮說》以申理學大義。

文寶有手跡存閔思平《及庵詩集》卷首。《澹庵逸集》由文寶裔孫白淵鎮等從傳世典籍中輯錄而成。1900 年刊版。總三卷五十五板,半葉十行十八字。

14、《遁村雜詠》三卷　李集著

李集字浩然,號遁村(1327—1387),高麗忠肅王十四年,元泰定四年生;高麗辛禑十三年,明洪武二十年卒。

李集初名李元齡,元至正七年(高麗忠穆王三年,1347年)登第,官至奉順大夫判典校寺事。高麗恭愍王十七年戊申(1368年),忤辛旽,禍將至,逃亡嶺南,竄伏永川郡同年崔元道家。辛旽伏誅乃出,遂更名集。卒後六年,李朝興,子孫爲卿爲相。

李集有三首詩紀大明之建立。《贈鄭三峰》小注云:"三峰爲書狀官従圃隱朝大明。"《呈詔書使張學録》:"歷數千齡啟,車書四海同。詞臣持使郎,國俗慕華風。經術諸生服,才名一世雄。他年幸相意,書札寄飛鴻。"《呈誥命使周典簿》:"天使傳新命,邦君荷聖恩。忠誠懸日月,喜氣塞乾坤。竹帛書難盡,山河誓不諼。至尊如有問,敢請獻吾言。"

《遁村雜詠》由其長子李之直初刊於公州,時在1410年。1451年,其孫李仁孫在慶尚道觀察使任重刊。1589年,由外孫尹斗壽,在平壤用活字重印。1632年,李集裔孫尚州牧使李如奎重刊。1686年,其十世孫李厚遠等人,按文體分類編排,補充有關詩文,在山陽郡鳳岬寺刻板重印。又由裔孫李鎮翰等補充長子李之直、次子李之剛的詩文,活字排版,補於山陽鳳岬寺版之後。分作《雜詠》、《附録》、《補編》共三卷,八十四板,半葉十行十八字。

15、《壄隱逸稿》六卷　田禄生著

田禄生字孟畊,號壄隱(1318—1375),高麗忠肅王五年,元延祐五年生;高麗辛禑元年,明洪武八年卒。

禄生五歲知讀書,八歲能詩,有大志,仰慕諸葛武侯。高麗忠惠王朝登第。補濟州司録,入爲典校校勘。忠穆王三年(1347年)春,以校勘爲整治都監官。初,元惠宗密旨,令高麗忠穆王整治群奸,盡除弊政。忠穆王命王煦爲政丞,以永旽、安軸、金光轍、田禄生等三十余人爲"敕治都監",遣使臣於諸道治理。是年三月,禄生杖殺元皇后族弟奇三萬,以其怗勢縱恣,搶奪田畝也。由是禄生等被系行省獄。行省乃元朝派出官府。十月朝廷派遣直省舍人僧家奴杖田禄生、白文寶、申君平等十餘人。忠定王二年(1350年)中鄉試,恭愍王朝除禦史。六年(1357年)以起居舍人會同李穡、鄭樞等上疏,論鹽鐵別監之弊,以圖革新。朝議時,李穡回避之,禄生固執前議不變更。遷殿中侍禦,嘗拜雞林判官,出爲全羅道按廉使。授中書舍人知制誥。元至正二十三年癸卯(1363年),禄生以宰相修聘浙東,金方礪爲副,見過方國珍。方遣照磨、胡若海偕來獻沉香弓矢及《玉海》、《通志》等書。至正二十五年(1365年)四月,以監察大夫赴大都,進禮物於皇太子。又欲赴河

南,禮贈廓擴帖木兒及瀋王。元惠宗妥懽帖睦兒惡其與河南王廓擴帖木兒有私情,不允
南行,促其東歸。同行軍簿佐郎金齊顏稱病留大都,單騎走河南見之,並代田禄生致意。
辛禑元年,拜書筵師傅。禄生與李詹請誅李仁任。

先是,高麗恭愍王十八年己酉,大明洪武二年(1369年),太祖朱元璋遣使告定天下。
及洪武七年(1374年)四月,遣禮部主事林密、挈牧大使蔡斌來,令進濟州軍馬。高麗遣
密直副使金義領馬匹三百,擬送於明朝定遼衛。是月恭愍王被殺。太后欲立宗親,李仁
任欲立辛禑,率百官立辛禑。仁任密告高麗使金義路殺明使蔡斌,奔北元和親。一時,高
麗國北元派與明朝派對立,國人不安。李仁任等命崔瑩鞫禄生及朴尚衷甚慘。李仁任
曰:“不須殺此輩”,乃流放,皆道卒。

《樊隱逸稿》卷三,禄生《遺事》、《家狀》記録高麗末年,元、明兩朝與高麗關係文獻甚
豐富。

禄生有濟世之才,生於末世而不肯變通,卒爲賊殺。其事蹟久淹。1714(清康熙五十
三年,朝鮮肅宗四十年),其裔孫田萬英輯録律、絶、疏、啟若干首,編成《樊隱逸稿》,又附
以遺事行實及有關禄生片言隻語。禄生之長孫田漢老,以孝名於三韓,其文獻並附於後。
禄生季弟祖生《耕隱集》、裔孫田佐命《議政公集》、裔孫田有秋《松潭公集》並附焉。1738
年,由松林寺刊行。總六卷一二三板。半葉十行二十字。

16、《牧隱稿》五十二卷　李穡著

李穡字穎叔,號牧隱(1328—1396),高麗忠肅王十五年,元天曆元年生;朝鮮太祖五
年,明洪武二十九年卒。

李穡是李穀的兒子,高麗季年文魁。妻權氏,高麗朝望族。穡十四歲中高麗詩科,二
十一歲以國子監生員赴大都入學。二十四歲奔父喪。二十六歲以書狀官再赴大都。翌
年,元至正十四年(1354年)三月中會試、殿試二甲第二名,授應奉翰林文字承事郎,同知
制誥,兼國史院編修官。至正十六年(1356年)正月,棄官東歸。在高麗朝,李穡以知制
教兼春秋館編修官侍王宮。故朝鮮集賢殿大提學知經筵春秋成均館事李詹説他“歸仕本
土,歷官四十餘年,位至侍中,剗冕斯文,凡國家辭命、制教、銘頌之文,必需公乃成。”至正
二十三年(1363年),朝廷宣授奉訓大夫,征東行中書省儒學提舉。洪武二十一年(1388
年)十月,以病體赴金陵,“以明年賀正使入朝”。明太祖賞齎有加,優禮分遣。高麗季年,
穡屢遭貶斥。李朝革命,召還王京,封特進輔國崇禄大夫、韓山伯,翌年乞退,七月卒。
《高麗史》115卷有傳。

李穡是把宋元理學傳入高麗的重要人物,他訓進後學,孜孜不倦,陳述大義,辨析微

言,使半島性理之學終至明顯。他在大都曾從歐陽玄學習。李穡詩歌,大部分是他生前編定,故多按時間排序,詩即史也。元詩宗唐。海東人亦學唐詩,《詩稿》卷十七《偶吟三首》之三云"有意傾千古,無心蓋一時。抽毫書晉字,煉句學唐詩。"穡識文廣博,在中國曾"北走單于,南游吳越。"接駕覲見,詩文所記,頗爲賅備。明宗暴崩,《元史》及中國文獻只記到燕帖木兒弑君。李穡詳曰:"文宗出勞于野,丞相燕帖木兒進毒酒,明宗中夜崩,六軍亂。"李穡詩文,是高麗朝流傳至今之第一家。他是元末明初歷史的見證人,既見過元朝皇帝,也見過明太祖。他的詩文記録了高麗人對元明遞嬗之態度,可鑒三韓士大夫儒學思想之深刻,尊王攘夷之固執。他是崔致遠以來,影響三韓漢學之第二人。高麗與皇元遞亡,朝鮮共大明興起,李穡文集,可謂見證。此後五百年,朝鮮士子以小中華自負。

《牧隱稿》,初由其子種善刊板,時在 1404 年。權近撰《朝鮮牧隱先生李文靖公行狀》,説李穡有詩三十五卷,文二十卷,則其生前已編定。以後李穡孫李季甸把詩稿删成十二卷,名《牧隱詩精選》,由其子李封刊於 1484 年。牧隱裔孫又增文稿十八卷,於 1583 年刻印。1626 年,裔孫李德洙據初刊本,在全羅南道順天府刊行。詩稿三十五卷,文稿二十卷,總 1622 板。半葉十行二十字。

【作者簡介】 邱瑞中(1949—),男,内蒙古呼和浩特人,内蒙古師範大學圖書館館長、教授。

《續修四庫全書總目》元人別集提要十篇

查洪德

【内容提要】 此處輯録《續修四庫全書總目提要》10 篇,所選書目,爲以往少見而又有較高價值的作品,以元末爲主。這些別集的作者,多爲有成就而不爲後世所知,他們的成就和姓名,被有意無意地遮蔽了,甚者如《金雪崖先生集》的作者,本次撰寫該書提要經考證才知其名金固。這是一批應該爲今人理解的詩人和學者。

【關鍵詞】 續修四庫全書;元人別集;元代詩文研究

上海古籍出版社影印出版的《續修四庫全書》,收金元別集 36 種、總集 4 種。《續修四庫全書總目提要》的編撰,本人負責金元集部。這裹選 10 篇刊出,藉以向金元文學研究界的前輩和專家請教。其中 7 篇由幾位博士撰寫初稿。①

秋聲集九卷 （元）黄鎮成撰

黄鎮成(1287—1361),字元鎮,自號存存子,邵武(今屬福建)人。弱冠厭棄榮利,慨然以道學自力,學者號存齋先生。順帝至正間,隱居不仕,部使者聞其賢,相繼論薦,不應。後以執政薦授江西路儒學提舉,命下而卒,年七十五,集賢院定諡曰貞文處士。《秋聲集》外,著有《周易通義》十卷、《中庸章旨》等,均佚。生平見清李清馥《閩中理學淵源考》、顧嗣立《元詩選》初集小傳。

---

① 博士撰寫初稿的共十篇,此選七篇:《石屋禪師山居詩》提要由任紅敏撰寫初稿,《秋聲集》提要由劉嘉偉撰寫初稿,《木訥齋文集》、《丹邱生集》提要由劉季撰寫初稿,《韓山人詩集》、《後圃黄先生存集》附《嶠明齋詩文》、《吳書山先生遺集》提要由羅海燕撰寫初稿。

　　鎮成深受當時及明清人推賞。徐𤊱《筆精》卷四稱其"詩多奇警","佳句疊出"。王士禎《居易録》卷十六自言愛其《秋風》、《秋山小景》、《五曲精廬》,以爲"甚有風調"。《四庫全書》收《秋聲集》四卷本,提要評"鎮成詩格清新刻露,在唐人中頗近錢郎,不染元代穠纖氣習,可謂能超然埃堨之表者。"就王士禎之語發揮之:"今檢集中,多韻致楚楚可供吟諷之作,正不獨此三詩爲然。蓋秀骨出於天成,故霞舉雲騫,自然雋逸,固非抗塵走俗者所可及已"。清人李發跋以爲鎮成"各體詩俱清麗芊綿可誦,文亦典贍。雖不能與虞、馬諸公抗衡,亦爲有元一代高手"。

　　《秋聲集》原十卷,鎮成生前手定,未及刊刻而元亡。明洪武十一年(1378),其子黄鈞稽始刊七卷本,詩五卷,文兩卷,黄鈞稽題識言此十卷之集"中罹乙亥之亂,亡失大半",至洪武十一年始得命工刊刻,"所存者尚數千百篇",卷帙浩夥,限于財力,未得全刊。刊詩五卷、文二卷,合七卷,不標卷數頁數,以期續刊。今此本九卷,藏國家圖書館,乃清道光時張蓉鏡增補之本,卷末有張氏題識,言其所得爲張金吾愛日精廬藏洪武刊本,其本有缺葉,後"於友人齋頭見順治甲午周櫟翁雕本,假録之。"得自序一篇,卷一補五律二十三首,卷三補七絶九首,"又五律十四首明刊本未載,兹得一十四首,因備録于五卷後"。增補後卷一五律四十七首,卷二七律六十二首,卷三七絶一一二首,附五絶十四首(自四卷本補得),卷四卷五五言古三十六首,卷六七古二十七首,卷七長律六首,計三〇四首。卷八文十六篇,卷九雜著,收銘、傳、疏、贊、頌、箴,計十三篇。張蓉鏡於友人處所見并據以補之順治甲午周櫟翁刊本僅四卷,"而且多逸"。《四庫全書》所收《秋聲集》亦四卷,核其内容,即張蓉鏡所見之本。其本前有秋聲子自序,卷一歌詩二十四首,卷二五古三十五首、排律六首,卷三五律四十四首、七律五十八首,卷四七絶一〇九首,五絶十四首,計二九〇首。且有詩無文。兩相比較,九卷本價值遠勝《四庫全書》所收四卷本。

　　本書據明洪武十一年刊清張蓉鏡增補九卷本影印,首明萬曆壬寅年(1602)顧起元題名,鎮成自序,元至正十七年(1357)鄭潛後序,明洪武十一年(1378)黄鎮成之子黄鈞稽題記。卷後有道光丁亥年(1827)張蓉鏡跋。另南京圖書館藏有清咸豐元年(1851)勞權九卷鈔本。

木訥齋文集五卷附録一卷　(元)王毅撰

　　王毅(1303—1354),字剛叔,號木訥齋,龍泉(今屬浙江)人。六歲知書,通諸史,從大儒許謙學朱熹理學,悟理一分殊之旨。後北至京師,黄溍、揭傒斯、歐陽玄、危素諸名家争相引重,聲譽翕然。有薦爲檢討經筵、編修翰林者,毅皆固辭。南還鄉里,以躬行實踐爲教。其弟子胡深、章溢、徐操、葉子奇,皆有名於明初。至正中,亂軍入其鄉,守令台寶忽丁遁,毅等組織鄉兵退敵。元廷責台寶忽丁罪,台寶忽丁怒,集惡少抗命,首害王毅。毅弟子帥兵與台寶忽丁戰,兩年殺台寶忽丁復仇,爲毅建廟奉祀。生平事跡見宋濂《王先生小傳》、胡翰撰《墓誌銘》、王禕《龍泉王先生祠堂記》(均載本集附錄)。

毅歿後之十年,其弟子輯此集,文四卷,詩文詞一卷,合五卷。宋濂《王先生小傳》記爲四卷,今觀此本,卷一至卷五均署"同門諸生校正",則爲初編原貌。此本曾經多次刊刻:洪武時弟子初刻,弘治十三年(1500),其玄孫再刻,嘉靖二十四年(1545)其裔孫三刻,清康熙時,其十二世孫王先一四刻,乾隆二十九年(書面標"乾隆癸未重鐫"即二十八年,按卷末其裔孫記,刊成於二十九年,1764),龍泉令蘇遇龍與其後裔五刻。毅之文章,乃儒者之文,然文風明白通達,不假於雕琢而味自足,其詩也清麗可賞。

本書據五刻本影印。五卷附錄一卷,卷一至卷四文五十五篇,卷一序,卷二記、祝文、祭文;卷三書;卷四箴、跋、銘。卷五詩二十六首,詞五首。前有蘇遇龍、齊召南二序,繼爲舊本宋濂、陳竑愿、李光地、仇兆鰲諸序,繼爲目録。附録一卷,有宋濂所撰家傳,胡翰撰墓誌銘,王禕撰祠堂記,明朝所給剳付,以及祭文、跋等。其後又有清光緒二年(1876)重刊本及《括蒼叢書》本。

石屋禪師山居詩六卷　　(元)釋清珙撰

釋清珙(1272—1352),字石屋,俗姓溫,常熟(今屬江蘇)人。首參釋高峰,又嗣法於及庵信禪師。順帝元統年間住嘉興當湖之福源寺,後退居湖州霞霧山。清顧嗣立《元詩選》録其詩一卷,題《山居詩》,小傳云:"住當湖之福源,嘗作偈曰:'拾得斷麻穿破衲,不知身在寂寥中。'退居雪溪之西曰天湖,吟諷其間以自適。"至正間,朝廷聞其名,降香幣旌異,賜金襴衣。至正十二年(1352)卒,年八十一。著述除本集外,有《語録》、《偈讚》各一卷。生平見明張昶《吳中人物誌》卷十二、明徐象梅《兩浙名賢録》外録卷八、清釋自融《南宋元明禪林僧寶傳》卷十等。

清珙詩多寫山林風景,多禪語,寓禪意、禪趣。自序稱其詩乃"山林多暇,瞌睡之餘,偶成偈語",讀之可知其"山中趣向耳"。此集《四庫全書》入存目,不知撰人,誤以爲"明代湖州僧",提要謂"其詩不脫釋家語録之氣,不足以接跡吟壇。"今觀其詩,也有明麗之語,如"太湖萬頃白瀲灩,洞庭兩點青濛茸。"(《霞霧山居雜詠》)清沈季友《檇李詩采》言其詩"有寒山子遺風"。如《山中天湖卜居》等作,確具俗趣。

此本六卷,明潘是仁編《宋元四十三家集》本,明萬曆四十三年(1615)刻,藏復旦大學圖書館,本書據以影印。收詩二百六十四首,詩歌按體裁類編,卷一四言古詩,卷二五言古詩,卷三七言古詩,卷四五言律詩,卷五七言律詩,卷六七言絕句。前有潘是仁引。卷下署“元温清珙石屋甫著,明潘是仁訒叔甫輯校”。《四庫全書存目叢書》收《石屋禪師山居詩》一卷《偈讚》一卷《語錄》一卷明刻本,參學門人至柔編,新安吳明春校正,收詩二百八十一首。南京圖書館藏。將六卷本與一卷本對比,六卷本收詩未有出一卷本之外者,一卷本反多出十七首。一卷本卷首有清珙自序,六卷本不錄。一卷本未按體裁類編。故此本當與一卷本參讀。

丹邱生集五卷附錄一卷　（元）柯九思撰

柯九思(1299—1352),字敬仲,號丹邱(丘)生,別號五雲閣吏,仙居(今屬浙江)人。父柯謙,翰林國史檢閱、江浙儒學提舉。九思幼承家學,能詩善畫,擅鑒鼎彝古器。遇元文宗于潛邸,文宗即位,擢典瑞院都事,授奎章閣學士,遷鑒書博士。凡內府所藏古器物、法書、名畫,咸命鑒定。文宗去世,退居吳下,流寓松江(今屬上海市)。至正三年(1343)十月,柯九思暴卒于蘇州,年僅五十四。明徐象梅《兩浙名賢錄》謂其“工於詩,尤善畫竹木,以書法作之,筆勢生動。每得意趣,題詩其上,一時稱爲三絕”。生平見元徐顯《稗史集傳》,清顧嗣立《元詩選》三集小傳,《新元史》卷二二九有傳。本集後曹元忠跋,於九思生平考之甚詳。

九思風流文采,照耀季元。晚年歸老松江,“與玉山諸君讌游。玉山主人愛其詩,類編《草堂雅集》,以敬仲壓卷,稱其宮詞尤爲得體,議者以爲不在王建下。”楊維楨《西湖竹枝集》稱其“宮詞追王建,墨竹法文湖州,名重當時”。明胡應麟《詩藪》評其詩“句格莊嚴,辭藻瑰麗,上接大歷、元和之軌,下開正德、嘉靖之塗。”據徐顯《柯九思傳》言其“有《任齋詩集》四卷,虞集、陳旅爲之序,沒後皆散失不傳,獨有詩二卷藏於家”。此二卷亦不傳,《元詩選》三集自《草堂雅集》及書畫遺蹟及雜志所見者,輯爲一卷,題《丹丘生稿》,計詩二百五十七首。清光緒庚子(1900),九思裔孫柯逢時囑繆荃孫蒐求編次其集,繆將《元人十二家集》與《元詩選》所錄,鈔爲二卷,寄其弟子曹元忠。光緒壬寅(1902),曹元忠重新編次,輯得文賦題跋二卷、詩二卷、補事迹一篇,繆荃孫重加復核,又得《草堂雅集》舊鈔本後集之二,得十三首,復自《元十二家集》得五首。合文四十六篇,詩三百四十一篇,勒成五卷,即此本。卷一爲記、序類,卷二爲書畫品評,卷三至五錄五言近體、七言近體、古體詩等,大抵爲宮詞、題畫詩、唱和、應制感懷之作,卷五附詞五首;卷尾附徐顯《稗史集傳》之《柯九思傳》、張養浩撰九思父柯謙墓誌銘。附錄元至清諸家評鑒九思詩畫文字。後有繆荃孫、曹元忠、易順鼎、柯逢時諸人跋。

此本清光緒三十四年柯逢時刊刻,書名馬吉樟篆字題簽,現藏上海圖書館,本書據以影印。此外有民國仙居叢書本。另《全元文》輯得集外佚文十五篇。

栖碧先生黄楊集三卷補遺一卷附録一卷　（元）華幼武撰

華幼武（1307—1375），字彦清，號栖碧，無錫（今屬江蘇）人。六歲而孤，其母陳氏時年二十八，寡居教子，以貞節聞，有司上其事，朝廷旌表其門曰貞節，表其里曰旌節。幼武善事其母，以純孝聞，有華孝子之稱，取孟郊《游子吟》詩，名其所居軒曰春草軒。又取李白《山中問答》“問余何意栖碧山，笑而不答心自閒”詩意，搆栖碧軒，號栖碧翁。家素饒財，不樂仕進，性好吟詠，名聲藉甚諸公間，人有援之仕者，力辭不就，而與一時名士如黄溍、張翥、干文傳、段天祐、李祁、李孝光、鄭元祐、張雨等，均爲忘年交，與楊維楨、陶宗儀友善。至正十三年，歲癸巳，家燬於火，再遷而值兵燹，先後移家蘇州、虞山、吴江、長洲。患難流離，而不廢吟詩。生平見此集附録俞貞木撰《栖碧處士壙誌銘》。

幼武詩初結集爲《栖碧軒詩》，編成於元順帝後至元時。後從陳方學詩，陳方爲題《黄楊集》。再次結集於順帝至正十一年，乃棄其原作，别爲一集，題《黄楊集》，有陳謙序。兩本卷數均不詳，均未刊刻。清同治重修本華冀綸序以爲始刻於至正十一年者，誤。按陳方題“黄楊”之意，謂其愛詩之篤而奪於多事，未能大肆，如黄楊木遇閏歲而不長也。陳謙序作别解：“黄楊，楊之族也。楊爲木，喜近水，發榮滋長，朝而尺，夕而尋，若易易然者。就其文理堅致，膏液純足，充然固，龐然厚，自根株而條葉，一無所散耗者，唯黄楊爲然。使是木也，捨其質性之至充，而有慕於他楊之易茂，不幾乎持千金之璧以易瓦缶者之爲哉！”就此，或得其取名之意。是集《四庫全書》入存目，以爲“其詩未足名家，世以重其人品傳之耳”，稱：“今觀其集中所載云：‘咫尺黄楊樹，婆娑枝幹重。葉深團翡翠，根古踞虬龍。歲歷風霜久，時霑雨露濃。未應逢閏厄，堅質比寒松。’則其所以取名之意，或别有在歟？”朱彝尊《明詩綜》卷十二華幼武小傳引俞有立評：“栖碧翁處患難流離，未嘗廢吟詠，老而愈工。要其胸中不以窮通得喪易其志，槩可見矣。其詩一以工部爲法，句不苟造，章不漫成，務去其犒鄙而求其雅麗。長篇春容，短吟潔淨，有人所不及者。”初刻乃幼武殁後，仲子公愷收拾遺稿，弟子吕緯文刊於洪武丁卯（洪武二十年，1387），六卷。明何喬新《椒邱文集》卷九有《重刊黄楊集序》，云：“錫山華先生彦清，在勝國時以詩名於吴中。所著《黄楊集》，門人吕緯文鋟梓以傳。歲久譌且缺，其玄孫守方，購得善本，正其譌，補其缺，重刊於家。然守方甚重斯集，不輕以傳諸人，雖子姓宗戚求摹印者，亦靳不予。守方之族弟烈，由進士擢建昌郡推，以斯集傳之未廣，慮久而湮滅，乃捐俸重刊，以廣其傳。”此所記爲二刻、三刻，又國家圖書館藏澹生堂鈔本前有明成化十八年安成彭華序，稱仲子公愷收拾遺稿，僅得其半，門人吕緯文亟請鋟梓。翁之玄孫守方旁蒐遍購，又得若干篇，考訂完備，重刻以傳。當即今所見三卷補遺一卷本，意其三卷爲六卷之合，補遺則華守方所輯。此後所知者，有隆慶二年（1568）其七世孫察刻本，萬曆四十六年（戊午，1618）其十世孫與進刻本,崇禎十四年(1641)華允誠刻本,清嘉慶元年(1796)華宏源刻本,同治十三年(1874)華冀綸詒穀堂重修本,均爲三卷補遺一卷。《明史·藝文四》著録爲四卷,《千頃堂書目》卷二十九則著録作三卷續集一卷。

本書據明萬曆四十六年華五倫刻本影印,爲今存最早刊本。分上、中、下卷,各卷前有目。卷上存五言古詩十二首、七言古詩及歌行十七首,卷中存七言律詩九十二首并排律二首,卷下五言律詩五十一首排律七首,七言絶句四十六首,五言絶句十八首。後補遺,亦首目録,凡收五言古詩八首,七言古詩六首,五言律詩十首,七言律詩二十六首,七言絶句五首。計各體詩三百首。首洪武戊午孫弘祖序,次舊本序跋,録陳方《黄楊集序》、陳謙《續黄楊集序》,吕緯文《鋟梓黄楊集引》,俞貞木《黄楊集後序》,及明隆慶二年(1568)七世孫華察《重刻黄楊集後語》。附録俞貞木《栖碧處士壙誌銘》、張壽《春草軒記》、陳方《栖碧軒記》、劉衢《題貞固春草二軒》詩并序。明何喬新《重刊黄楊集序》與明成化十八年安成彭華序,此本未録。《四庫全書存目叢書》、臺灣新文豐出版公司《元人文集珍本叢刊》均據此本影印,《元人文集珍本叢刊》前有潘柏澄撰叙録。國家圖書館藏清嘉慶元年華宏源刻同治十三年華冀綸詒穀堂重修本,傅增湘據原北平圖書館藏明祁氏澹生堂鈔本(今藏臺北"故宮")校,補詩詞文二百一十四首。

韓山人詩集九卷續集八卷　　(元)韓奕撰

韓奕(1334—1406),字公望,號蒙庵,一作蒙齋,平江(今江蘇蘇州)人。其先安陽人,宋韓琦十一世孫,南渡徙杭,六世祖韓性徙吳。奕幼穎悟,讀書務窮闃奧,性穎敏博學,尤工於詩。爲人端重簡默,動循矩度。曾習舉子業,未幾棄去,潛心性理之學,又學醫。目眚,筮得蒙卦,遂以"蒙齋"扁室,絶意仕進。與王賓、王履并隱於醫,稱"吳中三高士"。著述有《鼓缶鳴秋蛩語》、《易牙遺意》等。《易牙遺意》二卷今存,收入《四庫全書》。生平見此集所載趙友同撰《故韓隱士行狀》、《姑蘇志》卷五十五等。

《韓山人詩集》九卷,其弟韓夷編刊於明永樂七年(1409),《續集》八卷,其子有孫編刊於永樂九年。刻本不傳,《四庫全書》別集存目著録有《韓山人集》無卷數,提要以爲"其詩古體傷於淺率,近體如《新秋次韻》云:'豐年稻熟村如畫,南國尊生水亦香。'《送縣學教諭》云:'官清便似居高品,任久長如在故鄉。'《東湖放舟》云:'樹影不隨流水去,荷香常帶遠風來。'《晚晴》云:'西風颯颯林間葉,乍聽猶疑是雨聲。'一知半解,尚稍得宋人格律。其瓣香當在劍南。"詩多叙寫隱士生活情狀,又間宋人性理之語,且有醫學相關詩作。集前有姚廣孝永樂七年序,稱其詩得性情之正,"沖澹幽婉,無一點塵俗氣"。後有梁用行、釋行可、蔣用文跋,王賓洪武十七年所作《壽藏記》,趙友同撰《韓隱士行狀》。續集前有趙友同序。集及續集均按體裁類編,一體一卷,各卷篇幅極不均衡。集卷一四言古詩二首,卷二五言古詩三十二首,卷三七言古詩十首,卷四五言律詩八十五首,卷五五言排律七首,卷六七言律詩五十九首,卷七五言絕句二十九首,卷八六言絕句四首,卷九七言絕句六十四首。續集卷一五言古詩十四首,卷二五言排律二首,卷三七言古詩二首,卷四五言律詩一百八十四首,卷五七言律詩五十八首,卷六五言絕句五十八首,卷七七言絕句一百一十四首,卷八詞二十八首。凡詩七百二十四首,詞二十八首。卷目均不標卷次。

本書據清鮑氏知不足齋藏鈔本影印,集卷末與續集卷末均有知不足齋與鮑氏藏本之印。《四庫全書存目叢書》據國家圖書館藏清鈔本影印,臺灣新文豐出版公司《元人文集珍本叢刊》亦據清鈔本影印,卷首有潘柏澄撰叙錄。又本有清王聞遠校並跋及傅增湘跋。

後圃黃先生存集四卷(元)黃樞撰　附嚮明齋詩文一卷(明)黃維天撰

黃樞(? —1377),字子運,豐腴資業讓於諸弟,自於故址後圃構屋而居,故號後圃先生。世居休寧之古林(今安徽休寧),爲詩禮家。從學於趙汸、朱升諸名家,讀書論道,至老不倦。元末世亂,無意仕進,乃聚徒講學,隱居爲志。明初,有司累舉爲校官,皆以足疾辭不就召。黃維天,一作惟天,字景高,號嚮明齋,樞之嗣孫,生卒年不詳。以善書稱世。黃樞生平見本集跋、朱彝尊《明詩綜》卷十二小傳、《御選明詩·姓名爵里一》,黃維天生平見本集附《嚮明齋詩文》卷目下裔孫黃玜識語、《佩文齋書畫譜》卷四十一《嚮明齋集小傳》,作惟天。

黃樞平生攢辭爲文,絕不留稿。卒後其子黃則惠撽拾于亲朋間,編錄成帙,弟子李道生作序,弟子戴玭校刻於洪武十六年(1383)。此本散佚。至嘉靖二十九年(1550),其族裔孫黃遥等重新蒐集,編爲四卷,仍題《後圃存集》,是爲嘉靖古林山房黃遥刻本。卷一五言古詩二十九首,七言古詩二十九首,卷二五言律詩二十一首,七言律詩五十三首,五言排律二首,卷三五言絕句八首、七言絕句三十八首,詩餘七首。卷四文,凡序七、記六、跋三、説二、頌二、祭文二、行狀一,合二十三篇。刻時將其裔孫黃維天《嚮明齋詩文》一卷附於卷後,存各體詩五十二首。維天詩文,原當爲《嚮明齋集》,因此本前後殘缺,故題爲《嚮明齋詩文》,不過借以"見斯文之有嗣后,而吾黃氏之詩禮弗替也"(黃杲《識重刊後圃存集後》)。樞學性理之學,游震《重刊後圃存集序》評其詩"皆溫厚平淡",今觀集中詩文,多爲酬唱贈別之作,語言質樸自然。朱彝尊《明詩綜》與《御選明詩》均錄其《吳子芳楓林牧隱》、《婺州竹枝詞》二詩,後詩云:"桃花雨晴春水生,東風去船如箭行。鯉魚活煮蘭溪酒,蓬底醉眠江月明。"天維則以書法名,詩多爲題畫及酬答之作,未見佳處。

本書據明嘉靖二十九年(1550)古林山房黃遥刻本影印。卷首汪思、游震重刊序,後

録舊本李道生、程叔春序。續爲目録。附卷下有裔孫黃玹識語,末有族裔孫黃遥、黃
杲跋。

雪厓先生詩集五卷　（元）金固撰

金固(1333—1389),字守正,號雪崖(厓),臨江新淦(今江西新干)人。家世業儒,四
歲,母口授五言詩,輒能成誦。稍長,出就外傅,日誦數百言,緣文求義,通其大要。習聲
律,課詩,援筆立就,未嘗經意而語皆不凡。時已屹然有巨志,刻厲學問。既冠,兼通
《書》、《詩》、《春秋》及《史記》、《漢書》,遂究心於《易》。其爲學,自四書五經及子史諸
家,無不博通精究。至於天文、地志、律歷、器物、數度之詳,亦無不用心,而以孔氏爲宗,
以周程張朱爲師。入明,郡太守聘爲學訓導,其爲教,於道德性命之旨,正心誠意之方,反
覆開諭,常戒弟子以敦本務實,學正學,爲正人,無徒苟事文藝爲利禄計。與同郡名德宿
儒梁寅(孟敬)、劉永之(仲修)、胡行簡(居敬)、張美和(九韶)、聶鉉(器之)爲莫逆交。
身雖出爲訓導,而心眷念舊朝,其《夜讀元史》詩云:“幽燕雪暗河關廢,豐沛雲寒廟貌虛。
俛仰人間如夢寐,燈前展卷一欷歔。”洪武二十二年(1389)卒,年五十七。次子金善,字幼
孜,以字行,累官至翰林學士兼右春坊右諭德。金固以子貴,永樂十年(1412)贈奉直大
夫、右春坊右諭德。生平見楊士奇《東里續集》卷四十三《雪崖先生傳》,王直《抑庵文集》
卷十二《題雪崖金先生墓文後》)。

楊士奇《雪崖先生傳》稱其“所著詩文有《湄湘槀》若干卷,藏於家。”金固手自編訂,
梁寅、張美和爲作序。今存《雪厓先生詩集》,乃其次子金幼孜編,刊於明永樂十九年
(1421),《文淵閣書目》卷十著録作《金雪崖先生集》一部一册(完全),《千頃堂書目》卷
十七著録作金固《雪崖集》五卷。此本首録洪武十五年(1382)梁寅、張美和二序(爲序
《湄湘槀》者),次目録。正文卷目下署“文淵閣大學士兼翰林院學士男幼孜編”。卷一收
四言古詩三首五言古詩四十六首,卷二五言古詩二十二首五言排律五首五言絶句二首,
卷三七言古詩三十首,卷四七言律詩一百二十五首七言絶句十一首,卷五雜著,收各體文
五篇。計詩二百四十四首文五篇。後附永樂十九年胡儼《金先生詩集後序》,稱金詩“溫
厚而和平,深沉而有思,殆所謂安於素履而涵泳乎道德者也”。“譬之深林大壑,古松脩篁,
清風徐來,鏗然成韻。視彼落花依草,點綴映媚;翡翠蘭苕,纖麗輕盈者,可同年而語乎?”

本書據北京大學圖書館藏明永樂十九年刊本影印。

吳書山先生遺集二十卷首一卷末一卷　（元）吳會撰

吳會(1316—1388),字慶伯,一字伯慶,居金谿之書山,因以書山爲號,門人私謚文肅

先生。臨川疎溪（今屬江西）人。幼穎悟，卓越不群，孜孜好學，曾學於虞集、李存、祝蕃諸名家。元至正三年（1343）舉江西鄉試第一。元末世亂，避兵奔竄，得足疾，自稱“獨足先生”，實取獨足其所足而不同於世之所足之義。慕陶靖節風，不求仕進，优游乡里。明初，屢薦不起，棄家學僊。著述有《杜詩評釋》等多種，均不傳。生平事跡見其從弟吳直撰《書山先生本傳》、清楊服彩撰墓誌銘（分別載《書山遺集》卷首、附錄）。

此集原刻爲《獨足雅言》二十卷及其後集，至清代殘缺。其十五世孫吳尚綱《書山遺集·凡例》述其版刻始末。乾隆中，尚綱將《獨足雅言》殘卷與《獨足雅言後集》（即所謂《東游記行》）合，重新編訂，仍爲二十卷，改題《吳書山先生遺集》，乾隆三十四年（1769）刊刻。其中卷一至十五爲《獨足雅言》舊本詩文（卷一至三署十四世孫廷相與男尚綱編輯，卷四至七署十四世孫廷相與男嘉謨編輯，卷八至十五署十四世孫廷相與男嘉猷編輯），卷十六至二十爲原《獨足雅言後集》（署十四世孫廷相與男嘉棟編輯）。卷一至三分別爲四言、五言、七言古詩，卷四至七分別爲五言、六言、七言律詩，卷八至十五分別爲五言、七言排律，五言、七言絕句，古樂府，詩餘，雜體詩并附銘箴，卷十六至二十後集，依次爲四言古詩、五言古詩、五言律詩、五言絕句、七言絕句。前有乾隆三十四年聶位中序，明潭王朱梓後序（言吳會死後，夢囑其爲作集序）及尚綱跋語。次爲目錄，目錄與內文順序多有不合。後爲首一卷：依次爲尚綱撰《凡例》，吳會畫像，清熊元龍作像讚，乾隆十九年裔孫疎讚；次爲其從弟吳直撰《書山先生本傳》、《獨足雅言後集原序》，吳會《獨足雅言》自序及自作《獨足雅言解》。末一卷，依次爲吳會爲其從叔母所撰墓誌銘，次清楊服彩撰會墓志銘，次附錄，錄相關文獻，中有缺頁。末吳尚綱所作《傳聞考》，考證與吳會相關事實。

吳會生逢元明易代，中經世亂。作者自序，言其詩曾三變“大概有三：和樂暢易，清平時所著，爲最先；愁促感激，辟地時所著，其次也；超逸邁放，學仙時所著，爲最後”。此集《四庫全書》入存目，提要稱：“今觀其詩，雕繢有餘而興寄頗淺，在元末明初，尚未能獨立一幟。”貶之過甚。

本書據乾隆三十四年刻本影印，《四庫全書存目叢書》亦影印此本。

得月藳七卷　（元）吕不用撰

吕不用（1341—?），原名必用，字則行。紹興新昌（今屬浙江）人。十三歲，應元至正鄉舉，未午而出院，主考者奇之，索其次場文不得，既而知其不終試。時不用講學，念己乃宋忠臣億之後（按吕億在宋高宗時官大理評事，隨高宗南渡，居新昌，參徐渭《徐文長文集》卷二十四《吕氏始祖祠記》），不當仕元，因改名不用，字則耕。以疾居石鼓山，未聾而稱聾以避世,自號石鼓山聾,學者宗之,皆稱山聾先生及山聾子。吕不用傳孔孟之學,且以文豪。嘗與天台陳東之,會稽王宗成,廬陵曾伯曼,金華宋濂,青田劉基爲文友。明洪武初,劉基首薦不用,辭之,既而再薦,不得已,姑以經明行修辟授本縣訓導。後引疾解官,累辟不復起。遷居東峁山,改稱曰峁西牧所。不用精理學,受其影響,新昌、餘姚、山陰、會稽、蕭山多能言心性者。所著有《牧坡稿》、《得月稿》、《力田集》,今僅《得月稿》存。生平見明徐象梅《兩浙名賢録》卷四十三《石鼓山聾吕不用》,清毛奇齡《西河集》卷七十四《吕訓導傳》。

此集洪武九年(1376)作者手自編訂,曾衍、王霖爲作序。曾序贊其詩"老邁放曠,有傲世不羈之懷。蓋山林草木之秀傑者。"而其刊刻,則經其後裔數代、歷百餘年至弘治十七年(1504)方集其事。不用曾孫占鼐《補刊得月稿序》云:"吾曾祖,元末人。讀書志科目,遭時多艱,隱居肆力於學。國朝洪武間保舉本學教諭,未幾耳重聽,遂謝事家居,自號石鼓山聾。著有《得月詩文稿》,蘊釀古今,經緯世故,且辭氣沖融,直與韓柳孫丁輩並驅者。正統間,伯好程任平江尹,暨叔義官好遠,志欲鋟梓,弗果。天順間,叔好儀由進士任南京工部員外郎,捐俸鋟未半而病歸。成化間,叔好謙由鄉舉任蘇州府判,志畢前功,工將興而病卒。至今弘治甲子歲,鼐慮夫世久而或失焉,則莫爲於後,責將有所歸矣,因與兄糧宗信、弟廷簡温、侄宣冠頴、經德輩,會衆鳩材成此。"此後曾有重刊,明人駱問禮《萬一樓集》卷三十八有《重刻得月稿序》,據序知不用裔孫吕若愚(字可明)重刊於萬曆時。今弘治本、萬曆本具不可見,所存僅清鈔本,鈔本無駱問禮序,知其所據應爲弘治本。此集,《明史·藝文四》著録作六卷,《四庫全書存目書提要》著録作四卷,《鐵琴銅劍樓藏書目録》卷二十三、《皕宋樓藏書志》卷一百九均作八卷,今國家圖書館藏清鈔本則七卷。七卷本首曾衍《得月稿序》、王霖序,其孫好通《題得月稿》。卷前無目,正文卷目題"得月稿卷之",署"石鼓聾者吕不用則畊學"、"白雲山人廬陵曾衍伯曼批點"、"賜進士第奉直大夫孫男鳳編次"、"曾孫舉人鼎督刊"。卷一五言絶句三十四首,卷二五言律詩二十六首,卷三五言選三十九首,卷四文,收記、序五篇,卷目下無署名。其後有七言絶句六十一首,又七言選六十七首,又七言律詩八十九首,七律後爲歌行體五十三首,五言古詩五首,卷四以下至此無卷目,據書面推測,或七言絶句、七言選、七言律爲卷五,七言歌行及五古爲卷六,後爲卷七,首各體文十七篇。末爲曾孫占鼐《補刊得月稿序》。

本書據國家圖書館藏清鈔本影印,《四庫全書存目叢書》亦據此本影印。《鐵琴銅劍樓藏書目録》所著録之八卷本今藏日本,卷一五言絶句,卷二七言絶句,卷三五言律詩,卷四七言律詩,卷五五言選,卷六七言選。其後又有卷四記、序,卷七辭、書、説、行狀、傳等,故作八卷。

附：吕彦貞《滄浪軒詩集》辨僞

上海古籍出版社《續修四庫全書》第一三二四册元人别集類收《滄浪軒詩集》六卷，署"席帽山人江陰吕彦貞著"。據南京圖書館藏清鈔本影印。經考，是一部僞書。

此集《四庫全書》不收，清丁丙《善本書室藏書志》卷三十四著録，并録丁丙跋，胡玉縉《續四庫提要三種·四庫未收書目提要續編》著録，有提要。按《善本書室藏書志》著録《滄浪軒詩集》六卷，舊鈔本，句吴吕彦貞志學著，云："前有至正辛巳虞集序，曰：'句吴吕君志學，和厚詳雅，博學而多文。始以布衣至京師，數年間，詞章傳誦，名勝之士，無不倒屣而迎之以爲上客。臺省館閣以文名稱者無異辭，'按彦貞，一名敏，無錫人。元末爲道士，洪武初官無錫縣學教諭，有《無礙居士集》，朱氏彝尊嘗摘其詩入《明詩綜》。"元末確有詩人吕彦貞，與東南名士陳基、倪瓚等軍有交，陳基《夷白齋稿》卷二、卷七各有次吕彦貞韻詩一首。據《夷白齋稿》卷十三《横山紀行詩序》，吕彦貞爲吴名士沈右（字仲説）之甥。倪瓚《清閟閣遺稿》卷六有《題畫贈吕彦貞》，卷七有《别彦貞》，卷八有《題彦貞屋壁》。又與虞集同宗之虞堪《希澹園詩集》卷三也有與彦貞贈答詩。而"彦貞"顯然爲其字而非名。其名無考。吕敏則與高啟諸人爲"北郭十友"，又稱"十才子"，其生平見於高啟《鳬藻集》卷二《送吕山人入道序》及見於錢謙益《列朝詩集》與陳田《明詩紀事》等，《列朝詩集》前集卷十一《吕道士敏》小傳云："敏字志學，無錫人。元尚胡服，惟道士許深衣幅巾。志學乃易服爲道士。洪武初爲無錫教諭，十三年，舉人才，王止仲有文贈行。"録其詩七首。《明詩紀事》甲籤卷八録吕敏詩二首，小傳云："敏字志學，常州人，徙無錫。元末爲道士，洪武初官無錫教諭，有《無礙居士集》。"據元明之際人王行《半軒集》卷三《滄浪軒記》："句吴吕君志學，和厚詳雅，務學而多文，所與游皆名人勝士，締余交，則友愛尤至者也。間來告余曰：'吾友有吕彦貞，長洲人也。年芳茂而謹，諄諄力學，士大夫嘉言善議，聽之未嘗倦，蓋有志於學者也。家處一室，旁列圖史，開軒臨水，疏達高亮，題曰滄浪。慕君之文已久，無與爲介，兹託某以請，幸爲之記焉。'"則吕彦貞、吕敏并非一人。王行（字止仲）《半軒集》有多篇文章爲吕敏作或關乎吕敏，故其説最可靠。

《滄浪軒詩集》之名，不見於元明文獻。除丁丙《善本書室藏書志》外，民國丁仁《八千卷樓書目》也有著録，作"《滄浪詩集》六卷，元吕彦貞撰，鈔本"。《續修四庫全書》影印之南京圖書館藏清鈔本，是一部僞書。作僞者不詳，但可以肯定是有意作僞。集中所收詩，乃清雍正、乾隆間揚州一少年之作。書前僞造元人顧瑛《滄浪軒詩集》文一篇，言吕彦貞自號席帽山人，作《河清頌》，臺臣薦之，稱疾不就。又言其曾爲張士誠畫策拒朱元璋，及入明以文學録用，有司敦迫上道，其子披叩頭泣請而止，及游維揚懷張士誠，傷悼元之滅亡等，與錢謙益《列朝詩集小傳》所載王逢（號席帽山人）事全同。卷端題"席帽山人江陰吕彦貞著”,而卷中詩,全爲清某少年之作。詩以甲子爲目,起戊申,乞己未,細考其年,乃清雍正六年(1728)至乾隆四年(1739)。而明太祖洪武元年亦爲戊申,故易致人迷誤。就詩中所叙,知作者揚州人,戊申年年十二,隨父宦游中原,中間隨父休官返鄉,再侍父宦居各地,以至省試落第等。詩有涉及乾隆即位、苗民首領石柳鄧被戮等清代歷史大事者。詩中多有夾注,則其集爲作者晚年整理,亦不排除其有晚年修改者。作者名梓,有兩兄,名樸、杜,姓氏不詳。與元明之際之吕彦貞決無關涉。考所謂虞集序,也是僞造,乃拼湊王行《滄浪軒記》與虞集爲傅若金所作《傅與礪詩集序》文字而成(按《續修四庫全書》影印本無此序。南京圖書館藏《滄浪軒詩集》鈔本兩種,則此序在另一本。可以判斷該本也是僞造)。

又胡玉縉《續四庫提要三種·四庫未收書目提要續編》提要有云:“彦貞與高啟諸人爲‘北郭十友’,又稱‘十才子’,故其詩思致清婉,無元季卑靡之習,雖不逮啟,亦足名家。朱彝尊《明詩綜》所録詩,即在集中。”按朱彝尊《明詩綜》所録吕敏詩,亦見於錢謙益《列朝詩集》,題《書雲林畫林亭遠岫》,《列朝詩集》收吕敏詩七首,均不見於《續修四庫全書》影印之《滄浪軒詩集》。

【作者簡介】　查洪德(1957—),男,河南内黄人,安陽師範學院古代文學研究中心主任,南開大學文學院教授,北京師範大學古籍與傳統文化研究院兼職教授。

張觀光《屏巖小稿》證僞

歐陽光

【内容提要】 《四庫全書》元人別集所録《屏巖小稿》、《月屋漫稿》兩書内容幾乎完全相同,而卻分屬張觀光與黃庚兩位作者,其中必有一僞。《四庫全書》的編者顯然未能察覺此誤,後世也較少有人關注此問題。本文蒐集相關文獻,將作者生平與文集内容互勘,得出張觀光《屏巖小稿》爲僞書的結論。

【關鍵詞】 張觀光《屏巖小稿》;黃庚《月屋漫稿》;證僞

《四庫全書》元人別集收録題爲張觀光的《屏巖小稿》和題爲黃庚的《月屋漫稿》兩種,作者、書名均不同,然細勘兩書,無論内容抑或編排體例卻幾乎一致,《屏巖小稿》録詩420首,《月屋漫稿》録詩418首,①差別微乎其微;這400餘首詩之詩題除極個别非關鍵文字略有差異外亦完全一致。② 可見,兩書名異而實同,其中必有一僞。令人驚詫不解的是,兩書不僅同收於《四庫全書》的元人別集内,且僅相隔八部著作,而四庫館臣對此卻視而不見,不著一詞。

《四庫全書》成書以來,只有極少人注意到了這一錯誤。最早發現問題的是清人勞格,他在《讀書雜識·張觀光屏巖小稿》中云:"《提要》(指〈四庫全書總目提要〉)云:字直夫,東陽人。始末未詳。格案隆慶《東陽縣志》:元張觀光,字用賓。天性通敏,群經子史

---

① 《屏巖小稿》集後載有補遺三首,其中《宿甘露寺》、《晚春》爲黃庚《月屋漫稿》所未收。而《雜詠》一詩實際是《月屋漫稿》已收《和茅亦山先生雜詠》其三中截取其頷聯與頸聯而成。

② 《月屋漫稿》詩題《和茅亦山秋日感懷》,《屏巖小稿》作《和茅亦山秋感懷》,脱一"日"字;《月屋漫稿》詩題《江湖偉觀》,《屏巖小稿》作《江湖佛觀》,餘皆一致。

莫不涉獵。世居邑南屏巖下,因以屏巖自號。江浙行台薦授婺州路教授。丁寶書云'此僞書',即黃庚《月屋漫稿》,詩多重出。"①勞格之後,臺灣王德毅、李榮村、潘柏澄等所編《元人傳記資料索引》,述張觀光生平時亦指出:"觀光之集久佚,今存題其所撰之《屏巖小稿》一卷,與黃庚《月屋漫稿》全同,蓋僞書也。"②勞格與王德毅等均將張觀光之《屏巖小稿》判爲僞書,這一結論顯然是正確的,然他們均未對其所作之判斷作具體闡釋,故讀者仍不明其結論之所據。直到最近,才有劉浩琳於《古籍研究》2007·卷下(總第52期)發表《〈四庫全書〉收錄之〈屏巖小稿〉辨僞》,第一次對這一問題作了較爲詳細的論述。劉浩琳對兩書的版本源流加以考證,得出張觀光之《屏巖小稿》爲僞書的結論。

筆者以爲,劉浩琳從版本源流的考證來判斷兩書的真僞,對澄清這一疑案固然有所幫助,然而,從作者本人與作品本身即傳統考證方法中所强調的内證入手應該是更直截了當也更準確的方法,遺憾的是,劉文顯然放棄了這一努力。當然,作者的放棄是有原因的,他在文中説:"因爲張觀光與黃庚兩人生活的地域、時代都非常接近,又都是處於宋元交替的特殊時代,遺民之情和失意之緒都是溢於言表的。除去與王修竹的交游上有一點疑問外,並不能完全斷定其中哪一部就是僞書。像這樣常見的從作品的年代或内容與著者的時代與事蹟的抵牾上入手的辨僞方法,施於此似乎收效不大。"對此,筆者卻不敢苟同。筆者認爲,從已掌握的有關兩位作者的仕履、游歷等生平史料與詩集内容互勘,也是不難作出真僞判斷的。

一

《四庫全書·月屋漫稿》卷首載有黃庚所作自序,云:

> 然詩盛于唐,唐之詩脈,自杜少陵而降,詩以科目而弊,極於五代之陋;文盛于宋,宋之文脈,自歐陽諸公而降,文以科目而弊,極于南渡之末年。以科目而爲詩,則窮於詩;以科目而爲文,則窮于文矣;良可歎哉。僕自齠齔時,讀父書、承師訓,惟知習舉子業,何暇爲推敲之詩、作閒散之文哉? 自科目不行,始得脱屣場屋,放浪湖海,凡平生豪放之氣,盡發而爲詩、文。且曆考古人沿襲之流弊,脱然若醯雞之出甕天,坎蛙之蹄涔而游江湖也。遂得率意爲之,惟吟詠情性,講明禮義,辭達而已,工拙何

---

① 勞格《讀書雜識》卷12,清光緒四年刻本。
② 《元人傳記資料索引》第1172頁,北京:中華書局,1987年版。

眼計也？於是衰集所作詩文，繕寫成編，命之曰漫稿，以爲他日覆瓿之資。若曰復古道、起文弊，則有今之韓、杜在。泰定丁卯，天臺山人黃庚星甫氏序。

在這篇序文中，黃庚叙述了宋元之間詩文與科目此消彼長的歷程，談到自己由於科目之廢而得以縱情學詩的心態，以及詩集之編，命名之由，同時作序之時間、作序者之名號均清晰無疑義，顯然，這篇自序爲《月屋漫稿》爲黃庚所作的最簡單也是最明確的證據。

相比之下，四庫所收的張觀光《屏巖小稿》與《月屋漫稿》雖然内容基本一致卻唯獨缺了這篇序文。《四庫提要》的撰寫者只是根據書中有關内容來揣測張觀光的生平：

> 元張觀光撰。觀光字直夫，東陽人。其始末未詳。集中有《和仇山村九日吟》，而《晚春即事》詩中有"杜鵑亡國恨，歸鶴故鄉情"句。蓋宋末元初人。又有《甲子歲旦》詩。考景定五年爲甲子。元泰定元年亦爲甲子。詩中有"歲換上元新甲子"句，以曆家三元之次推之，上元甲子當屬泰定。觀其《除夕即事》詩中稱明朝年八十，則得壽頗長，其時猶相及也。詩多窮途之感，蓋不遇之士。惟《贈談命姚月壺》詩有"試把五行推測看，廣文官冷幾時春"句，其殆曾爲學官歟？全集皆格意清淺，頗窘于邊幅，然吐屬婉秀，無鉤章棘句之態。越中詩社，以枕易爲題，李應祈次其甲乙，以觀光爲第一。其詩今見集中，並載應祈批，稱其若紛紛盆盎中得古罍洗。案黃庚月屋漫稿，亦稱以枕易詩爲李侍郎取第一，一試有兩第一，必有一僞，然無可考證，謹附識於此。又有《梅魂》七言律詩一首，注曰"武林試中選"。《秋色》五言律詩一首，注曰"山陰詩社中選"。蓋在當日，亦以吟詠擅名矣。①

由此可見，在四庫全書的編輯者編輯此書的時候，對所謂作者張觀光的生平仕履基本處於一無所知的狀態。

其實，張觀光其人並非毫無脈絡可尋。元吳師道《禮部集》有《張屏巖文集序》，叙其生平甚詳：

> ……若吾東陽屏巖先生之爲人，純明而粹美，夷坦而淵深，孝愛友讓，敦義篤行，自其鄉之人及吾黨之士，識與不識，皆稱其爲君子長者也。當宋季年，以詩義第浙士第一，入太學，才二十有六載，英華之氣發于文酹，同時輩流固望而敬之矣。未幾國亡，隨其君北遷，道途之凄涼，羈旅之郁悒，閔時悼己，悲歌長吟，又有不能自已者焉。

---

① 紀昀等纂《四庫全書總目提要》第 4258 頁，石家莊：河北人民出版社，2000 年版。

方中朝例授諸生官，獨以親老丐歸，遂得婺學教授。改調時，年甫强仕，即陳情辭祿，以遂志養。杜門深居，沉潛經籍，縷析群言，益造精微，不爲苟作。蓋其自少至老，雖所遭不同，而履度若一，故所著述皆本性情，義理春容，和平粹然一出於正，較其生平所爲殆無一毫不合者，所謂有德之言豈不信哉！公既歿，其子樞哀遺稿，屬愚爲序。雅聞公晚年屏棄筆硯，以泪性害道，區區以言語求公，特其淺者也。況子長超卓之才，閎肆之學，方大振于文，異時並其前人而尊顯之，宜也，于愚何取焉。獨念初與子長定交，逮今且三十年。聞公嘗囑以吳某無他，來必許其周旋，見則自延之莊坐，竟日談學館舊游及留燕時事，嘗出數編相示，每讀一篇已，析言其所作之故。蓋公平居，人未嘗見其面也。藐焉不才，負公期待，衣冠道盡，風流日微，故書以致其拳拳之思，有不知其僭矣。公名觀光，字直夫，屏巖其號，里系事行詳見子長所自志，兹不著，特別取其出處之概有系于文者云①。

吳師道(1283—1366)，字正傳，蘭溪人。至治元年(1321)進士，曾任國子博士，以禮部郎中致仕。師道與觀光之子張樞(字子長)爲友而獲識其父，對這位前輩生平自然十分熟悉且非常敬重，在另一篇《家則堂詩卷後題》文中，也提到了這位前輩："在宋之季則文天祥、謝枋得之詩章，與家公(鉉翁，字則堂)之《春秋義説》是也。屏巖張先生在宋京師時得公所寫贈書若干篇藏家，其子樞哀以爲卷。……及張先生以太學諸生從主北遷，例得拜官，或因以致通顯。先生顧以母老，受鄉郡教授歸，年四十既辭祿謝事，從容去就，亦無愧焉。……"②

除了吳師道外，黃溍爲張樞所作的《張子長墓表》亦有涉及張觀光：

> 父觀光，屏巖先生也。娶金華潘氏，又自東陽徙家金華。先生少游太學。德祐納土(1276)，從三宮北上，用執政薦，授婺州路儒學教授，階將仕郎，仍刻印以給之。婺歸皇朝之後，有學自先生始。在官十年，改調紹興路平准行用庫大使，循新例換將仕佐郎，以母老不赴，遂弗仕，家食者垂四十年而終。③

周密《癸辛雜識》續集卷下《入燕士人》條則記録了宋末太學生隨主北遷及之後授官的詳細情況：

---

①吳師道《禮部集》卷14，影印文淵閣《四庫全書》本。
②吳師道《禮部集》卷17，影印文淵閣《四庫全書》本。
③黃溍《黃溍全集》第727頁，天津：天津古籍出版社，2008年版。

丙子歲春,三學歸附,士子入燕者共九十九人。至至元十五年,所存者止一十八人,各與路學教授。太學生一十四人,文學二人,武學二人:……張觀光,婺州,婺教。……①

綜合以上文獻,我們已可清晰獲知張觀光的生平概略:觀光字直夫,一字用賓,號屏巖。浙江東陽人,徙居金華。年二十六歲入太學。德祐二年(1276)國亡,以太學生身份隨主北遷。至元十五年(1278)例授婺州路儒學教授,在官十年。改調紹興路平准行用庫大使,循新例換將仕佐郎,以母老辭不赴,居家四十年而終。

<h1 style="text-align:center">二</h1>

　　瞭解了張觀光的生平之後,再將其與《屏巖小稿》的内容相比勘,集中之作品非其所作就是一目了然的了。

　　首先,通覽張觀光之生平,有兩個重要經歷是不容忽視的。一爲其宋末曾爲太學生,一爲其在宋亡之後曾隨宋皇室北遷入燕。作爲親歷元蒙入主、改朝換代重大歷史巨變的漢族知識份子,這些經歷顯然構成了其人生最重要的事件,給其以強烈震撼是不言而喻的,按照常理,在其詩集中對這些事件必然會有所反映。其實,在前引吳師道的《張屏巖文集序》中已透露出張觀光本人對這一經歷的念念不忘:與後學相見時"竟日談學館舊游及留燕時事"即是明證,並曾有過大量涉及這些事件的創作:"入太學,才二十有六載,英華之氣發于文辭,同時輩流固望而敬之矣。未幾國亡,隨其君北遷,道途之淒涼,羈旅之郁悒,閔時悼已,悲歌長吟,又有不能自已者焉。"這說明,在吳師道爲其文集作序的時候,在該集子中是有著作于太學之時的飽含"英華之氣"的文辭和作於北遷途中的抒發"道途之淒涼,羈旅之郁悒,閔時悼已,悲歌長吟"的詩作的。然而,在今存《屏巖小稿》中,我們卻尋覓不到任何涉及這些事件的詩作,豈非咄咄怪事? 如果我們承認由張觀光之子張樞收錄編集、吳師道爲之作序的《張屏巖文集》(已佚)爲真的話,這一本不知何人所編的《屏巖小稿》爲僞就是顯而易見的了。

　　其次,由吳師道、黃溍等人所述張觀光之生平可知,其 26 歲左右入太學,很快就遇到宋亡之變,隨宋皇室北上,到至元十五年(1278),被授婺州路教授,此時約 30 歲,在官十年,大約在至元二十五年(1288)左右,改調紹興路平准行用庫大使,以母老辭官不赴,此

---

① 周密《癸辛雜識》第 173 頁,北京:中華書局,1988 年版。

時約40歲,之後一直居家終老,長達40年,享年80歲以上。另外,張觀光爲東陽人,徙居金華。據《元史·地理志》,東陽、金華均爲婺州路屬縣。① 由此可知,張觀光除了在30歲前有過短暫離家的經歷外,其人生的大多數時間包括做官和退隱都是在家鄉活動,没有流寓外鄉的記載。

然而,我們如果細讀《屏巖小稿》,就不難發現其中充斥著大量的流寓思鄉之作,聊舉數例,以見一斑:

> 木葉秋容瘦,客懷思故鄉。淡雲微見月,薄露不成霜。忽忽朱顏改,悠悠白日長。空心仍獨月,減盡昔年狂。(宿龍瑞山房次周雲隱韻)②

> 園林芳事歇,風雨暗荒城。轉眼青春過,臨頭白髮生。啼鵑亡國恨,歸鶴故鄉情。三徑多荒草,東還計未成。(晚春即事)

> 不厭茅廬小,棲棲寄此生。菊殘如倦客,梅瘦似詩人。有地堪藏拙,無醫可療貧。並州故鄉夢,長憶鑒湖春。(書所寓)

> 新晴天氣好,老去倦尋芳。桃李自春色,園林又夕陽。捲簾通燕入,掃徑惜花香。寒食清明近,松楸憶故鄉。(春日和韻)

> 來賓何太早,嘹嚦過南樓。數點乍離塞,一聲初報秋。行行驚客恨,字字寫鄉愁。杖節人何在,帛書能寄不?(新雁)

> 客鬢同秋老,鄉心逐雁飛。重陽今日是,三徑幾時歸?籬下多黃菊,門前少白衣。無人慰岑寂,獨立對斜暉。(九日書懷)

> 世事等輕雲,遠廬寄此生。青燈少年夢,白髮異鄉人。按劍驚山鬼,吞丹養穀神。黃庭重讀罷,吾得葆吾真。(夜坐)

> 寒夜殘燈照客愁,,衿單添盡鸊鷉裘。半窗明月三更夢,一枕西風兩鬢秋。吟骨棱棱寬頻眼,歸心切切望刀頭。何時束笥家山去,獨駕柴車訪伯休。(秋夜和月山韻)

> 頻年蹤跡墮江湖,三徑苔荒憶舊廬。身老方知生計拙,家貧漸覺故人疏。松薪拾去朝炊黍,漁火分來夜讀書。怨鶴驚猿應待我,臺山何日賦歸歟?(偶書)

> ……

不須作詳細解讀,這些詩所反復表現的乃是一個長期在外鄉漂泊至老仍不能歸家的詩人

---

① 《元史》第1497頁,北京:中華書局標點本,1976年版。
② 引自影印文淵閣《四庫全書》本,下同。

的情感,絶不可能是從30歲起至80歲均未離開家鄉的張觀光所作。

再次,《屏巖小稿》也即《月屋漫稿》的衆多詩題顯示,作者曾與宋遺民王英孫、林景熙、仇遠等有密切過從,並多次參加在山陰、杭州等地舉行的宋遺民詩社的活動。王英孫,字才翁,號修竹,會稽(今浙江紹興)人。少保端明殿學士克謙之子,宋末曾官將作監簿。入元後隱居不仕。英孫本會稽故家大族,家饒于貲,爲人豪爽尚義,故鼎革後“爲衣冠避亂者所宗。”①元胡翰《謝翱傳》云:“(文)天祥轉戰閩廣,至潮陽被執。翱匿民間,流離久之。間行抵勾越。勾越多閥閲故大族,而王監簿諸人方延致游士,日以賦詠相娛樂。翱時出所長,諸公見者,皆自以爲不及。”②元孔希普跋謝翱《冬青樹引別玉潛》云:“郡先生霽山林君,當宋亡時,忠義耿耿……嘗與唐珏收宋遺骸于山陰,種冬青樹其上。……蓋先生乃王修竹門客,先生與珏所爲,王蓋知之矣。”③明萬曆《紹興府志》鄭樸翁傳云:“宋亡……會稽王英孫延致賓館,教授子弟,二十餘年。”元陳著《與王監簿英孫》云:“……朋友西來,必道高誼。主盟清風標緻,猶昨日也。”④明人季本云:“予嘗考王英孫,號修竹,爲宋勳戚之裔,好義樂施,延致四方名士,林(景熙)、鄭(樸翁)、謝(翱)、唐(珏),皆其客也,結社稽山之麓,與尋歲晏之盟,慷慨激昂形諸吟詠。”⑤這些從文獻中勾稽出來的零星材料顯示,在元初紹興地區聚集了一批宋遺民,王英孫實乃他們之中的核心人物。由於其故家大族的地位、相對富裕的經濟條件以及急公好義的性格,這些來自各地的遺民多寄居在他家裏,他們結社吟詠,以忠義節烈相標榜,甚至還有一些群體性的舉動,如收拾被元僧楊璉真珈發掘的宋室陵墓遺骨的行動,就是這一群體中的部分成員所爲。⑥

《屏巖小稿》也即《月屋漫稿》的作者應該也是這批遺民群體中的一員。在該集子中收録了與王英孫相關的詩作多達十餘首。如《王修竹館舍即事》:“池館翠深處,寬閑稱客居。未仙猶琅苑,不夢亦華胥。竹靜堪居鶴,荷香欲醉魚。心清無個事,長日一編書。”又如《夜坐即事呈修竹監簿》:“一室冷於冰,秋高夜氣清。月窗攪燭影,風葉亂琴聲。寡欲知身健,安貧覺累輕。吟邊閑倚竹,誰識此時情。”從這些詩歌可以看出,該作者也曾寄居在王英孫家中。

該作者在寄居王家期間,還多次參加王修竹組織的群體唱和活動。如《九日會王修

---

①曾廉《元書》卷91《隱逸傳上》,清宣統三年刻本。
②引自明程敏政《宋遺民録》卷2,《知不足齋叢書》本。
③引自明程敏政《宋遺民録》卷6,《知不足齋叢書》本。
④陳著《本堂集》卷79,文淵閣《四庫全書》本。
⑤引自西吴悔堂老人《越中雜識》卷下,杭州:浙江人民出版社,1983年版。
⑥詳參拙著《六陵冬青之役考述》,《文史》第34輯,北京:中華書局,1992年版。

竹西樓,預坐者七人。以"落霞與孤鶩齊飛"分韻,予得"落"字,即席走筆》、《修竹有樓名與造物游,對秦望山五雲門》、《修竹宴客廣寒遊亭,分韻得"香"字》、《王修竹約觀打魚分韻得"圓"字》、《春游次王修竹監簿韻》、《修竹宴客冬園》等。我們現已很難確切考知參與這些群體唱和活動的參加者,但集中有《林霽山架閣同宿山中》、《次鄭樸翁國正見寄》、《和仇山村九日吟卷》等詩,説明該作者與林景熙、鄭樸翁、仇遠等宋遺民人物有着來往,前文所引述的材料已顯示王修竹家中實乃宋遺民集中聚集之處,故該作者與這些人的相識很可能是在王的家中。

該作者還是元初紹興、杭州一帶宋遺民詩社活動的積極參加者。《屏巖小稿》也即《月屋漫稿》中記錄其參加此類詩社活動至少有三次。其《梅魂》詩題下自注云"武林試中",即該作者曾參加過在杭州(武林)舉行的以"梅魂"爲題的詩社活動並獲入選;其《秋色》詩題下自注云:"山陰詩社中選";尤其可注意的是《枕易》一詩,詩題下自注云:"越中詩社試題都魁",詩曰:"古鼎煙銷倦點朱,翛然高臥夜寒初。四簷寂寂半床夢,兩鬢蕭蕭一卷書。日月冥心知代謝,陰陽回首驗盈虛。起來萬象皆吾有,收拾乾坤在草廬。"詩後並附有詩社考官李應祈的批語:

> 詩題莫難於枕易,自非作家大手筆詎能模寫。蓋以其不涉風雲雨露、江山花鳥,此其所以爲難也。予閲三十餘卷,鮮有全篇純粹,正如披沙揀金,,使人悶悶,忽見此作,若紛紛盆盎中得古罍洗,把玩不忍釋手。此詩起句倦字,便含睡意。領聯氣象悠游,殊不費力,曲盡枕易之妙。頸聯冥心回首四字,極其精到。結局如萬馬橫奔,勢不可遏,且有力量。全篇體裁合法度,音調諧宮商,三複降歎。此必騷壇老手,望見旗鼓已知其爲大將也。冠冕衆作,誰曰不然。

作者不僅參加詩社征詩活動,而且被評選爲第一名,並得到考官的高度贊許,這是極高的榮譽,恐怕也是一生之中最值得驕傲的經歷了吧。然而我們看到,在十分熟悉和瞭解張觀光的吳師道和黃溍等人爲他撰寫的有關生平的文字裏,卻絲毫未提他曾寄館于山陰王修竹家、與衆多宋遺民交往的經歷,尤其是對其曾獲詩社第一名的輝煌成就不置一詞,豈非咄咄怪事? 這是完全無法解釋的。這只能説明,這本詩集的名稱和作者只能是《月屋漫稿》和黃庚,而決不會是《屏巖小稿》和張觀光。

三

將詩集的内容與張觀光的生平互勘,不難得出《屏巖小稿》爲僞書的結論。然而,要最終證實這一問題,仍然存在一個無法繞過的疑問。在《屏巖小稿》也即《月屋漫稿》中有一首名爲《贈談命姚月壺》的詩,其中有句云:"試把五行推測看,廣文官冷幾時春?"廣文,即廣文館之意。唐天寶九年,在國子監增開廣文館,設博士、助教等職,領國子學生中修進士業者。① 故後多以廣文泛指儒學教官。從此詩來看,作者顯然做過儒學教官一類的學官,故《四庫提要》在引述了此詩後,亦有這樣的推測:"其殆曾爲學官歟?"

《四庫提要》的作者是在不瞭解張觀光生平的情況下,根據詩歌内容作出這一推測的。而根據吳師道、黄溍等人有關張觀光生平的文字可知,其的確做過十年之久的婺州路儒學教授,與此詩内容正相吻合,僅從此一點來看,這本詩集的作者似乎又應該屬於張觀光。

然而,我們不能無視上文所指出的詩集内容與張觀光生平的抵牾不合,詩集中還有一首名爲《呈曾蒲澗提刑》的詩,詩題下原注:"乃茶山後人。茶山曾以活字詩授陸放翁。"詩云"詩至茶山後,如公世所稀。特來參活字,應肯授玄機。寒澗孤松芳,秋雲獨鶴飛。臺山千萬丈,望望未能歸。"又詩集中《偶書》:"頻年蹤跡墮江湖,三逕苔荒憶舊廬。身老方知生計拙,家貧漸覺故人疏。松薪拾去朝炊黍,漁火分來夜讀書。怨鶴驚猿應待我,臺山何日賦歸歟?"我們知道,黄庚爲浙江天台人,其《月屋漫稿》自序亦署天台山人,而張觀光爲浙江東陽人,徙居金華,與天台山無任何關係。所謂"臺山千萬丈,望望未能歸"及"臺山何日賦歸歟",此明指家鄉爲天台也,這是該詩集作者屬於黄庚的又一有力證據。

那麼,怎麼解釋詩集中所顯示的作者曾做過學官的記載呢? 筆者以爲,用"廣文"一典,並不一定絕對指學官,私塾的教館先生也是可以用此典來代指的,在與黄庚生活時代相距不遠的宋濂的文集中就記載了這樣的例子:

> 天台張君天秩,守道君子也。于世無營,朝夕之間,唯飲木蘭墜露餐秋菊落英而已。遂取杜甫詩中"廣文先生官獨冷"語以名其齋,蓋若有激也。然予竊有疑焉。張君下帷授徒,文甃方床,積古今圖書左右,一啟卷間心融神暢,儼然如入春風中,和氣烘烘動人。若云張君爲獨冷,吾則未之信也。②

宋濂文中所説的張天秩,以"獨冷"名其齋,但他顯然並不是學官,只是一位教館先生而已,這裏"冷"字的意思並非指的"冷官",而是生活冷寂之意。黄庚的情況也正是如此,

---

①歐陽修、宋祁撰《新唐書·百官志三》第1267頁,北京:中華書局,1975年版。
②宋濂《題獨冷齋卷後》,《宋學士文集》卷25,《叢書集成初編》本。

《月屋漫稿》中除了《贈談命姚月壺》一詩外，還有一些詩歌透露了這方面的訊息：

　　　　寂寞茅簷下，窮居更待時。吾儕貧可忍，餘子俗難醫。風月偏宜酒，江山都是
　　詩。廣文無鄭老，誰與共襟期？（書懷寄呈諸友）
　　　　山色青邊屋，幽深稱隱居。瓶梅香筆硯，窗雪冷琴書。壁有先賢像，門無俗客
　　車。代耕唯舌在，何必耦長沮。（月山書館）
　　　　池館深深鎖翠涼，課餘多暇日偏長。屋連湖水琴書潤，窗近花陰筆硯香。吾道
　　尚存貧亦樂，客身長健老何妨。十年心事閑搔首，厭聽蟬聲送夕陽。（書館）
　　　　行止非人可預謀，愛君無計爲君留。張儀失策猶存舌，穆傅知機可掉頭。黯黯
　　別懷江路晚，蕭蕭行李驛亭秋。明年我亦攜書去，不落人間第二籌。（送姜仕可去
　　館）
　　　　煙拖野色入書窗，一畈平田隔草堂。暮雨初收新水滿，藕花香雜稻花香。（書館
　　即事）

細細品味上引詩歌的内容，如"廣文無鄭老，誰與共襟期"、"代耕唯舌在，何必耦長沮"、
"池館深深鎖翠涼，課餘多暇日偏長"等句子，頗似教館先生的口吻，而詩題中屢屢出現的
"書館"，也應是指一般的開館授徒。前文已提到，黄庚長期流寓外鄉，他以開館授徒爲謀
生手段是毫不奇怪的。

　　附記：陳小輝博士爲本文查閱和提供了部分資料，特此説明，並致謝忱。

【作者簡介】　歐陽光（1953.4—），男，中山大學中文系教授。

元道士馬臻《霞外詩集》及拾遺

王樹林

【内容提要】 元正一派道士詩人馬臻,其詩神骨秀騫,豪逸俊邁,在元道流詩人中,成就頗高。生平正史無傳,後人述及,或失檢誤判,或有舛史實;其《霞外詩集》現僅存明汲古閣本。今略考其生平、詩集版流與價值,另從《永樂大典》、《詩淵》等文獻中拾得其集外遺詩59題73首,文1篇。

【關鍵詞】 馬臻;生平;《霞外詩集》及價值;拾遺

元南方道教正一派道士詩人馬臻,字志道,號虛中,錢塘(今杭州市)人。其詩神骨秀騫,豪逸俊邁,在元道流詩人中,成就頗高。生平正史無傳,後人述及,或失檢誤判,或有舛史實;其《霞外詩集》現僅存明汲古閣本,集外散遺頗多。今就其生平、詩集版本流變與價值略做考論,另從《永樂大典》、《詩淵》等文獻中拾輯其集外遺詩59題73首,文1篇,以饗學界。

一、生平小考

1、生卒年考 馬臻正史無傳,其事蹟散見龔開、仇遠、黃石翁《霞外詩集序》,《元詩選》初集小傳中。以上史料多不述及生卒年月,今從現存詩作中略作考辨。

汲古閣本《霞外詩集》五《至節即事詩》小序中說:"癸酉歲長至節,效王建體偶成絕句十首,予年始二十。"癸酉歲,宋度宗咸淳九年,公元1273年,時詩人二十歲,由此上推二十年,知此人當生於宋理宗趙昀寶祐二年甲寅,即公元1254年。此斷亦可在清嘉慶、道光間杭州道士仰蘅所編《武林玄妙觀志》中找到輔證,此書卷二《人物·馬霞外先生》云:"馬臻字志道,號虛中,錢塘人,生宋寶祐甲寅歲。"

關於馬臻的卒年，楊鐮先生《元詩史》據《西湖春日壯游紀事》詩序中有"延祐戊午春"之句，將其定爲"1318 年（延祐戊午）以後"①，也即馬臻 65 歲以後。《霞外詩集》十《偶成》詩有"老夫七十今踰一"句，馬臻七十一歲，爲元泰定元年甲子，公元 1324 年，可見以《西湖春日壯游紀事》詩序爲據，應爲不妥。今據《詩淵》所存馬臻遺詩，其卒年至少可推至 73 歲以後。考《詩淵》中馬臻存詩，其《信筆》詩："偶落紅塵應世緣，轉頭七十有三年。"《楊柳》詩："當年手植正朱顔，一瞬光陰七十三。"（見後拾遺）由此類推，他最少活了七十三歲，馬臻卒年應定於泰定三年丙寅（公元 1326 年）以後爲宜。

2、青少年時期 馬臻青少年時期正是南宋政權大廈將傾，朝廷無能，官僚奢靡，京師杭州逸樂無度之時。馬臻家境富庶，過着一種學書學劍，裘馬輕狂的生活。他在《述懷五十韻》中寫道："昔際承平久，生涯足可憐。過庭猶昨日，騎竹想當年。書劍辛勤歷，輕肥少壯便。浪游春富貴，醉舞月嬋娟。"二十六歲這年，家鄉（京師杭州）陷落，南宋亡，其家也隨之淪爲貧民。這一地翻天覆的變化使馬臻陷入痛苦之中。《述懷五十韻》云："候轉芳華歇，時移斗柄偏。狂歌傷德鳳，再拜聽啼鵑。敢議乾綱墜，難支國步顛。安危誰可料，否泰理相連。義士含孤憤，謀臣誤大權。少微潛在野，太史泣占天。不起嚴陵釣，空懷范蠡船。乘軒猶寵鶴，治國昧烹鮮。朽木終摧折，微軀忍棄捐。"②他開始"棄捐"功名，慕陶弘景，著道士服，拜在當時著名道教高士褚伯秀門下，隱于西湖之濱，肆力吟詠，與仇遠等南宋遺民相唱酬，以詩畫著名當時。仇遠《霞外詩集序》云："鄉有雪巘褚先生者，博學卓行之士也。執古刀尺裁量晚後，虛中從之學，盡得其微妙。"③

3、中年北游京都考 馬臻成宗大德五、六年間隨嗣天師張與材北游大都、上都，這是他一生中的大事。《武林玄妙觀志》二《馬霞外先生》說他"從天師張與材至燕京行内醮，將受之道録，非所好也，辭而歸"。其實並非如此。《四庫全書·霞外詩集提要》謂"其人蓋在通介之間"頗合實際。《提要》云："集中鋪張富貴數篇，如嗣天師、吳真人詩之類，頗乖山林之格。"這是僅從"鋪張富貴數篇"之詩而言。考察他北游經歷及往來詩作，可見其道士外衣下的儒者心志。從今存《霞外詩集》卷三、四詩中可考見其大致經過。大德五年辛丑（1301）春，馬臻應邀參加龍虎山嗣天師張與材燕京行内醮大典，他於這年三月第一次離鄉遠游，《客思》詩有"平生不識路，垂老始離家。……中原多古意，吟詠答年華"之句。他一路行來，渡揚子、次瓜洲、至邳州，《徐州寫望》，《魯中》抒懷，《東平道中》《望

①楊鐮《元詩史》第 710 頁，人民文學出版社，2003 年版。
②馬臻《霞外詩集》卷五，《元人十種詩》第 857 頁，中國書店影印明汲古閣本，1990 年版。
③馬臻《霞外詩集》卷首，《元人十種詩》第 793 頁。

嶽》,至汶上即事,過沙河、至大都《御河阻風》,所經之處,繪風物、記旅況,發思古之幽情,寫下大量詩篇,直到這年五月中旬,才到達目的地開平府上都。十六日,朝見於棫殿。此時名流並集,馬臻上下其間,酬詩作畫,結交了很多道流上層朋友。直到這年冬,內醮禮成,末授道秩,頗爲失望,逐起南歸之志。《灤都旅夜》詩寫道:"黃鵠垂兩翼,徒懷四海心。……客愁結肺腑,氣咽不能吟。"他頗悔這次北上,《客夜不寐偶成短句十首》其三寫道:"縞素制野服,誤染京華塵。"其四寫道:"男兒不得志,壯心惜徂年。"此時他感到"此身如斷蓬,飄蕭隨北風"(其七)。另外,他對兩京上流社會嚴格的等級禮儀也頗爲不快,其八云:"客慮千萬端,長籲愁不出。誰能事低眉? 揮杯送白日。"爲此他在"布衾生凄寒,夜夜夢歸去。心恐秋風深,摧殘住西湖"的情懷下,於大德六年初春,《渡灤河》,先至大都(北京),沿來路於這年春末,輾轉回到杭州。

這次北游,仕路雖艱,藝術上收穫頗豐。龔開《霞外詩集序》云:"大德辛丑,嗣天師張真人如燕,主行內醮,玄教名流並翼然景從,王子繇、馬志道在焉。明年來歸,志道出往來吟卷及手畫《桑幹》《龍門》二圖,僕幸得一見隨喜。"①其"往來吟卷"已收入《霞外詩集》卷三、卷四,而所畫"《桑幹》《龍門》二圖",流佈更廣,後人讚譽頗多。《武林玄妙觀志》二云:"嘗手畫《龍門》《桑幹》二圖,流傳海內,不見者輒以爲恨。"晚年(64 歲)有一首《題畫龍門山桑乾嶺圖》詩,可見其創作緣起及心志背景:"昔我經龍門,晨發桑幹嶺。回盤鬱青冥,驅車盡絕頂。驛騎倦行役,苦覺道路永。引領望吳楚,日入衆山暝。歸來愜棲遲,山水融心境。寸毫寫萬里,歷歷事可省。理也存自然,疇能搜溟涬。"

4、晚年考　武宗至大二年(己酉,1309),他五十六歲,天師命爲佑聖觀虛白齋高士,不就。《霞外詩集》五《至大己酉春天師教主大真人俾予佑聖觀虛白齋高士謹裁七言律詩一首辭謝》詩有句云:"駑馬斷無千里志,鷦鷯惟羨一枝安。青天蕩蕩玄恩大,白髮悠悠世路難。容得閒身老林壑,湖西山色倚樓看。""駑馬斷無千里志",實是對現世不滿而發之牢騷。大概也是從這年開始,他決定遠離名利,做一個真正的世外高人。正如仇遠《霞外詩集序》中所言"習清虛,談淡泊,無一言及勢力聲利","重內而簡外,信己而不求人知",徜徉於西湖之濱,以度晚年。

六十四歲這年夏,他有十首寄詩友雲門寺斷江長老釋覺恩詩,這十首詩可見其晚年交游生活之一斑。《延祐丁巳(四年,1317)夏偶成七言二韻詩十首,奉寄雲門斷江長老,聊述近況就叙別懷》:"雲門寺裏斷江老,向來遠寄十首詩。我欲報之無好句,到今夢想成

---

① 馬臻《霞外詩集》卷首,《元人十種詩》第 795 頁。

差池。"第二首言昔日在西湖之濱淨慈寺西隱樓詩會盛況,"憶昨讀詩五六輩,小集淨慈西隱樓"。從第三至第八首,言"五六輩"詩友近況,其三叙時爲淨慈寺主持,今已主仰山寺的釋元熙晦機長老:"晦機八十似古佛,胸中益益浮陽春。仰山極力負之去,今也湖上無其人。"其四説道士黄石翁:"我家瀑翁廬山秀,文行綽綽堪吾宗。一住南真向十載,不意歲晚凋孤松。"黄石翁,字可玉,號松瀑,馬臻與之最善,時石翁剛過世。其五、六説西湖詩友仇遠和鄧文原:"錢唐耆舊不可數,譬彼長風吹斷雲。賴有白頭仇博士,斯文一脈張吾軍。"仇遠是馬臻同里至交,晚年交往倡酬頗多;"匪石司業鄉黨敬,有似荆玉楊文章。新除待制翰林院,此别動是三年强。"鄧文原號匪石,新除翰林院待制將赴任。七、八、九三首則言杭州開元宮主持鄧蓀璧、茅山道士張雨和淨慈寺蒙堂中的幾位高僧:"開元宮中鄧蓀璧,身居職守心虚無。近來世事不入意,要鑿混沌求玄珠。""玄洲高士張伯熙,妙年藻思長於詩。孤清不受俗物累,掉臂看雲也大奇。""幽居背郭人事少,況乃竹户濱湖開。相望淨慈隔一水,蒙堂高僧時往來。"蒙堂高僧當指釋如一溪、釋暢文溪、釋粲雲穀等,三上人曾相偕湖山之游。另外,晚年吟酬較多的還有白珽與道友陳渭叟。今見《永樂大典》一四三八二引自《霞外集》詩《寄東安陳渭叟》有句云:"天上文星傍曉星,飄然清思憶詩人。眼前作者唯仇白,方外交游間馬陳。""仇白",即仇遠、白珽。"馬陳"即自己與陳渭叟。

吟詩作畫,是馬臻晚年的主業。《霞外詩集》九《酬知己》云:"自笑謀生拙,暮年翻百憂。古心終不變,詩癖死才休。"卷十《春日口占》:"豪士惜春不惜金,老夫得句如得寶。固知貧富本殊途,各向東風展懷抱。"可説是真實的自我寫照。晚年作畫頗多,《霞外詩集》最後三卷詩中有《題畫雜詩十九首》、《畫意二十二首》,另外,題畫單篇詩有三十首之多。

《霞外詩集》最後一卷卷末有《偶成》詩一首,不僅可見詩人七十一歲時的處境、心境,亦可作爲今傳十卷本《霞外詩集》所收詩作的最晚斷限:"樓頭迭迭來青山,開軒爲我一破顏。城中合沓十萬户,奔趨慶吊無時閒。老夫七十今踰一,誰能對此長戚戚。但恨難逢阮步兵,眼底看朱卻成碧。"

另,《詩淵》收馬臻《霞外詩集》集外詩中,有《信筆》、《楊柳》二詩,不僅可作爲推斷其卒年的依據,亦可考察他七十三歲時的生活、心境。《信筆》:"偶落紅塵應世緣,轉頭七十又三年。詩窮未有驚人句,囊罄元無使鬼錢。栩栩蝶迷春草夢,冥冥鴻入暮愁煙。平生要適簞瓢樂,擬共輕肥恐未然。""當年手植正朱顏,一瞬光陰七十三。今日水邊添幾樹,待他過屋我何堪。"(見後拾遺)。七十三歲的詩人,雖滿懷悼窮傷老之情,但身心尚康健,他的去世,當是在這以後的數年間。

二、詩集版本源流及文學價值

元代南方道教中詩人頗多，但其詩單集別行者甚少，明汲古閣本《霞外詩集》是今存難得的一種，也是馬臻僅存的一部詩別集。全書十卷，首有大德六年（1302）仇遠序、龔開序、黃石翁序和目錄。詩不以體裁分類，大致以時間先後編排，共收寫於世祖至元後期至泰定元年（1324）間九百餘首詩。後有毛晉跋，毛晉跋謂馬臻生於道士張雨之後，實失檢查，《四庫全庫總目》辨之已明。崇禎十一年（1638）毛晉刊入《元人十種詩》中。版九行，行十九字，白口，左右雙欄，版心下方有"汲古閣"三字，世稱"汲古閣本"。清乾隆間四庫全書館臣刪黃石翁序，據以抄入《四庫全書》。1990年7月中國書店影印入《海王邨古籍叢刊》。另，上海圖書館善本庫收清槐蔭堂鈔本《霞外詩集》十卷，亦爲汲古閣本系統。

顧嗣立《元詩選》小傳云："江南甫定，兵革僅息，遺民故老如周草窗（1232～1289、1308後）、汪水雲（1241～1317後）之徒，往往託於黃冠以晦跡。虛中殆其流亞歟！"①隱於緇衣黃冠，是南宋亡後，南方文士的普遍現象。但馬臻詩沒有鄭思肖、汪元量等黃冠詩人故國之感強烈，某些詩只是將身世感慨與國家興衰摻雜在一起，表現一種懷舊哀情。如"吳頭楚尾關春恨，盡在鶯聲柳色中"（《送梁中砥歸句曲》），"東風不管流年事，只向西湖送管弦"（《拜墓》），"節物變遷風景在，故園心事不言中"（《秋日即事》）。

作爲道流詩人，游走江湖的感慨和文士的酬作贈答是其詩的主要題材。仇遠序其集，言其"況汗漫萬里，遠覽崧岱之雄拔、江河濟淮之奔放，近挹兩峰三潭六橋之佳麗秀整，交廣視闊，胸次宏豁，宜其筆力不凡如此。昔人謂不行萬里不可讀杜詩，而夔州以後殊更老成。予於虛中之歸不但放一頭，且畏之矣"。《霞外詩集》中卷三（部分）和卷四，是他北游兩都來往途中所作，其吳越間數次近游亦留下不少詩篇。這些詩覽風物，繪山水，弔古跡，記旅況，具有較高的文史價值。另，他與方內外文人的酬唱贈答之作數量亦頗可觀。當時文人中往來較多的如仇遠、龔開、屠存博、盛元仁、張仲實，晚歲鄧元原、白珽等。道友則黃石翁、陳渭叟、葛元白、郭似山、張雨、朱思本等，釋友則釋元熙、釋覺恩及淨慈寺中諸僧。

歌詠西湖四時風物，描寫山行幽居，體物言情，抒懷遣興又是其詩歌的重要題材。隨

---

① 顧嗣立《元詩選》初集下，第2371頁，中華書局，1987年版。

四時變幻,西湖及吳越間的山水風物盡收詩人筆端,其詩或物我一體,或體物見道,或因物寄懷,大都體現了他傾愛自然、化入自然的體道精神。另,他的詠懷遣興之作亦數量可觀,《霞外詩集》中以《書懷》《言懷》《述懷》《放懷》《詠懷》《客懷》《感懷》《秋懷》《冬意》《寫意》《寄興》《遣興》爲詩題的作品粗略統計有二十餘首,另外還有一些《偶成》《偶感》之類的即興之作,這些詩大都抒寫喜靜愛幽、世態炎涼、懷才不遇的人生情懷。作爲一位畫家,他還有不少題畫、作畫詩篇,前《生平小考》已述。

馬臻的恩師褚伯秀是宋末江湖派詩人,馬臻詩已擺脱江湖故習。仇遠《霞外詩集序》評馬臻詩:"大抵以平夷恬澹爲體,清新圓美爲用。陶衷於空,合道於趣,渾然天成,不止于煙雲花草魚鳥而已。"《四庫全書總目》亦謂其詩:"皆神骨秀騫,風力遒上,琅琅有金石之音。雖不能具金翅擘海、香象渡河之力,而亦不類酸寒細碎、蟲吟草間,觀其《述懷》一詩,殆宋末遺老寄託黃冠,而其豪逸俊邁之氣,無所不可,正不以枯寂恬淡爲高耳。"他的詩在當時名氣頗高,他自云"身退每蒙先達許,詩成多得外人傳"(卷一《排悶》)、"身向中年懶,詩多遠客稱"(卷二《侯門》),可見馬臻在元代道流詩人中,其成就頗高。

明初《文淵閣書目》卷二著録《霞外詩》一部四册。明正統、成化間錢溥《秘閣書目》録其所見內閣藏書謂"《霞外詩》一册",已不足四册之數。萬曆時張萱、孫能傳奉敕編纂的《內閣藏書目録》及焦竑《國史經籍志》,此書已不見著録。明末清初黃虞稷《千頃堂書目》二九及清《欽定續通志》一六二《藝文略》皆曰馬臻《霞外詩集》十卷,此十卷當指毛晉所刊之汲古閣本。但汲古閣十卷本與《文淵閣書目》著録之四册是否爲同一版本已不可知。今存明初人編纂的兩部類書《詩淵》與《永樂大典》所録詩文皆據明初以前本輯入,特別是《永樂大典》,所據底本基本來自內閣書庫,但兩部書中所見選録《霞外詩集》或《霞外集》的詩,往往有不見於現存汲古閣刊十卷本者。

三、《霞外詩集》拾遺

本文以中華書局影印精裝十册本《永樂大典》殘帙中所存爲據,其中題爲録自《馬虛中詩》者 2 首,題爲録自《馬虛中霞外詩集》者 3 首,題爲録自《馬虛中霞外集》者 41 首。其中題爲録自前兩種詩集的 5 首,皆見汲古閣刊《霞外詩集》,而題爲録自《馬虛中霞外集》的 41 首,其中有 9 題 12 首爲汲古閣本未收。現將詩題及出處彙列如下:

詩題	《大典》所在卷/頁及引自書名	《大典》精裝本所在册/頁
《偶成》(雨奇晴好慣相諳)	九〇二/十三下《霞外集》	第一册/367 頁下
《偶成》(善政猶如草上風)	九〇二/十三下《霞外集》	第一册/367 頁下
《無題》四首	九〇二/十三下《霞外集》	第一册/367 頁下
《西湖春感》	二二六四/三十四下《霞外集》	第一册/788 頁下
《賦古梅得心字》	二八〇八/十六下《霞外集》	第二册/1454 頁下
《海岩詩》	九七六四/六下《霞外集》	第五册/4203 頁下
《次韻贈澂川潘君澤處士》	一三四五〇/二十上《霞外集》	第六册/5761 頁上
《寄東安陳渭叟》	一四三八二/十六上《霞外集》	第七册/6289 頁下
《貫酸齋索和蚊煙詩》	四九〇八/十上《霞外集》	第九册/8801 頁下

另《詩淵》中存馬臻詩 379 首,檢《詩淵》存詩與汲古閣本對勘,有 58 題 66 首爲汲古閣本所未收。現據書目文獻出版社 1984 年版《詩淵》影印鈔本,將汲古閣本未收詩詩目及出自卷次、頁碼彙列如下:

序號	詩題	録自詩集與作者	《詩淵》册次	頁碼
1	布袍	霞外詩馬虛中	1	43
2	贈山友	霞外詩馬虛中	1	375
3	贈友人三首	霞外詩馬虛中	1	378
4	贈鄉友	霞外詩馬虛中	1	378
5	贈景隆住持黄得中法師	霞外詩馬虛中	1	402
6	太玄天師大真人榮還	霞外詩馬虛中	1	407
7	次韻贈澤處士(見《大典》)	馬虛中	1	429
8	贈陶心山	霞外詩馬虛中	1	523
9	贈神童	霞外詩馬虛中	1	532
10	寄本初朱提點	霞外詩馬虛中	1	604
11	房山中友人	霞外詩馬虛中	1	647
12	寄東安陳滑(渭)叟(見《大典》)	霞外詩馬虛中	1	748
13	和湛淵白公見寄韻述懷三首	馬虛中	1	783
14	和張仲舉見寄韻二首	霞外詩馬虛中	1	797

續表

序號	詩題	録自詩集與作者	《詩淵》册次	頁碼
15	和楊花	馬虛中	2	1130
16	賦古梅得心字(見《大典》)	霞外詩馬虛中	2	1180
17	詠友人石器	馬虛中	2	1344
18	貫酸齋索和蚊煙詩(見《大典》)	馬虛中	2	1403
19	寶鏡	霞外詩馬虛中	2	1431
20	信筆	霞外詩馬虛中	2	1478
21	贈鳩杖首湛淵公	霞外詩馬虛中	2	1537
22	嚴陵道中	霞外詩馬虛中	3	2007
23	賦海岩(《大典》作《海岩詩》)	霞外詩馬虛中	3	2111
24	梅關	馬虛中	3	2237
25	賦三徑秋香	霞外詩馬虛中	4	2326
26	上人盆植細竹二首	霞外詩馬虛中	4	2404
27	酬陳渭叟惠石松	馬虛中	4	2460
28	楊柳	霞外詩馬虛中	4	2471
29	西山紀游題竹	霞外詩馬虛中	4	2595
30	歸雁	霞外詩馬虛中	4	2704
31	夜聞江鳥孤而過	霞外詩馬虛中	4	2831
32	和湛淵翁見寄大魚歌韻	霞外詩馬虛中	4	2856
33	寄題風詠堂二首	馬虛中	5	3062
34	何山書堂	霞外詩馬虛中	5	3105
35	水檻遣懷	霞外詩馬虛中	5	3198
36	賞心亭爲叔凱處士賦	馬虛中	5	3371
37	爲曉林昱上人賦姑蘇昭明寺橫	馬虛中	5	3379
38	閒居即事	霞外詩馬虛中	5	3516
39	桂庵爲凱處士賦	霞外詩馬虛中	5	3746
40	游南塔寺寂照堂	霞外詩馬虛中	5	3783
41	謾成(今朝無酒只請坐)	馬虛中	6	3936
42	謾成(東鄰昨日收白骨)	馬虛中	6	3936
43	謾成(平生落落苦難合)	馬虛中	6	3936

序號	詩題	録自詩集與作者	《詩淵》册次	頁碼
44	謾成(南金大貝亦何物)	馬虛中	6	3936
45	偶成(善政猶如草上風)(見《大典》)	馬虛中	6	3944
46	偶成(雨奇晴好慣相諳)(見《大典》)	馬虛中	6	3944
47	題松花廪卷	霞外詩馬虛中	6	4145
48	還友人詩卷	霞外詩馬虛中	6	4180
49	魏博羅令公附卷	霞外詩馬虛中	6	4180
50	讀半山詩集	霞外詩馬虛中	6	4212
51	讀荆公文集	霞外詩馬虛中	6	4212
52	讀蔡君謨文集	霞外詩馬虛中	6	4213
53	讀吳僧明臥雲稿	霞外詩馬虛中	6	4231
54	楊明叔惠詞次韻	霞外詩馬虛中	6	4232
55	奉還玉隆講師詩卷	霞外詩馬虛中	6	4237
56	爲徐芝石賦書卷	霞外詩馬虛中	6	4240
57	綽庵上人詩卷	霞外詩馬虛中	6	4242
58	送松窗寧茂才回江東二首	霞外詩馬虛中	6	4375

由上可見，元本《霞外詩集》或《霞外集》，遠比汲古閣本收詩要多。惜其已佚，而《霞外詩集》十卷，得毛晉校刊以傳。

對照《永樂大典》與《詩淵》集外遺詩，重複者7首，尚有57題71首爲汲古閣本所未收。另從明朱存理《珊瑚木難》、明趙琦美《趙氏鐵網珊瑚》搜得遺詩2首，明錢塘倪濤《六藝之一録》拾得遺文1篇，共得《霞外詩集》之外的散見佚詩59題73首，文1篇，拾輯如下：

1 偶成

善政猶如草上風，聖賢法則豈無同？失時謾使嗟楊虎，述古誰能祖鷖熊。治亂班班方册裏，江山歷歷畫圖中。百年多少浮沉事，不如槎頭把釣翁。

2 偶成

雨奇晴好慣相諳，欲寫天然下筆難。畫舫人歸歌舞散，老夫獨自倚樓看。

3 無題四首

其一

華轂高軒傲世塵，一枝笻竹喜相親。精神我愧鴻都客，甲子誰同絳縣人。悠遠山川終古在，鮮妍花草逐時新。故交霜葉凋零盡，欲話當年記不真。

其二

戲衫碌碌戀癡人，傀儡棚前錯認真。事去謾勞添注腳，愁來悔不早抽身。濠魚未解莊生樂，社鼠甯知晏子嚬。桃李無心自開謝，可堪春色太逡巡。

其三

輕肥裘馬我無能，糲食麁衣寄此生。游淡每懷黃叔度，巧言休恥左丘明。經天日月分遲速，行地江河自縮盈。大道甚夷民好徑，等閒貧富不須驚。

其四

堪憐堪咲苦耽吟，吟苦何堪造物嚬。容陋影慚窺井母，時來功立販繒人。長鑱短褐秋雲晚，白髮青燈跡已陳。只有西山無限好，暮雲歸鳥自情親。

4 西湖春感

花間院落水邊亭，冠蓋逢迎幾醉醒。柳巷春殘泣蘇小，棃園雲散老秦輕。浮浮光景消扶杖，坦坦行藏信出庭。縮項鯿魚元自好，釣槎耆舊已晨星。

5 賦古梅得心字

重疊苔衣結樹身，靜中生意見天心。凍癭疎藥香仍在，老折枯條冷不禁。崛强瘦蛟愁出水，伶仃小蝶倦依林。明年四月冥冥雨，青子還看滿綠陰。

6 海岩詩(《詩淵》作《賦海岩》)

老骨蒼寒屹太空，不教花草媚春風。中藏生意無人會，知道當年禹鑿功。

7 次韻贈澂川潘君澤處士(《詩淵》作《次韻贈澤處士》)

鳶飛魚躍自高深，休影誰知再息陰。比似佩弦均緩急，何如抱甕絕機心。菊籬莫負黃金盞，梅塚曾嗟白玉簪。俛仰人間今古事，成虧久矣悟昭琴。

8 寄東安陳渭叟

天上文星傍曉星，飄然清思憶詩人。眼前作者唯仇白，方外交游間馬陳。江路秋風書不到，屋梁曉月夢空頻。園林草木霜搖落，慚愧梅花報小春。

9 貫酸齋索和蚊煙詩

竹頭木屑元有神，海涎篤耨徒氛氳。長虹淺水渴噓氣，老嫗西郊愁泣雲。區區蟻蠓跡盡掃，瑣瑣蚊蚋聲誰聞。灰飛煙滅等一幻，夢覺涼生湘簟紋。

10 布袍

布袍簞食了晨昏，長愧難酬造化恩。在曲桑麻歸計晚，襄陽耆舊有誰存。平生長物詩千首，滿意春風酒一樽。莫道無人慰幽獨，夜來窗竹長兒孫。

11 贈山友

諸峰生暮色,燈頭靜相依。老屋藤蘿滿,詩家眷屬稀。風香傳藥灶,露冷茸荷衣。明日城中去,思君詠式微。

12 贈友人三首

不把聰明浪設施,了無雕琢未應非。中涵大巧無人識,只是壺丘杜德機。

機械存心造物嗔,山中樗櫟自全真。明明薦得聲前旨,珍重當年削鐻人。

混成一拙本無爲,能畫能詩卻是誰?多少春風生化意,杜鵑啼在落花枝。

13 贈鄉友

冬日淒以厲,物色相磷磨。意徑久蕪没,轉覺幽意多。行行策扶老,徘徊睇林阿。微陽劍迥影,棲翮投寒柯。囿此一氣中,邁邁同其波。時情忌道直,所向培偏頗。惟餘老窮節,寫憂賴詩歌。有士篤愛敬,親庭養恬和。閉户讀古書,但慮青春過。聖賢吾法則,念之當如何!

14 贈景隆住持黃得中法師

浮雲態度須臾變,人世紛紛等郵傳。自從分袂城東西,三十年來不相見。忽然邂逅沙河橋,自發相看各强健。入門驚喜尚疑夢,良久神全股猶戰。扶疎竹樹圓清陰,樓觀歸然金碧絢。因思初領住山時,老屋頹垣被蒼蘚。輪逋複粒百慮煎,補弊扶顛無闕典。辛勤粗足齋房芝,暮鼓朝鐘法輪轉。靜研玉檢祝皇圖,熏修不負平生顧。猗歟檀施亦皈心,道俗欣欣無不羨。天從人欲理自然,盡在公勤與慈儉。嗟予老懶不自持,坐困詩窮期獨善。一錢大守昔所傳,八錢道士今複見。尚待功成身自退,胸中一物無留戀。既得其中當守之,太上玄言慎其勉。

15 太玄天師大真人榮還

一札泥封下紫宸,仙官遙迓大真人。九重日月皇圖壯,萬里風雲教雨新。清静自能回道運,孑遺還得際昌辰。白頭愧乏涓埃報,水色山光任一真。

16 贈陶心山

大物本無朕,岩岩亭雨間。動静體既殊,取捨良獨難。拘者山在心,悟者心在山。山静心自如,心空山自閑。悠然會心處,不在窮幽探。其樂不可言,萬象森翠寒。

17 贈神童

神童八歲唾成珠,椽筆能開三尺餘。絕勝退之誇阿買,小時頗解八分書。

18 寄本初朱提點

古道罕人行,古交久彌著。流俗結光彩,有如雪飄聚。陽精一淪化,刺眼圭角露。所以存其獨,荏苒歲月度。方經草謝庭,複見鶯喧樹。委此去來理,臨物自成趣。羯來金門客,傾蓋即如故。道合神潛交,言温意無斁。學海即汪洋,下受江河注。豈意衰晚餘,辰哉信斯遇。如何事行役,使我憶朝暮。出户莽無適,疇能展幽步。

19 寄山中友人

葛溪山接鳳山雲,便擬仙源隔世塵。聊寄遠書詢近況,敢求新語示陳人。看君孤子無前古,愧我遷疎只舊貧。聞道山中酒初熟,未應辜負碧桃春。

20 和湛淵白公見寄韻述懷三首

曾向孤山探早梅,冒寒先發向南枝。可憐桃李爭春色,縱得花開也太遲。

憶得霍山二月八,游人恰恰擁毬場。繁華舊跡無尋處,一路春鳩鳴柘岡。

燥濕琴弦信手調,知音人物久蕭條。山翁御史仙游後,不復詩聲出古聊。

21 和張仲舉見寄韻二首

蘊真懷世外,曳尾樂泥中。枝盡全無視,機忘入屢空。畏途森鬼箭,滛雨蟄天弓。老貌從裴颯,春風不借紅。

杖履便答逕,軒車自戟門。清心今即古,白屋市成村。石老存形勢,松孤逼本根。山陽思舊作,未易笛中論。

22 楊花

品題曾入百花名,長恨濛濛畫不成。灞岸雨餘粘蕙濕,章颱風暖撲人輕。緩隨流水知無力,閒度高樓似有情。想得山齋清影裏,亂和蛛網若紫荆。

23 詠友人石器

摩娑猶漬土花香,綠重斑深質異常。篆籀尚遺周鼎蔍,參同合冠漢文章。多君有識能稽古,老我無成悔面牆。萬物芸芸同一馬,三千年事入評量。

24 寶鏡

寶鏡存朗照,夜室難爲光。幽蘭抱貞心,不能傲嚴霜。荆玉未出璞,豈畏雕琢傷! 和氏不解事,刖足徒罹殃。昭昭天上日,萬古鑒中傷。

25 信筆

偶落紅塵應世緣,轉頭七十又三年。詩窮未有驚人句,囊罄元無使鬼錢。栩栩蝶迷春草夢,冥冥鴻入暮愁煙。平生要適簞瓢樂,擬共輕肥恐未然。

26 贈鳩杖首湛淵公

葛坡龍化秋煙空,桃枝笻竹徒去工。漢庭優老授鳩杖,義取不噎神沖融。千年雨露滋文質,重綠浮花凝如漆。淵公持此複千年,鄉人飲酒看先出。

27 嚴陵道中

半江潮落卷沙黄,僕馬虺隤石子崗。七里灘頭逢薄暮,三家村裏駐行裝。瓦盆濁酒欺春老,野店幽花笑客忙。百計已漸身世拙,鳳歌誰道接輿狂。

28 梅關

我本孤山山下居,月香水影久荒蕪。君家不遣春風散,爛漫梨雲幾百株。

29 賦三徑秋香

園林日涉方成趣,崒崒西風石路長。獨讓黄花存晚節,且看丹桂韻初涼。胸中書傳同膏馥,衣畔蘭荃入品量。桃李不能知臭味,只今顏色擅春場。

30 上人盆植細竹二首

城居土窄種十箇,怕長兒孫破綠苔。一簇煙篁瘦如草,僧房移入小盆來。

亂抽拳土枝莖直,蟄蟄龍孫儼針棘。山上無語看多時,九節菖蒲失顏色。

31 酬陳渭叟惠石松

維山括蒼,稽古仙治。夭矯蒼官,塵波傲睨。踞固本根,日月弗替。星精浹靈,樸返元氣。月斧餘修,撑空挺異。電霆寢震,風濤失沸。斷樵墮蘇,埏冶易制。老麋錯角,驚犀觸銳。體備化先,理存象外。叱羊攫真,望夫徒企。豈並斯儔,堅節益厲。其誰轉之,蝥是人世。

32 楊柳

當年手植正朱顏,一瞬光陰七十三。今日水邊添幾樹,待他過屋我何堪。

33 西山紀游題竹

策煙藤,曳春服。背塵郭,陟崇麓。踞苔石,散心目。思古人,企前躅。眇身世,激頹俗。歸去來,日淪木。紀斯游,托修竹。

34 歸雁

雁歸人未歸,愁心散如縷。燈盡不成眠,一夜聽春雨。

35 夜聞江鳥孤而過

不肯汀洲侶鸝鶒,夜深聞汝似無依。一身風露倉皇叫,萬里江天獨自飛。擬傍鶴群低品格,曾隨鷺序愧毛衣。末應輪與鸕鷀樂,曬翅魚梁夕照微。

36 和湛淵翁見寄大魚歌韻

大風一夜掀我屋,窺窗黑霧迷邊幅。老夫驚怪急呼燈,擁腄披衣立如鵠。白侯曉寄大魚歌,忍冷讀之散煩促。貧家忽覺珠燦眼,大笑藏椒八百斛。卑孜俗士束於教,譬彼求魚卻緣木。又嗟我輩咄咄吟,斷簡殘編謾停蓄。髯奴勸我強飡飯,到口不辨墨與菽。心平意定複三歎,是非自解分儒黑。楊家寄字入祛使,金玉鏗鏘憂庭竹。醜婦始知徒效顰,膏壤由來不勞沃。氣如天馬駕天風,肯向人間戀芻粟!閉戶讀書成底事,白頭得此死亦足。任華見之也縮手,七縱八擒貫條目。乃知浣花老子真不欺,曾道詩成鬼神哭。

37 寄題風詠堂二首

沂浴歸來日景遲，行歌聲裏物熙熙。孔門一段中和意，只有當年點也知。

浩歌牙頰藹春香，樂在吹噓被百昌。聖處可容心會得，鳶飛魚躍自揚揚。

38 何山書堂

日高裹飯看何山，山缺東南水繞關。松檜不搖風自渡，讀書聲在白雲間。

注：何山在烏程縣南稍西十四里，《寰宇記》：何口山昔曰金蓋山，晉何楷居此修儒業，後爲吳興太守改金蓋爲何山，今曰何口山。王象之《輿地紀勝》：山與道塲山相接，最爲吳興勝遊。然道塲之勝在山巔，何山之勝在山下，故蘇軾詩有"道塲山頂何山麓"之句。《舊志》：山上有何氏書室。

39 水檻遣懷

玲玲簥馬競風涼，荷葉荷花撲酒香。多謝新詩消永日，不教光景熟黃粱。

40 賞心亭爲叔凱處士賦

欣欣物色古今同，盡入詩人領會中。一笑倚欄君莫問，東塗西抹任春風。

41 爲曉林昱上人賦姑蘇昭明寺橫翠樓

高僧遺俗氛，層構白雲繞。屋虛亂山入，嵐光卧林表。萬象寒青蒼，衆色敢紛擾。天地歸一指，人間幾昏曉。目力不可窮，長煙送飛鳥。

42 閒居即事

滿屋寒風滿幾塵，機心志盡久安貧。衰年每賴應門杖，嚴令難存漉酒巾。狗盜雞鳴居義士，猿驚鶴怨失幽人。客來笑指瓶笙響，小摘山茶試早春。

43 桂庵爲凱處士賦

此種曾從月窟移，天香才許世間知。一龕足了平生事，招隱何人寄我詩！

44 游南答寺寂照堂

城南鐘鼓鬥清新，端爲投荒洗瘴塵。總題鏡空堂上客，誰爲寂照境中人！紅英掃地風驚曉，綠葉成陰雨洗春。記取明春作寒食，杏花曾與此翁鄰。

45 謾成四首

今朝無酒只清坐，落筆猶有氣凌雲。天下黃金賤如土，何人爲購相如文。

東鄰昨日收白骨，西鄰今日啼青娥。傷心又過中元節，城下招魂應更多。

平生落落苦難合，十五讀書今老翁。卻怕秋來添客思，梧桐昨夜又西風。

南金大貝亦何物，六月胡商死道邊。滿地清陰日亭午，老夫高枕北窗眠。

46 題松花廞卷

嵩陽道士曾教服，絕勝耕雲種玉飡。今日山僧收萬斛，爲言白屋有饑寒。

47 還友人詩卷

正派傳來具眼明，孔庭遺訓學惟勤。巨濤不起枝流水，微意須評本色人。南北東西隨幼眇，之乎者也別疎親。羨君落筆今如此，他日應聞泣鬼神。

48 魏博羅令公附卷

寒門雖得在宗宗，棲北巢南恨不同。馬上共慚銷髀肉，幄中由羨愈頭風。蹉跎歲月心仍切，迢遞江山夢未通。深荷吾□有知己，好將刀筆爲英雄。

49 讀半山詩集

品題人物繼風騷，美刺分明合意消。記得有詩傷白屋，定應天賦及青苗。

50 讀荊公文集

先民擊壤歌雍熙，無爲之化無不爲。民爲邦本當安之，食稅之多民以饑。明王立法古莫移，民貧國富邦基危。文章政事枝兩歧，玉振金聲空陸離。鳳凰梁木矜者誰，人言元澤荊公兒。森森利害令人悲，天津橋上聞鵑時。

51 讀蔡君謨文集

敬讀莆田蘦宸箴，盡輸忠孝答君親。誰憐林下庬眉客，泣對斜陽憶古人。

52 讀吳僧明臥雲稿

用盡推敲力，知心只浪仙。古梅殘雪後，落日大江邊。靜對欲無語，行吟卻自憐。翻思雕鏤者，未解識天然。

53 楊明叔惠詞次韻

魚去游濠上，鵐來止坐隅。吉凶中在我，憂樂與生俱。

54 奉還玉隆講師詩卷

鐵騎奔霆枯海水，老蚌含珠夜光起。黿鼉魚鱉窟穴翻，倒在急流三十里。珊瑚樹冷春溟濛，貝宮仙子驅腥風。有時旭日斂寒霧，騰騰海市浮青紅。錢塘野老詩腸窄，晚年見此真奇特。斷續荒雞鼓翼啼，讀盡青燈眠不得。急將錦鯨卷還客，恬然一覺華胥國，不知人世東方白。

55 爲徐芝石賦書卷

結繩後，篆籀輿。銘鐘鼎，碣石鼓。體用殊，裂三古。伯喈作，飛帛翠。知其子，守其母。王蕭輩，曆可數。勢參錯，氣吞吐。屹丘山，轉蠡羽。霓裳翻，劍氣舞。合繩墨，中規矩。歲浸遠，脈亦縷。繼者誰，伯敷甫。昂鵠表，謝雞伍。得者誰，筆風雨，結森聳，莫敢侮。慎十襲，雷電取。後有人，揶吾語。應撫掌，笑相許。

56 綽庵上人詩卷

人人有分可睎顏，心本無心合放閑。法性悟來雲變滅，真機洩盡水潺湲。團欒大樹容三宿,巉嶸高峰屹兩間。珍重老禪曾會得,蒙頭坐斷死前關。

57 送松窗寧茂才回江東二首

江空歲晚老棲遲,有客尋詩扣竹扉。湖海倦游歸去好,窗前松樹已成圍。

白髮相看問姓名,心如寒水狎鷗群。不知行李詩多少,回首江東日暮雲。

58 寄黃尊師

岸花開盡木芙蓉,雨意分涼到水缸。比似高眠消永日,試來湖上看秋風。右見趙思式所借元人詩中抄入《野航漁叟漫記》。(明朱存理《珊瑚木難》卷五《馬臻詩六首》其六)

59 松雪臨郭熙溪山漁樂圖

松雪仙翁筆有神,溪山茅屋共秋雲。千年不獨王摩詰,三絕今看鄭廣文。錢唐馬臻。(明趙琦美《趙氏鐵網珊瑚》卷十二)

60 題東坡春帖子詞卷

蘇文忠公文章翰墨稱妙天下,今觀此卷,光采動人,儼然一段承平古意。諸公題品在前,真希世之寶也。夫複何言!延佑丁巳季冬廿三日,錢塘馬臻謹書(錢塘倪濤《六藝之一録》卷三四二)

【作者簡介】 王樹林(1956.12—),男,河南商丘人,南通大學文學院教授。

鄭柏《續文章正宗》所載
《全元文》失收文輯録

王 媛

【内容提要】 明代鄭柏《續文章正宗》著録元至明初文章,其中很多作者没有别集流傳,或有的文章不見於别集之中,具有較高的文獻價值。本文從中輯録《全元文》失收文章六十四篇。

【關鍵詞】 《續文章正宗》;《全元文》;輯佚

北京師範大學古籍所李修生先生主編的《全元文》六十册,共收録元人文章三萬多篇,是一部重要的斷代文章總集,在元代文獻整理上取得了前所未有的成就。但如此大型的文章總集,難免會偶有漏輯之處,有待學界共同補輯完善。日前筆者細閲明代鄭柏《續文章正宗》,發現其中不少文章爲《全元文》所失收,今人整理元人别集也未能善加利用。

鄭柏字叔端,浦江人。清光緒三十一年刻善廣、張景青《浦江縣誌》卷九《隱逸傳》載:"鄭柏字叔端,貞義處士洧子也。力學耽經,受業于朱長史,聞考亭之學,以究性理之旨,而受文于宋太史濂。太史教之作文必以六籍爲本,明乎理以充其氣,而以孟韓歐陽爲宗。凡所爲文,必令繕書以酬應所求,及太史以累入蜀,斂所著以授柏,有付子斯文之屬。既以父代兄死難,哀毀嬰疾,無意進取,縉紳朋舊每欲推薦,輒以疾遜謝。惟癙瘵經傳,潛心玩索,以真知實踐行之於己,而以孝慈友弟勸率群從。注善藥以施人,至老不厭,或以其名達之蜀府,王問其兄楷,楷稱其疾以對。王顧左右曰:'叔端可謂清逸之士矣。'人因以清逸處士稱之。晚年著書,有《聖朝文纂》、《文章正原》、《續文章正宗》、《金華先達傳》、《進德齋稿》。子粘,才學有稱。"今存有《續文章正宗》、《金華先達傳》、《進德齋稿》。

《續文章正宗》四十卷。國家圖書館藏有明正德十年劉氏日新堂刻本、明刻本等版本。程敏政《篁墩集》卷三十六《題續文章正宗後》："浦陽鄭柏《續文章正宗》四十卷,其去取精審,雖不逮前人,亦不甚猥雜。自勝國以迨洪武初,凡名家世臣其文之可見者,蓋不能無賴乎此也。其後義烏王稀、旰江張光啟校而刻之,因各入其私集,遂爲此帙之累,觀者病之,暇日輒命侍史伐去二氏所增詩凡二十三首,文凡八篇,其中若王國博紳、王贊善汝玉、王學士英、鄒庶子緝、陳侍郎璉,固皆一時文章巨家,但不宜先置於此,當與方正學楊文貞諸公別爲續集以附,庶乎得之。永樂二勅原無代言者名氏,今亦不敢登載云。"

《續文章正宗》選錄元至明洪武初名家文章,不少作者集子已經失傳,又有不少出於別集之外,故有很高的文獻價值。今輯錄《全元文》失收文章,限於篇幅,未能全文逐錄,僅錄其篇目、卷數如下:

1、徒單公履《皇太子册文》(卷一)

徒單公履,字雲甫,遼海人,登經義第,官至侍講學士。《全元文》失收。

2、僧德孺《日月周天論》(卷三)、《分野辨》(卷三)

僧德孺,生平不詳。明朱存理《珊瑚木難》卷八杜本《釋孤雲詩序》有"永嘉僧德孺",當即其人。《全元文》失收。

3、王旭《上魯齋先生書》(卷四)

王旭,《全元文》(第十九册)卷六〇五至卷六〇九著録其文一二五篇。

4、胡翰《議論》(卷五)

胡翰,《全元文》(第五十一册)卷一五六三至卷一五七〇著録其文一四三篇。

5、虞集《方壺畫記》(卷八)、《玉笥山萬壽丞天宫碑》(卷二十六)、《贈里安知州王公墓誌銘》(卷三十四)

虞集,《全元文》(第二十六、二十七册)卷八一四至卷九〇三著録其文一一九〇篇。

6、歐陽玄《道濟書院記》(卷八)、《樓隱趙公詩序》(卷二十三)

歐陽玄,《全元文》(第三十四册)卷一〇八九至卷一一一〇著録其文二六九篇。

7、危素《舜風樓記》(卷九)、《送歐陽廷玉序》(卷十六)、《煮雪窩記》(卷二十一)、《友義卷序》(卷二十三)、《送周大雅詩序》(卷二十三)、《柳舜舉送行詩序》(卷二十三)、《曹士弘墓表》(卷三十一)

危素,《全元文》(第四十八册)卷一四六八至一四八一著録其文三一七篇。

8、王余慶《濟美堂記》(卷十)

王余慶字叔善,金華人。受業許謙之門,以儒學見重當世。至正初,入經筵爲檢討官,累拜江南行台監察御史,政聲著稱。後使廣東,詢問疾苦,惠政爲多。《元史》卷一九〇《儒學傳》、《兩浙名賢錄》卷三十五《清正》均有傳。《全元文》失收。

9、陳樵《閒鬟記》（卷十一）、《吟所記》（卷十一）、《朱氏迎筆樓記》（卷二十）

陳樵，《全元文》（第三十二冊）卷一〇二七著錄其文二十篇。

10、李存《藏一齋記》（卷十一）

李存，《全元文》（第三十三冊）卷一〇五六至一〇六九著錄其文三百五十三篇。

11、程文《看竹山房記》（卷十一）、《雪夜舟齋記》（卷十一）、《環中意齋記》（卷十二）、《送朱士謙序》（卷十六）、《雲松巢記》（卷二十一）、《高生壽親詩序》（卷二十三）、《江月樓詩序》（卷二十三）

程文，《全元文》（第三十一冊）卷一〇一一著錄其文三十二篇。

12、鄒矩《虛直軒記》（卷十二）

鄒矩字元方，宜黃人，博學工文，與塗幾齊名，人稱鄒、塗。洪武初，以通經儒士薦，有文集。康熙《江西通志》卷八十一《人物志》有傳。《全元文》失收。

13、陳剛《適齋記》（卷十三）、《遂初齋文稿序》（卷十六）、《手植松記》（卷二十一）、《飛雨洞流觴詩序》（卷二十四）

陳剛，《全元文》（第四十五冊）卷一三九二著錄其文二篇。

14、張翥《梅溪序》（卷十三）

張翥，《全元文》（第四十八冊）卷一四八三至一四八四著錄其文三十五篇。

15、葛元喆《寓軒記》（卷十三）

葛元喆，《全元文》（第五十九冊）卷一七九六著錄其文三篇。

16、盧摯《樗隱趙公詩序》（卷十四）、《釣台辭》（卷三十八）

《石倉歷代詩話》入詩歌類，《續文章正宗》則入辭賦類。盧摯，《全元文》（第十一冊）卷三六九至三七〇著錄其文二十一篇。

17、王沂《六藝類要序》（卷十七）

王沂，《全元文》（第六十冊）卷一八二二至一八三三著錄其文二百〇三篇。

18、龍仁夫《周易集傳序》（卷十七）

龍仁夫，《全元文》（第二十冊）卷六一七著錄其文八篇。

19、胡炳文《古賦辨體序》（卷十七）

胡炳文，《全元文》（第十七冊）卷五四九至五五一著錄其文九十八篇。

20、韓性《湛然居士文集序》（卷十七）

韓性，《全元文》（第二十四冊）卷七四四至七四五著錄其文二十四篇。

21、吳炳《草右集序》（卷十七）

吴炳,《全元文》(第四十六册)卷一四三七著録其文十二篇。

22、黄叔英《送張叔寶序》(卷十七)

黄叔英(1273—1327),字彦實,慈溪人。嘗爲晉陵、宣城、蕪湖三學教諭,又爲和靖、採石兩院山長,間以茂異遣詣中書,弗果行。于經史百氏之書過目輒成誦,爲文雋拔偉麗,意氣奔放若不可禦,而要其歸弗畔於道。有《慈庵暇筆》三卷、詩文雜著總二十卷藏於家(見黄溍《黄彦實墓誌》)。《全元文》未收。

23、陳繹曾《文筌序》(卷十七)

陳繹曾,字伯敷,與修遼史,官至國子助教。《全元文》未收。

24、趙汸《春暉堂詩序》(卷十七)

趙汸,《全元文》(第五十四册)卷一六五八至一六七二著録其文一百三十二篇。

25、鄭淵《續文類序》(卷十九)、《繼善堂記》(卷二十二)

鄭淵,《全元文》(第五十八册)卷一七七二著録其文三篇。

26、劉有慶《題許魯齋文集》(卷十九)、《跋交信録序》(卷十九)

劉有慶,《全元文》(第三十九册)卷一二四〇和(第五十六册)卷一六九九各著録其文一篇。

27、柳貫《孝思庵記》(卷二十)

柳貫,《全元文》(第二十五册)卷七八四至八〇四著録其文二百九十九篇。

28、揭傒斯《喜樹軒記》(卷二十)、《龍伯興先生墓碑》(卷三十)、《陶然翁墓碣》(卷三十五)、《范鬥文墓誌》(卷三十五)、《黄居士傳》(卷三十七)

揭傒斯,《全元文》(第二十八册)卷九一九至九三二著録其文一百七十六篇。

29、應奎翁《鄭氏義門志》(卷二十一)、《東明書舍聽琴詩序》(卷二十三)

應奎翁,《全元文》(第五十四册)卷一六四七著録其文二篇。

30、戴良《雙節堂記》(卷二十二)

戴良,《全元文》(第五十三册)卷一六二七至一六四二著録其文二百七十九篇。

31、蘇天爵《送李子威出守江州序》(卷二十三)

蘇天爵,《全元文》(第四十册)卷一二四九至一二七〇著録其文三百二十七篇。

32、揭汯《送鄭叔車序》(卷二十四)

揭汯,《全元文》(第五十二册)卷一五九二著録其文十四篇。

33、李桓《送張御史詩序》(卷二十四)

李桓,《全元文》卷一四一九録其文七篇,卷一七〇〇重出三篇。此文兩處皆失收。

34、李孝光《王貞婦祠碑》(卷三十)

李孝光,《全元文》(第三十六册)卷一一三七録其文二十二篇。

35、王武《譚汝楫傳》(卷三十七)

王武,豫章人。《全元文》(第四十五册)卷一三九〇録其文一篇。

即此一例,可見《全元文》編纂過程中雖然進行了廣泛調查,從明人總集中輯出大量元人文章,但還有一些書未能善加利用;也可見明人總集的文獻價值很高,保存了不少宋元時期的作品,將來開展《全元文》的補編工作,似有必要對明人總集加以更爲深入地調查和利用。

【作者簡介】 王媛(1980.8—),女,廣東揭陽人,北京師範大學古籍與傳統文化研究院講師。

《析津志輯佚·工局倉廩》補正

劉　曉

【内容提要】　《析津志》爲一部久已失傳的元代北京地方志,史料價值極高。本文係對今人《析津志輯佚》的再研究,指出其中的"工局倉廩"部分在子目分類方面存在的問題,此外還考察了現存《永樂大典》兩段標注爲《元史》的佚文,認爲這兩段佚文也應出自《析津志》。

【關鍵詞】　析津志;永樂大典

　　《析津志》是元人熊夢祥編纂的一部北京地方志,卷帙龐大,内容翔實,史料價值極高,但非常可惜的是,這部地方志至少從明代中後期起就已散佚。上世紀80年代初,北京圖書館(今國家圖書館)善本組廣泛搜集各種文獻,出版了約12萬多字的《析津志輯佚》,爲研究者提供了極大方便。不過,這個輯本還存在不少問題。① 這裏,筆者僅就其中的"工局倉廩"部分作一些説明。

一

　　"工局倉廩"主要輯自《永樂大典》卷19781第15頁下與卷7514第32頁上。《輯佚》子目有三,分别爲"柴炭局"、"異樣毛子局"、"豐裕倉"。其中,"柴炭局"與"異樣毛子局"的分類有很大問題。

---

　　① 有關這方面,已發表了一些論文,如温嶺《讀〈析津志輯佚〉札記》,《中國史研究》1984年2期;黨寶海《〈析津志〉佚文的新發現》,《北京社會科學》1998年第3期;《元〈析津志〉佚文新輯》,《北京文博》20年期。等等。

先來看"柴炭局"。《輯佚》這部分内容除標點錯誤外,實際上還涉及另兩個機構——"管領廣平彰德路等處課麥提領所"①與"管房提領所"。其中,"管領廣平彰德路等處課麥提領所",據《元史》卷89《百官志五》"儲政院·内宰司"條②:

> 廣平彰德路課麥提領所,秩從七品。至元三十年,以二路渡江時駐蹕之地,召民種佃,遂立所,置官統之。

《元史》卷89《百官志五》"儲政院·内宰司"條下與之並列的還有柴炭局③:

> 柴炭局,秩從七品。提領一員,大使一員,副使一員。至元二十年,以東宫位下民一百户燒炭二月,軍一百人采薪二月,供内府歲用,立局以主其出納,設官三員,俱受詹事院札。大德十一年,隸徽政院。

由此可見,"管領廣平彰德路等處課麥提領所"與"柴炭局",在文宗時同屬内宰司,相互間無隸屬關係,相信以後也是如此,因爲不論是《元史》還是《輯佚》,都明確記載這兩個機構是從七品,而兩個品級相同的機構不太可能有隸屬關係。以下爲筆者重新整理這部份内容的結果。

> 柴炭局:元貞二年,欽奉聖旨,設立詹事院。本院呈准省部文字,依本位下柴炭局例,鑄到本局從七品銅印一顆,設局官達魯花赤、大使、副使各一員,俱受敕牒。至治二年,例革。天曆二年,復立。徽政院除受院札提領、大使、副使各一員。本局設官,俱受院札。提、大、付、攢。
>
> 管領廣平、彰德路等處課麥提領所:至大三年,敬奉皇太后懿旨:"廣平、磁州田土,元與可伏兒來那田地,如今失列監姑根底與者。"(磨)〔麽〕道,敬此。札付内宰司,行下彰德等處課麥提舉所,敬依施行。至元二年,拘收還官。本所行從七品銅印一顆。設本所官提領二員,俱受院札。地五百十一頃三十一畝五分六厘,歲辦錢中統鈔二十四錠二十九兩五錢,糧粟麥一千九百五十八石二斗三升。
>
> 管房提領所:徽政院都事呈:禮部符:承奉中書省札付:本部呈:徽政院至元二年

---

① 《析津志輯佚》這部分内容没有另起一段,且"管領"二字斷開,分別與前後文字相連,見該書第44頁。

② 宋濂《元史》第2252頁,中華書局1976年版。

③ 《元史》第2251頁。

奏准,管房提領所,比依隆祥總管府管房提領所例,鑄到正九品銅印一顆,設官,隸本院照磨所管。至正五年,撥付諸色府管領。于檗管人戶內選保提領、大使各一員,受院札。房舍一千一百二十五間半,地土三十二頃三畝四分二厘。

至於"管房提領所",因成立於後至元二年(1336),晚於《元史·百官志》的史源——《經世大典》的成書時間,所以不見《元史》記載。不過,據佚文內容,該機構隸屬徽政院照磨所,而非柴炭局,因此與柴炭局也應無隸屬關係。

需要補充的一點是,《輯佚》之所以產生子目分類錯誤,是與《永樂大典》的內容編排有密切關係的。《永樂大典》雖然在保存文獻方面貢獻厥偉,但其編纂體例與內容採編都存在許多嚴重問題。具體到上述內容,《析津志》原來很有可能就是按"柴炭局"、"管領廣平彰德路等處課麥提領所"、"管房提領所"的次序加以敘述的,《永樂大典》的編纂者在設"柴炭局"條目時,誤將《析津志》緊接着"柴炭局"後面的內容也採錄其中,從而導致《輯佚》出現上述錯誤。

再來看"異樣毛子局"。

《輯佚》這部份內容實際上也涉及另外兩個機構——"上都怯憐口毛子局"、"繪山毛子旋匠局"。據《元史》卷89《百官志》"儲政院·管領諸路怯憐口民匠都總管府"條[1]:"繪山毛子旋匠局,秩正七品。大使一員,典史、司吏各一人。"同卷"儲政院·隨路諸色人匠都總管府"條另有"上都異樣毛子局"的記載[2]:"上都異樣毛子局,大使一員,副使一員。至元二十年置,受詹事院札。"由於"上都異樣毛子局"與《輯佚》所載"異樣毛子局"的成立年代均爲至元二十年,且同受詹事院札,很有可能是指同一機構。如果這種假設成立的話,那麼"繪山毛子旋匠局"與"異樣毛子局"應無隸屬關係。"上都怯憐口毛子局",《元史》雖無記載,但應該與"異樣毛子局"也無隸屬關係。更何況,"上都怯憐口毛子局"爲行正七品印信,而"異樣毛子局"僅用正八品印,以七品衙門隸屬八品衙門,也不合常理。以下爲筆者重新整理後的結果。

異樣毛子局:至元二十年立,置使、副各一員,俱是詹事院札。三十一年,改受徽政院札。大德十一年,改受勑,用八品印。至治三年罷之,仍受院札。大使一員,副使一員。

上都怯憐口毛子局:根腳係唐妃娘娘位下。至元六年,欽撥裕宗皇帝位下。至

---

①《元史》第2259頁。
②《元史》第2256頁。

元二十四年設局官八員,内受勅達魯花赤一員,受徽政院札付三員,提領一員,大使二員,行使從七品印信。目今止設官三員,俱受院札,官提領、大使、副使各一員,司吏二名,實在氈子匠二百三十一户。

繪山毛子旋匠局:秩正七品,行使銅印一顆。大使一員,典史一員,司吏一人。

綜上所述,《輯佚》"柴炭局"、"異樣毛子局"這兩個子目實際上是可分六個子目,分別爲"柴炭局"、"管領廣平、彰德路等處課麥提領所"、"管房提領所"、"異樣毛子局"、"上都怯憐口毛子局"、"繪山毛子局"。

二

《永樂大典》卷19781"柴炭局"條,在"管房提領所"後,標明爲《元史·百官志》内容,原文如下。

《元史·百官志》:大都、上都柴炭局各一,至元十二年置,秩從六品。十六年,改提舉司,升五品。大德八年,仍爲局,降正七品。置達魯花赤各一員,正七品;大都大使一員,上都大使二員,各正七品;副使各二員,正八品;直長各一人,掌葦場;典史各一員。

柴炭局,秩從七品。提領一員,大使一員,副使一員。至元二十年,以東宫位下民一百户燒炭二月,軍一百人採薪二月,供内府歲用,立局以主其出納,設官三員,俱受詹事院札。大德十一年,隸徽政院。

藏珍、文成、供須三庫,秩俱從五品。各設提點二員、大使二員、副使二員。分掌金銀珠玉寶貨、段匹絲綿、皮毡鞍轡等物。國初,詹事出納之事,未有官署印信,至元二十七年分爲三庫,各設官六員,及庫子有差。

其中,第一段内容見《元史》卷87《百官志三》"宣徽院"條①,第二段、第三段内容見《元史》卷89《百官志五》"儲政院·内宰司"條②。

其後,"柴炭局"條還有以下文字:

---

① 《元史》第2203頁。
② 《元史》第2251頁。

至元二十年,八剌哈赤不花納等管領收支柴炭。元貞二年,禮部降到從七品銅印一顆,設官四員,俱受徽政院札付。大德〔十?〕一年,徽政院啟准御位下柴炭局一體換授敕牒。官四員,達魯花赤、提領各一員,從七品,局使一員,並受中書省札付,直長一員。受院札官三員,首領官典吏一員。至治二年,衙門例革。至順三年,復立。禮部降到從七品銅印一顆,設官三員,俱受院札。提領、大使、副使、攢典。

管領打捕人匠所:元係本管打捕人匠等户,乙未、壬子年,奪羅歹大使臣重陽所管。至元十四年,奏屬皇太子位下。至元十五年,啟奉令旨:"奪羅歹孫子抄兒歹管的打捕户三百三户,與皇太子出氣力者。"至元十六年,奉省部符文,撥屬位下當差。至元二十八年,抄兒歹身故,斡脱兒赤承襲管領本所官達魯花赤,從五。提領一,相付官一,都目一,司吏。實有人户二百四十三户,歲辦鈔八錠四十兩,皮貨四百十五張,稅粟六百二十一石四斗三升五合。

上述文字不見《元史》,顯然不屬《元史》引文。同時,它也不是《經世大典》佚文,因爲文中不僅含有《經世大典》所無的蒙古直譯文體,而且還出現《經世大典》成書後的至順三年記事。筆者頗懷疑上述文字也應是《析津志》佚文。那麽,爲什麽在《析津志》引文中會插入《元史·百官志》的内容呢? 我想,很有可能是上述《元史·百官志》的内容原爲注文而被訛入正文。《永樂大典》在選錄記事大致相同的文獻時,有以一種文獻爲正文,另一種文獻爲注文的情況。如《永樂大典》卷 6388 所錄"張柔"條,即是以《元史》爲正文,而以《經世大典》爲注文。①

此外,上述引文可分兩部份,第一部份屬"柴炭局",後一部份屬"管領打捕人匠所"。其中"柴炭局"的内容,可與前引《元史》卷 89《百官志五》"儲政院·内宰司"條"柴炭局"相對應。至於《析津志》爲何出現兩處"柴炭局"文字,很有可能是指隸屬兩處不同機構的兩個"柴炭局"。

三

《永樂大典》卷 19781 尚有"供徽局"條:

供徽局:《元史》:局根腳隸昭功萬户府。至順二年十一月,昭功萬户府官奉聖

①陳高華:《元代政書〈經世大典〉中的人物傳記》,《中國史研究》1992 年第 1 期。

旨:"立一個正七品供徽局衙門,設典史一員,庫子四名,本把二名,秤子二名。"欽此。又至順三年六月,建都班副使等奏:"新立來的供徽局裏,達魯花赤、提點執事是從四品、正五品,行使的是正七品印信有,本庫勾當庫子、秤子、本把人等,至今不曾與准設有。可憐見呵,依著中興武庫例,與准設。俸錢六十個月滿,常選裏與除授呵,怎生?"奏呵,奉聖旨:"那般者。"欽此。中書禮部鑄給到本局從五品銅印一顆行使。至元六年十一月十四日,昭功萬戶府例革撥,屬本院。至正九年九月初八日,中書省奏准,添設都達魯花赤一員。本局官:庫達魯花赤從五、提點同、大使從六、副使從七、首領官、庫子四、本把二。騤管人戶荅剌赤酒匠二百二十八戶、房舍九十八間、院地十畝一分五厘。

《永樂大典》中注明《元史》的部份內容比較複雜,有的的確來自《元史》,但也有一些內容實際上來自《經世大典》。此處"供徽局"文字不見《元史》,而且因有至正九年記事,又保留蒙古直譯體,也不應是《經世大典》的內容。所謂"局根腳隸昭功萬戶府",與前面提到的上都怯憐口毛子局"根腳係唐妃娘娘位下"很有相似之處,因此筆者頗懷疑此處"供徽局"文字也應是《析津志》佚文。

最後需指出的是,"工局倉廩"爲《輯佚》編者自擬名,原書以志爲篇名,目前可考篇名有"朝堂公宇志"、"臺諫志"、"名宦志"、"燕京學校志"等。[1] 拙文所討論的《析津志》佚文,已涉及柴炭局(兩處)、管領廣平彰德路等處課麥提領所、管房提領所、異樣毛子局、上都怯憐口毛子局、繪山毛子旋匠局、管領打捕人匠所、供徽局等九處機構,這些機構顯然非"工局倉廩"所能涵蓋,使用"官守志"等名稱,或許是一個較恰當的選擇。

【作者簡介】 劉曉(1970.4—),男,山東省煙臺市人。中國社會科學院歷史研究所研究員、中國元史研究會副會長,北京師範大學古籍與傳統文化研究院兼職教授。主要研究方向:元史。

---

[1]《析津志輯佚》第 9、38、145、179 頁。

《元史·張翥傳》辨證二則

韓　璐

【内容提要】 《元史》本傳對張翥從師李存的時間與拒絶"草詔"事件記載有誤,本文擬就此二事作一考證,希望對張翥生平及其作品的研究有所裨益。

【關鍵詞】 張翥;李存;拒絶草詔

張翥(1287—1368),字仲舉,號蜕庵,别號虚游子①。元晉寧路襄陵縣故關鎮(今山西省臨汾市襄汾縣京安鎮)人。他既是順帝朝的顯官,也是元代的著名詩人、詞人。有《蜕庵詩》、《蜕巖詞》傳世。大約七十七歲時其以翰林學士承旨第一次致仕,但"雖與致仕而帶職仍故,凡製作典章,大事論議,獨許以聞"②。足見當時在朝廷的特殊地位。

張翥生平未見有碑傳流傳,《元史·張翥傳》是記載張翥生平的重要文獻之一,但《元史》所記載的張翥從師李存的時間與"草詔"事件有明顯的漏洞,故本文擬就此二事略作考證。

一　張翥師從李存時間考證

李存(1281—1354),字明遠,更字仲公,學者稱爲"俟庵先生",饒州安仁(今屬江西)人。師從陳苑(立大),傳陸九淵之學,與祝蕃、舒衍、吳謙並稱"江東四先生"。生平事蹟見危素《元故番易李先生墓誌銘》、《宋元學案》卷九十三。《宋元學案》卷九十三據《元

---

① 危素《虚游説》:"襄陵蜕叟,别號虚游子。"
② 《蒲庵記》附記,釋來復編《澹游集》卷下,《續修四庫全書》,第 1622 册,第 278 頁。

史》本傳將張翥列爲"俟庵門人"。

《元史》本傳云:

> （張翥）受業于李存先生,存家安仁,江東大儒也。其學傳于陸九淵氏,翥從之游,道德性命之説多所研究。未幾,留杭。又從仇遠先生學,遠於詩最高,翥學之,盡得其音律之奧。①

從這段叙述可知,張翥受業李存在師從仇遠之前。據張翥《題高彦敬山邨隱居圖》:"先生（案,指仇遠）,翥師也。大德初元,年甫十有一,常從先生出入諸公間。"②可知張翥從仇遠學詩至遲在十一歲(1297),故受業李存至遲當在八、九歲時。據危素《元故番易李先生墓誌銘》③,李存生於至元十八年(1281),長翥六歲,張翥八九歲時李存不過十四、五歲,可見此時隨李存學,甚爲不妥;這樣兩個少年對"道德性命之説多所研究",更不可能。

李存《上陳先生書》云:

> 存生三十有三年矣,雖于古經史傳記稍涉獵其間,而未知其所以遺夫人者果何爲哉。徒竊取糟粕以修飾其淺陋、妄誕之言,而謂之儒。又嘗慕韓退之謂無所不通乃爲大儒,由是慨然于天文、地理、醫藥、卜筮、道家、法家、浮屠諸名家之書皆將致心焉。然後持而耀諸當世,而垂諸無窮,意當世之士如存者,亦豈多哉?侈然而談,囂然而居,取譏於鄉里,召怒于朋友而弗之省也。戊申之秋,舒衍謂存曰:"吾疇昔是子之學,近以祝蕃之言,得從上饒陳先生游,而後知子之學所事舉末屑也。子之蔽亦甚矣,徒焦心竭神,何爲哉?若不改圖,則將誤惑其身,不惟誤惑其身,必將誤惑於天下後世之人。"存心竊笑之。他日復言如是,復笑之。至於三於四於五,屢數十不已,雖疑焉,然朝諾而暮忘之也。既而共床宿,擁寢衣,言曰:"相人者謂子不年,苟無聞焉以死,傷哉!至道所在,人固未易信也。然辟之涉,吾嘗先之矣。"遂大疑,早夜以思,至感泣,然終恥下於人,徘徊而躕躇。壬子之夏,始期衍登先生之門,亟請一言以自後,先生孫之又孫。明日祝蕃適來,始相識也。蕃與衍反復而丁寧之,研磨之。其時甚不樂,以爲往古聖賢答問、告教之際,豈嘗如此哉?徒以欲遂所請,跪起揖拜,慚且怨焉。先生雖語之,弗領也。秋復來,先生語之加詳焉,始稍知所致力,而信且喜。

---

① 宋濂等《元史》卷186,中華書局,1976,第4284頁。
② 郁逢慶《續書畫題跋記》卷9,文淵閣《四庫全書》,第816册,第911頁。
③ 見李存《鄱陽仲公李先生文集》集前,北京圖書館古籍珍本叢刊,第92册,第547頁。

明年遂以大喜，以大信。①

從李存的這段話可以看出，李存對陳苑之學的接受有一個過程：戊申爲元武宗至大元年（1308），時李存二十八歲，此前李存對陳苑之學並不在意。壬子爲元仁宗皇慶元年（1312），時李存三十二歲，開始接觸陳苑之學，第二年（1313）李存三十三歲時才對陳苑之學"以大喜，以大信"。故李存完全接受陸學是在三十三歲，那時張翥已經二十七歲了。

《（同治）安仁縣志》卷二十五云："張立仁，字遠伯（案，應爲伯遠），若嶺人。通經術，工詩，時稱江東詩士。授本縣教諭。從游者多，張翥、劉振安、黃均瑞皆其門人。"②卷二十六云："（張翥）一旦翻然易業，受業李仲公、張立仁之門。"③可知，張翥曾跟安仁縣教諭張立仁游學。據李存《張伯遠詩集序》：

> 僕兒時聞諸父間言伯遠能詩，其後侍叔父貴池，公誦其《古意》卒章云："萬里有征人，九泉無戰國。"《錢塘觀潮》詩卒章云："死不作子胥，生當隨范蠡。"時雖不深解，心竊以爲好也。稍長，頗亦從事乎詩，相過必劇談終日，至夜分不休。或聞雞而寢，或東方忽白，竟以不復寢也。④

從這段記載可知，李存與張立仁有年輩上的差異且來往密切，張翥同時與輩份不同的人學習，亦不合常理。李存"稍長"與張立仁談詩往來密切，張翥很可能在跟隨張立仁學習之時，與李存相識。

因此，此一時期張翥有與李存結識之可能，但受業于李存，則當是二十七歲以後張翥由杭州返回江西的事情。故《元史》本傳的記載有誤。據《（同治）安仁縣志》，此時的張翥應主要受業于安仁縣教諭張立仁之門。

二　拒絕草詔事件考述

孛羅帖木兒入相前後，與皇太子、丞相搠思監、擴廓帖木兒之間發生了一場鬥爭。已

---

①李存《上陳先生書》，《鄱陽仲公李先生文集》卷28，《北京圖書館古籍珍本叢刊》，第92冊，第664頁。

②《（同治）安仁縣志》卷25，《中國地方志集成》，江蘇古籍出版社，1996。

③《（同治）安仁縣志》卷26，《中國地方志集成》，江蘇古籍出版社，1996。

④李存《張伯遠詩集序》，《鄱陽仲公李先生文集》卷20，《北京圖書館古籍珍本叢刊》，第92冊，第622頁。

經以翰林學士承旨致仕的張翥也被捲入了這場鬥爭——"草詔"就是其中的原因。

《元史》本傳云：

> 孛羅帖木兒之入京師也，命翥草詔，削奪擴廓帖木兒官爵，且發兵討之，翥毅然不從。左右或勸之，翥曰："吾臂可斷，筆不能操也。"天子知其意不可奪，乃命他學士爲之。孛羅帖木兒雖知之，亦不以爲怨也。及孛羅帖木兒既誅，詔乃以翥爲河南行省平章政事。①

對此事《新元史》記載爲：

> 丞相搠思監削奪孛羅帖木兒兵權，使翥草詔，翥曰："此大事，非親見主上不能筆。"左右或勸之，翥曰："吾臂可斷，筆不能操也。"乃命危素就相府草之。及孛羅帖木兒至京師，召素責之曰："詔從天子出，相府豈草詔地乎？"素不能答。孛羅帖木兒欲斬之，左右營救，始免焉。②

二者記載的相同處在于張翥拒絶草詔，區別在於命張翥草詔又遭到拒絶的一方截然相反：孛羅帖木兒與擴廓帖木兒長期在地方擁兵自重，是積怨已久的死對頭，搠思監又是擴廓帖木兒的黨羽。故此事涉及到張翥的政治傾向及爲人準則，因此要從事件本身及張翥此前對鬥爭雙方的態度來説明。

1 "草詔"事件的發展過程

據《元史》、《新元史》、《元史類編》、《元史新編》諸書相關紀、傳記載，至正二十二年（1362），御史大夫老的沙、知樞密院事禿監帖木兒得罪皇太子，遂逃至孛羅帖木兒軍中。老的沙爲元順帝的舅舅，順帝在太子和舅舅之間協調不成，便密令孛羅帖木兒將其二人隱藏。皇太子一向認爲孛羅帖木兒擁兵跋扈，其所倚仗之擴廓帖木兒又與孛羅帖木兒由於爭奪地盤之事積怨已久。丞相搠思監此時亦"黨於擴廓帖木兒"，因此便見機"誣孛羅帖木兒以非罪"（並《搠思監傳》），與皇太子"請詔削其官"（《孛羅帖木兒傳》），"帝因下詔削奪其（案，孛羅帖木兒）官爵"（《搠思監傳》）。諸書均未説明何人起草詔書。至正二十四年（1364）三月，孛羅帖木兒接到詔書後，知"非帝意"（《孛羅帖木兒傳》），殺使者拒命。四月，

---

① 宋濂等《元史》卷186，中華書局，1976，第4285頁。
② 柯紹忞《新元史》卷211，上海古籍出版社影印《元史二種》，1989，第835頁。

起兵犯闕,殺搠思監後,官復原職,嘗撤兵"還大同"。五月,皇太子又征擴廓帖木兒兵討
孛羅帖木兒。於是,孛羅帖木兒再舉發兵,七月進入京師,元順帝以其爲中書左丞相,八
月,又爲中書右丞相,節制天下軍馬。翌年(1365)七月,孛羅帖木兒欲霸佔元順帝之寵,
元順帝密令將其斬殺。至是,擴廓帖木兒與孛羅帖木兒的爭鬥徹底結束。

　　儘管孛羅帖木兒在《元史》中列入《逆臣》傳,但僅從這場鬥爭而論,應該是統治集團
內部爭權奪利的鬥爭,沒有任何一方有正義可言。關於起草詔書削奪兵權一事,除《元
史·張翥傳》外,各家元史均記載被削奪兵權的是孛羅帖木兒,而非擴廓帖木兒。因此
《新元史》記載的"搠思監削奪孛羅帖木兒兵權,使翥草詔"當較爲符合事實。此外權衡
《庚申外史》卷下亦言:

　　　　初,削孛羅帖木兒兵權時,搠思監召承旨張翥草詔。辭曰:"此大事,非見主上不
　　敢爲之。"乃更召參政危素就相府客位草之。①

這則材料當是《新元史》的來源。元末明初人權衡作《庚申外史》時,在《元史》修撰之前,
距離事件發生之時未遠,在記述上引之語後,詳細記述了危素草詔後與郎中討論草詔是
否合理的一段對話。據陳高華先生考證,《庚申外史》的作者權衡與事件的當事人之一擴
廓帖木兒關係密切,"他是追隨擴廓帖木兒才由山東來到河南的"②。因此,《庚申外史》
的記載較爲可信。此外,宋濂《故翰林侍講學士中順大夫知制誥同修國史危公新墓碑銘》
記載:"孛羅帖木兒入相,出爲嶺北等處行中書省左丞。"③顯然危素是由於爲搠思監一黨
草詔之事得罪了孛羅帖木兒才被貶出大都的。

　　因此從以上分析,搠思監使張翥草詔,"削奪孛羅帖木兒兵權",是不容質疑的。然而
搠思監曾在張翥仕途上起到過"伯樂"的作用,《元史》本傳記載:"(翥)嘗奉旨詣中書,集
議時政,衆論蜂起,翥獨默然。丞相搠思監曰:'張先生平日好論事,今一語不出,何耶?'
翥對曰:'諸人之議皆是也。但事勢有緩急,施行有先後,在丞相所決耳。'搠思監善之。
明日,除集賢學士。"④此事便發生在這場鬥爭前不久,在這種情況下,張翥拒絕丞相的要
求,便有更深層次的原因。

　　①權衡《庚申外史》卷下,《四庫全書存目叢書》,史部第45册,第238頁。
　　②陳高華《〈庚申外史〉作者權衡小考》,《陳高華文集》,上海辭書出版社,2005,第549頁。
　　③宋濂《宋學士文集》卷59,《四部叢刊初編》,第247册。
　　④宋濂等《元史》卷186,中華書局,1976,第4284—4285頁。

2 張翥對事件雙方的態度

從張翥詩集中可以看出,張翥對事件雙方有明顯的愛憎傾向。其《七月廿九日》詩:

> 此醜今方殛,京城喋血新。也知天悔禍,誰謂國無人。勝氣騰龍虎,沉機動鬼神。大庭親命詔,終夜在延春。①

顧嗣立《元詩選·初集戊》言"此爲孛羅帖木兒作"②是有見地之論。《元史·孛羅帖木兒傳》記載孛羅帖木兒被誅殺是至正二十五年(1365)七月乙酉,據陳垣《二十史朔閏表》,此日正是七月二十九日。這首詩直稱孛羅帖木兒爲"醜",大有"中興露布"之勢,可見張翥本人對孛羅帖木兒的所爲是強烈憎惡的。

對擴廓帖木兒一方則不同。《元史·順帝紀》:"(至正二十二年六月)田豐及王士誠刺殺察罕帖木兒。……追封忠襄王。"③察罕帖木兒是擴廓帖木兒養父,就在這場鬥爭發生的兩年前,察罕帖木兒因平叛亂,爲王士誠等人所害。張翥作了《寄野庵察罕平章(時攻淄鄆)》(《元詩選》作《挽忠襄王》)一詩:

> 聖主中興大業難,元戎報國寸心丹。軍中諸將驚韓信,天下蒼生望謝安。露布北來兵氣盛,樓船南渡海波寒。擬將舊直詞林筆,細傳成功後世看。④

詩中對察罕帖木兒的軍事才能作了充分肯定,並對其掃平戰亂充滿期待。從張翥的詩集中可以看出,張翥對"捐軀國難"之人均有讚美與惋惜之情,無論是董鄂霄、李齊還是察罕帖木兒,均以其壯士之行爲使張翥感動賦詩。愛屋及烏,張翥站在皇太子與擴廓帖木兒一邊,不僅是對朝廷的擁護,更是其一直以來的心意所致。

3 拒絕草詔的原因

張翥《自誓》詩云:

> 此醜行當殛,吾身敢顧危。要看奪笏處,正是結纓時。萬古千秋在,皇天后土

---

①張翥《蛻庵集》卷2,文淵閣《四庫全書》本。
②顧嗣立《元詩選》初集中,中華書局,1987,第1351頁。
③宋濂等《元史》卷46,中華書局,1976,第959—960頁。
④《蛻庵集》卷4。

知。寸心三尺簡,肯愧史臣詞。①

顧嗣立認此詩爲與《七月廿九日》作於同時②,從詩中"行當殛"來看,當作於爭鬥的初始階段。"萬古千秋在,皇天后土知",表達了一種不爲時人普遍接受的心境,因此,此詩或是張翥拒絕爲搠思監草詔後的内心獨白。"寸心三尺簡,肯愧史臣詞",是張翥拒絕草詔的理由。孛羅帖木兒入京師後,責問危素草詔一事的訓斥之辭也正與此相關:"召素責之曰:'詔從天子出,相府豈草詔地乎?'素不能答。"③張翥與危素曾同爲翰林國史院編修,張翥終生都在以"史臣"來衡量自己的立身行事,而危素卻不能。因此張翥拒絕搠思監並不是因爲認同孛羅帖木兒,否定擴廓帖木兒,而是"此大事,非見主上不敢爲之",不肯"愧史臣詞"。張昱《投贈潞國公承旨學士張仲舉》詩"獨於社稷多艱日,復使君臣大義明"④所稱讚的亦是此點。

至於《元史》本傳所記載的孛羅帖木兒使其草詔"削奪擴廓帖木兒官爵",未見其他任何佐證,但"毅然不從"四字,則反映出張翥對兩個集團的不同態度。

或許正是由於站在史官的立場上,不以個人的好惡行事,在孛羅帖木兒被誅殺之後,已經致仕二年、七十九歲的張翥重新啟用爲河南行省平章政事,不久又以翰林學士承旨致仕,給其全俸終身。

在元代文學研究方興未艾的今天,對張翥的研究也成了熱點。由於張翥亡於元末大都陷落之前,關於他的許多資料都散佚了,我們對他的生平的研究還很不夠,本文試圖通過在大量文獻基礎上,對張翥生平的重要史實作一些考證,並在此基礎上,不斷豐富張翥研究的成果,走出人云亦云的怪圈。希望能對張翥其人其作的研究起到一點幫助。

(本文是在導師楊鐮先生的指導下完成的。感謝魏崇武老師、劉建立師弟在本文寫作過程中給予的幫助。)

【作者簡介】 韓璐(1981.10—),男,遼寧建平人。文學博士,研究方向爲元代文學文獻,現就職於北京市第一〇一中學。

---

① 《蛻庵集》卷2。
② 顧嗣立《元詩選》初集中,中華書局,1987,第1351頁。
③ 權衡《庚申外史》卷下,《四庫全書存目叢書》,史部第45册,齊魯書社,1997,第238頁。
④ 張昱《張光弼詩集》卷6,《四部叢刊續編》,第72册。

大蒙古國汗位之爭中的皇孫失烈門

——《史集》中關於失烈門的波斯文史料的若干考訂

周思成

【内容提要】　文章以《史集》波斯文本中附於"闊出"條下之失烈門小傳爲綱,對有關失烈門的史料進行了爬梳,提出新的論證肯定了伯勞舍以"失烈門"一名源出蒙語的觀點,論述了失烈門的皇儲身份及其謀叛後兩遭流放、最後被處死的經過,對其生卒年進行了粗略的推算並訂正了《史集》失烈門傳略中的若干闕文。

【關鍵詞】　失烈門;大蒙古國;皇儲;《史集》

失烈門(Širamün),他書亦譯寫作失列門、昔列門、昔剌謀等,爲太宗窩闊台第三子闊出的長子。失烈門在蒙古帝國初期的政治史上有着頗爲特殊的位置。從太宗窩闊台到定宗貴由,再到憲宗蒙哥,每值汗位更迭,蒙古帝國即進入政治動盪期,其間,各皇族爲爭奪汗位而明爭暗鬥,失烈門更是因其特殊身份而屢屢被置於漩渦中心。他曾兩度成爲汗位的最重要候選人,卻始終與汗位無緣,後來還被指控陰謀反對蒙哥即位並企圖武裝襲擊忽里勒台,被謫至忽必烈軍前效命,最終還是爲蒙哥下令處死。儘管失烈門在大蒙古國時期的地位和作用如是微妙,其一生行事卻多湮没無聞,僅有零星之記載散見於波斯史家著作及西方使節行紀中。其兩次介入汗位爭奪失敗之事,在治蒙古汗位繼承史者筆

下雖多有所敘及,卻罕見深考;①關於失烈門本人,雖伯希和、洪鈞、屠寄與柯劭忞等學者
迭有論述,近年來劉迎勝、周良霄諸先生亦附帶做過一些考證,②然其人其事仍多有待辨
明之處,本文試以《史集》中附於"闊出"條下之失烈門傳略爲綱,綜合他書關於失烈門的
記載作一重新爬梳與考證。

一、失烈門之身世

波斯史家拉施特《史集》中《窩闊台合罕紀》"第三子闊出(Kūchū)"條下,紀闊出有三
子如次:③

(右起)

1. شیرامون، مادر او ... خاتون بوده از قوم ... و ملازم ... می بود.

2. بلادچی ، از ... خاتون بوده از قوم ... و ملازم ... می بود است.

3. سؤسه، مادرش ... خاتون بوده از قوم ... و ملازم ... می بود است.

上引史料第一行即言:"失烈門,其母爲⋯⋯哈敦,出自⋯⋯部。曾在⋯⋯左右效力"
(*Shīrāmūn, mādar-i ū Khātūn ··· buda az qaum-i···va mulāzem-i ··· mī būda*),④其中省略號

---

①如:[日]箭内亙著,陳捷、陳清泉等譯:《蒙古庫利爾台(即國會)之研究》,《元朝制度考》,商務印書館,1934 年;蕭功秦:《論大蒙古國的汗位繼承危機》,《元史及北方民族史研究集刊》第 5 期,1981 年;白拉都格其:《貴由汗即位的前前後後》,《元史論叢》第三輯,中華書局,1982 年;蕭功秦:《論元代皇位繼承問題——對一種舊傳統在新的歷史條件下的蛻變考察》,《元史及北方民族史研究集刊》,1983 第 7 期;烏日娜、娜仁《成吉思汗黃金家族正統觀念與蒙古大汗的繼立》(《內蒙古師範大學學報·哲學社會科學版》,1988 年第 1 期。近年的相關研究有:羅賢佑:《從拖雷、貴由和阿里不哥的死因論大蒙古國的分裂》,《民族研究》2006 年第 4 期;張岱玉:《元代成吉思汗家族汗位之爭》,《內蒙古社會科學》(漢文版)第 30 卷第 4 期,2009 年 7 月;常德勝:《略論蒙哥汗登基與蒙古汗位之轉移》,《內蒙古民族大學學報(社會科學版)》第 35 卷第 5 期,2009 年 9 月。

②參見劉迎勝:《蒙哥即位風波中的察合台、窩闊台系諸王》,《內陸亞洲歷史文化研究》,南京大學出版社,1996 年,又氏著《察合台汗國史研究》,上海古籍出版社,2006 年,第 121—122 頁。《中國歷史大辭典(遼夏金元史)》,"失烈門"條(周良霄撰),上海辭書出版社,1986 年。

③Rashīd al-Dīn, Jāmi' al-Tawārīkh, ed. by Muḥammad Rawshan, Tehrān:Nashr-i Alburz,1953, p624. 亦見拉施特主編,余大鈞、周建奇譯:《史集》第一卷第一分冊第四編,商務印書館,1986 年,第 266 頁。

④本文使用 International Journal of Middle East Studies(IJMES)的波斯文轉寫系統。

部分,據稱諸稿本均缺,其後失烈門之二弟(孛羅赤與小薛)之母名、母族並效力之對象,諸本亦付闕如,①容考辨於後,茲請先論失烈門一名之語源及意義。

前引史料中之 Shīrāmūn,即漢籍中失烈門(失列門)之波斯文譯寫,學界有二説焉:其一爲伯希和説,以爲基督教名 Salomon 之轉寫。1914 年 3 月在亞細亞學會(Société Asiatique)會議上,伯氏在討論轟思脱里教碑文時提出:Širamun 或原系一基督教名;在不識 l 字母之伊朗東北部,此蓋爲 Šlemun 即 Salomon 之通常寫法(une forme normal),此名或由此傳入突厥與蒙古人處,故吾人實見此二處之基督徒多用此名,然此説僅爲一假設耳。② 十餘年後,伯氏在《蒙古與教廷》中重申前説,以爲失烈門之名"無論在蒙古文同阿剌壁文之寫法中,皆應讀作 Širamun 或 Širämün,然漢文譯名偏於後一讀法,此與柏朗嘉賓之 Sirenum,同盧布魯克 Siremon 讀音相合。伯勞舍《蒙古史》第二册第二七八頁,以此 Širämün 爲蒙古字 Širämün(或 Sirin,Sirima 等),今日字書雖訓爲'青銅',而昔日訓作'生銅'是已;……是爲當然令人思及之一説,然我在一九一四年提出之答解與此異;……今日我尚不以此説爲確當,然以爲較之一九一四年時更有近真性,蓋今見 Šilämün 爲 Širämün 之對稱也;可參看術外尼書第三册第二六頁第十五行,剌失德丁書伯勞舍第二册第二八〇頁第三行;同册第三〇二頁第二行,又注五",並舉綽兒馬罕(其妻奉基督教)之子名失列門,及貴由左右多基督徒爲佐證。③ 在韓百詩(L. Hambis)發表於 1945 年之《〈元史〉第卷一〇七宗室世系表譯注》(Le Chapitre CVII du Yuan Che)中,伯氏在其箋注中亦堅持此説。④ 另一説即伯希和所述伯勞舍以蒙古語中之 Širämün 對應者。伯希和之考證較爲詳密,其影響亦較伯勞舍説爲大,故其後柯立夫(F. W. Cleaves)考證格里哥爾(Grigor)《引弓民族史》中之蒙語姓名,於 Siramun(并 Siramunn/Siramunin)一名幾全采伯希和説;⑤波義耳(J. A.

---

①[伊朗]剌失德丁原著,波義耳英譯、周良霄譯:《成吉思汗的繼承者》,天津古籍出版社,1992 年,第 30 頁。

②Société Asiatique:Séance du 13 Mars, 1914, Journal Asiatique, Janvier-Février. 1914. 此段譯文亦參見[法]伯希和撰,馮承鈞譯:《蒙古與教廷》,中華書局,1994 年,第 217 頁。譯文參照原文有改動。

③伯希和撰,馮承鈞譯:《蒙古與教廷》,第 217 頁。

④Louis Hambis: Le Chapitre CVII du Yuan Che, T'oung Pao, Second Series, Vol. 38, Supplément (1945), pp. 76—77.

⑤Francis Woodman Cleaves: The Mongolian Names and Terms in The History of The Nation of The Archers by Grigor of Akanc, Harvard Journal of Asiatic Studies, Vol. 12, No. 3/4 (Dec., 1949), pp. 426—427.

Boyle)譯注志費尼《世界征服者史》,亦采此基督教名説。[①] 但我們不得不承認,以 Salomon 對應 Širamün, 尚缺乏更加直接之證據,故伯希和亦反復申明此爲一"假説" (Hypothèse)或"不以此説爲確當"(ne veux pas donner la solution pour certaine)。

　　事實上,以 Širamün 爲蒙古語之伯勞舍説亦不可全棄。在《蒙古秘史》中,公元1024年成吉思汗與乃蠻塔陽罕一戰,札木合對塔陽形容成吉思汗軍容時言:"是我鐵木真安答。渾身穿著鐵甲。似貪食的鷹般來也。"(明代總譯)[②]此句《秘史》原文爲"額揑 阿亦思中忽 帖木真 安荅 米訥 古卜臣別耶 亦訥 失舌列木額舌兒 失舌列 迭克先……",其中"失舌列木額舌兒"旁譯即作"教生銅",[③]這個詞的拉丁文轉寫當爲 širemü-yer。[④] 1951年,田清波(A. Mostaert)發表了對《蒙古秘史》中若干段落拉丁文轉譯的考訂,關於 širemü-yer 一語,莫氏以爲:"širemü,旁譯爲生銅,cheng t'oung,即'cuirvre brut'(法文'生銅'一筆者)……,此詞在現代語言中則是'生鐵'(fer de fonte)之意",並引《華夷譯語》爲證。[⑤] 按,明《華夷譯語·珍寶門》載:"生銅,失列舌門"。[⑥] 日本學者亦將此漢譯定爲"širemün"。[⑦] 此正與《元史》及《史集》所載的失烈門轉譯相同。由此看來,伯勞舍之説於今日似仍有一定價值。昔日西人治東方史者率喜言景教、猶太人之事,伯希和氏本爲此中巨擘,視角恐不免有所偏頗,實則北族人名中源自金屬者並不鮮見,如《秘史》載忽圖剌汗子名阿勒壇(Altan),其意爲"金",[⑧]又如更常見之帖木兒(Temür),其意爲"鐵",[⑨]自不必向基督教名中求矣。

　　由前引波斯文史料可知,《史集》關於闊出三子的記載缺漏頗多,失烈門兄弟的母名、母族及其所效力之人諸本俱闕。所幸《史集·部族志》"弘吉剌惕部落"條中尚存有失烈門母的記載:"窩闊台合罕之子闊出的哈敦名叫合塔合失,是阿勒赤那顔的孫女。失烈門即出自此哈敦"(*va Khātūn-i Kūchū pesar-i Ūkatay Qā'ān Qatāqash nam, pesarzāda-ī Ālchī*

　　①[伊朗]志費尼著,J. A. 波伊勒英譯、何高濟譯:《世界征服者史》(上册),商務印書館,2007年,第286頁,注14。

　　②阿爾達札布譯注:《蒙古秘史》,内蒙古大學出版社,2005年,363頁。

　　③阿爾達札布譯注:《蒙古秘史》,第640頁。

　　④阿爾達札布譯注:《蒙古秘史》,第781頁。

　　⑤Antoine Mostaert: Sur quelques passages de l'Histoire secrète des Mongols (Suite), Harvard Journal of Asiatic Studies, Vol. 14, No. 3/4 (Dec., 1951), p. 370.

　　⑥《華夷譯語》,明經廠刊本,涵芬樓秘笈景印排印本。

　　⑦[日]越智サユリ,"華夷譯語丙種本'韃靼譯語'におけるモンゴル語について",'京都大学言語学研究'(2004),23: p137.

　　⑧阿爾達札布譯注:《蒙古秘史》,第51節以下各節。

　　⑨I. J. Schmidt: Mongolish-Deutsch-Russisches Wörterbuch, Herausgeben von der Kaiserliche Akademie der Wissenshaften. St. Petersburg-Leipizig,1835,p. 13.

nū'yān būda va Shīrāmūn az īn khātūn āmada）。① 可知失烈門之母名"合塔合失"
（Qatāqash），出自弘吉剌部（az qaum-i Qunqirat）。此外，在《史集·蒙哥合罕紀》和志費尼
書中，叙及蒙哥登基後清洗窩闊台與察合台系諸王公大臣時，亦曾提到這位哈敦。② 自伯
希和以降，《史集》各校注者及譯者亦曾注意到這些記載足補前志之闕。③ 弘吉剌部與蒙
古乞顔部實有世婚關係，窩闊台曾有旨："弘吉剌氏生女世以爲後，生男世尚公主，每歲四
時孟月，聽讀所賜旨，世世不絶"。④ 闊出與合塔合失的結合即屬於此種部落聯姻。⑤ 合
塔合失後來亦因卷入汗位爭奪而被處死。

雖然《史集·窩闊台合罕紀》中關於失烈門及其母族的史料，尚容以其他可信的記載
補充，但此一行最後一處闕文，即"曾在……左右效力"（va mulāzem-i … mī būda）則似乎
無可稽考，故諸校注本均未加勘定。其實，這一闕文亦有些許線索可尋。前引《史集·窩
闊台合罕紀》記載，包括了失烈門在内的闊出三子，其他二子爲孛羅赤（بلادجى）與小薛
（سوسه）。伯勞舍將此二名定爲 Bolārči 與 Sösä，而伯希和指出，據《貴顯世系》，前者當爲
Puladči 或 Bolodči。⑥ 很難斷定孛羅赤與小薛是否同爲合塔合失哈敦所出，《元史·宗室
世系表》甚至以孛羅赤爲失烈門之子，⑦此處暫從《史集》説，以二人爲失烈門弟。此二王
在漢文史籍中均多有記載。《元史》世祖至元二年閏五月條即言：

> 丁卯，分四親王南京屬州，鄭州隸合丹，鈞州隸明里，睢州隸孛羅赤，蔡州隸海
> 都，他屬縣復還朝廷。⑧

①Rashīd al-Dīn, Jāmi' al-Tawārīkh, ed. by Muḥammad Rawshan, p151. 亦見［伊朗］拉施特主編，余
大鈞、周建奇譯：《史集》第一卷第一分册第四編，商務印書館，1986 年，第 267 頁。

②拉施特主編，余大鈞、周建奇譯：《史集》第二卷，商務印書館，1997 年，第 254 頁；志費尼著，J. A.
波伊勒英譯、何高濟譯：《世界征服者史》（下册），商務印書館，2007 年，第 648 頁。

③伯希和撰，馮承鈞譯：《蒙古與教廷》，第 216 頁；Rashid ad-Din, Rashiduddin Fazlullah's Jami'u't-
Tawarikh Compendium of Chronicles: a History of the. Mongols, v. 2, trans. by Wheeler Thackston, Harvard
University,1998, p. 306. Rashīd al-Dīn, Jāmi' al-Tawārīkh, ed. by Muḥammad Rawshan, Tehrān: Nashr-i
Alburz,1953, p. 624.

④《元史》卷 118《特薛禪傳》，中華書局點校本，1976 年，第 2915 頁。

⑤這一聯姻未收入崔明德《蒙元與弘吉剌、斡亦剌、亦乞列思部聯姻簡表》（《煙臺大學學報》（哲學
社會科學版），第 17 卷第 1 期，2004 年 1 月）。關於乞顔與弘吉剌兩部的世婚關係，參見白拉都格其：
《弘吉剌部與特薛禪》，《内蒙古大學學報》，1979 年第 3、4 合期。

⑥Louis Hambis: Le Chapitre CVII du Yuan Che, T'oung Pao, Second Series, Vol. 38, Supplément
(1945), p. 77.

⑦《元史》卷 107《宗室世系表》，第 2717 頁。

⑧《元史》卷 6《世祖本紀》，第 107 頁。

這個孛羅赤在大德元年還得到過成宗的賞賜，[1]其子哈歹、阿魯灰，後來分別獲封靖遠王和襄甯王。[2] 蔡美彪、李治安、松田孝一和瞿大風諸先生也對小薛在中原地區的活動進行過研究，他們認爲《元史》所載之"小薛大王"當即闊出之子，至元末到大德年間，小薛是太原、平陽地區頗有勢力的諸王之一，除在河南睢州（今河南省睢縣）的原有分地以外，他還在平陽路得到相當數量的封賜分地，享有特殊權力，是元初忽必烈加强河東山西統治的重要力量。[3] 由此可知，孛羅赤與小薛在中原均有封地，且與忽必烈及其後人關係頗爲密切，他們極有可能是在年紀尚幼時與兄長失烈門一同被發往忽必烈軍前效力的。因此，考慮到《史集》的一般行文格式，若認爲《窩闊台合罕紀》"第三子闊出（Kūchū）"條下關於失烈門、孛羅赤與小薛三人之記載，在"曾在……左右效力"一句中不約而同闕失的人名，就是"忽必烈合罕"，補全之則當爲："曾在忽必烈合罕左右效力"（va mulāzem-i [Qūbīlāy Gā'ān] mī būda ast），或爲一大膽而不失有據的推測。

二、失烈門之皇儲身份及相關問題

《史集·窩闊台合罕紀》"第三子闊出（Kūchū）"條接下來記載：[4]

4.و چون کوچو نماند مونگکه قا آن شیرامون را که پسر مهتر بود بغایت عاقل و کافی،

بواسطه دوستی پدرش عظیم عزیز داشته و در اردوهای خود [می] پرورده و گفته

که ولی العهد و قایم مقام باشت... ...

譯文：

闊出死後，蒙哥合罕出於對其偉大的父親（pedarash-i 'ẓīm-i 'ẓīz，指闊出）的愛，將其長子、極爲聰明能幹的失烈門撫養於己之斡耳朵，並說，他將成爲自己大位的繼

---

① 參見黎明：《蒙元時期窩闊台家族研究》，内蒙古大學碩士學位論文，2005年，打印本，第26—27頁。
② Louis Hambis：Le Chapitre CVII du Yuan Che, p76. 哈歹、阿魯灰等後王，另見[法]韓百詩《元史·諸王表箋證》，張國驥譯，湖南大學出版社，2005年，第232、302頁。
③ [日]松田孝一：《關於小薛大王的份地來源》，《元史論叢》第八輯，江西教育出版社，2001年；瞿大風：《有元一代山西地區的蒙古諸王》，《蒙古學集刊》，2008年第3期。
④ Rashīd al-Dīn, Jāmi' al-Tawārīkh, ed. by Muḥammad Rawshan, Tehrān：Nashr-i Alburz, 1953, p. 624.

承者和嗣君(*valiyy va qāem-maqām*)。①

上引史料所叙之事,乃與失烈門之一生關係尤大者,即其皇儲身份。周良霄先生已指出,此處撫養失烈門之蒙哥合罕(Mūngkā Gā'ān),當爲窩闊台合罕之訛,因蒙哥甫登基,即有窩闊台系後王謀叛事發,二年失烈門即遭流放,絶無可能有撫養于蒙哥大帳並立爲嗣子之事。此説殆得其實。②《史集·貴由合罕紀》亦言"窩闊台合罕在世時,曾擇其第三子、脱列哥那可敦所生之子闊出爲嗣。然彼先合罕而死。因合罕愛彼出諸子上,故撫(闊出)之長子,極聰慧之失烈門於己之斡耳朵,且諭將立之爲嗣",③可印證前説。由《史集》這些記載看來,失烈門似在窩闊台汗生前就已經被選定爲汗位的繼承人。④ 這在漢文史籍中亦有佐證,《元史·定宗紀》即言"太宗嘗有旨以皇孫失烈門爲嗣"。⑤ 同書《憲宗紀》亦載1249年夏曆4月阿剌脱忽剌兀大會議立蒙哥爲汗時,定宗后斡兀立海迷失之使八剌曾表示反對,言"昔太宗命以皇孫失烈門爲嗣,諸王百官皆與聞之。今失烈門故在,而議欲他屬,將置之何地耶?"⑥對這種説法,拖雷家族一方亦未表示反對,蒙哥庶弟木哥就坦承:"太宗有命,誰敢違之?"此外,宋子貞撰《中書令耶律公神道碑》中也提到,窩闊台死後,乃馬真后以儲嗣問之,耶律楚材答曰:"此非外姓臣所當議,自有先帝遺詔在,遵之則社稷甚幸!"。⑦ 因此,窩闊台似是留有讓失烈門繼位的明確"遺命"或"遺詔"。

然而,另外一些史料則表明,事情並非如此簡單。《元史·忙哥撒兒傳》就阿剌脱忽剌兀大會收録了一條與《憲宗紀》頗相左的史料:⑧

> 定宗崩,宗王八都罕大會宗親,議立憲宗。畏兀八剌曰:"失烈門,皇孫也,宜立。且先帝嘗言其可以君天下。"諸大臣皆莫敢言。忙哥撒兒獨曰:"汝言誠是,然先皇后立定宗時,汝何不言耶? 八都罕固亦遵先帝遺言也。有異議者,吾請斬之。"衆乃不敢異,八都罕乃奉憲宗立之。憲宗之幼也,太宗甚重之。一日行幸,天大風,入帳殿,

①此段譯文亦參見《史集》第二卷,1997年,第12頁;《成吉思汗的繼承者》,第30頁;其中,"偉大的"一修飾語,俄譯本、英譯本與漢譯本均無,亦未注明别本有異文,待考。
②《成吉思汗的繼承者》,第31頁。
③《成吉思汗的繼承者》,第212頁。
④《史集·貴由汗紀》還提到拔都説過"(窩闊台)遺詔由其孫失烈門襲位";而此前在議立貴由之時,拉施特也提及"合罕之嗣位人失烈門尚幼"(參見《成吉思汗的繼承者》,第234、215頁)。
⑤《元史》卷2《定宗紀》,第38頁。
⑥《元史》卷3《憲宗紀》,第44頁。
⑦李修生主編:《全元文》,第1册,第169頁,鳳凰出版社,1999年版。
⑧《元史》卷124《忙哥撒兒傳》,第3055—3056頁。

命憲宗坐膝下,撫其首曰:"是可以君天下。"他日,用笴按豹,皇孫失烈門尚幼,曰:"以笴按豹,則犢將安所養?"太宗以爲有仁心,又曰:"是可以君天下。"其後太宗崩,六皇后攝政,竟立定宗。故至是,二人各舉以爲言云。

這條史料有兩點最爲獨特之處:其一,所録八刺之言,並未明確提出所謂"遺命立嗣"之事,僅强調了失烈門擁有皇孫身份,故"宜立",並言窩闊台曾經認可其"可以君天下"之資質。其二,記載了失烈門之所以被認爲"可以君天下"的具體事實。這條史料的來源有些問題。有學者指出,此處所謂蒙哥年幼時,窩闊台曾撫其首曰:"是可以君天下"的説法,與史實頗爲抵牾,因蒙哥年幼時窩闊台尚未即位,也就不可能指定什麼汗位繼承人,故這條史料可能出自拖雷後人,不無爲蒙哥爭奪汗位編造根據之嫌。[①] 我們還可以指出,八刺所舉之與蒙哥故事相對的失烈門故事,似不見於他書,反與《魏書·明帝紀》裴注引《魏末傳》所叙曹叡從魏文帝獵鹿而得以堅其立嗣之意一事相類。[②] 表彰所謂"有仁心"者,乃與中原之儒家政治哲學甚爲契合,此事不見於域外史籍,良有以矣。何況,據前引《史集》,太宗撫育闊出之子失烈門並欲以爲嗣,絕非僅因其"有仁心"。

儘管如此,能否因這些疑點而否定整段記載的真實性,似可商榷。若此處所録八刺之言爲實,那麼也可將《憲宗紀》"昔太宗命以皇孫失烈門爲嗣,諸王百官皆與聞之"等記載解讀爲窩闊台曾在不同的公開場合説過希望失烈門繼承汗位的話,且確對失烈門青睞有加(撫養於己帳),但他去世前是否頒布過明詔將失烈門確立爲汗位的唯一繼承人,史料記載頗有矛盾。況且,蒙古諸汗的所謂"遺詔"、"遺命",往往不能從中原王朝的皇位繼承傳統出發加以理解,而後遺囑使前遺囑失效,這樣一種古代羅馬法體系中才存在的複雜觀念,在當時的蒙古諸部中似難想像。所謂的皇儲,多半是在某一場合或某些場合,得到過大汗對其繼承大位的能力和資質的贊許,並爲大汗所青睞之皇子。這種生前"許諾"在大汗死後即成"遺命",同樣是有效力,但並無絕對的效力。

同時還不可否認的事實是,窩闊台汗駕崩之時,失烈門之側尚有多位汗位的有力競逐者在焉:王曉欣先生據《蘇拉赫詞典補編》提出,窩闊台另一子合失之遺腹子海都,乃先於失烈門得到了窩闊台的繼承人許諾。[③] 拉施特也提到,窩闊台死後,諸王及異密曾議論

---

① 白拉都格其:《貴由汗即位的前前後後》,《元史論叢》第三輯,中華書局,1982 年。

②《魏末傳》曰:帝常從文帝獵,見子母鹿。文帝射殺鹿母,使帝射鹿子,帝不從,曰:'陛下已殺其母,臣不忍復殺其子'。因涕泣。文帝即放弓箭,以此深奇之,而樹立之意定。"(《三國志》卷3《魏書·明帝紀第三》,中華書局點校本,1971 年,第 91 頁)

③ 王曉欣:《合失身份問題再考》,《元史論叢》第十輯,中國廣播電視出版社,2005 年。

説："成吉思汗（依周良霄説，此處當爲窩闊台合罕之訛）曾指定闊端爲合罕之繼承人，然彼有小疾。脱列哥那寵愛貴由，而合罕之嗣位人失烈門尚幼。我等宜立合罕之長子貴由爲汗"。[1] 志費尼同樣提及，汗位未定之時，闊端"一心要獲得這個榮譽，因爲他的祖父一度提到他，其他的人認爲，失烈門在成年後可以是一個治理國政的適當人選"。[2] 劉曉先生指出，闊端在全真道碑文中曾有"儲宫"之銜。[3] 另外，1243 年（正值窩闊台逝後脱列哥那稱制之二年）《草堂寺闊端太子令旨碑》的令旨末端，甚至刻有闊端使用的印章"東宫皇太子寶"。[4] 可見，在窩闊台死後，依蒙古傳統有資格問鼎汗位的就有失烈門、海都、闊端、貴由等數人，更不用説企圖以武力奪取汗位的左翼宗王斡赤斤了。因當時這種頗爲混亂的形勢，無怪乎時代稍後的叙利亞史家把兒赫不烈思（Bar Hébraeus）直言"汗有三子，均有資格繼承大位：貴由、闊端與失烈門，而失烈門爲一童子"（*Quua tres filii essent regno idonei Guiuch，Chutan，& Siramun filius parvus*）。[5]

總之，失烈門的皇儲身份起初即具極大之不確定性。在所謂"遺詔"缺乏絶對效力，同時又存在多位同樣資格競爭者的情形下，其劣勢頗爲明顯：首先，失烈門年紀太小，無論是絶對而言，還是相對於貴由等競爭者而言。失烈門的準確生卒年，幾無史料可徵，目前學界存在兩種推斷：其一，劉迎勝先生據《元史》卷一五四《后妃傳》"定宗崩，后（斡兀立海迷失）抱子失烈門垂簾聽政者六月"的記載提出，"蒙哥即位時，失烈門最多不過十幾歲，甚至可能不超過十歲"。[6] 不過，伯希和已在《蒙古與教廷》的一條注釋中就這條史料評論説：失烈門不僅非斡兀立海迷失子，且"早離懷抱之時，蓋十二年前其父死時，失烈門已不在緥褓之中"，因疑此處失烈門當爲忽察之訛。[7] 伯説殆得其實，因我們不妨作一極端之假設：據《元史》記載，失烈門父闊出卒于太宗八年（1236 年），假設該年失烈門僅有一歲，則貴由后始攝政（1249 年）及蒙哥登基（1251 年）之時，至少也有十三到十五歲，不可能不超過十歲，確應早離懷抱。其二，箭内亙提供了闊出與失烈門年齡的另一種簡單

---

①《成吉思汗的繼承者》，第 215 頁。

②《世界征服者史》（上册），第 276 頁。

③劉曉：《也談合失》，《中國史研究》2006 年第 2 期。

④此條史料承北京大學歷史學系黨寶海老師提示，謹致謝忱。令旨正文見蔡美彪《元代白話碑集録》，科學出版社，1955 年，第 8 頁。

⑤Geogorii Abulpharagii sive Bar-Hebraei：Chronicon Syriacum，E codicibus Bodleianis descripsit maximam partem vertit notisque illustravit Paulus Iacobus Bruns，Ed. ex parte vertit notisque adiecit，G. G. Kirsch，Lipsiae apud adamum Fridericum Boehmium，p. 525.

⑥劉迎勝：《察合台汗國史研究》，第 122 頁。

⑦《蒙古與教廷》，第 211 頁。

推斷:闊出若生於 1206 年前後,則當卒於三十歲之内(1236 年),而彼時失烈門若爲十歲前後之幼兒,太宗卒時亦不過十五六歲。① 箭内亘此一思路頗得要領,由此我們或可再作進一步之推斷:闊端爲窩闊台次子,生於 1206 年,至闊出卒時(1236 年),闊端當是三十歲左右;②而闊出僅爲窩闊台第三子,年紀定小於其兄闊端,如箭内亘言,卒時年紀決在三十以内,極可能是二十多歲。若闊出二十多歲卒,彼時其長子失烈門年歲幾何? 若我們知道成吉思汗 24 歲時已有三子,則失烈門在 1236 年絶不可能如我們前面之極端假設僅爲一歲,而從前引《史集》所言窩闊台將之撫育於己之大帳的記載看,其年紀應該不至太大,假設爲不到五歲(二到三歲)或宜,即生於 1231 到 1233 年前後。對此或可作一粗略之檢驗:若 1236 年失烈門不到五歲,1246 年貴由即位前,他當小於十五歲而大於十歲,所以志費尼才會提到人們討論繼承問題時,認爲失烈門"成年後"會是個好君主,然彼時"僅爲一孩童"。③ 前引把兒赫不烈思之文亦有類似説法。而到了蒙哥即位(1251 年)之時,失烈門就接近二十歲,故諸史家頗有其能獨立活動之記載,而拖雷家族也未以其年紀幼小爲反對之辭,只有拔都在推舉蒙哥時説過,管理自東亘西、如此廣闊之帝國,"豈童稚可辦!"(ba quvvat-i bāzū'ī-yi kūdakān bara na' ā'īd),④不過這恐怕並非單單針對失烈門而發,應是一併譏諷腦忽、忽察等人。何況,以拔都和蒙哥的年紀,將失烈門與忽察等稱爲"童稚"並不爲過。由此可知,在兩次汗位交替之際,在年齡及與之相聯繫的閲歷等方面,失烈門均居絶對劣勢,雖然蒙古部落有幼子守産之俗,但私産繼承與汗位繼承有别。⑤ 在游牧生活中,年紀幼小毋寧説是極大之劣勢,而幼子守産應視爲是一種意在保護的習俗。在年齡先居劣勢的情形下,失烈門外無兵權,内無奥援,空有汗位嗣子之名,不但在兩次汗位更迭的鬥爭中失敗幾乎是必然的,且仿佛預示著其在權力漩渦中不祥之命運。

三、失烈門之謀叛與流放

《史集·窩闊台合罕紀》"第三子闊出"條關於失烈門的最後記載如下:⑥

---

① 箭内亘著,陳捷、陳清泉等譯:《蒙古庫利爾台(即國會)之研究》,《元朝制度考》,第 64 頁。
② 參見《中國歷史大辭典(遼夏金元史)》,"闊端"條(周清澍撰),上海辭書出版社,1986 年。
③《世界征服者史》(上册),第 276 頁。
④ Rashīd al-Dīn, Jāmi' al-Tawārīkh, ed. by Muḥammad Rawshan, p.840.《成吉思汗的繼承者》,第 236 頁。
⑤ 白拉都格其:《從成吉思汗到忽必烈的蒙古汗位繼承》,《成吉思汗的遺産》,内蒙古人民出版社,2009 年,第 4 頁。
⑥ Rashīd al-Dīn, Jāmi' al-Tawārīkh, ed. by Muḥammad Rawshan, pp.624—625.

5.و در آخر با مونگكه قا آن غدر و مكر انديشيد و او را در گناه آوردند، و بوقتی

كه مونگكه قا آن برادر خود قوبيلای [قا آن] را به ختای می فرستاد، <u>به اين شيرامون دوستی</u>

<u>داشت ، او را از برادر بخواست و با خويشتن ببرد؛</u> و چون مونگكه قا آن عازم ننگياش شد،

قوبيلای قا آن به وی پيوست و بر شيرامون اعتماد نداشت، فرمود تا او را به آب انداختند.

譯文：

後來，失烈門謀叛于蒙哥合罕，其罪昭顯。當蒙哥合罕遣其弟忽必烈（合罕）去
契丹時，<u>因其與此失烈門友善，乃請于其兄，俾與同行。</u>然當蒙哥合罕赴南家思之
時，忽必烈合罕與之會合，彼（蒙哥合罕）對失烈門起了疑心，命投之于水。

此一節所叙，爲失烈門生平見諸史料之最後二事，即其參與窩闊台系與察合台系諸王
陰謀反對蒙哥即位，與失敗後遭流放並最終被處死。前一事涉及縱貫大蒙古國時期的
汗位鬥爭，已有許多相關研究問世，此處不擬贅論。① 流放一節，自來聚訟頗多，兹詳論

---

① 見本文第 115 頁注釋 1。然此一謀叛是否真如志費尼與拉施特所言，完全出乎蒙哥等人意料之
外，且在"蒙古人的風俗和習慣中，特別在成吉思汗子孫的時代，從未出現過"（《史集》第二卷，第 242
頁），筆者于此不得不微貢一言。先將拔都和貴由此前的劍拔弩張，及斡赤斤企圖武力奪取汗位之先例
略去不提，成吉思汗業已建立起較完備之宿衛制度，選舉大汗之忽里勒台爲大蒙古國最重要之國事，當
有最低限度之戒備。如柏朗嘉賓于貴由登基典禮所見：集會之大帳周圍樹有柵欄，欄内辟二門，一門專
供鑾駕進出，然不置宿衛；另一門則供應召之人通行，有配弓與劍的怯薛守衛；帳幕不得隨意靠近，馬匹
亦須栓系於指定距離外；觀見大汗前還將接受縝密盤查，以確定來人未攜武器。（《柏朗嘉賓蒙古行
紀》，第 100、103 頁。）志費尼亦記載，帳幕之外，駐有朝賀之大軍，"佈滿郊野"。（《世界征服者史》（上
冊），第 203 頁）然蒙哥汗登基典禮之戒備似乎尤爲嚴密。志費尼言，登基儀式舉行之際，即有異密和軍
士在斡耳朶外排列整齊，約有"一千多名戰士，著名的武士"（《世界征服者史》（下冊），第 632 頁）。此
後之酒宴，除忙哥撒兒率衆武將於帳内侍應外，餘下的異密和扈從，竟然"佩戴著他們的武器，在幄帳外
列成一百多行"（《世界征服者史》（下冊），第 636 頁）。尤值得注意者爲《史集》之記載：在舉行忽里勒
台之時，"末哥被命令站在門旁，讓他得以阻攔諸王和異密（進入）"，此門柏朗嘉賓曾提及之，然此時由
新大汗之弟親自守護；旭烈兀則站在寶兒赤和火兒赤之前，監督典禮進行，"直到忽里勒台結束爲止，只
有他們兩人來回走動"（《史集》第 2 卷，第 242 頁）。無怪乎魯布魯克記載，接到克薛傑報信之後，蒙哥
即"迅速地召集所有人馬，用重兵把他的斡耳朶圍了三圈"（柔克義譯注，何高濟譯《魯布魯克東行紀》，
中華書局，1985 年，第 258 頁），此種安排，恐系素有所備，可見因未獲窩闊台與察合台兩系主要人物之
支持，拖雷家族早就有所防備。在這種形勢下，即便沒有所謂"克薛傑報信"，即便失烈門等真打算趁衆
人大宴酒醉之後行弑君之舉，勝算亦十分微弱。拔都此前在擁立蒙哥登基之時即言"違背札撒的人都
得掉腦袋"，而從此後蒙哥等對敵對系諸王勢力帶有强烈政治迫害色彩的懲罰和清洗來看，若謂陰謀若
是莫須有之罪名，亦不足怪。

於下。

依上引《史集》之文，則謀叛失敗後，失烈門乃被謫往忽必烈軍中效力。此條記載與《史集·蒙哥合罕紀》所記一致："彼（蒙哥）令，以失烈門隨從忽必烈合罕，忽察與察罕那顏前往契丹之地（*farmūda da Shīrāmūn musāḥeb-i Qūbīlāy Gā' ān va Nāqū va Chaghān nū' yān ba jāneb-i Khatāy ravand*），至於腦忽……彼宥免其從征，置其禹兒惕于近哈剌和林之薛靈哥地區。"①拉施特之記載或本于志費尼，因《世界征服者史》言：②

> 他因此下令把失烈門、腦忽和也孫脫花放逐到蠻子的各省去：失烈門跟隨忽必烈斡兀立，腦忽跟隨察罕那顏而也孫脫花到別處去。至於忽察，爲報其妻之恩，皇上免他征戰，並把哈剌和林附近的肅良合定爲他的駐地。

然而，對於失烈門謀叛失敗後的遭遇，《元史·憲宗紀》給出了另外一種説法：③

> 定宗后及失烈門母以厭禳事覺，並賜死，謫失烈門、也速、孛里等於沒脫赤之地，禁錮和只、納忽、也孫脫等於軍營。

此條記載之前，還有蒙哥分遣諸王於各地——"合丹於別失八里地，蔑里于葉兒的失河，海都於海押立地，別兒哥于曲兒只地，脫脫于葉密立地，蒙哥都及太宗后乞里吉忽帖尼於擴端所居地之西"的記載。陳桱《通鑑續編》與此同。④ 由這些漢文史料來看，失烈門並未直接被忽必烈帶往漢地，而是先被謫到"沒脫赤"之地。其後，蒙哥遣忽必烈往漢地，而忽必烈與失烈門友善，"乃請于其兄，俾與同行"。

中西載籍所志相異，已爲早期的蒙元史學者所注目。清末洪鈞參各國史籍著成《元史譯文證補》，其《定宗憲宗本紀補異》考失烈門之事，于後世史家影響頗大，故不避繁冗之嫌，詳錄於下：⑤

> 遷忽察于和林西蘇里該之地（未詳），謫腦忽、失烈門爲兵弁。（蒙古語所謂探馬赤，《秘史》：太宗怒古余克，謂教邊遠處去做探馬赤，攻取堅城，受辛苦者。《元史語

---

①Rashīd al-Dīn, Jāmi' al-Tawārīkh, ed. by Muḥammad Rawshan, p. 840.《成吉思汗的繼承者》，第249 頁。

②《世界征服者史》（下册），第651 頁。此處之"肅良合"當爲薛靈哥之誤。

③《元史》卷3《憲宗紀》，第45 頁。

④［元］陳桱：《通鑑續編》卷22，景印文淵閣《四庫全書》本。

⑤田虎：《元史譯文證補校注》，河北人民出版社出版年，1990 年，第121—122 頁。

解》改探馬赤爲特默齊,謂系牧駝人之稱,恐未足以盡其意。本紀:謫失烈門、也速、
孛里等於没脱赤之地,没脱赤無考,恐即是探馬赤,其言地者,猶言遠地之兵弁,譯者
誤以爲地名耳。)其後忽必烈伐宋,請于憲宗,使失烈門從軍效力。

屠寄《蒙兀兒史記·蒙格汗紀》亦曰:"失烈門三王,皆爲其母所誤,得免死。禁錮忽察、腦
忽于和林西失剌斡羅罕之地,謫失烈門爲探馬赤。"其注並引洪鈞説:"所謂兵弁即探馬赤
之譯,没脱赤即探馬赤之倒誤,並非地名,舊《紀》以爲地名者,誤也。"[1]同書《漠北三大汗
諸子傳》補《失烈門傳》亦直録"謫失烈門爲探馬赤"。[2] 只有柯劭忞《新元史》之《憲宗
紀》采舊史之文:"以忽察、腦忽、失烈門三王,皆由其母煽惑,免死。謫忽察于蘇里該之
地,腦忽、失烈門於没脱赤之地。禁錮和只、納忽、孫脱等於軍中。"[3]殊爲有識,然于《太
宗諸子傳》卻仍記:"謫失烈門爲探馬赤",不免蹈襲之弊。[4]

　　這一問題,現代學者亦曾注意及之。周良霄先生譯注《史集》即於本條下並注《元
史》之異文。[5] 劉迎勝先生在《蒙哥即位風波中的察合台、窩闊台系諸王》一文中引德人
阿伯拉莫夫斯基對屠寄之評論,認爲在《元史》中,"探馬赤"(Tamachi)始終無異寫,似不
可能訛爲"没脱赤"。劉先生進一步提出,蒙哥應是先將失烈門、也速蒙哥等謫于"没脱
赤"之地,而此地名很可能源自蒙語 moduchi(木匠)。[6] 前一觀點我頗爲贊同,然劉先生
並未指明没脱赤究爲何地,于此筆者擬略加探討。

　　巴托爾德在《蒙古入侵時期的突厥斯坦》中曾提到,在河中地區阿姆河附近,有源於
布特姆山區之澤拉夫尚河,此河流經布爾加爾鎮,而有發自烏斯魯沙那境内之麥斯哈縣
之水來會,此水即今之馬特察(Матча)河。同書還提到,"麥斯哈"約即巴布爾書中之"麥
恰",與布爾加爾同位於澤拉夫尚河上游。[7] 巴氏在爲《伊斯蘭百科全書》所撰之條目"澤
拉夫尚"(Зеравшан)中亦言,"馬斯恰鎮(Масча)與布爾加爾鎮(Бургар)或 Фальгар,同
屬烏斯魯沙那地區,兩地今名馬特察(Матча)與泆爾加勒,其址或與 16 世紀巴布爾時代

①屠寄:《蒙兀兒史記》卷6《蒙格汗紀》,《元史二種》,上海古籍出版社,第71頁。
②《蒙兀兒史記》卷37《漠北三大汗諸子傳》,第327頁。
③柯劭忞:《新元史》卷6《憲宗紀》,開明書店本,1935年。
④《新元史》卷111。
⑤《成吉思汗的繼承者》,第249頁。
⑥劉迎勝:《蒙哥即位風波中的察合台、窩闊台系諸王》,《内陸亞洲歷史文化研究》,南京大學出版
社,1996年。
⑦[俄]巴托爾德著,張錫彤、張廣達譯:《突厥入侵時期的突厥斯坦》(上册),上海古籍出版社,2007
年,第98、196頁。

相仿佛,地接奧卜布爾丹。馬斯恰(馬特察)今被認爲是澤拉夫尚河之主要源頭。"①是則,在河中地區,尚有一河名馬特察,或爲澤拉夫尚河正源,而其發源之馬特察或馬斯恰鎮,不知是否因此水而得名,亦不知此名竟始於何時,因《巴布爾回憶録》多呼之爲馬恰(Macha)耳。此一地名中世載籍亦絶少見,②然吾意以此馬特察或馬斯恰當《元史·憲宗》之"没脱赤",或仍爲可思及之一説。巴托爾德之前及與之同時代人頗有旅行志及科考報告,提及此一馬特察河及村鎮者,1820 年,俄男爵喬治·德·梅因多夫(G. de Menyendorff)曾於奧倫堡(今俄羅斯奧倫堡州首府)往布哈拉一行,其行紀中提到,在布哈拉(不花剌)以東、吉薩爾以北,有 Ghaltchas 人居住,其人與塔吉克人異種,膚色較布哈拉之阿拉伯人暗,説波斯語而不知其他方言,貧窮而自立,耕山谷以爲生,俄國旅行家多稱之爲"東波斯人"(Persans Orientaux);馬特察(Matcha)與伊格那烏(Ignaou)則爲此種人聚集之地,地居布哈拉以北,Ghaltchas 人多來此貿易,云云。③ 梅因多夫且指出,馬特察之寫法爲"ماتجه"。④ 而 1870 年英《倫敦皇家地理學會雜誌》曾揭載俄人 A. Fedchenko 對澤拉夫尚河谷之考察報告,以爲馬恰河(Macha-daria)發源於 Macha 之東,爲澤拉夫尚河主源,這些上游地區曾爲布哈拉之異密管轄。⑤ 因此,Macha 與 Matcha(Матча)兩名似乎通用,或是方言之訛,其得名之始雖暫無法追溯,應該不至太晚近。失烈門最先被流放的地區,也許就在今馬特察河流域附近。

此外,以馬特察河流域當"没脱赤"之地,似亦合于蒙哥登基時之歷史情勢。《元史·憲宗本紀》元年夏六月條即載:

> 以牙剌瓦赤、不只兒、斡魯不、睹答兒等充燕京等處行尚書省事,賽典赤、匿昝馬丁佐之;以訥懷、塔剌海、麻速忽等充别失八里等處行尚書省事,暗都剌兀尊、阿合馬、也的沙佐之;以阿兒渾充阿母河等處行尚書省事,法合魯丁、匿只馬丁佐之。

也就是説,蒙哥登基的"更改庶政",即以建立三個行尚書省轄地爲急務。參以志費尼與

①В. В. Бартольда：Собрание сочинений. Т. 3. Восточной литературы. Наука Год：1965,p. 186.
②[印度]巴布爾著,王治來譯:《巴布爾回憶録》,商務印書館,2009 年,第 24、65、147、150 等頁。
③G. de Menyendorff：Voyage d'Orenbourg à Boukhara, fait en 1820, à travers les steppes qui s'étendent à l'est de la mer d'Aral et au-delà de l'ancien Jaxartes, Paris, Dondey-Dupré père et fils, 1826,p. 132.
④Ibid, p. 493.
⑤The journal of the Royal Geographical Society of London, Vol. 40th, London, John Murray, Albemarle Street,1870, pp. 447—449.

拉施特之記載，別失八里等處行尚書省事以麻速忽伯（即《元史》之麻速忽）爲頭，轄河中、突厥斯坦、訛答剌、畏吾兒、費爾干納和花剌子模等地。[①]　尤值得注意的是，志費尼書與《史集》均强調，麻速忽伯此人“由於對至尊（蒙哥）的友善和忠誠效勞，經歷了許多恐怖和危險”，且是最先一批來晉謁蒙哥的親信。[②]　因此，在次年蒙哥將窩闊台系和察合台系諸王流放到彼此隔絶之地，以達到分而治之的目的時，將失烈門與也速蒙哥、不里等，謫于馬特察河附近，置於別失八里等處行尚書省的嚴密監督之下，亦是一合情合理之考慮。當然，由於缺乏史料，上述探討僅屬推測而已。

四、餘論

據諸史書記載，蒙哥汗即位之二年，即公元 1252 年，即遣忽必烈出征大理。當年七月，忽必烈大軍從漠北祃牙祭旗出發。[③]　若依前節所引《史集·窩闊台合罕紀》中失烈門傳略，則忽必烈出征之際，因“與此失烈門友善，乃請于其兄，俾與同行”，指的應該就是此次南征大理之役。劉迎勝先生指出，《元史·明安答兒傳》有“癸丑，憲宗遣從昔烈門太子南伐，死於鈞州”之記載。[④]　按，癸丑即 1253 年，相去甚近，亦是一佐證。忽必烈如何得以與闊出之子關係友善，目前還難以找到直接史料證明，但從後來失烈門的兄弟（或兒子）孛羅赤與小薛繼承了窩闊台家族在山西的分地，[⑤]並在至元大德年間頗爲活躍來看，這一層關係或許是存在的。

失烈門的第二次、也是最後一次流放也沒有留下什麽記載。不過，忽必烈遠征大理之役事實上是十分艱難的，據拉施特所言，十萬遠征軍，凱旋者不過五之一。[⑥]　若失烈門隨忽必烈大帳而行，想必也是歷經了千難萬險。1254 年春，忽必烈班師北返，從這一年到 1256 年間，失烈門的流放生活可能相對平靜而穩定。1257 年，蒙古帝國内部的局勢開始發生劇變，由於忽必烈南征有功，加之治理漢地卓有成效，故招致了兄長蒙哥及其親信的

---

① 參見［日］本田實信，余大鈞譯：《阿母河等處行尚書省考》，《北方民族史與蒙古史譯文集》，雲南人民出版社，2003 年，第 513—515 頁。

②《史集》第二卷，第 258 頁；餘參見《阿母河等處行尚書省考》。

③ 李治安：《忽必烈傳》，人民出版社，2004 年，第 47 頁。

④ 劉迎勝：《察合台汗國史研究》，第 122 頁。

⑤ 關於窩闊台家族的山西分地，參見邱軼浩《蒙古帝國的權力結構（13—14 世紀）》，復旦大學博士學位論文，2011 年，打印本，第 87—88 頁。

⑥ 李治安：《忽必烈傳》，第 52 頁。

懷疑。蒙哥先是解除了忽必烈的兵權，隨後派遣自己的親信大臣阿蘭答兒、劉太平等前往河南、陝西等地鉤考錢谷，借機奪取漢地的民政、財賦大權，打擊忽必烈勢力；同時，蒙哥汗下令，要親征南宋。研究者指出，這場政治鬥爭以雙方的妥協，尤其是忽必烈的讓步而告終：1257 年冬，忽必烈見蒙哥于“河西”之地，最終蒙哥動了手足之情，“不令有所白而止”。① 這場鬥爭的結果是，忽必烈暫時失去了邢州、河南與陝西等地的全部權力，撤回了藩府人員並裁撤了安撫、經略、宣撫司等機構。不過，忽必烈可能還在另一個似乎較爲次要的問題上妥協了，那就是失烈門。前引《史集》記載：“然當蒙哥合罕赴南家思之時，忽必烈合罕與之會合，彼（蒙哥合罕）對失烈門起了疑心，命投之于水”，指的正應 1257 年冬的兩兄弟之會。若言忽必烈在失烈門問題上妥協了，並讓蒙哥處死自己的好友（若我們相信《史集》記載），很可能因爲蒙哥早就有心除去失烈門（且觀與失烈門一同流放至“没脱赤”的不里和也速蒙哥之命運，這兩位宗王在被流放至該地之後不久，便被分別處死，且均由蒙哥一手促成）。當初或是忽必烈求情于蒙哥，方得將失烈門從没脱赤召回，俾從忽必烈南征，冀其殞於窮山惡水之征程。1257 年，忽必烈自身尚岌岌可危，定無暇顧及失烈門。很有可能，失烈門正是在這一年，被投入江河中處死。蒙哥此舉用意大致不過兩層：其一，敲山震虎，威懾一下忽必烈，同時亦翦除其一羽翼；其二，處死這位窩闊台系中汗位繼承人之名分最顯者，解除自己親征南宋的後顧之憂。伯希和于韓百詩《〈元史〉第卷一〇七宗室世系表譯注》之一箋注中曾言：若信拉施特之言，則此一爭汗位失敗之失烈門當卒於 1258 到 1259 年。② 我以爲失烈門之死應不致晚於 1258 年，若依前一節之推斷，其生于 1231 到 1233 年前後，則卒時當爲 25 歲到 27 歲之間的青年。

【作者簡介】 周思成（1984.3—），男，湖南長沙人，中共中央編譯局馬列部助理翻譯。

---

① 陳得芝、王頲：《忽必烈與蒙哥的一場鬥爭》，《元史論叢》第 1 輯，中華書局，1982 年。
② Louis Hambis：Le Chapitre CVII du Yuan Che，p. 77.

黑水城所出元代"白帖"文書初釋*

劉廣瑞

【内容提要】 在《中國藏黑水城漢文文獻》中收録了三件元代"白帖"的文書,其中兩件文書内容都是關於元代亦集乃路廣積倉稅糧憑據,文書中都書寫有"白帖"二字,爲研究元代稅糧徵收程式提供了實物價值。

【關鍵詞】 黑水城文獻;白帖;元代;稅糧

在《中國藏黑水城漢文文獻》第六册中收録了兩件編號分别爲 M1·0948［F135：W72］和 M1·0949［F135：W71］的文書,兩件文書定名一樣,都是《廣積倉收到大不花下徐大納大小麥憑據》,而且都出現了"白帖"二字。今試考之,不當之處,望方家指正。爲研究方便,今將文書謄録如下:

M1·0948［F135：W72］《廣積倉收到大不花下徐大納大小麥憑據》:

1 廣積倉
2 今收到大不花下徐大納
3 小麥壹石肆斗　大麥柒斗
4 元統三年十月卅日給
5　　　　付使楊豬兒［黑色押印］
6 白帖　　大使

---

* 本文爲 2011 年國家社會科學基金青年項目《黑水城文書與元代西北軍政研究》（11CZS013）和 2010 年教育部人文社會科學研究青年基金項目《黑水城元代漢文軍政文書整理與研究》（10YJC770021）階段性研究成果之一。

7　　　　監支納八察[黑色押印]

M1·0949[F135:W71]《廣積倉收到大不花下徐大納大小麥憑據》：

1 廣積倉

2 今收到大不花下徐大納

3 小麥壹石陸斗　大麥玖斗

4 元統三年十月卅日給

5　　　　付使楊豬兒[黑色押印]

6 白帖　　大使

7　　　　監支納八義[黑色押印]

　　M1·0948[F135:W72]文書收録在《中國藏黑水城漢文文獻》第6册第1217頁,屬於"票據"類文書,文書尺寸18.3×22.7厘米。李逸友《黑城出土文書(漢文文書卷)》第184頁也收録了此文書,稱"竹紙,整,行書,222×181毫米"。M1·0949[F135:W71]文書收録在《中國藏黑水城漢文文獻》第6册第1218頁,屬於"票據"類文書,文書尺寸17.9×22.5厘米。李逸友《黑城出土文書(漢文文書卷)》第183—184頁也收録了此文書,稱"竹紙,整,行書,220×181毫米"。兩件文書格式一樣,撰擬字體一樣,内容上最主要的區别是廣積倉所收大小麥數量不一,這應與"白帖"有關。

　　除了以上兩件文書,在《中國藏黑水城漢文文獻》收録的編號爲M1·0065[F111:W72]《天字型大小抽分文卷》裏也出現了"白帖",今將文書謄録如下：

　　（前闕）

1　　　　朵立 ☐ ?

2　　　吾即不剌合羊一百口

3　　來照勘合：

4 天字一百號：魯即花不答兒羊一百二口

5　　　　　　兀 ☐ ?

6　　　　　　　四十一口

7　　　魯即卓立温布羊一百七十口

8　　　紅頭和尚羊四十七口

9 也火耳立義羊廿六口
10 即兀令只羊六十口
11 未發勘合:陳真寶羊八十四口收鈔肆拾兩
12 月魯帖木兒羊四十八口保投下
13 八月照勘合:
14 十一日 拔剌侄吾即耳立嵬羊一百六十口
15 天字五十四號: 烏馬兒羊五十四口
16 昔寶赤羊七十口
17 總收八十兩。
18 □羊五十八口 收四十兩。白帖

(後闕)

本文書收録在《中國藏黑水城漢文文獻》第1册第101頁,屬於户籍與賦税文書。尺寸28.3×29.1厘米。李逸友《黑城出土文書(漢文文書卷)》第111頁釋録此文書,稱"麻紙,殘,行書,有塗改,286×279毫米"。此件文書的内容是關於元代抽分羊馬之税。

"白帖"在元代史籍中很少見,但有"白帖子"記載。如《通制條格》稱"庫子人等今後毋得遞相用白帖子出入侵借官錢,如違痛行追斷"。① 又《元典章》稱"今後非奉上司明文,毋得擅自科斂差役。如承准上司許科明文須要公廳圓押不得用白帖子科斂差役支遣錢谷,亦不得用職印行發系官文字勾捍軍民人等。"②據方齡貴先生推測"白帖子"是指無印信文憑而私下具寫的收據、借條之類。③ 李逸友先生認爲"白帖"是收税官文書的白條。④ 從以上M1·0948[F135:W72]和M1·0949[F135:W71]文書内容,可以看到兩件文書都是廣積倉給具體納税人開具的收據憑證。因此,白帖即爲白帖子。

李逸友先生認爲"亦集乃路遺址出土的地税票據有兩種,一種爲廣積倉填發的倉票,另一種是廣積倉收到税糧後開寫的白帖。"⑤廣積倉填發的倉票在《中國藏黑水城漢文文獻》裏有M1·0950[F270:W6]、M1·0946[F146:W9]、M1·0951[F105:W5]等文書,今選取兩件文書迻録如下:

①方齡貴《通制條格校注》第404頁,中華書局2001年版。
②不著撰人《大元聖政國朝典章》第543頁,中國廣播電視出版社影印元刊本1998年版。
③《通制條格校注》第407頁。
④李逸友《黑城出土文書(漢文文書)》第24頁,科學出版社1991年版。
⑤同上,第76頁。

M1·0950[F270∶W6]《廣積倉收到沙立渠台不花稅糧票據》①：

1　廣積倉今收到沙立渠一戶台不花

2　至正 十一年稅糧壹拾壹石壹斗

3　　　小麥柒石肆斗

4　　　大麥三石柒斗

5　右給付本人准此

6　至正 十一年　　月口口

7　　　　廣積倉付使任[紅色押印]

8　　　　廣積倉大使慶喜

9　　　廣積倉監支納　　　銷訖[紅字]

10　倉

本文書收録在《中國藏黑水城漢文文獻》第6册，屬於票據類文書。尺寸26.8×17.3厘米。李逸友《黑城出土文書（漢文文書卷）》第184頁釋録此文書，稱"竹紙，整，木板印刷，墨書填寫地名、人名、數量，紅色書寫'銷訖'兩字，蓋印三方，印文不清，170×265毫米"。

M1·0951[F105∶W5]《廣積倉票據》②，今移録如下：

1　廣積倉今收到口口

2　至正十年稅糧地柒口口口口口壹升三合

3　伍勺肆抄除免外實口壹口口升玖合肆勺柒抄捌作

4　　小麥玖省九合陸勺伍抄弍作[紅色押印]

5　　大麥肆升玖合捌勺弍抄陸作

6　　　　右給付本人准此

7　　　至正十年十二月廿一 日 口積典陳[黑色押印][紅色押印]

8　包抄(大字)　廣積倉付使　孟[黑色押印]

9　　　　廣積倉大使口　　[黑色押印]

---

①塔拉、杜建録、高國祥《中國藏黑水城漢文文獻》第六册第1219頁，國家圖書館出版社2008年版。
②同上第1220頁。

10　　　廣積倉檢支納

本文書收録在《中國藏黑水城漢文文獻》第 6 册，屬於票據類文書。尺寸 28.9×26.4 厘米。李逸友《黑城出土文書（漢文文書卷）》第 184 頁釋録此文書，稱“竹紙，殘，木板印刷，花欄，墨書填寫地名、人名、數量、月日期，加蓋紅印三方，左上角加蓋‘包抄’墨色印戳，260×295 毫米，版心 210×273 毫米”。

通過與“白帖”文書對比，我們可以發現兩者的異同。相同點：兩者都是廣積倉給納稅人開具的税糧憑證，而且格式基本一樣。不同點主要有以下幾點：第一，“白帖”文書書寫用墨書書寫，而倉票文書是用刻板印刷後，再填寫地名、人名、數量等。第二，“白帖”文書没有紅色官府押印，只有官員簽押，而倉票文書兩者都有。第三，在行文上，“白帖”文書注明了文書的性質是“白帖”，而倉票文書多了“右給付本人准此”的話語。

在元代，除了以上廣積倉開具的“白帖”收據憑證以外，在文獻中經常見到的憑證是元代的契本。元代的契本主要應用于土地、房屋、奴婢、牲畜、舟船等的買賣，特别是在土地典賣和奴婢買賣中應用最爲廣泛。關於契本的格式，在當時民間流行的日用文書大全《事文類聚啟札青錢》（泰定本）所載《典買田地契式》，便是元代契本的格式。實物方面，施一揆《元代地契》①一文中，介紹了八件元代泉州地區的土地文書。另外，徽州文書中也有數十件元代典賣地契。陳高華《元代土地買賣過程和文契》②一文詳細考證了元代土地典賣的過程和契本的格式。今不再一一例舉。與契本相對應的是契尾，在宋代已經出現了契尾。契尾就是繳納契税的收據，因粘貼在契約之尾部，而有契尾之名，也叫做税給或税票。契尾制實行後，封建國家規定，“止鈐契紙，不連用契尾者”③爲違法，因之契尾也成爲驗證契約的主要標記。關於元代契尾的格式，趙華富《元代契尾翻印件的發現》④一文中介紹了在明刻本《婺源茶院朱氏家譜》中發現一張婺源長田朱伯亮等《批田入祠契》和《契尾》，現把《契尾》録下：

　　皇帝聖旨裹，徽州路婺源州據朱文公廟宅用中統寶鈔三十貫文，據朱伯亮兄弟批舍到墳山：
　　一都下練塢口柴茶山二畝二角，茶山三角，荒草地一畝，下旱田一角三十步，山

①施一揆《元代地契》，《歷史研究》1957 年第 9 期，第 79—84 頁。
②陳高華《元代土地典賣的過程和文契》，《中國史研究》1988 年第 4 期，第 35—48 頁。
③（清）張廷玉等《清朝文獻通考》，浙江古籍出版社 2000 年版。
④趙華富《元代契尾翻印件的發現》，《安徽大學學報》2003 年第 5 期，第 27—29 頁。

内安葬朱五上舍墳八所。

　　　　至元六年十二月　日

　　　　　　右付本廟收執，准此。

　　　　稅課司　　　　　　　　　　印押、押、押

　　上述契尾和黑水城所出倉票文書對比，我們可以發現，一個是"右給付本人准此"，一個是"右付本廟收執，准此"，兩者行文方式基本一致，且兩者都有紅色押印。由此我們可以推定這些廣積倉填發的倉票文書屬於契尾。而倉票文書的正文，編號爲 M1·0945 [F193：W13]《票據》①文書給我們提供了資訊，今逐錄如下：

一

1　皇帝聖旨裏亦集乃路總管府欽奉

2　聖旨節該蒙古漢兒並人匠不以是何諸色人等富豪勢要之家但種

3　　者依例繳納稅糧欽此本路照依上年計口到該稅石須要欽依

4　宣限送納開足不敢違限如違依例斷罪今將本户稅糧開列於後

5　初限十月終　末限十二月終

6　沙立渠怯薛丹一户太不花地三傾柒拾畝糧壹拾壹石壹斗

7　　　　　　小麥柒石肆斗

8　　　　　　大麥三石柒斗

9　　　　　　本人准此

10　至正十三年　月　日給

11　[一行畏吾兒體蒙古文]（黑色押印）

12　官（大字型大小）（黑色押印）

13　[一行畏吾兒體蒙古文]

二

1　廣積倉今收到太不花

2　至正十三年糧壹拾壹石壹斗

3　（黑色押印）小麥柒石肆斗

---

①《中國藏黑水城漢文文獻》第六冊，第1215頁。

4　　　　　大麥三石柒斗

5　右給付本人准此

6　至正十三年　月口

7　　廣積倉付口

本文書收録在《中國藏黑水城漢文文獻》第 6 册，屬於票據類文書。尺寸 38.8×27.8 厘米。李逸友《黑城出土文書（漢文文書卷）》第 184 頁釋録此文書，稱"竹紙，爲兩件文書粘在一起，木板印刷，墨書填寫地名、人名、數量"。其中，第一件文書"整，272×262 毫米，年款後有一朱批'官'字並畏吾兒體蒙古文一行;"第二件文書"殘，蓋朱印三方，173×160 毫米"。屬於票據類文書。

我們可以看到第一部分是廣積倉給具體的納稅人開出的一份納稅通知單，通知單上明列納稅期限、合納稅糧數。第二部分是具體的納稅人所繳納的稅糧，交完之後，有廣積倉管理人員簽字畫押。廣積倉將這兩份粘到一起，但兩件文書都没有加蓋官府印章，也就是廣積倉給沙立渠太不花開具的倉票也不是正式的。

上面所談的契約形式是指契約本身的形式，未涉及外界强加於它的附屬物。在周秦漢魏西晉時期，附屬物是不存在的。可是東晉南渡之初，由於封建國家的財政困難，開始實行稅契的政策，以擴大財政來源。於是發生了締約人要繳納契稅，官府在契約上加蓋官印，以爲稅據之事。此舉也叫做印契，蓋印之契叫做赤契、紅契、官契或文契、文券。《隋書·食貨志》曰:"晉自過江，凡貨賣奴婢、馬牛、田宅，有文券。率錢一萬，輸估四百入官，賣者三百，買者一百。"①"歷宋、齊、梁、陳，如此以爲常。"後來的各個朝代也都實行這一政策。"立券投稅者"，謂之"紅契"②。"人多憚費，隱不告官，謂之白契"③。封建國家爲了保證契稅的徵收，一再宣佈白契爲非法。在這種情況下，契約上的官印也成爲驗證契約的重要標記。有時還被强調爲主要標記。

元代的賣地文契只有一份，簽字畫押以後，由買主收執。典地文契則是一式兩份，稱爲合同文契，一爲正契，一爲合同，二份完全相同。"質典交易，除依例給據外，須要寫立合同文契貳紙，各各畫字，赴務投稅。典主收執正契，業主收執合同。雖年深憑契收贖。"④"若一面收執文約，或年深迷失，改作賣契，或昏昧條段間座，多致爭訟。以此參

①（唐）魏徵《隋書》第 689 頁，中華書局 1973 年版。
②（元）陶宗儀《南村輟耕録》第 208 頁，中華書局 1959 年版。
③（宋）李心傳撰，徐規點校《建炎以來朝野雜記》（甲集）第 409 頁，中華書局 2000 年版。
④《通制條格校注》第 503 頁。

詳,今後質典交易,除依例給據外,須要寫立合同文契貳紙,各各畫字,赴務投税。典主收執正契,業主收執合同,雖年深,憑契收贖,庶革僥倖爭訟之弊。"①也就是説元代典地文契則是一式兩份,一爲正契,一爲合同,二份完全相同。

無論賣契還是典契,在畫字成交後,都要"赴務投税"。元代前期一位名叫官員曾説"諸交關典賣文契,自有公據、問賬、正契,然後赴務投税,契本契尾印押,方爲完備"②從他這段話可知税務在收税之後,要發給契本、契尾,並加押印,作爲憑證。這樣,納税的手續才算完備。

契本是由元朝中書省户部統一印發的。後來因需要量過大,才許江南四省自行印造,但仍"多方"加以"鈐束"③。納税之後,税務就在文契上"粘連契本,給付買主"④。契尾則是地方税務自行印造的,很有可能有些地方是直接書寫的。契尾和契本同時發給納税人。契本是要收費的,最初爲中統鈔一錢,後改爲三錢,仁宗皇慶元年(公元 1312 年)起,改爲至元鈔三錢。至元鈔與中統鈔是一與五之比,也就是説,提高了五倍。契本上開列人身出賣的價錢,税司按所定税率收税。納完税後,税司在契本上蓋上關防,並將賣身契和契本用漿糊粘連在一起,然後給付人口販或奴隸主(即買主)。無契本的人口買賣被視爲匿税,要受到法律制裁。

上述探討的是元代的契本和契尾。元代的契本有"紅契"和"白契",並加蓋押印。作爲同樣的税收憑證,"白帖"文書也應是同樣的。與白帖相對應的是紅帖或叫赤帖。即加蓋了税務機關的紅色印章。元代紅帖,在傳世文獻中是領取"紅帖糧"的憑證。據《元史》卷九十六《食貨四》記載"賑糶糧之外,復有紅帖糧。紅帖糧者,成宗大德五年始行。"⑤"紅帖糧"是元代政府救濟災民的一種專用糧,這種救災模式一直沿用到清代。因此,如果編號 M1·0945[F193:W13]文書正契和契尾都加蓋了政府的印章,那麼就是正式的倉票文書,未加蓋政府印章,可能是納税人没有繳納税契。

"白帖"文書未加蓋政府印章,除了納税人可能没有繳納税契外,還有一種可能就是納税糧户未交齊税糧。廣積倉收納税糧户徐大的大小麥至少兩次,甚至還未交完,所以廣積倉未給徐大開具正式倉票。

---

①《通制條格校注》第 504 頁。

②(元)胡祇遹《雜著》,《紫山大全集》,文淵閣《四庫全書》本。

③《大元聖政國朝典章》第 959 頁。

④同上,第 963 頁。

⑤(明)宋濂等《元史》第 2476 頁,中華書局 1976 年版。

另外,值得一提的是 M1·0950［F1270:W6］《廣積倉收到收到沙立渠台不花税糧票據》文書有"銷訖"字樣。此説明沙立渠台不花税糧已經登記到廣積倉的赤曆單狀内,此票據可以銷訖。赤曆單狀,元代一種收支日記帳,須定期向上級官署申報審核。"諸倉庫赤曆單狀當該上司月一查照但開附不明收支有差隨事究問"。① "各設倉庫照勘舊管新收已支見在名項數目每旬一次申覆本管上司每月一次備申宣慰司每上下半年開呈省府仍仰各倉庫每季依上結附赤曆申解上司印押"。② 上述編號 M1·0065［F111:W72］《天字型大小抽分文卷》裏"天字一百號"、"天字五十四號"應是勘合抽分羊馬分例序號。

元代"凡公文處理完畢後,須將該專案所有公文,按日期順序粘貼相連爲一長卷,並將公文摺疊成寬約 10 厘米的長方形,全卷都整齊摺疊一致,形成經折裝的文卷,由司吏在最後一件公文末尾或另幾小紙片書寫該卷公文是'創行未絶'或'創行已絶',即該專案是否已經辦理完畢,並寫明起止年月日,共有文書若干件,有的還簽署有司吏及其姓名並畫押。公文經整理成文卷後,由各房司吏開列各種文卷目録,連同文卷送交架閣庫保存。架閣庫將各種文卷分類存入架閣時,在每一種文卷上貼一長條形紙簽,楷書該卷文書名稱兩行,折成兩面,只粘貼上端,使紙簽下垂,便於上下檢閲。"③又規定"諸已絶經刷文卷,每季一擇各具事目,首尾張數,皆以年月編次注籍,仍須當該檢勾人員躬親照過,别無合行不盡事理,依例送庫立號封題,如法架閣,後遇照用判付檢取了則隨即發還勾銷"。④

綜上,黑水城所出元代"白帖"文書爲研究元代税糧徵收提供了可靠的實物,文書反映出元代税糧徵收是有按照一定的程式進行管理。

---

①《大元聖政國朝典章》第 809 頁。
②同上第 824 頁。
③李逸友《元代文書檔案制度舉隅——記内蒙古額濟納旗黑城出土元代文書》,《檔案學研究》1991年第 4 期,第 50—54 頁。
④《大元聖政國朝典章》第 571 頁。

· 文學研究

元代文人與岳飛墓

徐永明

【内容提要】 元代文人憑弔岳飛墓,重建岳王廟,奏請朝廷褒封,使被占的寺田失而復歸等等活動,是元代重要的文化現象,陶宗儀的《南村輟耕錄》對此作了專門的記載。本文通過考察元代文人憑弔岳飛的詩歌以及他們參與岳飛墓的諸多活動,分析探討了元代文人在異族統治下微妙而複雜的文化心態。

【關鍵詞】 元代;文人;詩歌;岳飛墓;岳飛女兒;西湖竹枝詞

抗金將領岳飛于公元1142年被秦檜等以"莫須有"的罪名殺害。在岳飛被害的134年後(即公元1276年),蒙古軍隊攻佔了臨安,南宋宣告滅亡。在蒙元統治下的漢族人,面對異族的統治,在憑弔杭州棲霞嶺下的岳飛墓時,總會心生許多傷悲,許多感慨,從而留下了不少憑弔岳飛的詩歌。元代文人在岳廟寺田的失而復歸、精忠廟的重建及奏請朝廷的褒封上也作出了自己的貢獻。考察元代文人與岳飛墓的關係,分析他們的弔岳詩,無疑能更好地把握元代文人的心態,同時也有助於瞭解岳飛墓在歷史上的地位和影響。

一、現存元代文人憑弔岳飛詩歌的數量

元代文人憑弔岳飛墓,重建岳王廟是元代重要的文化現象。對此,元末明初著名的

學者陶宗儀的《南村輟耕録》卷三"岳鄂王"條對此作了專門的記載。其中談到元代文人憑弔岳飛詩歌的數量時説道："自我元統一函夏以來，名人佳士多有詩弔之，不下數十百篇。"陶宗儀所説的"不下數十百篇"①，當是指他親見的數量，還有他未見到的，因此，當時元人憑弔岳飛的詩應遠遠在百篇之上。然而，由於年代久遠，文獻散佚，現在留存元人憑弔岳飛的詩歌恐怕已不足四分之一。由於《全元詩》尚未編出，故元人憑弔岳飛詩歌的精確數字難以確考。現僅就筆者通過對電子本《四庫全書》中的元人別集、總集及中華書局出版的《元詩選癸集》所作的檢索結果列之如下：

作者	篇名	數量	出處
葉紹翁	題鄂王墓	1	《江湖小集》卷十
白珽	岳武穆精忠廟	1	《湛淵集》
潘純	題岳武穆王墳二首	2	《元詩選三集》卷十一
宋無	岳武穆王	1	《元詩選初集》
胡炳文	拜岳鄂王墓	1	《雲峰集》卷八
趙孟頫	岳鄂王墓（題岳武穆王墓）	1	《松雪齋集》卷四
班惟志	岳王墓	1	《元詩選癸集》
任士林	岳鄂王墓	1	《松鄉集》卷九
柯九思	岳王墓	1	《元詩選三集》卷五
潘音	讀岳武穆傳	1	《元詩選初集》卷五十四
林泉生	岳王廟二首	2	《元詩選三集》卷八
張憲	岳鄂王歌、岳飛墓祠	2	《玉笥集》卷二、卷八
龔璛	詠岳王孫縣尉復棲霞墓田	1	《存悔齋稿》
鄭元祐	岳武穆王墓、重建岳王精忠廟謝李全初長司、岳王廟	3	《僑吴集》卷二、卷六
姚文奐	題岳王墓	1	《元詩選》二集卷十九
郭翼	又題岳王墓	2	《元詩選二集》卷十九
林泉生	岳王廟二首	2	《元詩選三集》卷八
高明	和趙承旨題岳王墓韻	1	《元詩選三集》卷十一
韓中村	岳王墓	1	《元風雅後集》卷六
張昱	岳鄂王墳上作	1	《可閑老人集》卷三
倪瓚	擬賦岳鄂王墓、再二首	3	《清閟閣全集》卷六

①徐永明、楊光輝《陶宗儀集》第 134 頁，浙江人民出版社 2005。

續表

作者	篇名	數量	出處
王逢	岳鄂王墓木皆南向平江張師正知事命工圖之爲題一首	1	《梧溪集》卷四
陶安	詠史·岳武穆	1	《陶學士集》卷八
淩雲翰	岳鄂王墓	1	《柘軒集》卷二
童冀	謁岳鄂王墓	1	《尚絅齋集》卷五
楊子壽	岳王墓	1	《元詩選癸集》
淩鵠	岳王墓	1	《元詩選癸集》
陶宗儀	題岳飛墓	1	《南村輟耕錄》卷三
劉基	吊岳將軍賦	1	《誠意伯文集》卷一
滕琛	岳將軍墓	1	《萬姓統譜》卷五十七

從上表可以看出,檢索的結果顯示出共有 30 位元代詩人的 39 首吊岳詩,顯然只有"不下數十百篇"數量的三分之一左右,足見散佚的數量之多。

二、元代弔岳詩的情感內容分析

元代弔岳詩的内容十分豐富,有頌揚岳飛精忠報國的赤膽忠心的,如"國勢已如此,孤忠天地知"(白珽),"丹心一片棲霞月,猶照中原萬里山"(宋無);有表達對奸臣秦檜等奸臣小人的切齒痛恨的,如"墳畔休留檜,行人欲斧之"(胡炳文),"獨全秦檜首,不掛槁街竿"(張憲);有對岳飛克復中原,勝利在望,卻被迫班師遇害的結局深表惋惜的,如"克復神州指掌間,永昌陵側詔師還"(宋無),"長城不使權奸壞,唾手中原復故疆"(陶安),等等。爲了使人們對蒙元背景下弔岳詩創作主體的出處心態和詩作所表達的情感特徵有更深入的瞭解,現選取有代表性的詩作做一些重點分析。

我們先來看葉紹翁的《題鄂王墓》:

萬古知心只老天,英雄堪恨亦堪憐。

如公少緩須臾死,此虜安能八十年。

漠漠凝塵空偃月,堂堂遺像在淩煙。

早知埋骨西湖路,悔不鴟夷理釣船。①

---

① 《江湖小集》卷 10,影印文淵閣《四庫全書》本。

　　葉紹翁字嗣宗，號靖逸，浙江龍泉人。葉紹翁在宋時曾任朝廷小官，宋亡後，隱居西湖之畔，與葛天民等遺民往來唱和。作有詩集《靖逸小集》，其中《游園不值》至今廣爲傳唱。陶宗儀《南村輟耕録》"岳鄂王"條，在所列元朝"最爲膾炙人口"的五首詩中，葉紹翁的《題鄂王墓》因作者輩份最高而位列第一。在這首詩中，作者一開篇即點出了岳飛死於非命的悲劇命運，讓讀者仿佛聽到了岳飛在臨死前發出的"天日昭昭，天日昭昭"的悲號！"如公少緩須臾死，此虜安能八十年"，岳飛的抗金已勝利在望，但因奸臣秦檜等人的迫害罹難而使形勢逆轉，導致"胡虜"横行中原八十年之久，故作者的假設，既有對功虧一簣的惋惜，又有對"此虜"的憤慨，更有對秦檜等人的控訴！最後，作者的情緒轉向消極，以爲岳飛早知自己埋骨西湖，也會後悔當年爲什麼不歸隱江湖。這實際上是作者自己悲涼心境的寫照，頗有物是人非、滄桑巨變之感。

　　如果説葉紹翁的弔岳詩反映的是宋遺民的情感特點，那麼，趙孟頫的弔岳詩，則反映了趙宋宗室後裔仕元後複雜而微妙的心態。請看趙孟頫的《題岳武穆王墓》詩：

> 岳王墳上草離離，秋日荒涼石獸危。
> 南渡君臣輕社稷，中原父老望旌旗。
> 英雄一死嗟何及，天下中分遂不支。
> 莫向西湖歌此曲，水光山色不勝悲。①

趙孟頫（1254—1322）字子昂，號松雪，是宋太祖趙匡胤之子秦王趙德芳的後裔，他的五世祖是南宋第二朝皇帝孝宗趙昚的父親，因賜第定居湖州，遂爲湖州人。至元二十三年（1286），趙孟頫經程鉅夫薦舉出仕，初爲兵部郎中，後官至翰林學士承旨。他曾經對元世祖賦詩云："往事已非那可説，且將忠直報皇元。"②趙孟頫的出仕在當時是一個很轟動的事件，當時就有不少文人譏諷他，他的侄子還爲此和他斷絕往來。他自己也有一首很著名的《自警》詩，很可以看出他的心態："齒豁頭童六十三，一生事事總堪慚。唯餘筆硯情猶在，留與人間作笑談。"③那麼，作爲宋宗室子孫，屈節仕元的趙孟頫在憑弔西湖棲霞嶺下的岳飛墓時，其心態會是如何呢？

　　"岳王墳上草離離，秋日荒涼石獸危"，這是作者一到岳墓時所看到的荒涼、頹敗的景象，讓作者本來消沉的心情更加難受。"南渡君臣輕社稷，中原父老望旌旗"，作者向我們

---

①《元詩選初集》第一册，第 566 頁，中華書局 1987 年。
②《元史》卷 172《趙孟頫傳》，中華書局 1976。
③趙孟頫《松雪齋集》卷 5，影印文淵閣《四庫全書》本。

描繪出當年宋室君臣南渡後苟且偷安,醉生夢死,置淪陷國土於不顧的情景。"南渡君臣",實則有作者的祖先在,作者不回避地予以批評,表明他還是有是非愛憎的。然而,歷史的大錯已經釀成,英雄不能死而復生,故土已經淪陷,追悔又有何用! 作者評述歷史興亡的同時,深深感到歷史的無常,現實的無奈。"莫向西湖歌此曲,水光山色不勝悲",作者心境的悲涼彌漫開來,仿佛西湖周圍的山光水色也與他同悲。

趙孟頫的弔岳詩在當時及後世影響很大,《元詩選》的編者改造陶宗儀的話説:"岳王墓詩不下數十百篇,其膾炙人口者,莫如趙魏公作。"①明代李東陽《懷麓堂詩話》對此也有評論云:"趙子昂書畫絶出,詩律亦清麗。……《岳武穆墓》曰:'南渡君臣輕社稷,中原父老望旌旗。'句雖佳,而意已涉秦越。至對元世祖曰:'往事已非那可説,且將忠赤報皇元。'則掃地盡矣。其畫爲人所題者,有曰:'前代王孫今閣老,只畫天閑八尺龍。'有曰:'兩岸青山多少地,豈無十畝種瓜田?'至'江心正好看明月,卻抱琵琶過別船',則亦幾乎罵矣! 夫以宗室之親,辱于夷狄之變,揆之常典,固已不同。而其才藝之美,又足以爲譏訾之地,才惡足恃哉? 然'南渡中原'之句,若使他人爲之,則其深厚簡切,誠莫有過之者,不可廢也。"②在李東陽看來,趙孟頫的氣節確實有虧,但他弔岳詩的成就卻無人能過之。

趙孟頫生活在元代前期,時南宋滅亡還不久,因此,民族問題是一個十分敏感的話題。憑弔岳飛,可以看出詩人們對民族問題的看法及其所處異族統治下的真實心態。那麼,當元朝的統治日漸鞏固,廢止數十年之久的科舉考試又重新恢復的時候,生活在元末的漢族文人在憑弔岳飛的時候,又是怎樣一種心態呢? 我們下面不妨來看一看元末明初著名的軍事家、詩人劉基的弔岳詩。劉基的《吊岳將軍賦》是以"楚辭體"寫的:

> 木之顛兮其根必傷,人之將死兮俞扁以爲不祥。
>
> 嗚呼將軍,夫何爲哉!
>
> 天地易位兮江河倒流,鳳凰夭殂兮豺狼晁旐。
>
> 臣不知有其君兮,子不知其有父。
>
> 嗚呼將軍兮,獨銜冤而懷苦。
>
> 仇何愛而可親兮,忠何辜而可戮。
>
> 父兄且猶不顧兮,何忠良之能育。

---

① 顧嗣立《元詩選初集》第一册,第 566 頁,中華書局 1987。
② 李東陽《懷麓堂詩話》,影印文淵閣《四庫全書》本。

………

相伊人之有心兮,曾鳥獸之不如。

忘戴天之大耻兮,安峻宇而高居。

信讒邪之矯枉兮,委九廟於狐狸。

甘卑辭以臣妾兮,苟殘喘以娱嬉。

焚舟楫於洪流兮,烹騏驥于中路。

庸夫亦知其至愚兮,羌獨迷而弗寤。

捐薄軀以報主兮,乃忠臣之素心。

縱狂瞽之弗思兮,又何必以之爲禽。

屈原貞而見逐兮,伍子忠而獲戾。

固將軍之不辰兮,哀中原之蕪穢。

吊孤墳于湖濱兮,見思陵之牛羊。

寄遥情於悲歌兮,識忘親之不臧。①

　　劉基是元朝的進士,在元時曾任高安縣丞、江浙儒學副提舉等官。他的《吊岳將軍賦》當是他元末寓居杭州時所作。在詩中,劉基對岳飛的"忠而見戮"的命運深感悲憤,以爲他如同歷史上的愛國人士屈原、伍子胥一樣,都是"貞而見逐"、"忠而獲戾"。因此,劉基將更多的筆墨用在了對偏安一隅的南宋小朝廷的批判,認爲他們忘記了與敵人的不共戴天之仇,甘願臣妾于仇人,"安峻宇而高居"、"苟殘喘以娱嬉"。殊不知,愛仇忘親的結果卻是江山易主,思陵(宋高宗趙構墓)牛羊。"天地易位兮江河倒流,鳳凰夭殂兮豺狼冕旒。臣不知有其君兮,子不知其有父",劉基描述的是北宋滅亡後中原人民的悲慘狀況,然而,南宋滅亡後的狀況在漢族人眼裏,又何嘗不是如此呢?因此,劉基的詩很容易激起漢族知識份子的共鳴,唤起他們被損害被污辱的記憶。

　　陶宗儀在《南村輟耕録》"岳鄂王"條中列舉了數人的詩後説道:"讀此數詩而不墮淚者幾希。然賊檜欺君賣國,雖擢發不足以數其罪,翻四海之波不足以湔其惡。而武穆之精忠,靄然與天地相終始,死猶生也。彼思陵者,信任奸邪,竟無父兄之念,亦獨何心哉!"②陶宗儀的觀後感言,代表了蒙元統治下多數漢族知識份子的共同心聲。

_____

① 劉基《太師誠意伯劉文成公集》卷9,《四部叢刊初編》本。
② 徐永明楊光輝《陶宗儀集》第 134 頁,浙江人民出版社 2005。

三、元代文人的《西湖竹枝詞》及"銀瓶詩"

竹枝詞原是巴渝(今重慶)一帶民歌。唐代詩人劉禹錫任夔州刺史時,根據民歌改作新詞,形式上爲七言絕句,歌詠三峽風光和男女戀情,同時流露他遭受貶謫後的心情,語言通俗,音調輕快,因而盛行於世,此後各代詩人寫《竹枝詞》的很多。元代《西湖竹枝詞》爲楊維楨首創,和者有120餘人。明代陸容《菽園雜記》卷十三寫道:"西湖竹枝詞,楊廉夫爲倡,南北名士屬和者,虞伯生而下凡一百二十二人。"①

岳王墓是西湖邊的一個景點,自然被一些文人寫進了《西湖竹枝詞》。這裏試舉幾例:

竹枝詞二首

貢師泰

葛嶺西邊師相宅,潭潭府第欲連雲。別買樓船過湖去,可曾看見岳王墳。

葛嶺東家是相門,當年甲第入青雲。樓船撑入裏湖去,可曾望見岳王墳。②

詩中的"師相"指的是宋末奸臣賈似道(1213—1275)。賈似道荒淫奢侈,謊報戰功,專權獨斷,使得南宋江山最後葬送在蒙古人的手裏。詩人將受萬人憑弔的岳王墳與曾經宣赫一時而今灰飛煙滅的師相府第相對比,表達了鮮明的愛憎,給人以警醒。于立的"儂家住在湧金門,青見高峰白見雲。嶺上已無丞相宅,湖邊猶有岳王墳"詩意與貢師泰詩相近。

竹枝詞二首

倪瓚

錢王墓田松柏稀,岳王祠堂在湖西。西泠橋邊草春綠,飛來峰頭烏夜啼。

阿翁聞説國興亡,記得錢王與岳王。日暮狂風吹柳折,滿湖煙雨綠茫茫。③

錢王即五代吳越國王錢俶,他率百姓納土歸宋,使吳越國免於戰火,保護了一方的安寧。詩歌在描寫西湖的景物中透露了歷史興亡的蒼桑之感。

---

① 陸容《菽園雜記》卷13,影印文淵閣《四庫全書》本。

② 貢師泰《玩齋集》卷5,影印文淵閣《四庫全書》本。

③ 倪瓚《清閟閣全集》卷7,影印文淵閣《四庫全書》本。

此外，與上舉詩人的《西湖竹枝詞》一樣，黃公望的"水仙祠前湖水深，岳王墳上有猿吟"、鄭元祐的"岳王墳西是妾家，望郎不見見棲鴉"也對本該清麗明快的竹枝詞罩上了一層凝重暗淡的色彩，這也是元代《西湖竹枝詞》有別於其他時代和其他地區竹枝詞的一個顯著特點之一。

關於元代文人的"銀瓶詩"，實則是元代文人憑弔岳飛女兒而寫的詩歌。田汝成《西湖游覽志》卷二十一"忠祐廟顯忠廟同仁祠"條云：

> 忠祐廟，在按察司左。宋紹興十三年，以岳飛故宅改爲太學，學中時時相驚以岳將軍見。孝宗朝，詔復其官，追諡武穆，建廟學左，曰忠祐。淳祐六年，改諡忠武，已而學中復驚岳將軍，降爲土神。景定二年，從監學之請，立爲土神，封鄂王，改諡忠文，廟曰忠顯，王之父母妻子下逮將佐，皆有命秩。祠後有銀瓶娘子井，銀瓶娘子者，王季女也，聞王下獄，哀憤骨立，欲叩闕上書，而邏卒嬰門，不能自達，遂抱銀瓶投井死。①

元代文人憑弔岳飛，自然不會忘記一同附祭於廟旁的岳飛女兒——投井而死的銀瓶女。楊維楨的《銀瓶女》詩云：

> 宋岳鄂王之幼女也，王被收。女負銀瓶投水死。今祠在浙憲司之右。

岳家父，國之城；秦家奴，城之傾。皇天不靈，殺我父與兄，嗟我銀瓶，爲我父緹縈。生不贖父，死不如無生。千尺水，一尺瓶，瓶中之水精衛鳴。②

楊維楨將岳飛的女兒比成西漢時以身救父的緹縈，並用精衛填海的典故表達了銀瓶女的仇恨，控訴了不靈的"皇天"和奸臣秦檜。同樣，元末的王逢也有《銀瓶娘子辭》表達了對岳飛女兒的哀悼，對她的孝義給予了頌揚：

> 娘子宋岳鄂王女，聞王被收，負銀瓶投井死，祠今在浙西憲司之左，逢感其節孝，敬爲之辭。
>
> 蒼梧月落烏號霜，寒泉幽凝金井床。綺疏光流大星白，夢驚萬里長城亡。女郎報父收囹圄，匍匐將身贖無所。官家聖明如漢主，妾心愧死緹縈女。井臨交衢下通海，海枯衢遷井不改。銀瓶同沈意有在，萬歲千春露神采。魂今歸來風泠然，思陵無

---

①田汝成《西湖游覽志》卷21，影印文淵閣《四庫全書》本。
②楊維楨《鐵崖古樂府》卷3，影印文淵閣《四庫全書》本。

樹容啼鵑,先王墓水西湖邊。①

四、元代文人爲修建岳王廟所作的努力

元代文人在岳廟寺田的失而復歸、精忠廟的重建及奏請朝廷的褒封上也作出了自己的貢獻,主要的人物有鄭元祐、干文傳、牟應復、趙期頤等人,而以鄭元祐的貢獻最大。

鄭元祐(1292—1364),字明德,遂昌(今屬浙江省)人。年幼時隨父親徙居杭州,在西湖邊居住,與嶽墳爲鄰,與和靖祠相對,岳飛的民族氣節和林和靖處士的孤高雅韻在鄭元祐幼小的心靈裏留下了深刻的印象。他壯年時移居吳中,直至去世。所著有《僑吳集》、《遂昌山人雜録》兩種。在《僑吳集》中,鄭元祐關於岳飛的詩文主要有《重建岳王精忠廟謝李全初長司》、《岳武墓王墓》、《岳王廟》、《重建岳鄂王祠寺疏》、《與杭州路廉宣差起咨褒封岳王書》、《重建岳鄂王忠烈廟碑》、《與烏程干壽道明府》、《與歸安牟景陽》、《與烏程張元明判簿二通》等,歸納起來,他對岳飛墓所做的事有以下三點:

1、在他的積極努力下,被湖州鄉豪占去的寺田還歸寺廟。岳飛墓傍原有香火院褒忠寺,因庸僧疏於管理,寺廟廢棄,在湖州的寺田七十畝也被典賣給烏程兩個鄉豪,被其據爲己有。後來多次訟於官,都無濟於事。鄭元祐晚年聽説此事後,便致信烏程的知縣干文傳(壽道)、判簿張元明,要求他們出力將寺田歸於褒忠寺。如他《與烏程干壽道明府》寫道:

> 某罪逆餘生,本不可詳姓字上於幾格。然性賦蹇直,見有義激於中者,輒欲布憤懣,爲當世大賢告。某舊居杭西湖西,與岳鄂王墳寺百步而近,故知其事爲詳。寺久廢於庸僧,今宣政院札差一僧可觀爲住持。寺有田七十畝,典賣在烏程兩鄉豪處,幾十餘年,亦嘗數遍經官,俾歸此田,而至今揜爲己有。愚竊謂胡安定先生之墳,得先生而後歸正,今忠武功德正是忠臣烈士載在祀典者,而何物鄉豪,乃敢據其先朝所賜田!自非儒者道義憤激,幾何不以爲迂且誕者。況典寺田,自有通例,深惟先生公明所照,不孤此意耳。干瀆清嚴,殞越待罪,伏乞尊照不宣。②

此後,褒忠寺主僧可觀將此事訴於公堂,才得以收回寺田二十餘畝。鄭元祐又致信

---

①王逢《梧溪集》卷1,影印文淵閣《四庫全書》本。
②徐永明校點《鄭元祐集》卷7,第172頁,浙江大學出版社2010年版。

給歸安縣尹牟應復（景陽），希望寺田能全部歸還寺廟。待寺田全部收回之後，鄭元祐擔心日後有變，就再次致信給張元明，要求湖州地方政府能給寺田的所屬出示萬保不變的文據。如他在信中寫道：

> 前日來吳，不遑款一淩，皇恐逮今。岳墳寺僧可觀者，備言閣下德政之醇美，可慰。且言忠武王贍墳薄田，雖已復得，而無所執證，慮及久長，必得湖州路一宗文據，則其田畝將來始不爲強有力者所轉移也。於是觀復至霅川，有丹丘書與何節推，可以爲其緩煩處完而畀之。忠武有靈，未必不鑒照在上也。貴邑王大尹三月間在吳，亟于賈治安縣令坐間相會，不敢易易作書。倘會仲穆節史、仲光博士、德茂教授，皆爲致敬，幸甚。①

2、致書當政者，求朝廷褒封岳王廟。由於岳王寺廟的祭禮之典缺當代朝廷的褒封，故主持僧找到鄭元祐，要他出面給當政者寫信，希望朝廷能褒封岳王廟。鄭元祐爲此致信杭州路的一位廉姓官員，請他起草文書，乞求朝廷的褒封。信寫道：

> 某老矣，每自念先大學士忘其齒爵，德以下交，閭巷之小生，不惟溫顧之而已，其所以勸獎成就之者銘感心脊，更百世其能忘之哉！閣下以名門世胄，揚歷中外，遂爾秉麾，出鎮錢唐。某自恨孤貧，動身如拔山，徒極傾企而已。故宋忠臣岳武穆王其墳墓在杭西湖北山，更今二百餘年矣。岳王勳烈在旗常，忠義在海寓，姓名在竹帛，閣下以文儒世家，能言之，能白之。今岳墳主僧可觀者，念王爲忠臣烈士，而求朝廷褒封，祭祀之典缺焉。自非閣下勇往作成，則王平生，何以著顯於天下？江浙省掾史宋懷玉於是事嘗殫竭其力，閣下試扣之，當知某言爲不妄。時暑尚炎，望厚愛爲國，自重不具。②

杭州路得到鄭元祐的信後，將此事上報浙省，時鄭元祐的友人趙期頤在朝廷倡儀，故上下合力，朝廷終於賜封，在原來宋朝的封號上又加上了"保義"二字。鄭元祐爲此專門作了《重建岳鄂王祠寺疏》一文。

3、撰寫《重建岳鄂王忠烈廟碑》。岳飛死後，南宋朝廷建有寺廟，賜額"褒忠衍福禪寺"，簡稱"褒忠寺"。後寺廟毀于戰火，岳飛子孫修繕後，又因庸僧管理不善，寺復廢棄。

---

① 徐永明校點《鄭元祐集》卷7，第174頁，浙江大學出版社2010年版。
② 徐永明校點《鄭元祐集》卷7，第172頁，浙江大學出版社2010年版。

杭州路總管府經歷李全節見後,決定重建,廟成,命名忠烈廟,又稱精忠廟,時寺已廢棄七十年。鄭元祐甚是高興,作《重建岳王精忠廟謝李全初長司》表示感謝和敬意,另又撰寫了《重建岳鄂王忠烈廟碑》一文,記叙了寺廟兩度被毀,兩度重建的經過,表彰了李全初的功績。這是一篇重要的歷史文獻,對瞭解岳王墓的歷史很有幫助。

結語

　　元朝是蒙古人憑籍武力征服金、宋而建立起來的朝代。雖然蒙古統治者也採用耶律楚材及漢人的建議實行"以儒治國",但終元一代,"人分四等"的民族歧視始終存在;科舉制度廢止數十年之久,令文人出仕無望,沉屈下僚,後來雖然得以恢復,但民族隔閡並未消除。因此,當一些文人來到杭州憑弔民族英雄岳飛的時候,自然而然地喚起了他們被污辱、被損害的歷史記憶,油然而升起對"精忠報國"的抗金將領岳飛的崇高敬意,他們不惜以最美的語言讚美岳飛,同時也表達對昏君奸臣的的無比痛恨。他們憑弔歷史人物,實則是表達對現實的不滿和無奈,他們複雜微妙的心理在詩中的曲折流露。

　　元代文人謳歌和表彰岳飛,是希望朝廷和社會重視和宣揚岳飛的民族氣節和愛國精神,重新確立儒家的忠貞保國的倫理規範。宋朝的滅亡有很多的歷史原因,但如果以岳飛的氣節和精神去反觀北宋的抗金和南宋的抗元,肯定可以照見當時朝廷大臣和軍隊將士這種氣節和精神的普遍缺失。無論是想推翻蒙元的統治也好,或是維護蒙元的統治也好,岳飛的氣節和精神都是必須提倡和宣揚的。這也是爲什麼元代民間的文人如鄭元祐,乃至朝廷的大臣(如趙頤期)等重視岳王寺廟的重建,要給岳飛以褒封,而且特別加上"保義"封號的原因。

【作者簡介】　徐永明(1967—),男,浙江遂昌人,浙江大學人文學院中文系教授,主要從事元明清文學研究。發表了《元代至明初婺州作家群研究》、《文臣之首——宋濂傳》等著作。

吳澄詩法論之理路及詩法史蘊涵

李瑞卿

【內容提要】　古人處理法度與自然的關係呈現出不同的理路,在總體思路上是儒家式的而不是道家式的。蘇軾、黃庭堅、楊萬里等人以各自的方式出色地討論了法度與自然之關係,探討了法度與審美自由並行之可能。郝經把理學家的思路運用到詩法論中,爲詩法找尋到了理本體。吳澄承繼前人,以理學思路完成了對個人心靈、古法(詩法的歷史性)、自然法度的融合。他避免了郝經重視個人心靈而忽視古法的欠缺,也避免了蘇軾、黃庭堅、楊萬里等人在詩學理論中重視體驗性而缺形而上思考的缺憾,但沒有直面古法與心靈(情性)的關係問題。李夢陽以尺寸古法的方式開拓了古法與心靈融合的新路。

【關鍵詞】　法度;自然法度;古法;理;心靈

古代詩歌理論家爲我們留下了豐富的詩法理論,其中以詩格或詩法命名者就不少,這些著作大量地出現在唐代、宋代、元代,但它們並不屬於詩學理論的正宗和主流。蔣寅在其《至法無法:中國詩學的技巧觀》一文中有詳細引證,並指出"至法無法"是中國人對法的觀念。①其實,中國人處理法度與自然之關係的方式並不是單一的,張少康先生在其《中國古代文學創作論》中就深入論述了中國詩論家在處理法度與自然之關係時的個性特徵和時代色彩②。沿著張先生的思路,我們發現古人在處理法度與自然的關係時呈

---

① 蔣寅《至法無法:中國詩學的技巧觀》,見《文藝研究》2000 年第 6 期。
② 張少康《中國古代文學創作論》,北京大學出版社 1983 年版。

現出不同的理路,而在總體思路上是儒家式的,而不是道家式的。作爲哲學家的吳澄也是出色的詩論家,在詩學史上承先啟後之作用不容忽視。他消解了天理的絕對性,於氣中尋求天理存在之理由及人性的根源。基於同樣的邏輯,吳澄論詩法及規矩,就在性情中尋找其根據,從而以自己的方式建構了法度與自然之關係。吳澄同樣正視了詩法、規矩在詩學傳承與實際創作中的客觀存在,但他認爲只要抒寫性情就能不離法度且可自然、自由,而這一理路的出現既是吳澄的創造,也是詩法歷史進程中不可或缺的一環。

一

詩法稱爲"法",盛行于宋代,在此之前,用"術"和"格"、"式"等概念來表達詩法概念。這不僅是個稱謂問題,"法"在文論中大量出現,代替"術"和"格"等概念,體現了宋代文論受道學影響的特色。魏晉時代講求文法或詩法概念時,主要術語是"術"。《文心雕龍》有《總術》篇探討寫作方法層面的問題。《總術》中提倡研討行文之術,劉勰說:"是以執術馭篇,似善弈之窮數;棄術任心,如博塞之邀遇。""若夫善弈之文,則術有恒數,按部整伍,以待情會,因時順機,動不失正。數逢其極,機入其巧,則義味騰躍而生,辭氣叢雜而至。視之則錦繪,聽之則絲簧,味之則甘腴,佩之則芬芳,斷章之功,于斯盛矣。"劉勰這裏的術與數聯繫在一起,他認爲"術有恒數",但又可以"數逢其極","數"既指規律,它又是可以變化不測的①。劉勰講文術,即是在講爲文或作詩之法,但又強調文術的錯綜變化,以順應事理和文理之妙,所以,文術某種程度上又能達到"爲文之道"的層次,其中潛藏著得"自然之數"的"法"即是"道"的邏輯,法與無法是統一的,並不存在超越有法而達無法的思路。

唐代的詩法主要是大量的關於聲律、對偶、章法、煉字、句法等方面的具體方法和法則,只有通過苦苦的章句經營才能達到詩歌勝境。詩論家特別留意研究詩歌創作法則,

———————————

① 《周易·系辭上》曰:"《易》有聖人之道四焉:以言者尚其辭,以動者尚其變,以製器者尚其象,以卜筮者尚其占。是以君子將有爲也,將有行也,問焉而以言,其受命也如響。無有遠近幽深,遂知來物。非天下之至精,其孰能與於此。參伍以變,錯綜其數。通其變,遂成天下之文;極其數,遂定天下之象。非天下之至變,其孰能與於此。"所謂錯綜其數,即是指占筮時錯綜和綜合其陰陽之數。孔穎達疏:"'錯綜其數'者,錯謂交錯,綜謂總聚,交錯總聚其陰陽之數也。'通其變'者,由交錯總聚,通極其陰陽相變也。'遂成天地之文'者,以其相變,故能遂成就天地之文。若青赤相雜,故稱文也。'極其數,遂定天下之象'者,謂窮極其陰陽之數,以定天下萬物之象。猶若極二百一十六策,以定乾之老陽之象,窮一百四十策,以定坤之老陰之象。"數,原指占卜時陰數與陽數,占卜者借此概念來描述世界中的陰陽變化規律。劉勰所謂"數"則是從此借用而來,其"數逢其極"也指作文之術的極致變化。

上官儀、元兢、崔融、王昌齡、杜甫、皎然都有論述，唐代後期則又出現了一大批詩格，有王叡《炙轂子詩格》、李洪宣《緣情手鑒詩格》、齊己《風騷旨格》、虛中《流類手鑒》、徐衍《風騷要式》、徐寅《雅道機要》、王玄《詩中旨格》、王夢簡《詩要格律》、文彧《詩格》。上述文論中大多强調通過一定的聲韻、格律、對偶、煉字、煉意等手段，使詩歌作品達到格調別致，藝術完美，富有表現力的境界。唐人整體上來説，不講"至法無法"這樣的理論。在詩歌創作上，唐人只認定了一個苦思和博學。因爲苦思，所以他們不講頓悟式的詩歌活法；因爲博學，在他們的詩論中也没有對某種經典的效法，任何一家之創作方法都難以成爲他們的"法"。杜甫企求下筆自如，如有神助的創作勝境，但是他更加注意的還是具體的詩法。錢志熙先生認爲，"從文獻上看，杜甫現存作品中提到作詩之'法'有兩處，一爲天寶十三載在長安時作的《寄高三十五書記》……另一爲大曆二年在夔州時作的《偶題》。"①其中有"佳句法如何"與"法自儒家有"之句，杜甫的"法"其實就是平凡的句法、詩律、聲韻。杜甫論詩，還常常使用"神"、"有神"等詞語，但這里的"神"不能當"無法"來解釋。"乃知蓋代手，才力老益神"（《寄薛三郎中據》），"文章有神交有道，端複得之名譽早"（《蘇端薛複筵簡薛華醉歌》），"醉裏從爲客，詩成覺有神"（《獨酌成詩》），"揮翰綺繡場，篇十若有神"（《八哀詩·贈太子太師汝陽郡王璡》）。"神"就是在熟悉苦索的前提下而達到出神入化的地步，它不是被當作詩歌創作的法寶來認識的。但杜甫告訴我們苦思和具體修辭方法可以使詩歌出神入化。

　　法度與自然並不存在矛盾、由法度可以通向自然，這一思路恐怕是中國詩學中詩法論的主流。而對上述思路的進一步學理化在蘇軾的詩法論中可以看到。蘇軾認爲詩歌法度與審美的神妙並不存在矛盾，得自然之數，深研物理，又能錯綜變化，便可以由法而達到無法，所謂"出新意於法度之中，寄妙理於豪放之外"。《書吳道子畫後》説："詩至於杜子美，文至於韓退之，書至於顏魯公，畫至於吳道子，而古今之變，天下之能事畢矣。道子畫人物，如以燈取影，逆來順往，旁見側出，橫斜平直，各相乘除，得自然之數，不差毫末，出新意於法度之中，寄妙理於豪放之外，所謂游刃餘地，運斤成風，蓋古今一人而已。"②蘇軾所説的"以燈取影"、"旁見側出"，就是指對物象進行立體的觀察和表現——深得物理且能精妙入神。蘇軾認爲，道子畫人物"以燈取影"，它絶對區別於原原本本的模擬，是"旁見側出"的，而之所以有此藝術效果的原因就在於"逆來順往"。這些文字可以看作是對畫中人物呈現的姿態的描述，更可以看作是對畫家視角變化、勘測光影過程

①錢志熙《杜甫詩法論探微》，見《文學遺產》2001年第4期。
②蘇軾《東坡全集》卷93，文淵閣《四庫全書》本。

的哲理性概括。吴道子畫法中的透視既不是西方繪畫中的定點透視,也不是用"散點透視"一詞可以籠統而言的。畫家先"逆"求尋求到情理本質、物理本質,然後又"順"勢交錯變化,任情自由地揮灑筆墨,而那些筆劃如橫、斜、平、直,錯綜變化,不出陰陽之道,總得自然之數,在自然之數中超越到入神的藝術境界。這一過程中,筆法縱橫與畫家的勘測物理、至於性命是統一在一起的,用筆的自然法度與畫家的情性自由是統一在一起的。

黄庭堅詩法論是蘇軾詩法論的變體。他承認詩法的必然性,同時,還須要面對前代的詩歌經典及其法則。《答洪駒父書》説:"凡作一文,皆須有宗有趣,始終關鍵,有開有合,如四瀆雖納百川,或匯而爲廣澤,汪洋千里,要自發源注海耳"①,要求作文遵循自然化生一般的規律。《論作詩文》曰:"作文字須摹古人,百工之技,亦無有不法而成者也"②,這是要求作文要取法古人。這就是説,法度一方面來自自然理性,《與王觀復書三首之一》中所謂"當以理爲主,理得而辭順,文章自然出類拔萃",這裏的理,指事理,也指文理;另一方面,法度來于古人經典和法則,主張"熟讀司馬子長、韓退之文章",反對"少古人繩墨",認爲"古之能爲文章者,真能陶冶萬物,雖取古人之陳言入於翰墨,如靈丹一粒,點鐵成金也。"③黄庭堅與蘇軾最大的不同在於,蘇軾以自然爲法,黄庭堅以法本身爲法。張少康先生論曰:"講究嚴密的法度,是黄庭堅文學創作理論的核心。蘇軾是主張'無法之法'、以自然爲法的,而黄庭堅則和蘇軾正好相反,他是主張要嚴格地遵循法度的。"④儘管依然存在著由法度可達自然的邏輯,但黄庭堅強調的是疏遠了詩人與自然直接審美關係的詩法。比如,他講句法,就是以具體的句法引領作者進行審美觀照,或者是通過學習古人句法,讓文學傳統和文學精神滲透於詩中,同時,也抵達審美的自由。在理論上來説,黄庭堅的詩法論是可以成立的。既然自然存在一定的法則,詩歌作爲自然的成功摹仿品也必然會存在於這一法則之下,詩法或古法如果是合理的有機的法則,它們也必然遵循著自然法則。不過,黄庭堅並没有對詩法進行本體的論證。

吕本中等人所説的活法則又是在黄庭堅詩法的基礎上提出的,他是對黄庭堅詩法的改造,他片面地改造黄庭堅對古人法度的學習方式,吕本中《夏均父集序》曰:"學詩當識活法,所謂活法者,規矩備具而能出規矩之外,變化不測而亦不背於規矩也。是道也,蓋

①黄庭堅《答洪駒父書》,見《山谷集》卷19,文淵閣《四庫全書》本。
②黄庭堅《論作詩文》,見《山谷集》(別集)卷6,文淵閣《四庫全書》本。
③黄庭堅《答洪駒父書》,見《山谷集》卷19,文淵閣《四庫全書》本。
④張少康《中國文學理論批評發展史》(下)第47頁,北京大學出版社1995年版。

有定法而無定法，無定法而有定法。知是者，則可與語活法矣。"①所謂活法，主要就是悟入了。《與曾吉甫論詩第一帖》曰："《楚詞》、杜、黃，固法度所在，然不若遍考精取，悉爲吾用，則姿態橫出，不窘一律矣。如東坡、太白詩，雖規摹廣大，學者難依，然讀之使人敢道，澡雪滯思，無窮苦艱難之狀，亦一助也。要之，此事須令有所悟入，則自然越度諸子。"②具體而言，就是要悟入到前人經典詩歌的法度之中，然後超越，而這種悟入不是頓悟，尚需積累漸進，才可入於神妙境界。活法之運用必須靠悟入，而悟入之前提是勤學，是在法的規則裏昇華，以至百尺竿頭更近一步，從而達到神而無跡。讀者觀之，無一不合法度，卻又難以描摹。

楊萬里師法江西諸子、後山、半山，後又學絕句于唐人，卻最終脫略蹊徑獨自成家，那麼，是什麼樣的思想邏輯使他由法度而自然呢？楊萬里所面臨的詩學任務應當是在詩法論方面綜合前人，後出轉精。蘇軾認爲詩歌法度與審美的神妙並不存在矛盾，得自然之數，深研物理，又能錯綜變化，便可以由法而達到無法。吕本中則講求活法，規矩具備而出規矩之外；他認爲在法度規矩中是有一種自由存在的，這顯然是延續了蘇軾由法度而自然的思路。所不同者在於，蘇軾重視對物理、形態的探賾研幾，在得自然之數的基礎上精妙如神；吕本中則限於法本身的遵循與新變，其"活法"是與對詩法的參悟聯繫在一起的。楊萬里詩法論體現出時代感極强、内涵非常豐富、個性十分鮮明的詩學特徵，他融合了蘇軾和吕本中詩法理論，既包括了對法本身的了悟，又有著直觸萬物的藝術衝動。對法本身的了悟是楊萬里對待成法的態度，直觸萬物的藝術衝動則是他對待自然的態度；前者延續了吕本中的話題，後者繼承著蘇軾的精神。楊萬里重視自然，也重視詩法、古法，更重要的是他更重視内心。可以説，楊萬里的詩法論已經存在了如何融合直面自然的自由創作與遵守法度的理論邏輯，易學中的通變觀念成爲其思想資源，即承認每變每進、由變而通，這一過程中起著重要作用的是"心"。楊萬里給了我們這樣的思路，從詩法、門徑入手，結合通變之心，體認自然之心，便從法度走向創作的自由。古法、心靈、自然法度可以融合爲一。

從楊萬里開始，古法在詩歌當下實踐中的運用基本退場了，詩人們依然學古，但只是作爲一種入門的途徑，而不是利用具體的句法或字法來獲取詩意了。我們無法判斷這是否是一種詩法論上的飛躍，但確實是一種通融的改變。這樣的思想影響到了後來的吴澄，吴澄對於古法的態度也是消化式的，超越式的，但他同樣承認自由審美中法度的實在

①劉克莊《後村集》卷24，文淵閣《四庫全書》本。
②胡仔《漁隱叢話前集》卷49，文淵閣《四庫全書》本。

性,更重要的是,他在理論上解決了這一問題。

<h2 style="text-align:center">二</h2>

　　討論吳澄之前還有必要知道郝經。郝經詩法論的出現的意義在於:爲詩法找到了本體——理。其結果是,把前代經驗性的詩法論提升到形而上的層面來思考。也爲融合自然法度、古法、心靈提供了可見可靠的邏輯。當然,這是籠統之論,其中的細緻理路還有待於説明。

　　前代詩論家如蘇軾、黄庭堅、楊萬里等人幾乎都提到自然法度,但這是體驗獲得的。他們在詩歌創作中清楚地感受到了詩歌遵循自然中的法則後,即可得到一種自由。那麽,爲什麽會如此呢? 郝經把理學家的思路運用到詩法論中,正如自然物都以理爲根源一樣,郝經認爲詩法也是如此。首先,文是理的表現,也是自我的表現。他説:"《易》曰:'物相雜故曰文。文不當,故吉凶生焉。'"①文是萬物相雜的產物,但這產生有其依據之理,是在道的大化流行中,自然產生的,所以,"萬理皆備,推而順之,文在其中"。在郝經看來,文章是"物感於我,我應之以理而辭之耳"②,即物我交感,順理而成,也就是説,在整體上文是理的表現,但也來於自我之表現。其次,他在《答友人論文法書》一文中反對以文爲技,導出了"理者法之源"的詩法論。他説:"古之爲文也,理明義熟,辭以達志爾。若源泉奮地而出,悠然而行,奔注曲折,自成態度,匯于江而注之海。不期於工而自工,無意於法而皆自爲法。故古之爲文,法在文成之後,辭由理出,文自辭生,法以文著,相因而成也,非與求法而作之也。"③這段文字似源於蘇軾之論,强調文理自然、姿態橫生,但郝經在此基礎上更進一步,提出了理——辭——文——法的邏輯,而反對法在文前、以理從辭、以辭從文、以文從法的弊端。以此爲基礎,郝經提出了"精窮天下之理而造化在我"的理論:"故今之爲文者,不必求人之法以爲法,明夫理而已矣。精窮天下之理,而造化在我。以是理爲是辭,作是文成是法,皆自我作。"④郝經還明確提出:"文固有法,不必志於法,法當立諸己,不當尼諸人。"⑤這就是説,郝經將一切法又統攝與我心。

---

　　①郝經《文説送孟駕之》,見李修生主編《全元文》卷129,第298頁,江蘇古籍出版社1999年版。
　　②同上。
　　③郝經《答友人論文法書》,見李修生主編《全元文》卷123,第153頁,江蘇古籍出版社1999年版。
　　④郝經《答友人論文法書》,見李修生主編《全元文》卷123,第154頁,江蘇古籍出版社1999年版。
　　⑤郝經《答友人論文法書》,見李修生主編《全元文》卷123,第155頁,江蘇古籍出版社1999年版。

　　詩法之源在理,詩法之源也在心,在郝經的哲學中有太極、心極之論,聖人之心可以通於太極之理①,雖然在學理上尚缺少周延的詳細論證,但他畢竟還是將這一邏輯也運用於詩學中,於是,心靈、古法、自然法度都融合在理中了。當審美主體到達入神境界時,隨處是法,無不是法。這是無法也是有法。不過,郝經以強大的自我忽略了古法這一事實的存在。

　　吳澄論詩法則強調門户、家法,這是一個新的詩學思路。一方面他承認古法的存在,另一方面,他也發現古法正以新的方式滲透在現實的師法體系中。吳澄所面臨古法已經是個人化的古法,這也是前代詩論家如楊萬里、郝經以自我之心對待詩法的必然結果。

　　《唐詩三體家法序》曰:"言詩本于唐,非固于唐也。自河梁之後,詩之變至於唐而止也。於一家之中則有詩法,於一詩之中則有句法,於一句之中則有字法。"②吳澄在這裏將詩法和具體作家及其所建立起的傳統聯繫在一起,一家之中有詩法,即是"家法"的意思。《出門一笑集序》也提到家法:"(廖)雲仲亦別駕君從子,自選舉法壞而其業廢,遂藉父兄之餘爲詩,且韻且婉,鏘然不失其家法"③,這裏的家法,指代代傳承的詩法。《陳善夫集序》也提到家法:"陳家詩如伯玉,如履常,如去非,家法自不待它求,文乎文乎—惟鄉相是式"④,這裏的家法即是指鄉賢王安石的法度與風格。吳澄也強調"門户",《吳閑閑宗師詩序》曰:"其詩如風雷振盪,如雲霞絢爛,如精金良玉,如長江大河,蓋其少也,嘗從碩師博綜群籍,早已窺闖唐宋二、三大詩人之門户"⑤,吳澄認爲入大詩人門户是有益詩藝的。《贈周南瑞序》則叙述自己對濂溪先生路徑、門户的慕求,以及周南瑞欲對濂溪門户的繼承⑥。《題李縉翁雜稿》則肯定李縉翁能闖七家門户,其文曰:"唐宋六百年間,雄才善學之士山積能者七人而已,不其難乎! 近年人人奮筆不讓,文若甚易,何哉? 然其最不過步驟葉氏,孰有肯闖七家門户者?"⑦"闖七家門户"不僅指師法七家,也指形成與七家類似的風貌。《跋趙運使錄中州詩》則認爲從中州詩可以入唐詩門户,"入唐詩門户"就是指

　　①李瑞卿:《郝經易學與詩學》,北京師範大學古籍與傳統文化研究院編《中國傳統文化與元代文獻國際學術會議論文集》,中華書局版 2009 年 3 月。

　　②吳澄《唐詩三體家法序》,《吳文正集》卷 19,文淵閣《四庫全書》本。以下所見《吳文正集》均爲此版本。

　　③吳澄《出門一笑集序》,《吳文正集》卷 15。

　　④吳澄《陳善夫集序》,《吳文正集》卷 16。

　　⑤吳澄《吳閑閑宗師詩序》,《吳文正集》卷 22。

　　⑥吳澄《贈周南瑞序》,《吳文正集》卷 24。

　　⑦吳澄《題李縉翁雜稿》,《吳文正集》卷 55。

形成類似於唐詩的風貌,可承繼唐詩血脈。①《龔德元詩跋》説:"龔德元詩已窺簡齋門户,闊步勇進,由是而升堂焉而入室焉而可也"②,即是説龔德元與簡齋風格類似,前者可歸宗後者。《譚晉明詩序》則提到"家數",其文曰:"蓋非學陶、韋,而可入陶、韋家數者也,故觀其詩,可以見其人"③,得陶、韋"家數",即是已入陶、韋門户,需要注意的是,吳澄認爲不學陶、韋,卻能入于陶、韋門户。《劉志霖文稿序》中所提到的劉志霖能繼承劉太博傳統,所謂"嗣其響儀,可分其光",但劉志霖卻是"不太博而太博",即不從太博學而能入於太博門户④。

在吳澄詩學中,所謂家法或門户是指歷史形成的相對穩定的詩學規矩或詩歌風貌,可以説是詩歌流派中的法度規矩。吳澄重視詩學傳統,他以法度的眼光去觀照傳統,也以傳統的流韻來充實法度。從上文例證可發現,後輩作家可以超越具體的傳承鏈條進入到門户,吳澄同時提出由門户而超越門户。《董震翁詩序》中提到陳簡齋能從一定門户悟入,而自成風貌:"宋參政簡齋陳公,于詩超然悟入。吾嘗窺其際,蓋古體自東坡氏,近體自後山氏,而神化之妙簡齋自簡齋也。近世往往尊其詩,得其門者或寡矣",董震翁屬於其後繼者,又從能簡齋悟入,即所謂"學者各有所從入,其終必有所悟"⑤。《鄔性傳詩序》則肯定鄔君遵循法度與家傳,"字有眼,句有法,光彩精神既不減其家傳",又對鄔君寄寓了"他日不涉宋人陛級而詣唐人奥奥"的希望⑥。《聶詠夫詩序》中聶詠夫"詩法固有自,然君所到不限於所見",而能"博洽其志,堅其思",使詩藝日益精工,卓然一家,既無場屋之氣,也非江湖游士之語。⑦《曾志順詩序》中肯定曾志順從簡齋門户入,學求肖,吳澄説:"曾志順年未三十學簡齋,直逼簡齋可畏也已",但又能不拘泥於專學一家,而應達到超越衆家而游於藝:"以君之志,以君之資,何人不可學? 何事不可成? 詩固游藝之一端也。"⑧《詩府驪珠序》則主張講求源流,認爲在考究源流的基礎上能出於筆墨蹊徑之外,吳澄説:"嗚呼! 言詩頌、雅、風、騷尚矣,漢魏晉五言訖于陶其適也,顏謝而下勿論,浸微浸滅,至唐陳子昂而中興,李、韋柳因而因,杜、韓因而革,律雖始而唐,然深遠蕭散不離于古爲得,非但句工、語工、字工而可。嗚呼! 學詩者靡究源流,而編詩者亦漫迷統紀,胡

----

① 吳澄《跋趙運使録中州詩》,《吳文正集》卷56。
② 吳澄《龔德元詩跋》,《吳文正集》卷62。
③ 吳澄《譚晉明詩序》,《吳文正集》卷17。
④ 吳澄《劉志霖文稿序》,《吳文正集》卷17。
⑤ 吳澄《董震翁詩序》,《吳文正集》卷15。
⑥ 吳澄《鄔性傳詩序》,《吳文正集》卷15。
⑦ 吳澄《聶詠夫詩序》,《吳文正集》卷15。
⑧ 吳澄《曾志順詩序》,《吳文正集》卷15。

氏此篇其庶乎緣予所言,考此所編,悠然遐思必有超然妙悟於筆墨蹊徑之外者。"①此段文字體現了吳澄重視超妙蕭散的審美觀念,他主張梳理統紀,考究源流,在美學上繼承超妙傳統,在方法論上有所妙悟。

強調家法、門户包含了對詩法規矩的歷史形態和對詩學傳統的重視,從門户入而超越門户的觀念則體現了對普遍的詩法規矩和作家心靈的關注。吳澄試圖在心靈情性、詩法的普遍性和詩法的歷史性中建立圓融的理論體系。同時,嚴羽"妙悟"論中的思路似乎在吳澄的理論思考中可以找到一些蹤影。禪宗妙悟講求門徑、功夫,主張遍參高僧、名偈,嚴羽"妙悟"説受禪宗影響,主張"辯家數如辯蒼白,方可言詩"、"看詩須著金剛眼睛"②。他以取法漢魏盛唐詩爲上,以熟參爲功夫,最終獲得妙悟詩境。吳澄也講求門户和功夫,但其"門户"往往專指一家。入於門户,妙悟超越是吳澄和嚴羽共同的思路,吳澄的不同之處在於,他認爲從任何一家都可以了悟詩法。嚴羽"妙悟"論建立了層次明晰的師法秩序和價值系統,吳澄則將一切最終歸向作家的才情。

他既認爲從任何一家都可了悟詩法,他又認爲不從此門户入也可進入此門户——如前文所提到的"非學陶、韋,而可入陶、韋家數"③,"不太博而太博"④,其根本原因在於,他一方面承認普遍的詩法或詩理存在,另一方面又將它歸源於才情心靈。由此可見,吳澄也將其理學思路引入到詩法論中。這裏可見到郝經的直接影響。

《皮達觀詩序》中認爲太極之理,融液於心,發而爲文,才能自然而然。吳澄説:"清江皮達觀素不以外樂易内樂,其識固已超邁,邇來太極先天之理,融液於心,視故吾又有間矣。偶然游戲於詩,蓋其聲跡之髣髴所到可涯涘哉?⑤ 先天之理與文章的自然生發是統一於心靈的,而且這太極之心並不是聖賢的專利境界,普通詩人也可以達到,那麼詩人心靈就已經可以具備詩法本身了。《丁暉卿詩序》中則將丁暉卿與李太白比類,在丁暉卿的才氣心志中尋找詩法與自由審美的境界。其《詩序》説:

> 李太白天才間氣,神俊超然八極之表,而從容於法度之中,如夫子之從心所欲而不踰矩,故曰詩之聖。槌黃鶴樓,倒鸚鵡洲,此以夢語觀太白者。丁輩暉卿破厓岸絶

①吳澄《詩府驪珠序》,《吳文正集》卷 15。
②嚴羽著,郭紹虞校釋《滄浪詩話校釋》第 125 頁、第 123 頁,人民文學出版社 1961 年版。
③吳澄《譚晉明詩序》,《吳文正集》卷 17。
④吳澄《劉志霖文稿序》,《吳文正集》卷 17。
⑤吳澄《皮達觀詩序》,《吳文正集》卷 16。

畦,徑而爲詩,志則高矣,才氣果能追太白矣乎？可也。①

　　將天才的自由和法度統一起來,其實是朱熹的思想。聖人性情可以統一于天理,詩學中也是如此,朱熹説:"李太白詩非無法度,乃從容於法度之中,蓋聖於詩者也。"②吳澄顯然繼承了朱子的這一詩學思想,不過,朱熹認爲人的氣稟有定,人與人之間是存在貴賤、貧富、聖愚、賢不肖差别的,這一思想不見得正確,但如果在現實中混同聖賢和常人的界限,其實就是丢棄了朱熹的天理標準。吳澄表面上繼承了朱熹思想,他卻在現實中將丁暉卿混同於李白,已經失去了朱熹文中强調的"法度",吳澄詩學中法度與才情的結合變得非常隨意。

　　《譚晉明詩序》崇尚性情自然,同時認爲家數規矩與自然性情之間是可以相通的。《詩序》説:"詩以道情性之真,十五國風有田夫閨婦之辭,而後世文士不能及者,何也？發乎自然而非造作也。"③"詩以道情性之真",這是吳澄表達的基本文學觀念,與朱熹出現明顯的分野。正如前文所提到的朱熹認爲詩歌是"性"動的産物,而吳澄論詩首先將"情"置於首位,然後强調"情性之真"——這種品質是"田夫閨婦"所擁有的,由此可以發現,此處所謂"真",不是天理或性的形而上領域的,而是作家才情或氣的形而下領域。吳澄同時也認爲譚晉明"天才飄逸",作詩"本乎情之真",然後將他歸入到《詩經》、陶淵明、韋應物等形成的傳統序列中,也歸入到陶、韋家數中,即"蓋非學陶、韋而可入陶、韋家數者也。"④這就是説,寫情性之真即可承繼傳統,入於法度。吳澄邏輯中,詩人情性可以超越門户家數,但他又保留了對這些詩法觀念的尊重。在《周棲筠詩集序》中也表達了類似觀點,吳澄説:"善詩者,譬如釀花之蜂,必渣滓盡化,芳潤融液而後貯於脾者皆成蜜。又如食葉之蠶,必内養既熟,通身明瑩而後吐於口者,皆成絲。非可强而爲,非可襲而取"⑤强調清澈晶瑩的性情,而周棲筠正是這樣的人,"其才高,其思清,不待苦心勞力,天然而成"⑥,但這天才般的超然之悟,卻可使詩歌"梯黄、杜,而窺陶、曹",可謂情性天然而不違法度。《息窩志言序》中的李季安"天才絶異于人","學詣玄微,識超凡近"⑦,可以説是才情超卓,而其作品又能繼承衆家之長,風格也淵源有自:"詩矯矯如雲中龍,翩翩如風中

①吳澄《丁暉卿詩序》,《吳文正集》卷16。
②朱熹《朱子語類》卷140,文淵閣《四庫全書》本。
③吳澄《譚晉明詩序》,《吳文正集》卷18。
④吳澄《譚晉明詩序》,《吳文正集》卷18。
⑤吳澄《周棲筠詩集序》,《吳文正集》卷22。
⑥吳澄《周棲筠詩集序》,《吳文正集》卷22。
⑦吳澄《息窩志詩序》,《吳文正集》卷18。

鴻,其古體仙逸奇怪,有翰林玉川之風,其近體工致豪宕,有工部、誠齋之氣,其絕句清婉透脱而又有張司業、王丞相之韻度"①。

吴澄也承認普遍性詩法,如果説朱熹將天理當作詩法、規矩的根據,那麼,吴澄卻在情性中找到了這一根據。吴澄也面對了詩法的歷史形態這一事實,如何解決普遍性詩法和歷史性詩法、具體詩法關係問題成爲吴澄詩學的重要話題。吴澄家法、門户觀念中其實包含了對普遍性詩法和歷史性詩法的承認,而對家法、門户的任情超越則是通過心靈來完成的。總體看來,吴澄的詩學體系中滲透著他的哲學思路,無論是世界觀還是方法論都體現在其詩學中,他以出色的思考力建構了屬於自己的詩學體系。正如在哲學中放棄了對天理的守護一樣,詩學中也掀起了以情性爲本的思潮,這一思潮對後世影響巨大。

三

吴澄通過理學思路完成了對個人心靈、古法(詩法的歷史性)、自然法度的融合。這裏的古法是指古人或古代經典中呈現給後人的成法,這裏的自然法度是指詩歌達到的理想法度、詩歌應該有的法度。因爲在儒家詩學看來,詩歌是中乎規矩的。所以,理想法度也可以説是詩歌的自我規定性。吴澄一定程度上避免了郝經重視個人心靈而忽視古法的欠缺,也一定程度上避免了楊萬里詩學思考中重視體驗性而缺形而上思考的缺憾,不過,有一個重要的問題卻被擱置了,那就是如何直面古法與心靈(情性)的關係問題。當然,心靈可以容納衆法,上述疑問似乎可以不成疑問,但心靈對古法或一切成法的吞噬卻會帶來諸多的負面效應。按照楊萬里的思路,古法的見效要醞釀發酵等待心靈的開悟;按照吴澄的思路,通過任何一家門徑都可憑藉心靈了悟詩法,而且詩法即在心靈中——如果心靈合乎自然性情的話。難道黄庭堅、吕本中所揭示的古法的實用性就此永遠失效了嗎? 難道這樣的理論真的是一種低級的方法嗎? 是否古法必須是達岸時捨棄的船隻呢? 李夢陽與何景明的討論涉及到如何對待古法與心靈的問題。

李夢陽以復古自命,主張文必秦漢,詩必盛唐。在學古方面尺寸古法,顯示了與楊萬里、郝經、吴澄不一樣的思路。如果説李夢陽講法,那麼,與他論辯的對手何景明則是講悟。後代的研究者往往認爲何景明的思路是有新意且圓通的,但透過詩法史我們完全可以認爲李夢陽的詩法論具有一定的創造性。他不僅繼承了理學的思路,而且也試圖在探

①吴澄《息窩志詩序》,《吴文正集》卷18。

討一個艱難的話題,相反,何景明只從理學家那裏繼承了心法。

李夢陽所説的"法"應有兩個層次,一是古法,一是物之"自則"。對古法的講求表現爲對經典作品的尊崇和對"法"的遵守。他在《駁何氏論文書》中説:"古之工,如倕,如班,堂非不殊,户非同也,至其爲方也,圓也,弗能舍規矩。何也? 規矩者,法也。僕之尺尺而寸寸之者,固法也。假令僕竊古之意,盜古形,剪截古辭以爲文,謂之影子誠可。若以我之情,述今之事,尺寸古法,罔襲其辭,猶班圓倕之圓,倕方班之方,而倕之木,非班之木也。"①即是説,如果只是領會古人之用意,模擬古人之形制,沿襲古人之辭藻,這樣的詩文只能是古人的影子而已,只有以我之情,尺寸古法,才是學古的正途,雖然規矩方圓與古人相同,但依然能有自己情性在其中。對於何景明捨筏達岸之説李夢陽持反對態度:"夫筏我二也,猶兔之蹄,魚之筌,舍之可也。規矩者,方圓之自也。即欲舍之,烏乎舍? 子試築一堂,開一户,措規矩而能之乎?"②李夢陽認爲,古人的詩文中有恒定之"法",學古的捷徑就是信守"古法"。

另一方面,李夢陽又將古法普遍化、哲理化,從而溝通了古人之法和今人之法,他説:"今人法式古人,非法式古人也,實物之自則也。"③所謂"物之自則"就是李夢陽詩法的第二個層次,類似於筆者在上文中所説的自然法度。李夢陽明確地指出古法與物之自則的統一性,這是具有理論創造力的,我們依稀可發現其中的理學色彩。但李夢陽所理解的物之自則乃是陰陽模式,它是對古法抽象化、哲理化的結果。《再與何氏書》中説:"古人之作,其法雖多端,大抵前疏者後必密,半闊者半必細,一實者必一虚,疊景者意必二。此予之所謂法,圓規而方矩者也。"④前疏後密、虚實相生這是李夢陽對古法的總結,在這個意義上,古法與物之自則混同爲一了,也就是説,李夢陽看到了古法中合理性、普遍性的部分,並證明了古法的合法性,從而也證明了其復古的合法性。不過,將古法理解爲陰陽之法是一個問題,如何尺寸古法又是一個問題,正如我們可以將書法中筆法概括爲陰陽變化之法一樣,我們尺寸古法還需要從具體的字帖入手而不是直接地去陰陽變化。

於是,如何尺寸古法就變成了如何摹擬漢文唐詩的問題。在以經典文本爲範本的摹擬中,古法與心靈結合在一起。李夢陽認爲,文心與詩法的關係,正如寫字時,情性與筆法、結構的關係。他説:"故予嘗曰:作文如作字,歐、虞、顔、柳,字不同而同筆。筆不同,

---

①《空同集》卷62,文淵閣《四庫全書》本。

②《駁何氏論文書》,見《空同集》卷62。

③《答周子書》,《空同集》卷62。

④《空同集》卷62。

非字矣。不同者何也? 肥也,瘦也,長也,短也,疏也,密也。故六者勢也,字之體也,非筆之精也。精者何也? 應諸心而本諸法者也。不窺其情,不足以爲字,而矧文之能爲? 文猶不能爲,而矧能道之爲?"①字體特徵、結構的疏密長短,都可以成爲書法的法度,但法度本身並不是書法的精粹所在,書法的精粹在於"應諸心而本諸法"。人的才性不同,稟賦各異,以不同的個性、情思、氣質來遵循相同的方圓規矩,則形成不同的藝術形態。所以,他不認爲何景明所謂"辭斷而意屬,聯物而比類"是作文之大法,而認爲"辭斷而意屬者,其體也,文之勢也。聯而比之者,事也"②,這些體勢或物事,不能成爲詩法,更不能成爲文章的典型格調,詩文的關鍵和精髓還在於文思、文氣。接著李夢陽説:"柔澹者思,含蓄者意也,典厚者義也。高古者格,宛亮者調,沉著雄麗、清峻閒雅者,才之類也,而發於辭。辭之暢者,其氣也。中和者,氣之最也。"③詩人個體的心靈、格調、氣質、德行是決定詩文特質的重要的内在因素,它與行文規矩相結合而形成不失個性的詩文藝術。

李夢陽復古論的反對者常以書法與詩文不同質來反駁其觀點,這不能説是没有道理的。但李夢陽以書喻文的實質卻在於給古法與詩心融合提供了一個可見的價值標準,那就是説,無論心靈如何自由也不得逾越經典中固有的規則。古人的影子停留在心靈之鏡中,但這心靈之鏡還要燭照自然,所以,李夢陽的古法是簡單易行的規範,它使法度變得伸手可觸;但也是最容易迷失的昔日的地圖,它也因爲太具體或時過境遷而制約了人的心靈。

【作者簡介】 李瑞卿(1970.11—),男,山西人,北京第二外國語學院文藝學研究中心,副教授。

①《駁何氏論文書》,《空同集》卷62。
②《駁何氏論文書》,《空同集》卷62。
③《駁何氏論文書》,《空同集》卷62。

劉將孫生平考述

李 鳴

【内容提要】 本文根據劉將孫的文集《養吾齋集》,對劉將孫的生平仕履進行了考辨,揭示了其中年出仕、晚年蹭蹬的仕宦經歷,對其出仕的時代背景及其歷任官職都進行了詳細的考證。

【關鍵詞】 劉將孫;養吾齋集;生平

劉將孫,字尚友,號養吾,廬陵(今江西吉安)人。他是著名文士劉辰翁之子,也是元初江西文壇的代表人物,著有《養吾齋集》四十卷(清代已佚,四庫館臣從《永樂大典》輯爲三十二卷)。但關於他的生平仕履,史籍記載很少,提到的也語焉不詳,如《續文獻通考》卷一九〇著錄其《養吾齋集》,云:"將孫,字尚友,廬陵人,辰翁子,授延平教官,臨汀書院山長。"《四庫全書》之《養吾齋集》提要云:"將孫,字尚友,廬陵人,辰翁之子。嘗爲延平教官,臨汀書院山長。"柯劭忞《新元史》卷二三七《文苑上·劉辰翁傳》中附帶提到劉將孫:"劉辰翁,字會孟,吉安廬陵人,宋太學生。廷試言:'濟王無後,可憫。忠良戕害,可傷。風節不競,可憾。'忤賈似道,置丙等。宋亡,不仕。著有《須溪文集》。子尚友,亦能文。吳澄評其父子之文,謂辰翁奇詭變化,尚友浩瀚演迤,皆能成一家之言。"這些記載都過於簡略,不足以勾勒出劉將孫生平的大致輪廓。之所以如此,或許是困於文獻不足,但在劉將孫的《養吾齋集》中,有不少詩文叙及自己的生平經歷,這些作品對考索劉將孫的生平提供了可靠的"内證"。本文即主要根據《養吾齋集》中的相關詩文,對劉將孫的生平仕履進行更細緻的考訂。

關於劉將孫的生年,可據《養吾齋集》卷六《游白紵山》詩後注云"咸淳己巳,餘年十三"推知。咸淳己巳是宋度宗咸淳五年(1269),按照古人虚歲計歲習慣前推,則劉將孫生於宋理宗寶祐五年(1257)。劉將孫少年穎悟,十餘歲時已頗有文名,他自稱"某自年十二知爲文,十五六試時文,亦能遽擅其場,諸老或許其可與兹事"①。十三歲時,隨其父劉辰翁在江東轉運使江萬里幕府。江萬里(1198—1275),字子遠,號古心,咸淳元年(1265)任同知樞密院事,兼參知政事,與賈似道同朝。因與賈似道相忤,於咸淳三年出知太平州兼江東轉運使。江萬里幕下名士集會賦詩,劉將孫得以廁身其間,其作品爲衆人所稱賞,也得到了江萬里的贊許。其《游白紵山》詩後注中記載了當時的情形:

> 咸淳己巳,余年十三,隨侍漕幕。時幕中多名士,以詩稱者莆田黄一廛以牧,而山南余魁安裕,自建康來,尤自負詩筆,素稱江東。偶諸公共會白紵山,山南爲此亭賦詩。余固未嘗學作律體也,不肯爲不能者,强出此和。家君一見,微笑以視諸公。山南、一廛大稱賞,以爲"去後""行來",雖後村諸家節制,不過如此。明日,一廛又誦之。古心公且以簡來云:"一夜思之,此聯無以加。"繇是予亦妄意衝口而談詩。

同年,劉將孫還創作過一首《浴乎沂》的五言長律,押"乎"字韻,也爲他贏取了很大的聲譽。其少年能詩的名聲甚至傳到了宰相賈似道的耳中。卷六《浴乎沂》詩後注云:"一時誇許,至達朝路。他日,賈平章堂中亦問古心公云:'聞江東時,館中一後生省詩押奇韻。'公舉此,亦一笑。"是年三月,江萬里被任命爲左丞相兼樞密使,劉將孫隨其至臨安昭文館讀書。宋代左丞相兼昭文館大學士,故劉將孫亦稱江萬里爲"昭文相公"。由於劉辰翁與江萬里關係密切,所以劉將孫自幼即受到江萬里的教誨,"某自垂髫即侍昭文公筆墨,每憶公伸紙行筆間精神"②,他在詩文中多次提到在昭文館讀書之事,《玉堂今夜涼》詩後注云:"是歲六月,留昭文館中。""曁己巳再讀書昭文館中,于世事益習。"③

少年劉將孫的詩文才華爲朋輩所推服,因劉辰翁號"須溪",乃戲稱其爲"小須"。在卷十三《送劉復村序》中,劉將孫對這一昵稱有過解釋:"'小須'者,當日戲相命語也。"當代有學者謂劉將孫號小須,顯然是不正確的。與當時的士子一樣,劉將孫致力於時文研習,"屢魁鄉校,占前名"④。但不久,南宋亡國,科舉停廢,二十餘歲的劉將孫失去了施展才華的餘地。他曾感慨地説:"吾黨持此技(指時文),如屠龍無所用,如冠章甫適越以爲怪。後生棄不之學,相謂無用,甚或謂世道之敝以此。"⑤宋亡之後,劉將孫家居十餘年。

---

① 劉將孫《與姚牧庵參政書》,《養吾齋集》卷8,文淵閣《四庫全書》本,下同。
② 劉將孫《題古心先生墨蹟後》,《養吾齋集》卷26。
③ 劉將孫《送劉復村序》,《養吾齋集》卷13。
④ 《養吾齋集》卷首劉將孫季弟序。
⑤ 劉將孫《禮記義帙序》,《養吾齋集》卷8。

其間在至元二十年(癸未,1283),劉將孫曾因事至汴梁,次年尚逗留於此。卷十七《汴梁路棲雲觀記》云:"去年,余按事夷門,妙元之徒李妙常具觀始末請記。……觀成于甲申,是年記。"或謂至元二十一年(甲申,1284),劉將孫隨父劉辰翁前往臨安憑弔故都,將孫作《摸魚兒·甲申客路聞鵑》詞,辰翁作《金縷曲·聞杜鵑》以和,恐不確①。

　　大約在至元二十九年(1292),時任江西行省參政的徐琰聞劉將孫才名,辟將孫爲延平路(今福建南平)儒學教官。徐琰,字子方,號容齋,東平人,是蒙元初期士人中的佼佼者,《元史》卷一六〇《閻復傳》云:"時嚴實領東平行台,招諸生肄進士業,迎元好問校試其文,預選者四人,復爲首,徐琰、李謙、孟祺次之。"②這四人後來都成爲名臣。徐琰還是元初的著名文士,"元初,中州文獻,東人往往稱李、閻、徐,推能文辭有風致者,曰姚、盧,蓋謂李謙受益、閻復子靖、徐琰子方、姚燧端父及疎齋也。"③劉將孫在卷八《與姚牧庵參政書》中提到被徐琰起用之事:"往歲東平容齋公于浙于湘,聞或者之稱其少日也,會江西有閩選事,不謀而置之校官之列。"關於"閩選",劉將孫在卷二十八《登仕郎贛州路同知寧都州事蕭公行狀》中有所述説:"辛卯,閩、廣選開,誦公才美者如指。改授邵武路邵武縣尹兼勸農事。前舉者爲今廣西廉訪使忍齋温都爾公,後用者則參政容齋東平徐公也。二公以無私聞海内,其得於二公也不以私。二公之舉而用之也,有以辭於人。而邵武之政之廉著於閩部,足以不負知己。雖不大試於當世,而所爲推擇論薦,壹非有所馮依詭獲,是則未嘗不遇也。元貞丙申,官滿歸。"辛卯是元世祖至元二十八年(1291)。這一年,元朝廷出臺了一項有關江南地區的文化政策。《元史》卷八十一《選舉一》記載:"(至元)二十八年,令江南諸路學及各縣學内,設立小學,選老成之士教之,或自願招師,或自受家學於父兄者,亦從其便。其他先儒過化之地,名賢經行之所,與好事之家出錢粟贍學者,並立爲書院。凡師儒之命於朝廷者,曰教授,路府上中州置之。命於禮部及行省及宣慰司者,曰學正、山長、學錄、教諭,路州縣及書院置之。路設教授、學正、學錄各一員,散府上中州設教授一員,下州設學正一員,縣設教諭一員,書院設山長一員。"④至元二十八年的這項政策,是宋亡之後元廷對江南文化政策的一項重大調整,這使得江南儒士有了躋身仕途的機會,對於化解社會矛盾、改善儒士生活狀況是有益的。劉將孫所說的"閩選"、"廣選"就是在這樣的背景下實施的。根據以上史實,考慮到古代交通狀況對政令實施在

①參見李璞《劉將孫行蹤考辨》,復旦學報(社會科學版)2001年第4期。
②《元史》,第3772頁,中華書局1976年版。
③顧嗣立《元詩選》三集卷三盧摯傳,第104頁,中華書局1987年版。
④《元史》,第2032頁,中華書局1976年版。

時間上的影響,則大致可以推斷劉將孫是在至元二十九年前後被起用爲延平路儒學教官的,而由於劉將孫是由行省直接任命,所以他的職位不是教授,而是學正或學録。在元代,儒學教授的品級是正九品,而學正和學録則屬於未入流。①　雖然官職低微,但這在當時竟屬於難得的機遇。這時的劉將孫已經三十七歲了。

　　徐琰在任時積極推行了朝廷的這項政策,他舉薦起用過很多著名文士,如《元史》記載了他薦舉著名儒生熊朋來任儒學教官的情況:"會朝廷遣治書侍御史王構銓外選於江西,於是參政徐琰、李世安列薦朋來爲閩海提舉儒學官,使者報聞。而朝廷以東南儒學之士,唯福建、廬陵最盛,特起朋來連爲兩郡教授。"②這也是與"閩選"相關的史實,可以與劉將孫的起用相類比。

　　劉將孫任延平路儒學教官共五年時間。卷十二《送南劍二章生序》云:"余客授南劍,往來凡五閱歲。"延平路宋代稱南劍州。按照當時的官制,三年爲一個任期,他大概連任了兩個任期,第二個任期没有任滿。在文集卷二,劉將孫有《延平官滿,歸路有感,示送客》詩,有句云:"三年伴我獨,朝暮景氣異";"四年三往返,屑屑道路煩"。詩題中"官滿"所指當是第一個任期,所云四年,包括了遠程赴任在路途的時間。劉將孫是在元成宗元貞二年(丙申,1296)解官回鄉的。卷十三《送劉復村序》云:"丙申夏,予自閩歸。"這次回鄉當與其父劉辰翁的健康狀況有關,次年大德元年正月下旬,劉辰翁去世③。卷七《延平謁告歸省途次雜紀》七絶組詩其四云:"二十年無進士科,新愁舊學久消磨。一官乞與閑無奈,徙倚庭前自放歌。"從1276年臨安城破至元貞二年,正好是二十年。從詩題"謁告歸省"可知,劉將孫並不是任滿離職,而是告假省親。他在同一組詩其九中寫道:"萍梗相依忽一年,相於相密豈非天。未歸只道歸時樂,及至臨分更黯然。"則第二個任期大概只有一年多。教官是冷官,是元初失去進身之階而爲生計所迫的儒士的無奈之選,詩中的情緒是消沉的。

　　丁憂三年後,劉將孫再次出仕是在元成宗大德四年(庚子,1300)。這次劉將孫仍是赴閩任職,被改任爲汀州路(今福建汀州)儒學教官,按照慣例,官員丁憂復出以原先品級任用,所以劉將孫的官職應當仍是學正或學録。他文中稱汀州路爲臨汀,臨汀是汀州路

---

①《元史》卷91《百官志七》:"儒學教授一員,秩九品,諸路各設一員,及學正一員、學録一員。"第2316頁,中華書局1976年版。

②《元史》卷190《熊朋來傳》,第4334頁,中華書局1976年版。

③《養吾齋集》卷32《戴勉齋墓誌銘》記戴氏"卒以大德丁酉五月一日",又云"而乃後先君子四閱月死",據以推知。

的舊稱。卷二十八《定光圓應普慈通聖大師事狀》云:"詎意後夢之六十七年,將孫縣南劍教驛上之部,曁成命下,乃教臨汀。"文中"南劍""臨汀"皆用宋代舊稱,據文中所述,劉將孫是以延平路儒學教官的身份由吏部改任爲汀州路儒學教官的;在卷十《瞿梧集序》中劉將孫自稱任職"臨汀郡泮";綜合上述,可知劉將孫的官職應當是汀州路儒學教官,而不是書院山長,本文前引《四庫提要》等文獻云劉將孫曾任臨汀書院山長,恐是誤説。卷三十一《愛山先生賴公墓誌銘》云:"往歲庚子,予分教臨汀,……癸卯秋滿歸。"則其任汀州路教官爲時三年,在大德七年(癸卯,1303)任滿。

　　大德八年,劉將孫曾任龍興路儒學教官。卷十四《送柴景實序》云:"往歲庚辰,……後二十四年,予承乏洪泮。"庚辰是至元十七年(1280),後二十四年當是大德八年(1304);洪州(今江西南昌)是元代龍興路的舊稱。此文繼言"已而予去洪",任職的時間可能不長。劉將孫還曾拒絶過臨汝書院山長之聘,卷六《臨汝書院》詩題後自注云:"往年予嘗得山長,不赴。"此事時間無法確定。

　　不久,大德十一年(1307)四月,年已五十的劉將孫再次入閩遠仕,任光澤縣(元代邵武路屬縣,今福建光澤縣)主簿。卷二十六《祭譚梅屋文》云:"維大德十一年丁未四月乙未朔,越二十有二日,廬陵劉某赴光澤之任。"卷十七《南劍路芹山福地新建門記》自稱"光澤簿廬陵劉某"。縣主簿是最低級的行政官員,劉將孫此前所任皆爲儒學教官,學官的升遷非常艱難,很多學官爲了升遷寧肯轉爲吏員,這是元代殘酷的現實,所以劉將孫這次能夠轉爲行政官員,是非常不容易的。然而此次任職卻意外地長達八年之久,卷六《甲寅離光澤至石岐》詩:"殷勤送客話新晴,俛仰流光百感生。一往波濤隨運去,回看歲月自心驚。浮沉玩世今方朔,蕭散居官一長卿。古路塵埃漫今昔,八年贏得客身輕。"甲寅是元仁宗延祐元年(1314),從詩題和詩的末句可以看出他是在這一年離任的,大德十一年至延祐元年恰是八年。他在這八年間的文章中多次自署作于光澤,如卷二十五《題文山撰外祖義陽逸叟曾公墓志後》:"至大庚戌九月,爲曾氏以立題于光澤治邑。"至大庚戌是元武宗至大三年(庚戌,1310)。卷十《躪肋集序》:"皇慶癸丑七月望日,養吾齋書于光澤。"皇慶癸丑是元仁宗皇慶二年(癸丑,1313)。八年之中,劉將孫似乎沒有獲得升遷的機會。他在卷八《謝李士元俞僉事存問啟》中説:"一官不補于遺餘,再調自憐於落拓。誤爲故知而越俎,不虞潛禍之發機。""潛禍"究竟所指何事,現在已經無法考證了,也許正是這件事阻礙了劉將孫的仕進。從清苦但不失儒士身份的教職轉任俗務纏身的主簿,而最終未獲升遷,其"落拓"可知。

　　從光澤回鄉後,年近六十的劉將孫應該未再出仕。其詩文所署日期最晚者爲延祐四年(丁巳,1317),如卷二十四《善有説》,署"延祐丁巳重九",是年劉將孫六十一歲。其卒年無法確定,《養吾齋集》卷首有劉將孫季弟之序,稱"先兄養吾先生",署"泰定乙丑十月"①,則可以確定劉將孫卒于元泰定帝泰定二年(乙丑,1325)之前,享年六十餘歲。

　　劉將孫蹭蹬的仕途經歷是元初江南儒士生活情狀的一個縮影。舊的科舉制度被廢止了,又没有建立新的選拔人才的制度,這對儒士們仕進乃至生計的影響是巨大的。至元二十八年的新政策雖然給予了儒士們一條仕進的出路,但這條道路狹窄而崎嶇,奔波在這條道路上的儒士心中是充滿著無奈和屈辱之感的。劉將孫在詩中多次抒發了他出任微官的無奈心境:"功名渺身外,饑渴累目前。……而我獨何爲,一食猶待訴。"②"人言微官勝家食,我媿長勤負初賦。奈何憂患久侵淩,兼復兒女迫昏娶。低徊豈獨隱身世,浮沉聊以應門户。"③從這些詩句中可以看出,維持生計是其出仕的主要動因,其心態是卑微的,而這種心態也是當時儒士心理狀況的真實寫照。以劉將孫卓犖的文學才華,中年以後奔波仕途二十年,也只能沉抑下僚,有志難伸,這是他個人的不幸,也是這個時代的悲哀。

【作者簡介】　李鳴(1965.2—),男,江蘇豐縣人,北京師範大學古籍與傳統文化研究院副研究員。

---

① 《養吾齋集》卷18《李運副德政碑記》提到李守中"第三子黼,泰定丁卯進士第一人",當是後人補入。
② 劉將孫《文學山別去之洪……》,《養吾齋集》卷2。
③ 劉將孫《客中歲寒》,《養吾齋集》卷4。

蘭芷清芬寫盛容

——略論袁桷《清容居士集》之詩論與詩作

張文澍

【內容提要】　袁桷是以南宋貴宦後裔仕于蒙元中期的文臣作家。他一方面承繼了本家族歷仕前朝間積累的政治、門閥和文化等遺產，另一方面得益于師從戴表元諸人所學，又親歷故國淪亡，因此能夠從理性和感性雙重角度總結南宋晚期文化的得失，明確提出自身的文學主張。但是總體看來，由於創作才力所限，他的文學理論建樹高於創作成就，相關貢獻也主要只是抒發出元代中期那種盛大華腴文風的先聲。

【關鍵詞】　元代；詩文；理學；袁桷；戴表元

一、緣起

　　蒙元一代之詩文自時代言之，處於中國古代文學長河之下游，而成就自不能與漢、唐、宋盛世比肩；必謂之有所創發，實在張皇於復古大纛之下，抒寫一朝一代之新事而已。故今人欲確論其文學地位，敘曆于漢、唐、宋，則略略爲羞澀而赧顏；黜置於不屑評，則滅沒一代文學之美，要之尚有可言説而不可替代之處，其可言説之一端則元成宗元貞、大德以後之詩文。

　　元世祖忽必烈定鼎中原，奄並江南，奠基大一統之帝國，文物制度，博采兼收，而詩歌文章亦以時興會，名家輩出。迨天下粗定，子孫守成，農商並舉，經濟轉繁，雖疲癃內萃，暗流潛湧，而人人忻忻然感歎生逢其時，引吭謳歌美政，故成宗元貞、大德爲元代文風之重要轉捩期。此點予已數數撰文論之，不擬贅説。而細案當時詩文壇坫前後諸領軍人物，幾悉由宋入元者，若程鉅夫、趙孟頫、戴表元、袁桷、方回、黄溍、虞集、楊載、范梈、揭傒斯之屬皆然。其中袁桷之門閥家世爲南來文人中，除趙孟頫外最尊貴者。大德中，一旦爲在朝群賢舉薦，立登要階，後漸陟高明，雖未封侯拜相，然已身遍歷翰苑、史館清貴之職，死後封公，上則追贈三代，下則陰及子孫，生寵哀榮，足以光顯先人後嗣。

袁桷廁列文臣，感懷際遇，乃與上述諸子傾其華腹，逞彼腴詞，共襄一代盛世之文。《四庫提要》"《清容居士集》提要"云①：當時"凡朝廷制册、勳臣碑版，多出其手。故其文章博碩偉麗，有盛世之音。尤練習掌故，長於考據。集中如《南郊十議》、《明堂、郊天異制議》、《祭天無間歲議》、《郊不當立從祀議》、《郊非辛日議》諸篇皆成宗初所上。其援引經訓元元本本，非空談聚訟者所能。當時以其精博，並採用之。其詩格俊邁高華，造語亦多工煉，卓然能自成一家。蓋桷本舊家文獻之遺，又當大德、延祐間爲元治極盛之際，故其著作宏富，氣象光昌，蔚爲承平雅頌之聲，文采風流，遂爲虞、楊、范、揭等先路之導。其承前啟後，稱一代文章之鉅公，良無愧矣。"現擬從其家世、詩論、詩作三方面研究袁桷之創作；其廟堂朝議、史學考據、碑傳文字等，限於篇幅，暫不涉及。

二、清貴之家世與精博之師承

袁桷，《元史》卷一七二有傳。元蘇天爵撰有《元故翰林侍講學士知制誥同修國史贈江浙行中書省參知政事袁文清公墓誌銘》（以下簡稱《墓誌銘》）。據文內"泰定初，辭歸，四年八月三日，以疾終於家，享年六十有二"等語②，知其存於 1266 年—1327 年之間。《墓誌銘》序其家世云："國家有文學博洽之儒翰林侍講學士袁公諱桷，字伯長，慶元鄞縣（案：即今浙江鄞縣）人也。故宋少傅、同知樞密院事、資政殿大學士、贈太師、越國公諱韶之曾孫，中散大夫、知嚴州軍州事、皇元贈嘉義大夫、吏部尚書、上輕車都尉、會稽郡侯似道之孫，朝列大夫、同知處州路總官（管）府事、贈中奉大夫、浙東道宣慰使、都元帥、護軍、會稽郡公諱洪之子。"案韶，《宋史》卷四一五有傳。又："維袁氏遠有世序。宋嘉祐間，有諱轂者舉進士，歷官朝奉大夫，知處州。其後，龍圖閣學士正獻公燮、兵部尚書正肅公甫父子俱號名儒。越公於祥符公數爲曾孫，師事正獻……"案嘉祐（1056—1063）爲宋仁宗趙禎最末之年號，故伯長家至少自北宋中期即爲望族，袁氏一脈可謂源遠流長。

① （清）永瑢等《四庫全書總目提要》第 1435 頁，中華書局 1965 年版。
② 此處及下文所引《墓誌銘》皆見（元）蘇天爵《滋溪文稿》第 133 頁，中華書局 1997 年版。

非惟本族,伯長上輩及己身外家更貴不可言。據《清容居士集》卷三三《先夫人行述》及本集附録之蘇天爵《墓誌銘》①,(案:此附録之《墓誌銘》較《滋溪文稿》内《墓誌銘》爲詳,大概系附刻者所增。)伯長祖母王令人爲王淮之女孫。淮,在宋官至左丞相,《宋史》卷三九六有傳。又爲"史太師(案:即史浩)之甥孫"。浩,官至丞相,《宋史》卷三九六有傳。其母史氏爲史浩幼子彌堅尚崇憲郡王趙伯圭女新安郡主所生子(號敷文公)之女。據史浩傳,浩第三子爲彌遠。彌遠官至太師、左丞相兼樞密使,封會稽郡王,《宋史》卷四一四有傳,于史氏爲伯祖。又伯圭,字禹錫,秦王德芳(案:即宋太祖趙匡胤第四子,小説話本中稱八賢王者)之後,襲父安僖秀王子偁爵,爲嗣秀王,見《宋史》卷三四四"子偁傳"後附傳。伯圭弟伯琮入祧高宗,改名眘,是即宋孝宗,見《宋史》卷三三"孝宗本紀"。又伯圭爲趙孟頫四世祖,故《清容居士集》卷四三《祭趙子昂承旨》文自稱"從表弟"。

甚至伯長妻族亦宋時高門。據《清容居士集》卷三三《亡妻鄭氏事狀》②,鄭氏從曾祖爲鄭清之,官至丞相,《宋史》卷四一四有傳。

伯長之學養淵源亦師承有自。《四庫提要》"《清容居士集》提要"謂③:"桷少從戴表元、王應麟、舒岳祥諸遺老游,學問淵源具有所自。"今考其諸師,王應麟(1223—1296),字伯厚,《宋史》卷四三八"儒林"有傳。史稱其於宋末勇於事功,言事、進策不見用,遂退隱;並録其《深寧集》百卷、《玉堂類稿》二十三卷、《掖垣類稿》二十二卷,及經、史考證等作共二十三種。舒岳祥(1219—1298),字舜侯。《四庫提要》"《閬風集》提要"云④:"岳祥少時以文見吳子良,子良即稱其異秉靈識如漢終賈。晚逢鼎革,遁跡終身,乃亦覃思於著作。其詩文類皆稱臆而談,不事彫繢。"著録其書十餘種凡二百二十卷。戴表元(1244—1310)子帥初,《元史》卷一九〇有傳。《四庫提要》"《剡源集》提要"云⑤:"表元少從王應麟、舒岳祥游,學問淵源具有授受。顧嗣立《元詩選》小傳稱:'宋季文章氣萎薾而詞骫骳。帥初慨然以振起斯文爲己任。其學博而肆,其文清深雅潔,化腐朽爲神奇,閒事摹畫而隅角不露。尤自祕重,不妄許與。至元、大德間,東南之士以文章大家名重一時,帥初一人而已。'又引宋濂之言曰:'濂嘗學文于黄文獻公。公於宋季詞章之士,樂道之而不已者,惟剡源戴先生爲然'云云。"

---

① (元)袁桷《清容居士集》第574頁,中華書局1985年影印宜稼堂叢書本。
②《清容居士集》第576頁。
③《四庫全書總目提要》第1435頁。
④《四庫全書總目提要》第1412頁。
⑤《四庫全書總目提要》第1424頁。

伯長出諸焜煌華耀之門，複受教于王、戴、舒等文章巨公，其承繼宋南渡後浙東之學
"以多識爲主，貫穿經史，考覈百家，自天官律曆、井田王制、兵法民政，該通委曲，必欲措
諸實用，不爲空言"之傳統①，"於近代禮樂之因革、官伐之遷次、朝士大夫之族系、九流諸
子之略録，悉能推本源委而言其歸趣"。伯長一身而兼衆長，無怪其論詩、作詩能高屋建
瓴，見他人所不能見，言他人所難以言，獨領時代之風標。

三、袁桷詩論三解

通觀《清容居士集》論詩之文，大要可見伯長三種主張：一曰清算晚宋理學之弊以廓
清詩學之路；二曰參酌古今，尊仰宋詩歐、梅一派而貶斥江西；三曰力主中庸清和之詩風。
以下分別論之。

一、伯長既服膺程朱之學，亦深懲宋末理學諸儒侈談性命，猥瑣屑弱之弊，故反復辨
説，痛加指斥後者。《清容居士集》卷二一《王先生〈困學紀聞〉序》謂②：

> 世之爲學，非止於辭章而已也。不明乎理，曷能以窮夫道德性命之蘊？理至而
> 辭不達，兹其爲害也大矣。是故先儒有憂之。

"王先生"即其業師王應麟。"明理"、"窮道德性命之蘊"云云固是指程朱之學，然而伯長
謂若"理至而辭不達"，則"爲害也大矣"，重彼而不輕此。此是元代學者文人，包括服膺
理學諸子之通觀，是不同于正統宋儒之處。當然，伯長之"辭達"非但指一般"文辭"意
義，觀本文下文亦可證。卷二三《送陳山長序》云③：

> 數十年來，朱文公之説行，祠宇遍東南。各以《四書》爲標準，毫杪摘抉，於其所
> 不必疑而疑之，口誦心臆，孩提之童皆大言以欺世，故其用功少而取效近。禮樂刑政
> 之本、興衰治亂之跡，茫不能以知。

卷一六《慶元路鄞縣學記》云④：

---

①此處及以下引文皆見《滋溪文稿》第133頁。
②《清容居士集》第380頁。
③《清容居士集》第417頁。
④《清容居士集》第317頁。

世祖皇帝混同區夏，崇學校，定國子學成憲，皆東南儒先，而朱文公所說，咸取以爲經史模楷。於是，窮徼絶域、中州萬里之内外悉家有其書。然而急近功者勦取其近似，以爲口耳之實。天人禮樂、損益消長，切於施爲，所宜精思而熟考者，一以爲凡近迂緩而不講。至於修身養心，或相背戾而不相似，則緣飾儳默，望之莫有以窺其涘際。夫明絶學以承先聖之統，可謂難矣！弊生於苟易。守其說而湮其本，將不勝其弊。

卷二一《輔漢卿先生〈語、孟注〉序》云①：

至宋春陵碩儒，開伊洛之緒，正說至道，粲於簡册，良謂大備。後朱文公出，懼其剽竊之近似也，源同而派别之，統宗據要，蓋將使夫學者不躐等而進，若律之有均，衡之有權，不得以錙銖差也；既又懼其疑之未釋，複爲問答以曲喻之，其詳且盡，不復可以有加矣。書大行於天下。而後之師慕者類天臺釋氏之教文，旁行側注，挈綱立目，茫乎皓首，不足以窺其藩籬，卒至於聖人之經旨莫之有解，日從事於口耳，孩提之童齊襟拱手，相與言道德性命者皆是也。

至卷一八《昌國州重修學記》更云②：

楠嘗聞之，先儒以明理爲綱領，譏詆漢唐不少假。濂洛之說盛行，誠敬忠恕，毫分縷析，一以體用知行，概而申之。繇是，瞽瞆之童悉能誦習，高視闊步，轉相授受。禮樂刑政之具、獄訟兵甲之實悉有所不講，哆口避席，謝非所急。言詞之不工，則曰："吾何以華藻爲哉？"考覈之不精，則曰："吾何以援據爲哉？""吾唯理是先，唯一是貫。"科舉承踵，駸駸乎魏晉之清談，疆宇之南北不接乎視聽，馴至社亡，求其授命死事，率非昔時言性理之士。後之學者甯勿置論而循其故習者哉！？

觀上述煌煌之論，其鄙薄理學末流，可謂情到語盡，蔑以複加；吾人甚至猜度伯長於朱熹之學本身未必盡無保留，否則何以如是之學定有如是之徒？伯長極詆理學之弊，顯示其對於晚宋以來學術一種高屋大甍之總結批判精神。

伯長既已清算晚宋理學，乃進而批判理學之毁傷文藝。本集卷二一《樂侍郎詩集序》

①《清容居士集》第 375 頁。
②《清容居士集》第 324 頁。

爲伯長將其儒學觀念①,延用於詩學之代表文章。該文回首兩宋之際之文風云:

> 方南北分裂,兩帝所尚唯眉山蘇氏學。至理學興而詩始廢,大率皆以模寫宛曲爲非道。夫明於理者猶足以發先王之底蘊;其不明理,則錯冗猥俚,散焉不能以成章,而諉曰:"吾唯理是言。"詩實病焉。……宋之亡也,詩不勝其弊。金之亡,一時儒先猶秉舊聞,於感慨窮困之際不改其度,出語若一,故中統、至元間,皆昔時之餘緒,一一能有以自見。

此文指出:一、南宋政治低靡乃至亡國,理學實與其軌轍,其人、其學有高有下。二、理學尊我而伐異,藐視詩文自有詩文之法。高者恃其文化底蘊尚可自持;下者則流於卑鄙不堪。三、以南人而高度肯定褒獎元初北方文章,所謂"金之亡,一時儒先猶秉舊聞,於感慨窮困之際不改其度,出語若一,故中統、至元間,皆昔時之餘緒,一一能有以自見"。其說不囿于自身文化樊籬,十分具有見地。卷二八《戴先生墓誌銘》②,記墓主即其業師戴表元:

> 力言後宋百五十餘年,理學興而文藝絶。

則伯長不喜理學,乃出於師說,或竟爲與帥初師生商量討論之結果。惟今遍案《剡源集》,並未見戴氏此說。又伯長並不析言"詩始廢"、"文藝絶",罪在理學末流,而籠統言之,又暗示其于程朱之學之保留態度。

二、伯長雖然尊仰宋詩,猶今所謂"宋詩派",但於其中別有去取,並非一概兼收並蓄。卷四九《跋吳子高詩》云③:

> 風、雅、頌,體有三焉。釋雅、頌複有異焉,夫子之別明矣。黃初而降,能知風之爲風;若雅、頌,則雜然不知其要領。至於盛唐,猶守其遺法而不變,而雅、頌之作,得之者十無二三焉。故夫綺心者流麗而莫返,抗志者豪宕而莫拘,卒至殀其天年,而世之年盛意滿者猶不悟。何也?楊、劉弊絶,歐、梅興焉,於六義經緯,得之而有遺者也。江西大行,詩之法度益不能以振。陵夷渡南,糜爛而不可救,入於浮圖、老氏證道之言,弊孰能以救哉?吳子高居湖湘,爲詩以法度自守,高者騰霄漢,幽者抉泉石,

①《清容居士集》第 388 頁。
②《清容居士集》第 487 頁。
③《清容居士集》第 843 頁。

憂樂得中,合於采詩之説矣。

卷二八《戴先生墓誌銘》云①:

> 江西諸賢力肆於辭,斷章近語雜然陳列,體益新而變日多,故言浩漫者蕩而倨,極援證者廣而類,俳諧之詞獲絶於近世,而一切直致,棄壞繩墨,棼爛不可舉。

此二文大要約有以下數端:一、非但不專宗唐,且並對曹魏以後詩有微詞。二、肯定北宋歐陽修、梅堯臣之詩,又有所保留。三、極詆江西詩派,謂詩法隳壞於彼。四、主張"憂樂得中",即中庸之詩道原則,並於其他文章中一再申説之。雖故"怨而不怒"、"温柔敦厚"爲中國詩教之基本傳統,但一批元代中期代表作家紛紛道及此意,實在具有特殊意義。此點在虞集《李景山詩集後序》中表述最爲明白。五、篇中譏古今人皆不通雅、頌,而暗寓己身能通。而其力倡大雅與頌,或即爲元代中期文風轉捩之宣言;尚餘小雅,則竟爲諫諷時政預留一餘地。前三端爲是非前人;後兩端爲創立己説,既關詩旨,又關詩法。

三、《清容居士集》卷三二《推誠保德功臣開府儀同三司太傅上柱國追封薊國公謚忠哲梁公行狀》云②:

> 大德初元,成宗恭儉守成,一繩祖武。……年穀豐熟,四境寧謐。廟堂大臣相戒以清靜爲治。凡尚書言利害,斂口不敢發。自是,希進者皆避匿。

同卷《翰林承旨王公請謚事狀》云③:

> 時上(案:指成宗)初即位,勵精文治,年穀屢熟,海內熙洽。

此種稱道與史家記述一致,皆在説明世祖創業既畢,成宗繼嗣守成,國家已步入承平繁榮之境,雖或時有一二小人惑亂朝政,要之大綱肯綮不得改易。此正是元代中期文章風氣得以形成之政治與經濟基礎。虞集當時有一名作《送袁伯長扈從上京》④:"日色蒼涼映赭袍,時巡毋乃聖躬勞。天連閣道晨留輦,星散州廬夜屬櫜。白馬錦韉來窈窕,紫駝銀甕出蒲萄。從官車騎多如雨,只有揚雄賦最高。"即彼時高層統治者精神之生動寫照。

---

① 《清容居士集》第487頁。
② 《清容居士集》第551頁。
③ 《清容居士集》第554頁。
④ 《虞集全集》第92頁。

卷二一《李景山鳩巢編後序》云①：

> 近世言詩家頗輩出，淩厲極致，止于清麗，視建安、黄初諸子作已憒憒不復省。鈎英掇妍，刻畫眉目，而形幹離脱，不可支輔。其凡偶拙近者率悻悻直致，棄萬物之比興，謂道由是顯。六義之旨闕如也。是歲冬，見（李景山）於京師，始讀其詩于雍虞德生，質而不倨，綺而不逾……夫子之言曰：“詩可以怨”，然不怨可也。怨已則責難於天，誠不怨邪？“幽蘭”之酈、“湘累”之賦得而廢之矣。若公之詩，非悲其不遇也，凜焉以持正者也。反而言之，斯怨矣。又何病焉？

比觀上文，“其凡偶拙近者率悻悻直致，棄萬物之比興，謂道由是顯”云云，顯然針對理學末流，可以不講；而舉李景山之詩與之對待，贊其“質而不倨，綺而不逾”、“凜焉以持正者”，則是上文所論伯長“憂樂得中”、“中庸”詩論具體而微之貫徹實踐，極符中期文風之主流意向。同卷《曹伯明文集序》爲同義重複②：

> 楠與端明曹公之子伯明甫爲翰林屬。其爲詩文如桑麻穀粟，切於日用，不求酸鹹苦澀，以傷乎味之正，篤實渾厚，與其履踐見於事物者實相表裏。……其哀窮舉躓，略枝葉之學，春容雅馴，以循夫規矩，它不能以詬病也。

此處，伯長公開標舉“春容雅馴”、“循夫規矩”，必“不求酸鹹苦澀，以傷乎味之正，篤實渾厚，與其履踐見於事物者實相表裏”而後可，凡寫詩者已非徒感慨時事、發抒胸臆者所可率性而爲矣。此謂詩人與詩作須峨冠褒衣，正色斂容亦可；須錦索加身，“帶著枷鎖跳舞”亦可，一言以蔽之，伯長欲詩人集結於“春容雅馴”之旗幟之下。此旗幟所指，以虞集《送袁伯長扈從上京》詩爲代表，雍容華貴、宏麗典雅之作層出不窮，是應時代之籲求；亦改換、創造出一新時代。故予定義元代中期文風曰“盛大春容”，實非予己臆見，當時人所自道也。

四、詩歌創作

伯長論詩不專主一朝、一家，於漢樂府、三曹、七子、陶淵明、杜少陵、尤其歐陽永叔、梅宛陵，乃至李義山、蘇東坡皆有棄取，於中力主清和雅健。其既倡開一代文風，爲盛世

①《清容居士集》第387頁。
②《清容居士集》第404頁。

詩人之先導,故頌美當朝之詩能獨抒清和雅健之氣。其作爲南宋貴宦後裔身處新朝,又時而難免黍離之感,故每當此時,筆觸轉益深沉,究心亡國源委,指斥奸臣誤國,似更勝於虞集、黃溍等人。同時,其感戴蒙元待己之厚,凡遇朝廷大故、民生疾苦,亦不能目開目合,必有詩以紀之,以爲詩人本職。不過,以伯長之家世、身分而欲抒寫民情,膚淺而隔膜,終差一層。

一、粉飾太平之詩。伯長認爲,以清和雅正之聲歌頌朝野泰平之世,原爲詩人本分。本集卷十《壽劉承旨》小序云①:"兹審齡開稀有,文潤太平。玉杖造朝,樂堯塈之化日。銖衣拂石,歌舜殿之薰風。"雖是壽人之辭,實是伯長己意。卷四《次韻馬伯庸供奉書館書事二首》(其一)②:

> 瑤台麗層雲,秋聲起琪樹。織翠藻井波,凝碧瑣窗霧。雍容列仙集,晴雪炯振鷺。念昔經啟初,櫛沐合生聚。簡册迄未成,春秋奉神御。巍巍冠函夏,握筆慚繪句。玄尊實明水,越席敷大路。崔蔡心非迂,終焉才名誤。

(其二):

> 神京奉載筆,霈雲歌肆筵。匪謂歲月虛,聖代深養賢。微蹤窺三入,取禾逾十千。馳神竹素圃,鴻藻儼古先。群雄寶書聚,彌綸迺成編。微言耿玉絜,潛光媚春妍。往聖去已久,八音蕩敷宣。元運合豹變,高閎踵蟬聯。夷齊迺首傳,冥思豈其然?

二詩不牽涉大政,亦絕無人強迫爲之。前者極寫文臣治事處所之非凡;後者"匪謂歲月虛,聖代深養賢"、"夷齊迺首傳,冥思豈其然"等聯則隱喻躬逢盛世,才學之士當抛棄高蹈隱居觀念,效力皇廷。二詩造語清綺華貴,典雅平正,在庶事草創之蒙元代初期之文人詩內絕少見此類之作。

卷一五《裝馬曲》③:

> 彩絲絡頭百寶裝,猩血入纓火齊光。錫鈴交驅八風轉,東西夾翼雙龍岡。伏日翠裘不知重,珠帽齊肩顫金鳳。絳闕蔥曨旭日初,逐電迴飆斗光動。寶刀羽箭鳴玲

---

①《清容居士集》第167頁。
②《清容居士集》第58頁。
③《清容居士集》第284頁。

瓏，雁翅卻立朝重瞳。沈沈樓殿雲五色，法曲初奏歌薰風。酺官庭前列千斛，萬甕蒲萄凝紫玉。駝峰熊掌翠釜珍，碧賓冰盤行陸續。須臾玉卮黃帕覆，寶訓傳宣爭頫首。黑河夜渡辛苦多，畫戟雕閣總勳舊。龍媒嘶風日將暮，宛轉琵琶前起舞。鳴鞭靜蹕宮門閉，長跪齊聲呼萬歲。

據詩內"鳴鞭靜蹕宮門閉，長跪齊聲呼萬歲""黑河夜渡辛苦多，畫戟雕閣總勳舊"等聯，此"馬"定非凡馬，決爲帝駕御馬；詩作起因或爲扈從上京等事。古來詩人寫馬者不一而足，徑比較此詩與杜少陵《房兵曹胡馬》，不待細論，此詩之馬爲盛世之馬，之音爲盛世之音，已明白無誤，且"長跪呼萬歲"，何其諛歟？

卷一五《嘉禾曲》①：

> 土膏滲陽春，連畛垂黃雲。仁聲九垓被，地瑞昭人文。穰穰大同郡，嘉穗表奇芬。擢莖秀雙歧，駢首誓不分。秬聯珠琲光，苞簇綬受紋。老農善視之，神化非耕耘。維皇調玉燭，歲功合氤氳。帝力昳畝深，擊壤歌放勳。圖成上金匱，寶軸森香芸。侍臣丹筆工，秉心述前聞。願旅天子命，補亡追典墳。

虞集別有《次韻道士竇神清賦舜粟》詩云②："帝德無爲保太和，歷山遺種有嘉禾。想經稷教躬耕法，正及堯時擊壤歌。旆旆九秋新雨露，離離千古舊山河。曲肱飲水幾忘肉，最憶宣尼感歎多。"通觀袁、虞二詩，主旨立意、修辭手法幾乎全同，且同用"堯民擊壤而歌"之典，而袁詩較虞詩更進一層者爲讚歎嘉禾乃"神化非耕耘"，於是大元天子非凡人而真神矣。卷九《魯子翬御史分按遼陽作長律五十韻愛其精密予今歲亦扈蹕開平因次其韻》等亦屬此類之作③，因原詩過長，不具錄。

二、懷戀故宋之詩。一旦言及故宋，伯長便心潮難平。自程鉅夫、趙孟頫，乃至稍晚之虞集、黃溍等人無不如此，而伯長因其家世，尤其如此。卷八《廬陵劉老人百一歌》④：

> 昔聞甯皇嘉定時，平淮如掌糧如坻。襄陽高屯十萬卒，武昌金埒饒軍資。西蜀環山堆錦繡，滔滔南紀喉襟首。峨嵋積雪不動塵，玉壘浮雲古今宙。當年行都號全盛，翠箔珠簾爭鬥勝。西湖不識烽臺愁，北關已絕強鄰聘。寶慶天子來自外邸朝諸

---

① 《清容居士集》第 284 頁。
② （元）虞集《虞集全集》第 153 頁，天津古籍出版社 2007 年版。
③ 《清容居士集》第 156 頁。
④ 《清容居士集》第 134 頁。

侯,土疆日窄邊庭憂。大帥偃塞藩鎮伴,小壘椎剥租瘵稠。春城弦管暗煙雨,四十一年變滅同浮漚。咸淳太阿已倒持,銅山之賊專官幝。樓危金谷山鬼泣,舸走白浪江神悲。老人年週一甲子,至元大帝車書合文軌。每話承平如夢中,萬事東風過馬耳。只今行歲一百一,坐閲天地同昨日。秭歸聲苦紅葉翻,邯鄲睡熟黄粱失。門前手種青桐百尺長,笑指截取諧宫商。少君荒唐方朔誕,不如老人親見深谷爲高岸。我孫之孫爲玄孫,翔鸞峙鵠高下飛集駢清門。憑公欲補先朝事,濡毫更作長生記。

全詩皆自一百歲老叟口中出,先以約三分之一篇幅鋪陳甯宗時國勢之强盛,繼而筆鋒一轉,直言國家隳毁于宋理宗。時國步日蹙,武將藩鎮傲不聽命,地方惟敲剥爲事。皇廷則宰臣賈似道("銅山之賊"當指賈)專政,欺君蔽主,致使"太阿倒持",馴至亡國。疑"四十一年"當爲"五十一年"之誤。蓋理宗登基於寶慶元年(1225),即詩中所謂"寶慶天子",向後數五十一年爲宋恭宗德祐二年(1276),南宋亡。此詩當屬實録,至少得自耳聞。

卷七《送馬季權之官平江州》内有云①:

> 片紙除書魚貫進,相府門前青草深。破席疏簾雙白鬢,扁舟疾走歸番江。百城破竹爭迎降,……淮南桂叢八公死。京城即今相邂逅,傾蓋忘年總論舊。穎州推官家譜傳,岳陽樓頭水浮天。

詩中"相府"當指宋末權相賈似道。其倚恃外戚,霸攬朝綱,敗軍亂政,禍國殃民,種種惡業,遠遠非"片紙除書魚貫進"而止,與上詩皆可參《宋史》卷四七四本傳卷十《西湖空濛圖》②:

> 舊隱湖山筆底收,相從京洛意中游。昏昏車馬飛花雨,寂寂鐘魚落葉秋。千古登臨翻昨夢,百年歌舞漾清愁。何當化鶴看滄海,不用呼猿汲澗流。

此詩因明用丁令威乘鶴歸鄉典,意象顯豁。頷聯、頸聯自可見其落寞哀痛之意。同類作尚有卷十一《過揚州憶昔六首》等。今案伯長繫念南宋,不忘於心,反復形諸歌詠,固是因爲得於前朝太多,但觀文集卷四十七《書藝祖皇帝〈十節度風雲圖〉後》自署"遺民袁桷",則甚不類。伯長即或作此題跋於大德仕元之前,其以趙宋皇室遠親、朝廷貴宦之裔觍官敵國,有辱"遺民"之號多矣。

①《清容居士集》第 114 頁。
②《清容居士集》第 163 頁。

　　三、記述朝政之詩。大德之後,元廷朝政日益滋生弊端,猶如湍急之潛流,逐漸蕩激統治者殿庭之基石。至英宗碩德巴刺,强臣已敢於結聚死黨,弑君篡政,此即著名之"南坡之變"。伯長固樂於一意頌聖,但事變之來猶萬鈞壓頂,急於星火,伯長驚愕不定之際不能不有所反應,見之詩作即卷八之《東門行》①:

　　　　神皇揮戈渡黑河,四廂捧日肩相摩。金袍珠縈帽七寶,剖符帶碼功難磨。年年舞馬魚麗列,宴罷玉帳經南坡。嚴更傳警夜氣肅,貔貅千列環象駝。華蓋西傾星散雪,殿前蘭膏猶未滅。千金匕首肘腋生,拉脅摧胸慘凝血。平明群凶坐周廬,傳旨東西騎交迭。棄馬之邦身被縶,執簡以朝筆猶舌。煌煌厚恩浹肌髓,悲淚填胸痛天裂。金繒盈車內府竭,虎視眈眈終一咥。

與此詩相關者尚有悼隨行英宗而遇害之拜住丞相詩《至治丞相挽詩次韻李仲困學士》②,內云:

　　　　萬騎黃雲蔽,群狐黑夜呼。銜枚凶有約,解帶僕云痡。象燬端因齒,龍眠竟失珠。聞驚燧人氏,事異夏區夫。關戟交馳驛,重弓競接途。殺青誰執簡?泣血漫成湖。史紀蔑梟賜,經傳齒馬誅。陰氛動天地,遺痛感樵蘇。故壘煙攢棘,荒原磷積蕪。

二詩所詠事件顛末,予已多有提及,可參《元史》卷二七"英宗本紀"及卷一三六"拜住本傳"。南坡之變重創蒙元統治根基。考諸中國封建社會歷史,數十重臣勾結御林近衛公開弑君,雖故偶爾有之,但絕屬罕見。一朝臣子膽敢弑殺皇帝,尚餘何事不敢爲?!《東門行》內"華蓋西傾星散雪,殿前蘭膏猶未滅。千金匕首肘腋生,拉脅摧胸慘凝血"、"平明群凶坐周廬,傳旨東西騎交迭"、"棄馬之邦身被縶,執簡以朝筆猶舌"等聯出於當時人實錄,逼真傳神,皆可與史書相參證。

　　四、反映民生之詩。伯長在宋爲一貴介公子;入元轉成一清高文臣,一生與蒼頭黎庶柴米醬茶之事本甚遠,但其北往南來,耳聞目睹,有時感發於心,乃形諸歌詠。如卷八《吳船行》③:

---

①《清容居士集》第135頁。
②《清容居士集》第264頁。
③《清容居士集》第125頁。

吳船團團如縮龜，終歲浮家船不歸。茅簷舊業已漂没，一去直北才無饑。清晨
煮茶茶味惡，薄暮熬釐釐力薄。不憂江南雲氣多，止畏淮南風雨作。去年水淺留金
溝，今年水深上新州。終朝但知行客苦，盡歲不識離家愁。大兒跳踉新九歲，小兒學
行篷作地。維舟未解矴舟牢，盡日彎篙仰天視。船頭娶婦通姻譜，知是淮南捕魚户。
寄語鄉儂莫怨尤，它年水深爲汝憂。

卷八《越船行》①：

越船十丈青如螺，小船一丈如飛梭。平生不識漂泊苦，旬日此地還經過。三江
潮來日初晚，九堰雨慳河未滿。當時卻解傍朱門，醉眼看天話長短。年來官府催發
綱，經月辛苦鬢已霜。布裘漫作解貂具，入門意氣猶倡狂。自古魚鮭厭明越，明日今
朝莫論説。買魚沽酒不計錢，被髮江頭傲明月。勸君莫作越船婦，一去家中有門户。
沙上攤錢輸不歸，卻向鄰船蕩雙櫓。

《吳船行》寫船户生涯之苦，有家無歸；茶飯薄惡；又憂行路難，水淺船滯，水深船危。《越
船行》擬一船婦口吻，抱怨官家徵發綱船，經月辛勞而無所得；當家人不事生理，唯嗜博
飲；又或別舟買春，故誡他人"勸君莫作越船婦"。伯長詠民生之作不多，思想藝術程度亦
大抵止此。惟卷七《廬江羊孝子兵難時兄弟三人與其母被掠爲奴後廿年複得完聚郡表其
閭》追紀戰亂時母子離散複聚及民衆淪爲戰俘事②：

君不見觀津竇廣國，傳舍沐頭深記憶。時來徒步入長安，執手相看淚如滴。又
不見杜羔孝感爲尚書，兵前失母長唏噓。一朝老嫗忽邂逅，郎君玉貌猶吾夫。淮源
鐵騎排雲來，戰骨積雪飛寒灰。小兒累累系馬尾，鬼妾赤腳驅車迴。黃塵漲空日將
暮，母子弟兄不知處，只今總是太平民，哪識當年亂離苦？人言缺月定有圓，馬能生
角石可穿。亭亭高門拱槐柳，更灑鴻筆傳青編。

寫來哀切沉痛，頗爲動人。但伯長此等詩但一、二見，大約因其出身清貴，平生未必廣接
下層；有之亦不過行路耳目聞見，大都比較皮相。

---

① 《清容居士集》第 125 頁。
② 《清容居士集》第 118 頁。

五、小結

袁桷出身南宋顯宦,家門清貴,胸羅萬卷。其入元,適值國家兵燹消弭,承平晏安之中期"盛世",遂能與時俯仰際會,以其深厚之文化修養恭事"新朝",宣導推動一代盛大春容之文風。同時,其不能忘懷出身與故國,兼本於詩人之職,故關注民生與記述朝政之什亦時有作。其論詩之文鑒往察今,立足宋诗,有破有立,尤不失英見卓識。惟其創作才力稍弱于理論才力,又處身漢、唐、宋占盡風流之後,未能躋身屈、馬、李、杜、韓、柳、歐、蘇等一流作者之列,是爲可惜。

【作者簡介】 張文澍(1954—),男,北京師範大學古籍與傳統文化研究院副教授。

論元代湯陰許氏家族唱和的文化意義*

張建偉

【內容提要】 元代許有壬致仕後與弟有孚、子楨等人於圭塘唱和,作品集結爲《圭塘欸乃集》,爲湯陰許氏家族文學傳統的表現。這些詩詞中表面上抒寫閒居之樂,實際上難忘功名,期待明君共建一番事業,並且隱含許有壬爲政之艱難與政敵之打擊,反映出在元代蒙漢文化衝突中,許有壬等人的濟世理想遭受挫折後的彷徨與無奈。

【關鍵詞】 許有壬;元代文學;蒙漢文化

元代湯陰許有壬家族在政治、文化方面具有重要意義,許有壬是元代後期唯一一位對政治有影響的漢族大臣,也是元代後期重要的一位台閣詩人。學術界對湯陰許氏的研究主要集于許有壬,傅瑛先生《許有壬年表》(《信陽師範學院學報》1998 年第 2 期)將其生平事蹟編年。楊鐮先生《元詩史》考訂了許有壬文集的版本與存詩數量,他認爲許氏的應酬之作就是他用以言志的工具,既有《應制天馬歌》等臺閣之作,也有《哀棄兒》這樣反映現實的詩篇①。趙維江、寧曉燕二位《文化衝突中的儒士使命感——許有壬〈圭塘樂府〉的文化心理解讀》(《北方論叢》2006 年第 3 期)認爲,許氏《圭塘樂府》反映了詞人以自己特殊的身份在維護漢文化艱難征途中的心理態勢,貫注著一種莊嚴而深沉的使命意識。另外,還有穆德全、胡雲生二位《元代許有壬與穆斯林文化的探討》(《寧夏大學學報》1991 年第 1 期)等論文。學者們對許有壬的生平經歷與詩詞的研究取得了不少成果,

---

* 本文爲教育部人文社科青年基金項目(編號:10YJC751116)中期成果。
① 楊鐮《元詩史》第 318—319 頁,人民文學出版社 2003 年版。

但是尚未從家族的角度加以研究。湯陰許氏圭塘唱和是元代盛極一時的文化沙龍,既是湯陰許氏文化傳統的表現,更是元代蒙漢文化衝突的隱微反映,值得關注。

許有壬(1287—1364),字可用,彰德湯陰(今屬河南)人。許熙載子。元仁宗延祐二年(1315)登進士第,授同知遼州事。英宗至治元年(1321),升爲吏部主事。二年(1322),改任江南行台監察御史。元順帝元統二年(1334)累升治書侍御史,拜中書參知政事,知經筵事。改侍御史,辭歸。後至元六年起爲中書參政,進左丞,復辭歸。至正六年又爲翰林承旨,改御史中丞,以疾歸。十三年又起爲河南左丞,仕至集賢大學士。十七年以老病致仕,回到彰德。二十四年(1364)卒,終年七十八歲。謚"文忠"。生平見《元史》卷一八二等。

許有壬弟有孚字可行,登元文宗至順元年(1330)進士第,授湖廣儒學副提舉,歷南台御史、太常院同僉等職。有孚入明後事蹟闕如,《圭塘欸乃集》跋末署"上章涒灘歲夏四月初吉洹濱識",四庫館臣《圭塘欸乃集》提要説:"蓋洹濱乃有孚別號,""上章涒灘爲庚申歲,實明洪武之十三年,"跋文爲許有孚於洪武十三年(1380)所撰,則有孚去世於洪武十三年之後。他不書明朝年號,表明其作了元代遺民。許有壬子楨,字元幹,以門功補太祝,至正間任秘書郎①。

一、圭塘唱和的功名情結

至正九年(1349),許有壬以病辭歸②,用所賜金於相州(今河南安陽)購得康氏廢園,鑿池其中,形如"桓圭",因以"圭塘"爲名。每日攜賓客子弟,觸詠其間,他和弟有孚、子楨歌詠唱和之辭凡詩二百一十九首,詞六十六首,另附馬熙和作詩七十八首,詞八首,編爲《圭塘欸乃集》二卷。馬熙《圭塘補和並序》對圭塘唱和有過這樣的評價:"熙始得伏讀全集,大篇雲行,短章泉流,無非樂日用之常,而憂國憂民之實,亦未嘗不默寓其間也。"爲什麼許有壬等人在閒居游樂之中蘊含著憂國憂民之意,其中有著什麼隱微呢?

許氏父子叔侄在《圭塘欸乃集》反復詠唱歸隱之樂,他們讚美圭塘如畫的風景,享受

---

① 許有壬還有一兄名有恒(1285—1329),字可久,以薦除大寧路學正,擢大理路知事,不赴。一弟名有儀。因二人未參與圭塘唱和,故不述及。

② 楊鐮先生《元代文學編年史》將圭塘唱和系於至正九年,因爲這是許有壬在家鄉休致時間最長的一次,此從其説。

閒居游玩的快樂①，比如"漁竿聊復樂吾真"（有孚《圭塘雜詠並序·松陰獨釣》）、"魚我相忘樂可知"（有孚《圭塘雜詠並序·倚檻觀魚》）、"一年勞費盡銷忘"（許有壬《酒間得口號廿八字》）等，許有孚歸納爲"四美俱全，二難巧遇"（《買陂塘》），他形容道："觴詠間作於荷聲樹色中，不謂此身之在塵世也。"（《叔和楨韻並序》）

許有壬辭官隱居，儘管自稱歸田、務農等，從實質上說就是由兼濟天下轉爲獨善其身，總體上還是儒家思想，其弟有孚在詩中說："浴沂趣"（《買陂塘》），嚮往的是孔門春日出游的樂趣。許有壬"半畝方塘學紫陽"（《翁用楨韻二首》），則是效仿宋儒朱熹②。其子許楨和詩云："禮法貴真率，服食戒侈長。平生事直道，所遇非孟浪。……險語從鬼泣，斯文未天喪。"所謂"禮法貴真率"、"平生事直道"，都是儒家修身正己等内容，而"斯文未天喪"則是表露一種掌握正道的自信。因此，許氏圭塘唱和詩詞寫到了很多植物意象，其中包括菊花、青松、梅花、蓮花等，都是君子固窮、砥礪節操之意。

陶淵明是元代文人極爲推崇的古代詩人，許有壬等人在詩詞中多次提到陶淵明或化用陶詩，比如"無弦琴"、"淵明琴外趣"、"無官免折腰"等，但是許氏家族的旨趣與陶淵明也有不同。許有孚《買陂塘》"笑元亮謀生"，陶淵明隱居後經濟上很艱難，遭遇過火災，還曾經乞食，而許有壬等人則是衣食無憂的閒適生活。除了陶淵明，許有孚在詩中還提到"嚴灘與渭濱"（《圭塘雜詠並序·松陰獨釣》），東漢初的嚴子陵隱居垂釣，是真的不仕，姜太公垂釣渭水，則是等待明主。將二者並列，其實際的取向是後者，期待周文王與姜太公那樣的君臣遇合。許有壬說："園綺知高祖，巢由負放勳。至人先大節，餘事及多聞。"（和有孚《圭塘雨後督修堰歸坐嘉蓮亭有感（十一日）》）更是認爲古代著名隱士巢父許由不足取。馬熙在和詞中說："人間世，多少高眠巢許，勳庸終愧伊吕"，也道出了許有壬等人的傾向。

實際上，許氏更推崇的歷史人物不是陶淵明等隱士，而是謝安與裴度。許楨和許有壬《秋陰》詩云："綠野思裴度，東山訪謝安。及辰行樂爾，世路任艱難。"他的另一首和詩說"遥遥東山游，復見風流相"。許楨將其父比作東晉的謝安與唐代的裴度，謝安舉止瀟灑鎮定，是魏晉風度的代表人物，著名的風流宰相，裴度晚年留守東都洛陽，築綠野堂，與白居易、劉禹錫等人唱和。兩人雖然有過閒居生活，但都曾經建立過一番功業。謝安取

----

①儘管許有孚、許楨的仕途經歷不能與許有壬相比，但是作爲漢族大臣，這種官場的感受是相同的，因此筆者將他們的詩歌作爲整體來研究。

②朱熹《晦庵集》卷2《觀書有感二首》其一："半畝方塘一鑒開，天光雲影共徘徊。問渠那得清如許，爲有源頭活水來。"

得了淝水之戰的勝利,延續了東晉王朝,裴度則帶兵掃平了吳元濟藩鎮割據勢力,維護了唐王朝的統一。相比於謝安與裴度,許有孚《買陂塘》説其兄是"身退功成天許",但許有壬並不認爲自己功業已就。許楨和其父《新秋即事》詩曰:"功名付身外,天地寄杯間",表面上取飲酒而舍功名,實則包含著幾分激憤與無奈。許有壬在和詩中説:"子房屈圮下,高祖隱芒碭。君臣倏際遇,功業驚洽暢。"希望遇到的是明君良臣,共做一番事業。

許楨説:"不平常欲以詩鳴,詩友還能識此情。"(許楨和有孚《鄉友具宴漫成(十三日)》)那麽,許有壬心中有哪些不平之氣需要抒發呢?

二、許有壬爲政之艱難

圭塘唱和詩詞中,與歸隱之樂相映襯的是爲官時的痛苦,例如"醉脱烏紗從露頂,絶勝前日縛塵纓"(許有壬和有孚《鄉友具宴漫成十三日》)、"蕭散今方得,艱難昔備嘗"(許楨和許有壬《圭塘獨坐賦四律》)。從政三十多年,許有壬留下的是苦澀的回憶。唱和詩中遍佈"黃粱"、"滄海桑田"、"卻笑紛紛輕薄手,等閒翻覆變炎涼"、"三生夢"、"半世京華困鼎茵"[1]等等,這些語句隱含著的都是不堪回首的痛苦與無奈。

許有壬在圭塘唱和之前已經做到參知政事、御史中丞這樣的高位,那麽,這位在元代後期漢人中少有的仕途顯達者,内心有著怎樣的隱微呢?

據《元史》卷一八二《許有壬傳》記載,許有壬爲政體恤百姓、抑制豪强,比如泰定元年(1324),許有壬爲中書左司員外郎時。

> 京畿饑,有壬請賑之。同列讓曰:"子言固善,其如虧國何。"有壬曰:"不然。民,本也,不虧民,顧豈虧國邪。"卒白于丞相,發糧四十萬斛濟之,民賴以活者甚衆。

許有壬認爲,民爲國之根本,救民爲當務之急。他的善政不只是救濟災民一事,史載元英宗被弒後,許有壬上奏章建議嚴懲鐵木迭兒之子鎖南及其餘黨,並請爲遭受鐵木迭兒打擊陷害的王毅、高昉、趙世延等大臣雪冤復職。他上疏言十事,包括訓導太子、加强武備等。任左司郎中時,"每遇公議,有壬屢爭事得失,汛掃積滯,幾無留牘。都事宋本退語人曰:'此貞觀、開元間議事也。'"

然而,這樣一位忠君愛民、積極爲政的股肱之臣,被宋本譽爲貞觀、開元賢相的許有

---

①參見許有孚《買陂塘》、《叔和楨韻》、許有壬《翁用楨韻二首》、和有孚《松陰獨釣》,並見文淵閣《四庫全書》本《圭塘欸乃集》。

壬，其正確主張經常得不到實施。《元史·許有壬傳》記載，元順帝即位後，詔群臣議上皇太后尊號爲太皇太后。

> 有壬曰："皇上于皇太后，母子也，若加太皇太后，則爲孫矣，非禮也。"衆弗之從，有壬曰："今制，封贈祖父母，降于父母一等，蓋推恩之法，近重而遠輕，今尊皇太后爲太皇太后，是推而遠之，乃反輕矣，豈所謂尊之者邪。"弗之聽。

這是許有壬根據傳統禮制的諫諍，無奈不爲皇帝與群臣接受。元順帝的這一舉動受到了後世史家的嘲笑①。《元史》本傳又載：

> （至正）二年，囊加慶善八及孛羅帖木兒獻議，開西山金口導渾河，逾京城，達通州，以通漕運。丞相脱脱主之甚力，有壬曰："渾河之水，湍悍易決，而足以爲害，淤淺易塞，而不可行舟。況地勢高下，甚有不同，徒勞民費財耳。"不聽，後卒如有壬言。

許有壬反對囊加慶善八、孛羅帖木兒與脱脱等開鑿通漕運的舉動，結果不被採納，最終導致勞民傷財。

如果説這些挫折還可以容忍的話，那麼元順帝罷科舉之事則深深羞辱了許有壬。許有壬擢延祐二年進士第，有孚爲至順元年進士，兄弟先後中舉，一門二進士。這在唐、宋、金、明、清這些朝代可能不算什麼，但在科舉長期中斷，而且取士名額極少的元代，這樣的家族還屬鳳毛麟角。許有孚在圭塘唱和詩中不無自豪地説："卻憶當年閶闔曉，恩袍光照上林春"，並加注："登第日唱名西宮，密邇上林，嘗聞鶯也"（《圭塘雜詠並序·柳下聽鶯》）。然而，就是這給湯陰許氏帶來無上榮耀的科舉之事，到後來竟然成爲許有壬一生最大的恥辱。

至元元年（1335），中書平章政事徹里帖木兒挾個人恩怨，首議罷科舉，參政許有壬入爭之。《元史》卷一四二《徹里帖木兒傳》記載了他與太師伯顏對此事的爭論：

> 有壬乃曰："科舉若罷，天下人才觖望。"伯顏曰："舉子多以贓敗，又有假蒙古、色目名者。"有壬曰："科舉未行之先，台中贓罰無算，豈盡出於舉子？舉子不可謂無過，較之於彼則少矣。"伯顏因曰："舉子中可任用者唯參政耳。"有壬曰："若張夢臣、馬伯庸、丁文苑輩皆可任大事。又如歐陽元功之文章，豈易及邪？"伯顏曰："科舉雖罷，士之欲求美衣美食者，皆能自向學，豈有不至大官者邪？"有壬曰："所謂士者，初不以

---

① 清趙翼《廿二史札記》卷30"弟爲皇太子叔母爲太皇太后"條，認爲"衰朝荒主，顛倒妄行"。

衣食爲事，其事在治國平天下耳。"伯顏又曰："今科舉取人，實妨選法。"有壬曰："古人有言，立賢無方。科舉取士，豈不愈於通事、知印等出身者？今通事等天下凡三千三百二十五名，歲餘四百五十六人。玉典赤、太醫、控鶴，皆入流品。又路吏及任子其途非一。今歲自四月至九月，白身補官受宣者七十二人，而科舉一歲僅三十餘人。太師試思之，科舉於選法果相妨邪？"

伯顏以爲科舉之士有貪贓枉法者，而少可用之人，科舉妨害選官。許有壬一一加一批駁，連伯顏也覺得有道理。但是，儘管許有壬極力爲科舉周旋，但是蒙古保守派還是勝利，開設不久的科舉還是被廢止了，而且"崇天門宣詔，特令有壬爲班首以折辱之。有壬懼及禍，勉從之。治書侍御史普化誚有壬曰：'參政可謂過河拆橋者矣。'有壬以爲大恥，遂移疾不出。"①許有壬"倦游當税駕，勇退免移文"，這種歸隱包含著多少羞愧與無奈（和有孚《圭塘雨後督修堰歸坐嘉蓮亭有感（十一日）》）科舉取士自唐代開始，成爲文人仕進的主要管道，元朝立國以後久久不予開科，延祐開科之後僅僅二十年，因爲蒙古保守派的反對，科舉又被停止，這極大影響了官員的選拔，特別是漢族士人的進身之路。

罷科舉還不是許有壬遭到的唯一挫折，其子許楨在詩中已經寫出了他在仕途所遭受的打擊。許楨和有孚《圭塘雨後督修堰歸坐嘉蓮亭有感（十一日）》）説："盡修閒事業，休論舊功勳。流水心無競，蠅聲耳不聞。""蠅聲"，《詩經·青蠅》曰："營營青蠅，止于樊。豈弟君子，無信讒言。"朱熹注曰："青蠅，污穢能變白黑。""詩人以王好聽讒言，故以青蠅飛聲比之，而戒王以勿聽也。"②許楨用此典故，寓意許有壬做官時曾經遭到不少讒言誣陷。

許有壬力主漢法的爲政主張招來了朝中蒙古、色目大臣的嫉妒和迫害。《元史·許有壬傳》對此多有記載。

　　會汝寧棒胡反，大臣有忌漢官者，取賊所造旗幟及僞宣敕，班地上，問曰："此欲何爲耶？"意漢官諱言反，將以罪中之。有壬曰："此曹建年號，稱李老君太子，部署士卒，以敵官軍，其反狀甚明，尚何言。"其語遂塞。

這次利用有人謀反想要栽贓漢族官員的圖謀雖然沒有得逞，但是蒙古色目大臣並不甘心。"重紀至元初，長蘆韓公溥因家藏兵器，遂起大獄，株連台若省，多以贓敗，獨無有壬

①明宋濂等撰《元史》第 3405 頁，中華書局 1976 年版。
②朱熹注《詩集傳》卷 14，第 187 頁，嶽麓書社 1994 年版（與《楚辭章句》合刊）。

名,由是忌者益甚。"面對這種局面,"有壬度不可留,遂歸彰德,已而南游湘、漢間。"至正元年,許有壬又被任命爲中書左丞,但是對他的迫害很快就到了。《元史》本傳記載:

> 先是,有壬之父熙載仕長沙日,設義學,訓諸生。既歿,而諸生思之,爲立東岡書院,朝廷賜額設官,以爲育才之地。南台監察御史木八剌沙,緣眶眥怨,言書院不當立,並構浮辭,誣讒有壬,並其二弟有儀、有孚,有壬遂稱病歸。

這次竟然利用許有壬父熙載的學生創立書院紀念老師之事,來誣陷許有壬,並牽連到他的兩個弟弟,許有壬只能再次辭官歸隱。許有壬圭塘唱和之後再次出仕又遭誣陷,"監察御史答蘭不花銜有壬,時短長之,奏劾甚力,事尋白。"①許有壬從政近半個世紀幾乎是伴隨著污蔑、攻擊、彈劾度過的,他以昂揚正氣來應對這些打擊。許有孚在《可行記塘上草木廿四首》中讚歎道:"亭前雙檜立,枝曲能自矯。譬如直諫臣,抗論犯天表。""外直尚持君子節,後凋終繼烈臣風。人將大任多窮困,其孰知之惟太空。"(《可行松竹皆黄》)這不是對兄長的溢美之詞,修《元史》的官員對許有壬也高度評價:

> 有壬歷事七朝,垂五十年,遇國家大事,無不盡言,皆一根至理,而曲盡人情。當權臣恣睢之時,稍忤意,輒誅竄隨之,有壬絶不爲巧避計,事有不便,明辨力諍,不知有死生利害,君子多之。

許有壬面對這些誣陷、攻擊,以國事爲重,不計個人安危,直言進諫,贏得了君子的稱讚。

三、元代的蒙漢文化衝突

許有壬在元代碰到的不同民族之間政治主張矛盾與文化衝突,在歷史上並非個例,北朝遼金元這些少數民族入主中原建立的政權都存在這一問題。北魏道武帝詢問儒生李先:"天下何書最善,可以益人神智?"李先對曰:"唯有經書,三皇五帝治化之典,可以補王者神智。"②忽必烈問孔子之性,張德輝回答說:"聖人與天地終始,無往不在。殿下能行聖人之道,性即在是矣。"③所謂經書、三皇五帝治化之典,以及聖人之道,就是實行中原傳統的統治制度,即漢法,主要內容是"以'仁'爲核心的儒家政治學說,包括綱常名教等

---

①《元史》卷182《許有壬傳》,第4202頁。
②北齊魏收撰《魏書》卷33《李先傳》,第789頁。中華書局1974年版。
③《元史》卷163《張德輝傳》,第3822頁。

倫理觀念和以封建帝王爲中心的大一統思想"①。從總體上說,作爲統治中原的少數民族皇帝,元代帝王在漢化方面既比不上之前的北魏、金,更遜色於之後的清朝。

我們就以元朝之前的金朝爲例做一比較。金朝初年,由於使金被扣或被俘而遭到囚禁的滕茂實、朱弁、洪皓、司馬朴等"南冠詩人"忠於宋朝,堅守節操,拒不仕金。後來改仕金朝的宇文虛中被誅殺,定死罪的證據是家中多藏宋朝圖書,真實原因在於譏訕慢侮女真權貴②,他最終作了民族矛盾的犧牲品③。金初漢族文人對金朝有這麼強的抵觸情緒,其中的原因除了當時兩國交兵的狀態之外,更深層的在於文人的正朔觀念,他們認同政權的依據不是種族,而是文化上的夷夏之別④。姚奠中先生認爲,孔子講"夷夏之防",但夷夏並不以地區爲界,而是以文化的先進與落後區分,孟子"用夏變夷",也是要用先進文化改變落後文化。"基於這樣的認識,所以歷史家對境内各族所建立的政權,只要是繼續用中夏衣冠文物、典章制度來治理國家,使中夏文化得到繼承,就都予以肯定。"⑤

金人入主中原,制度草創,至金熙宗天眷二年(1139)推行漢官制度,其漢化過程是逐步實現的⑥。到了金代中期以後,隨著女真族漢化程度的提高,許多漢族文人也就不再視之爲異族政權,而是視爲正統⑦,願意爲之效力,甚至獻出生命。比如在蒙古進攻金朝之時,周昂不願逃走,死於蒙古軍之手⑧,路鐸城破兵敗,投沁水死,李革、李復亨自殺殉難⑨。

蒙古人侵入中原,漢族儒士希望他們也能像金朝統治者一樣"能用士"、"能行中國之

①匡裕徹《元代維吾爾族政治家廉希憲》,元史研究會編《元史論叢》第二輯,第 242 頁,中華書局 1983 年版。

②《金史·宇文虛中傳》:"虛中恃才輕肆,好譏訕,見女直人輒以礦鹵目之,貴人達官往往積不能平。虛中嘗撰宮殿牓署,本皆嘉美之名,惡虛中者讁其字以爲謗訕朝廷,由是媒蘗以成其罪矣。"

③參見劉浦江《金代的一椿文字獄——宇文虛中案發覆》,原載《慶祝鄧廣銘教授九十華誕論文集》,河北教育出版社 1997 年版,收入劉浦江《遼金史論》,遼寧大學出版社 1999 年版。

④陳寅恪《隋唐制度淵源略論稿》:"全部北朝史中凡關於胡漢之問題,實一胡化漢化之問題,而非胡種漢種之問題。當時之所謂胡人漢人,大抵以胡化漢化而不以胡種漢種爲分別,即文化之關係較重而種族之關係較輕,所謂有教無類者是也。"儘管講的是北朝,實際上是中國歷史上的普遍情況。

⑤姚奠中《關於元好問研究的兩個問題》,李正民、董國炎主編《遼金元文學研究》第 184 頁,北京:文化藝術出版社 1999 年版。

⑥參見《金史》本紀及李錫厚、白濱著《遼金西夏史》,上海人民出版社 2003 年版。

⑦參見劉揚忠先生《論金代文學中所表現的"中國"意識和華夏正統觀念》,《吉林大學學報》2005 年第 5 期。

⑧參見《金史》卷 126《文藝傳》。

⑨參見《金史》卷 99《李革傳》、卷 100《路鐸傳》、《李復亨傳》。

道”，這樣漢族儒士也會尊蒙古帝王爲“中國之主”①。然而，元朝推行中原傳統制度卻並不順利，從立國開始，直至滅亡，一直存在著所謂漢法與蒙古慣例之爭。蒙古太宗時期，貴族別迭等人曾建議：“漢人無補于國，可悉空其人以爲牧地。”多虧耶律楚材諫阻才未實施。耶律楚材積極推行漢法治國，“權貴不能平。咸得卜以舊怨，尤疾之，譖于宗王曰：‘耶律中書令率用親舊，必有二心，宜奏殺之。’”②另一位漢族大臣劉敏也遭到同僚牙魯瓦赤的誣陷③。即使是雄才大略的元世祖，早年任用儒臣，積極推行漢法，到晚年也排斥姚樞、許衡等漢族官員，任用色目人阿合馬、桑哥等聚斂之臣④。到元文宗開奎章閣，表面上要尊崇德性，進用儒臣，實際上不過是召集一批文士討論書畫而已⑤。他最親近的兩位奎章官虞集、柯九思並未積極干預軍國政務⑥，即使如此，這種君臣知遇還是引起蒙古色目貴族的嫉恨。

到元順帝時，權臣伯顏極端仇視漢人、南人，除了停止科舉取士，他還有許多荒唐的舉動，比如“廷議欲行古劓法，立行樞密院，禁漢人、南人勿學蒙古、畏吾兒字書”⑦，這些歷史的倒退在許有壬力爭之下才未被實施。這一時期的另外一位漢人重臣太平（賀唯一）也遭受了蒙古貴族的嫉妒和陷害。當他被任命爲中書左丞相時，蒙古貴族太不花極爲不滿，抱怨説：“太平漢人，今乃復居中用事，安受逸樂，我反在外勤苦邪。”⑧太不花甚至想要謀害太平。太平最終還是因得罪了皇太子，遭到蒙古人搠思監誣陷，被迫自殺⑨。由此可見許有壬在朝中的處境。

元代文化存在多元色彩，相比儒家，元代皇帝與貴族更親近喇嘛教，帝師、國師地位顯赫，吐蕃僧人專橫跋扈，經常干預朝政⑩。傳統儒家文化失去了“獨尊”的地位，漢族儒士的政治地位與社會地位降到了歷史的最低點。即以元朝皇帝重視儒家的標誌之一開設經筵爲例，自元統二年開始，許有壬曾爲元順帝講經筵十多年，他在《敕賜經筵題名碑》

---

　　①參見郝經《陵川集》卷37《與宋國兩淮制置使書》。

　　②《元史》卷146《耶律楚材傳》，第3458頁。

　　③參見《元史》卷153《劉敏傳》。

　　④參見《元史·世祖本紀》及清趙翼《廿二史札記》卷30“元世祖嗜利黷武”條。

　　⑤參見陶宗儀《南村輟耕録》卷7“奎章政要”條。

　　⑥參見《元史》卷181《虞集傳》。

　　⑦《元史》卷182《許有壬傳》，《元史》卷39《順帝紀》記載，伯顏甚至“請殺張、王、劉、李、趙五姓漢人”。

　　⑧《元史》卷141《太不花傳》，第3381頁。

　　⑨參見《元史》卷140《太平傳》。

　　⑩《元史》卷202《釋老傳·八思巴傳附必蘭納識里傳》記載：“爲其徒者，怙勢恣睢，日新月盛，氣焰熏灼，延于四方，爲害不可勝言。”

認爲開經筵是"國家崇儒重道,講求太平之大者",臣子"凡與是選,莫不以爲榮遇,而列其姓名者不特榮遇而已,抑將勵其傾竭忠誠以格天心。"①然而,事實表明,經筵對元代政治並没有産生多少積極影響,漢族儒士想通過經筵制度推行漢法、致君堯舜的理想未能實現。"與元代經筵制度的定型和漸趨完善同時,元朝國勢卻每況愈下,逐步走向滅亡。"②

儘管許有壬遭到蒙古色目官員的排擠,飽受打擊,但是他在圭塘閒居二年後又出仕了,主要原因在於他根深蒂固的濟世思想,許有壬認爲:"舍則宜藏用則行,聖人于世豈無情。强顔欲鼓齊門瑟,何似圭塘欸乃聲。"儘管"舍""用"並提,但還是傾向於用世,即使是像鼓瑟于齊王之人那樣不善干求③,明知不被人欣賞,還要枉費精神去努力。許有壬屢次出仕還出於感念君恩,他在和詩説:"衰病天教遠帝鄉,君恩一飯詎能忘。"(和有孚《睡起偶成二絶》)。許氏家族視元廷爲正統的父母之朝④,即使屢遭打擊也難以割捨對朝政的關注。特別是當時元朝已經風雨飄摇、危機四伏了,至正十年的變更鈔法和次年的賈魯治河成爲農民起義的導火索。至正十一年劉福通率領紅巾軍起兵,各地積極回應。許有壬籌畫備禦之策十五條,力圖穩定時局。

歷史上家族成員詩詞唱和的情況並不少見,也有家族成員詩文合編爲一集者。唐代褚藏言編《竇氏聯珠集》五卷,收扶風竇氏竇叔向之五子竇常、竇牟、竇群、竇庠、竇鞏的詩,編家族成員之作,成爲家集⑤。趙州房子(今河北趙縣)人李乂與兄尚一、尚貞同爲一集,號《李氏花萼集》⑥。金末元初稷山(今屬山西)段克己、成己兄弟的作品合刊爲《二妙集》,元代泰和(今屬江西)王沂與弟佑的詩也合刊爲《二妙集》。李士瞻《經濟集》與子延興《一山集》以《濟美集》合刊行世,洪希文《續軒渠集》卷末附録其父岩虎詩。《圭塘欸乃集》的特殊之處在于,作爲湯陰許氏家族唱和之集,不僅是許氏家族文學傳統的表現,更是深層地反映了元代漢人大臣面對蒙漢文化衝突的心態。

【作者簡介】 張建偉(1973—),男,山西太原人,文學博士,山西大學國學院副教授,主要從事魏晉南北朝金元文獻與文化研究。

---

①許有壬《至正集》卷44,文淵閣《四庫全書》本。
②張帆《元代經筵述論》,中國元史研究會編《元史論叢》第5輯,第153頁,中國社會科學出版社1993年版。
③參見韓愈《答陳商書》,《五百家注昌黎文集》卷18。
④許有孚《瑞蓮歌並序》:"我元聖德極涵育,瑞應只許書有年。"
⑤參見李浩《唐代關中士族與文學》第119頁,中國社會科學出版社2003年版。
⑥《舊唐書》卷101《李乂傳》、《新唐書》卷119《李乂傳》。

由《玉山璞稿》解讀顧瑛的雅集情結*

牛貴琥

【內容提要】 "玉山雅集"並不是世紀末的狂歡,更不是醉生夢死。通過分析顧瑛《玉山璞稿》至正十四年和十五年的詩作,可知顧瑛之所以在戰亂期間一再堅持舉行雅集,是因爲他心繫朝廷、關心民瘼的傳統信念和元末腐朽的社會現實所產生的衝突,使其回歸詩人的本體,以雅集來實現自身的價值。這和承平時期的雅集有着本質的區別。

【關鍵詞】 玉山雅集;顧瑛;玉山璞稿

顧瑛的"玉山雅集",很容易被人們理解爲世紀末的狂歡,因爲這些雅集大部分是在戰亂期間一而再地舉行。那麽,在人民生活於水深火熱之中,朝廷面臨滅亡之際,顧瑛及其追隨者又怎麽能有如此雅興?清人董潮在《東皋雜抄》中就説:"元末顧阿瑛處於干戈戎馬之會,擅園池亭榭之勝,日與高人俊流置酒賦詩觴詠倡和,幾忘滄海橫流。"這就不能不使人們對這種雅集的價值產生疑問,歷來文學史的研究者有意無意地淡化和無視玉山雅集,這應該是主要原因之一。

要解決這個問題,自然應從當時的社會、民族、文化等等方面系統研究。不過,由楊鐮先生整理中華書局 2008 年出版的顧瑛的詩集《玉山璞稿》,我們就能得到重要的啟示。

《玉山璞稿》原有二十卷,基本上是每年一卷。但是現存的《玉山璞稿》只有顧瑛寫於元順帝至正十四年和十五年兩年的詩作,分爲上下兩卷。雖然只及原書的十分之一,但對於研究顧瑛和玉山雅集卻十分重要。因爲這兩年恰恰是顧瑛和玉山雅集的轉折期。

* 項目來源:教育部人文社會科學研究規劃基金項目"金元文人雅集現象研究"(11YJA751059)。

具體價值在於不僅可以提供顧瑛生平的一些重要細節,而且更爲重要的是爲解讀顧瑛的内心世界提供了可能。通過《玉山璞稿》,我們可以探尋出顧瑛之所以堅持雅集、以雅集爲生命的原因和動力,並體味出顧瑛内心所經受過的考量和難以言説的情感,還原玉山雅集的文化生態。

對於顧瑛的生平,大多依據他本人至正十八年所撰寫的《金粟道人顧君墓誌銘》,但這個墓誌銘寫得十分簡單,通過《玉山璞稿》則可以幫助人們對顧瑛的生平有詳細的瞭解。比如《金粟道人顧君墓誌銘》記至正十四年"水軍都府以布衣起佐治軍務,受知董侯搏霄。時,侯以江浙參政除水軍副都萬户開府于婁上。"十五年"都萬户納琳哈喇公復俾督守西關,繼委審賑民饑。公嘉予有方,即舉知是州事。朝廷使者銜宣見迫,且欲入粟,泛舟釣於吳淞上。"而據《玉山璞稿》中的《董孟起參政領水軍副都萬户開水軍府事二月二十三日以瑛佐治軍務留海上索詩口占奉呈》,則可知其佐治軍務是在二月二十三日。據《和郯九成從軍詩時二月予以守關婁上》,則可知他直到至正十五年二月還在婁上。而由《長歌寄孟天暐都事》中的"守關三月不得歸"、"補官使者招入粟,一紙白麻三萬斛。頻年官糴廩爲空,數月舉家朝食粥。時維五月梅雨多,眼見青苗生白波……"則可知其守西關至五月,而他之所以泛舟釣于吳淞江上,還在於没有那麽多的粟可以獻出。由《安别駕殺賊紀實歌》中的至正十五年十二月廿五日夜"分符俾瑛與陳志學各選水軍,協力剿捕",則説明,他雖然"肯定身事逐飄蓬,鸞爵何緣到老翁"[1],卻還和昆山州府没有完全脱掉干係。也就是説,顧瑛實際上積極參加了元末的政治活動,並非是一個純粹的雅集的愛好者和組織者。

顧瑛之所以參與具體的政治活動,在於他有着心系朝廷、關心民瘼的普世胸懷。這從《玉山璞稿》就可體現出來。《玉山璞稿》卷上共 92 首詩,反映社會現實和時事的有 51 首。卷下共 120 首,反映社會現實和時事的有 59 首。其中有:"帶號新軍識未真……強買鹽糧更打人"、"農家盡患時行病,總爲修城染帶來"[2]一類對當時社會黑暗地揭露,也有類似白居易《新樂府》的:"官府徵求苦到骨,村落餓莩寒無裳"[3]、"磨牙吮血如虎狼……萬年千載不用官糴糧"[4]那種對官府腐敗的血淚控訴和對優秀官員的期望頌揚。

①《予逃名于吳淞江時于彦成將歸越上舟中有懷》,《玉山璞稿》第 40 頁,中華書局 2008 年版。

②《張仲舉侍制以家中海上口號十絶附……以吳下時事復韻答之》,《玉山璞稿》第 4 頁,中華書局 2008 年版。

③《十一月三十日冬至》,《玉山璞稿》第 28 頁,中華書局 2008 年版。

④《官糴糧》,《玉山璞稿》第 6 頁,中華書局 2008 年版。

他既憂戰亂給人民帶來的苦難:"海賊初退山賊連,姑胥細民如倒懸。只憂疫起在五月,豈意雨多如去年。"①也對此表現出應有的責任感:"短檠照夢獨關情,七月江南尚甲兵。此夜書生愁裏聽,秋風秋雨盡軍聲"②、"兵戈在眼不肯退,安得置身同一丘"③、"安得鑄劍爲農器,盡使閑田寸寸耕"④,頗有杜工部的風尚。就是在題畫一類詩歌中也不忘加入現實的内容。比如《題雪景盤車圖》:"二月三月臨帝郊,似聞物低米價高……豈知人間衣食如牛毛。"《題倀良用臨趙魏公霜浦漁舟圖》:"嗟今南北皆干戈,清風日少紅塵多。磨穿鐵硯不得志,拔劍斫地空高歌。"因此,顧瑛絶對不是只會埋頭飲酒作詩不問世事的所謂雅士,而是在社會動亂之際體現出强烈責任感的傳統知識分子,並將其落實到具體行動和創作當中。看不到這些,就不是全面理解顧瑛,也不能真正理解玉山雅集。

正因爲如此,在至正十一年以後各地如火如荼的起義軍所造成的動亂之際,顧瑛和多數知識分子一樣,堅定地站在元朝廷的立場上,堅持傳統的忠節原則,以紅巾軍爲賊,主張堅決剿滅。是以至正十二年董搏霄克復被徐壽輝起義軍攻佔的杭州,平定餘杭、徽州等地,被朝廷任命爲水軍都萬户,顧瑛就到其幕下幫助治理軍務,至正十四年在劉家港等地擊退方國珍的搶掠,保證了海道漕運的暢通。顧瑛《是夜回宿海口舟中董參政命賦口號》中就説:"六帥移文驅巨鱷,諸軍擊楫誓中流。回頭坐見辰星近,十日糧船達帝州。"⑤至正十三年,張士誠起兵襲據高郵,自稱誠王,國號大周,成爲江浙的主要威脅。至正十四年,在各軍討伐失敗的情況下,元順帝於九月下詔令中書右丞相脱脱總制諸軍出征高郵。顧瑛對這次征討寄予極大的關注,他在《錢思復泛舟過玉山作詩見示次韻以復兼呈于匡山》中説:"七月君王猶北幸,長淮丞相又南征。書生此日頭應白,無奈秋風策策鳴。"在《送陳希文秀才北上》中則講:"方今丞相南征日,似昔周公北伐秋。聖主築台延國士,虎頭食肉定封侯。"對這次征討抱有必勝的信心。《丞相出師口號》中滿懷豪情地寫:"丞相出師秋九月,十月冬後到新州。南來驛騎雨哨尾,北去糧船風打頭。軍聲如雷震淮泗,殺氣上天干斗牛。早提髑髏見明主,四海一日同歌嘔。"丞相脱脱的確也不負衆望。十一月至高郵連戰皆捷。分兵平定六合後大軍圍城,張士誠窘蹙無計,城破就在頃刻。得到這一系列消息的顧瑛,更是欣喜萬分。《十一月二十七日霧中作》云:"長淮千里

①《舟泊山塘雨中口號》,《玉山璞稿》第43頁,中華書局2008年版。
②《秋興二絶》,《玉山璞稿》第47頁,中華書局2008年版。
③《次君擧西郊即事》,《玉山璞稿》第48頁,中華書局2008年版。
④《予以官守系身七十日……口占一律》,《玉山璞稿》第37頁,中華書局2008年版。
⑤據《元史》卷43:至正十四年四月"以江浙行省參知政事阿爾温沙升本省右丞,浙東宣慰使恩甯普爲江浙行省參知政事,皆總兵討方國珍"(中華書局標點本,第914頁),這是十四年四月之事。

連烽火，浙西三年運米薪。近報大軍屯六合，義丁日日點行頻。"聽到六合之勝利，他將脫脫比作李靖和蕭何。"百萬王師曉渡河，江南民力已無多。鐃歌鼓吹軍前奏，渾脫葡萄馬上馱。唐室籌謀歸李靖，漢廷功業數蕭何。書生亦欲觀文化，再拜天階看舞戈"①，認爲從此天下太平了。

　　但是顧瑛不會想到，事實上正常的人也都想不到，這垂成的功業竟然會毀於一旦。和脫脫有矛盾的哈麻爲報私憾，在這個節骨眼上指示監察御史袁賽因不花等上章彈劾脫脫："出師三月，略無寸功。傾國家之財以爲己用，半朝廷之官以爲自隨。"②元順帝於十二月初十下詔削脫脫官爵，安置淮安路，以泰不華、月闊察兒、雪雪一同代將其兵。二十四日，詔至軍中，脫脫匹馬北歸。哈麻背地裏遣人先至軍中告訴都中大臣子弟領軍從行的長官："詔書且至，不即散者當族誅。"所以百萬大軍，一時四散。没有人統領的以及爲脫脫抱不平的軍人，大多數隨從了紅巾軍。從此，元朝廷的軍隊再也没法振興起來了③。這個消息當然不會馬上傳到昆山，所以顧瑛十二月二十六日夜在可詩齋與于彦成等人聯句的時候，還是興沖沖地大詠"濟時風雲會，曠世龍虎遇"、"凱奏杖杜詩"、"干羽舞兩階"、"時清仰皇澤"④。可以想見，消息很快傳到以後，顧瑛該是多麽地困惑和失落。

　　這次戰役，董摶霄也參加了。分兵破六合就出自他的建議。臨行時，顧瑛爲之作了《鐃歌十章並小序送董參政》。在一一歌頌了董在江南的各項戰績後，對其將有大用寄予極大的希望。然而董的結局也不好。先調往濟南，被疾其戰功者譖于總兵太尉紐的該，最後在至正十七年北行途中爲突至的賊軍殺死。史稱："會天下大亂，乃復以武功自奮，其才略有大過人者，而當時用之不能盡其才，君子惜之。"⑤顧瑛應屬這類君子之一。

　　也許由於顧瑛忠君、忠於朝廷的思想占着上風。他努力在這一事件中尋找其合理性。畢竟脫脫不是一個完善的人物。比如他所主張的更造至正交鈔就是一件很不得人心的事情。所以顧瑛在至正十五年《漫成》詩中就講："通街不使新交鈔，到處都添濫設官。"《長歌寄孟天暐都事》叙及脫脫南征，也這樣委婉地講："新行交鈔愈澀滯，米價十千酬四升。師出無功天子怒，一朝遠放西河去。"同時，他對新任丞相抱有希望。二月，元朝

①《十二月初八日丞相自六合班師喜而有作呈秦文仲秀才》，《玉山璞稿》第29頁，中華書局2008年版。
②《元史》卷43，第917頁，中華書局標點本。
③見陶宗儀《南村輟耕録》卷29，第357頁，中華書局1959年版；楊訥、陳高華、朱國炤、劉炎編《元代農民戰爭史料彙編》中編，第414頁，中華書局1985年版，引《庚申外史》卷上。
④《臘月二十六日夜可詩齋夜集聯句……》，《玉山璞稿》第31頁，中華書局2008年版。
⑤《元史》卷188，第4306頁，中華書局標點本。

廷任命汪家奴爲中書右丞相,定住爲左丞相,詔天下①。顧瑛喜而作詩:"鸞詔翩翩降帝旁,江南赤子尚荒荒。"認爲既然"已見排山驅海若",就應該"更須操矢射天狼"②,這樣便會"太平有象崇文治,底用田家執戟郎"③。然而這兩位丞相沒有留下任何政績。《草木子》卷四便云:"或以詩粘國門曰:'蝦蟇水上浮,雪雪見日消。定住不開口,汪家奴只一朝。'國事休矣。雪雪,哈麻弟也,爲御史大夫,黨兄爲奸。定住緘默,汪終日酣飲而已。"而且很快朝廷又在四月任命定住爲右丞相,哈麻爲左丞相,連反對脱脱更變鈔法的呂思誠也罷了官。顧瑛關心的是朝廷的糧運問題:"端陽過了南風起,不見誰開漕運船。"④而朝廷卻是忙着派人帶上宣命、印信、牌面去高郵招安張士誠⑤。顧瑛是反對招安這些起兵反叛者的。本年四月所作《和翟惠夫即事二首》中就明確提出"奸雄豈是池中物,狂妄真成井底蛙。"於是在這極度失望的情況下,他只能慨歎:"寸心憂國慚無補,兩鬢飛霜一半加"⑥了。

我們應該知道,顧瑛之所以對各地的起義軍——賊,主張不妥協的剿滅,就在於這些賊以殺掠爲事,給社會和人民造成極大的傷害。所以,在至正十五年春,當起于新豐的賊衆殺掠至平江,被參政脱因率衆殺退,保全了吳城時,顧瑛寫下熱情洋溢的《君臣同慶樂送脱因萬户》。認爲"國之重事天下係,豈可責分彼己不得竭效臣子忠","誰能排雲叫九重,受臣如此天子何不招入明光宫。大啟元戎十萬乘,授以斧鉞出以誅群凶。坐見成功舞干報天子,邦基式固河山雄。"這年冬十一月,在昆山石浦村發生了賊党殺死胡氏父子及孫,放火燒其屋,掠走妻女財物的惡性案件,參政脱因下令剿捕,顧瑛也帶領水軍參加了行動並取得了勝利。事後,顧瑛作了《安别駕殺賊紀實歌》、《昆山知州坊侯平賊詩》進行歌頌。他認爲這是"效忠報國"的行動,只要守土官員都這樣去做,"田野豎兒何足平",還謙稱自己"書生從軍亦何補",只不過是盡力而爲,"但願執鞭安此土"而已。

可歎的是,形勢的發展並非如顧瑛的估計。不但沒有"一心成功報天子,天子已築高高臺"⑦、"考功端合升上階,不待飛章九重請",也不是"只今邑官皆大材,六參分省堂堂開。要當努力盡撫事,千載龔黃今復來"⑧,而是沒多長時間,張士誠就進軍富庶的吳中,

①《元史》卷44,第922頁,中華書局標點本。
②"海若"指方國珍,"天狼"指西北的張士誠、劉福通。
③《喜聞命相詔至喜而有作》,《玉山璞稿》第36頁,中華書局2008年版。
④《乙未書實和孟天暐都司見寄》,《玉山璞稿》第42頁,中華書局2008年版。
⑤《元史》卷44,第924頁,中華書局標點本。
⑥《玉山璞稿》第37頁,中華書局2008年版。
⑦《安别駕殺賊紀實歌》,《玉山璞稿》第63頁,中華書局2008年版。
⑧《崑山知州坊侯平賊詩》,《玉山璞稿》第64頁,中華書局2008年版。

並於至正十六年二月以三、四千之衆攻下平江路。被顧瑛視爲"聖元國孕之所鍾"①的參政脱因匿于俞家園,被游兵殺死。接着,昆山、嘉定、崇明州人,相繼來降②。這些所謂的賊軍,"劫掠奸殺,慘不忍言"。"好學而文"的陳普,在張士誠的軍隊索取婦女時罵道:"若所爲,寇耳!"被殺死③。而顧瑛寄以希望的官軍,則在抗禦賊時互相拆臺,無能之極,對於擄掠百姓卻毫不遜色。元帥王與敬被張士誠打敗駐守松江,其下屬撤退時搜刮金銀財物,塞滿舟船。排擠走王與敬的楊完者所統領的苗軍更糟糕。占領松江,"火一月不絕。城邑殆無噍類。偶獲免者,亦舉刖去兩耳。掠婦女,劫貨財,殘忍貪穢,慘不忍言。"而張士誠來攻,便連夜遁去④。在嘉興,完者"凶肆,掠人貨錢,至貴家,命婦、室女見之,則必圍宅勒取,淫污信宿始得縱還。少與相拒,則指以通賊,縱兵屠害。由是部曲驕橫,凡屯壁之所,家户無得免焉。民間謡曰:'死不怨泰州張,生不謝寶慶楊。'"⑤面對這種殘酷的局面,兩個月前還在努力配合殺賊,慨歎"于時絳帕接近郊,縱有官軍擒未得"⑥的顧瑛,該作如何想呢?

　　令顧瑛難堪的還不僅僅如此。至正十六年三月,顧瑛佐治水軍時所抵禦的海寇方國珍重新爲元朝廷招安,任命爲海道運糧漕運萬户,兼防禦海道運糧萬户⑦;至正十七年八月,張士誠也被招安,授太尉。其部下也都授官⑧;叛變朝廷的王與敬也授予同簽行樞密事⑨。昔日的賊,又成了顧瑛的父母官,可以正兒八經的以朝廷的名義要求或脅迫爲其服務。"兵入草堂"和"交相薦舉"⑩的目的都是一樣的。顧瑛又該如何面對呢? 不論出與不出都不那麼理直氣壯。他之所以最終採取了"祝髮廬墓"的舉動,也是屬於没辦法的辦法。

　　應該説,顧瑛之處境和遭遇,在當時正直的文士之中具有普遍性。例如:《草木子》卷

---

①《君臣同慶樂送脱因萬户》,《玉山璞稿》第 54 頁,中華書局 2008 年版。

②陶宗儀《南村輟耕錄》卷 29,第 358 頁,中華書局 1959 年版。

③楊訥、陳高華、朱國炤、劉炎編《元代農民戰爭史料彙編》中編,第 421 頁,中華書局 1985 年版,引《姑蘇志》卷 53《人物》。

④陶宗儀《南村輟耕錄》卷 8,第 101 頁,中華書局 1959 年版。

⑤楊訥、陳高華、朱國炤、劉炎編《元代農民戰爭史料彙編》中編,第 434 頁,中華書局 1985 年版,引《樂郊私語》。

⑥《崑山知州坊侯平賊詩》,《玉山璞稿》第 64 頁,中華書局 2008 年版。

⑦《元史》卷 44,第 931 頁,中華書局標點本。

⑧《元史》卷 45,第 938 頁,中華書局標點本。

⑨楊訥、陳高華、朱國炤、劉炎編《元代農民戰爭史料彙編》中編,第 427 頁,中華書局 1985 年版,引《農田餘話》卷上。

⑩《金粟道人顧君墓誌銘》,《玉山璞稿》第 191 頁,中華書局 2008 年版。

三論及方國珍之爲亂和招安時就講:"當賞而不賞,當刑而不刑,刑賞之柄既失,紀綱於是乎大壞,而中原之寇起矣"、"及方寇起瀕海,豪傑如蒲圻趙家、戴綱司家、陳子游等傾家募士,爲官收捕,至兄弟子侄皆殲于盜手,卒不沾一命之及,屯膏吝賞至於此,其大盜一招再招,官已至極品矣。於是上下解體,人不向功,甘心爲盜矣。……且功則不與,賊則與之,刑賞倒施,何其謬哉?嗚呼!爵命之設,上以尊有德,下以待有功。此豈人君私器而專用私人也哉?後之有天下者,可以鑒矣"、"方之初亂,有宣數道、勅十數道,懸以購人立功。及有功亦竟不與,可爲太息。"當時那麽多的人士如:陳高、鄭玉、陳世昌、戴良、倪瓚、楊維楨等都採取了不和各色起義者合作的態度,就是證明。

由《玉山璞稿》所保留的顧瑛兩年的完整的詩歌,結合當時的環境和時事,我們可以知道,傳統的堅定信念和腐朽現實的衝突,使顧瑛伴隨着希望的破滅而陷入尷尬的境地。而且對希望的追求越熱烈,信念越堅定,所投入的感情越深,使其越尷尬,越難堪,並且深深地傷害了自尊。他似乎是受騙了,但是誰騙了他呢?他又説不清楚。在傳統的理念不會也不可能改變的情況下,他不會悔恨、埋怨,或將這一切歸之於自己的單純、輕浮、不成熟,甚至簡單推到朝廷或奸人身上了事。於是這種尷尬就變得不可言説、無法訴求,哪怕是他以後的詩文之中也難以尋覓得到。顧瑛既然把傳統的忠節看作立身的根本,對於宋亡之際守獨松關而死的二馮那麽崇敬,稱之爲"天啟真人開北極"①,那麽他就和所有的保持節義的文士一樣,與一切賊不合作,不論他們以什麽樣政權的旗號出現,從而守住了自己的底綫。須知這是他的選擇,並不要求其他人也這樣做。他既然已經對時局失去了希望,認識到"當今兵革四起,白骨成丘。家無餘糧,野有餓莩。雖欲保首領以殁,未知天定如何耳"②。那麽爲朝廷做無謂的奮鬥,已無意義。於是傳統的窮則獨善的思潮就會占主導的地位。顧瑛在至正十四年和十五年參與治民治軍的時候,本就表現出一些不適應。一直在説:"我亦儒冠竟何補,願於東海作迂民"③、"我亦桃源隱居者"④、"只緣才薄不勝官"⑤、"何時得似青門隱"⑥。那麽,這時很自然地會回歸詩人的本體,回到自己的家

---

①《富春馮正卿其伯父古山父仁山結樓讀書名曰來青……》,《玉山璞稿》第 33 頁,中華書局 2008 年版。

②《金粟道人顧君墓誌銘》,《玉山璞稿》第 191 頁,中華書局 2008 年版。

③《次琦龍門夜宿陳性之學舍詩韻柬寄陳性之訓導時學中殿梁生紫芝故及》,《玉山璞稿》第 16 頁,中華書局 2008 年版。

④《題劉德方經歷西村圖次察士安御史韻》,《玉山璞稿》第 24 頁,中華書局 2008 年版。

⑤《自題松下摘阮小像》,《玉山璞稿》第 29 頁,中華書局 2008 年版。

⑥《次姜羽儀韻二首》,《玉山璞稿》第 48 頁,中華書局 2008 年版。

園,以比原先更爲執著的態度和熱情,從事詩的創作,從事與詩友的雅集,來實現自身的價值,找回自尊。草堂不適宜雅集了便在外地舉辦。亭台被毀再重修。詩文散失再補抄。他是把自己的生命溶進詩,將雅集作爲畢生的事業來打造。這一切和政治没有了關係,和名利也没有多大關係。看似有點迂腐卻很純潔,看似規避什麽實則很執著。很明顯,是理想的破滅從而成就、促進和堅定了顧瑛的選擇。這和承平時代的雅集在實質上有所區别。

因此,顧瑛和他主持的玉山雅集並不會是什麽世紀末的狂歡,更不是醉生夢死。其所蘊含着的内涵需要我們進一步去努力挖掘和體味。

【作者簡介】 牛貴琥(1952—),山西霍州人,山西大學國學院副院長,教授,博士生導師。從事國學、魏晉南北朝文學、金元文學的教學和研究。

詩旌忠孝節義鬼　頭白終師魯仲連

——論王逢其人其詩

李　軍

【内容提要】　元末明初著名詩人王逢,有《梧溪集》七卷傳世。本文運用史料考據和作品分析方法,梳理探索王逢生平行事,認爲其人一生多行善舉,值得肯定;理清了其謝絶元、明王朝及張士誠政權的舉薦次數,並對其辭薦原因再作探討。通過分析研究其作品思想内容,認爲其詩以旌揚"忠孝節義"爲宗旨,表達了矢志不渝的故國情懷。

【關鍵詞】　王逢;《梧溪集》;忠孝節義;故國情懷

　　王逢是元末明初的著名詩人,有《梧溪集》七卷傳世。其詩"悼家難,憫國難"①,被後人目爲"詩史",自元末至清,均受到較高評價。當今學者如錢基博、鄧紹基、楊鐮等,在其著作中都對王逢及其詩進行過評介。學術界至今已發表有關王逢的論文數篇②,對王逢生平及詩歌内容有一初步梳理。筆者在學界已有上述研究的基礎上,以《梧溪集》所載詩

①楊維楨《梧溪集序》,《梧溪集》卷首。本文所引《梧溪集》,均出自《知不足齋叢書》第 29 集,民國十年(1921)上海古書流通處據清鮑氏刻本影印。下引其集,僅標篇名、卷數,明顯訛誤據明景泰七年(1456)陳敏政重修本及臺灣影印文淵閣《四庫全書》本改正。

②分別是臺灣許守泯《叙史寓志於詩——對元人王逢〈梧溪集〉的一些考察》,北京師範大學古籍與傳統文化研究院編《中國傳統文化與元代文獻國際學術研討會會議論文集》509 ~ 523 頁,中華書局 2009年 3 月;葉萊《〈梧溪集〉版本考——以國圖藏陸貽典手校本爲中心》,《山東圖書館學刊》2009 年第 4期;何麗娜《元遺民王逢身份考》,《長沙鐵道學院學報(社會科學版)》2009 年 12 月第 10 卷第 4 期;崔志偉《元末明初松江文人的時代悲歌——試析王逢、邵亨貞的史詩》,《咸陽師範學院學報》2010 年 1 月第25 卷第 1 期;何麗娜《〈梧溪集〉版本源流考》,《長沙鐵道學院學報(社會科學版)》2010 年 6 月第 11 卷第2 期;中南大學文學院古典文獻學專業何麗娜碩士論文《元遺民詩人王逢考論》,2010 年 5 月。

文爲據,對王逢一生行事進行更爲詳細的考證和梳理,並對其詩歌内容進行深入分析,知人論世,以便更好地研究王逢其人其詩。

一、王逢其人

王逢(1319~1388)字原吉,號席帽山人,江陰(今屬江蘇)人。《明史》卷285、《新元史》卷238有傳,錢基博《中國文學史》、鄧紹基《元代文學史》、楊鐮《元詩史》並述其生平。筆者在此基礎上稍加擴充,可大致括其行蹤如下:

王逢早年居家鄉江陰,席帽爲王逢家鄉山峰的名字,山有王逢家祖墓。此當是王逢取號所自。江陰北臨長江,縣城有澄江門,至正中建有澄江書院,此當爲王逢早年命名詩集爲《澄江櫂歌》所本。至正二年(1342),王逢年二十四,侍父僑寓信州永豐。至正五年十二月,自信州護母櫬回鄉。此後,在家鄉生活。至正十二年江陰亂起,十一月,王逢避亂綺山。十五年八月,避地前湖。在江陰時,曾館於知事朱道存家。至正十六年八月,避地無錫梁鴻山。十七年夏,自梁鴻山避地青龍鎮,有梧溪精舍、冥鴻亭、小草軒。至正十九年秋曾游杭州。至正二十四年九月,移居橫泖。二十六年三月,自橫泖遷居上海烏涇,有儉德堂、最閑園。居烏涇至終年,卒後入江陰縣鄉賢祠。

關於王逢爲人及屢辭薦舉等事,各書論述均較簡略,大多沿周伯琦、陳敏政舊説。有的論文對此有挖掘,但並不徹底。王逢生平爲人行事究竟怎麼樣,一生共有多少次被人舉薦,這是認識王逢其人不可或缺的要件。筆者據《梧溪集》所載詩文,分別對詩人所行善舉、屢辭薦辟兩項予以更詳細的梳理和考證,以期達到全面認識王逢其人的目的。

所行善舉

周伯琦爲王逢詩集作序云:"[王逢]迴翔州里,能以一言活黨亂者數千人之命,以一檄降惡少五千之衆,又聚瘞無錫之殲於兵者千百人之骸骼。力可致者,不少愙嗇。"①此數事在《梧溪集》中大多能尋覓出具體細節。

卷四下《夢靳公信州利安諱仁》後序云:"代浙相版授[靳仁]江陰尹。三月,復授理問。其年徽人迫江陰境,舉家合仲季弟百餘口,蒼皇無依,予爲覓舟挈避蘇。既浙東帥觀孫復州城,而公奉相檄,撫綏軍庶。時東八鄉巨室細氓,多脅從者,帥請加兵。公從子師

①卷首。

於予,又感予義,因問八鄉故,予曰:'民非樂亂,無父母耳。父母寄舊在公,今公來,不其子乎? 帥惟公命,其有不矜宥乎?'遂具語帥,止。"此即周序所云"以一言活黨亂者數千人之命"。"公從子",指靳惟正。

卷五《讀杭宋俞文蔚吹劍録一事有感》序云:"予竊感江陰東八鄉得免兵禍者再,一以壬辰冬,一以丙申秋,此人所共知出於予言,已略見周侍御《梧溪集序》。又秘書卿貢公《題楊提學梧溪子小傳後》云:'梧下忘年友,兵間著義名。片言回楚祲,千里系周正。奴返前州牧,金辭巨室甥。猶聞多士感,蘇學與常城。'蓋補書遺事,罕有聞者,今漫録民懷序後。"壬辰,至正十二年;丙申,至正十六年。由此知江陰這兩次避免兵禍,均因王逢之言助。這兩次,當即周序所云前二事。另卷四下《中吳採蓮巷重會前州牧》引云:"州牧,西域人氏,江陰達魯花赤也。比任,屬城破,聽調無錫軍中。無錫亦破,被繫九月。予偶聞,言於今左丞王晟,釋焉,且自具人船餼飲送其還。牧德予,以奴奴於予爲謝,予辭不受。"此即貢詩所云"奴返前州牧"事。卷四下《懷唐伯剛》引云:"名志大,如皋人。嘗爲淮藩統兵無錫,裨將擄巨室甥女,以予言徵還之。"此即貢詩所云"金辭巨室甥"事。

卷二有《往斂名開化二鄉掩骼》一詩。二鄉在無錫,斂名即揚名。《無錫縣志》卷一載:"鄉二十有二:揚名在州西南四十里。南開化,北在城,東景雲,西開元太湖界。開化在州西南六十里。南太湖,北揚名,東新安鄉,西太湖。"①此即周序所云"又聚瘞無錫之殤於兵者千百人之骸骼"。除此之外,王逢還爲靳仁草寫掩骼移文,《夢靳公信州利安諱仁》後序續云:"[靳仁]轉同知常州,道憫骼骴,亟移文掩焉。及任左丞黑黑獎公諳大體,公曰:'草文則布衣王某也。'"

其次,下列詩中可見王逢所行其他善舉:卷四上《常州軍幕中偶白兔郡儒築城頓兵之擾凡百十户及還多士義請留不果因謝別一首》、卷四下《將投海上自鴻山往泰伯瀆別王左丞以父老言言馬跡山漁商小船非攻守具得釋五百五十人數倍之及回舟八句寄左丞》、《寓隱鴻山承無錫張倅罷一境搜粟之擾既李司徒命僚佐物色戰艦鄉鄰徐氏船在拘籍中予以家船代之口號謝張及司徒僚佐》、補遺《西膠山雪晴寫呈無錫州尹遂蒙罷吳家渡築城之役》。這些善舉爲王逢在常州、無錫所行,從詩題看有下列數宗:百十户常州儒户免去築城頓兵之勞役,馬跡山原本徵用爲戰爭工具的漁商小船五百五十艘及船夫得以釋歸,以自家船隻替代鄉鄰徐氏船使其不被徵用,寫詩悲嘆築城義兵之苦遂使州尹罷築城之役。

以上數事可知,王逢同情百姓,善待生命,時時處處盡力行善,是一個有憐憫關懷之

①臺灣影印文淵閣《四庫全書》本第492册第664頁。

心的人。

屢辭薦辟

　　王逢以布衣終身，一生未仕，在周伯琦等人爲王逢詩集所作序中多次提到，他曾有若干次被薦入仕的機會，但均爲其謝絶。周氏序云："嘗稱疾牢辭臺臣之薦，人咸高之。遭時多虞，以客爲家，大府交辟一不就。"①陳敏政後序云："元至正閒，嘗獻《河清頌》於朝，大臣薦之，辭不受。後張氏開閫姑蘇，招賢禮士，時士多爲之用。先生獨高蹈遠引，不汙一命。國初有以先生文學薦於上者，召之甚急，亦以老疾固辭。"②《四庫全書提要》云："當至正間，被薦不就，避地吳淞江，築室上海之烏涇。適張氏據吳，東南之士咸爲之用，逢獨高蹈遠引。及洪武初，徵召甚迫，又以老疾辭。"③以上記載可知，王逢被舉薦與三個政權有關。那麽到底一共有多少次舉薦，其具體情況又是什麽樣的，這依然可以從《梧溪集》中尋覓到蹤跡。

　　卷三《冥鴻亭詩》序云："逢早游金陵，臺臣有以茂才異等薦，以病辭。浙西分憲繼以晦跡丘園薦，不報。兵興，大府辟佐戎行，又以材不勝任辭。"此段提到，王逢有三次被薦，舉薦或薦辟者一爲臺臣，一爲大府。第二次浙西分憲之薦未上報，可忽略不計。

　　卷三《菜亭四詠》引云："先君没之二年，逢忝部使者薦。又明年，江南務殷，由是無仕進意。"從"又明年江南務殷"一句看，此次薦舉很可能發生在至正十一年（1351）④，時王逢三十三歲，應該就是前詩"早游金陵"那次被薦。卷四上《笋無頭》引云："己亥歲，予游杭，丞相達識公用薦者言，擬擢爲蕭山尹。尋病還。"卷三《趙待制畫爲邵臺掾題》序云："及己亥秋游杭……自後有以蕭山令薦予者，予還寓隱。"己亥爲至正十九年（1359），這一年王逢游杭被薦，擬授官蕭山縣尹。達識公爲達識帖睦邇⑤。《梧溪集》卷二有《寄謝靳士達分憲過舉遺逸》，卷三有《哭信州總管靳公二首》，引云："公諱仁，字利安。弟二人，義字處宜，太平路總管，守節死，贈河南省左丞。智字士達，浙憲知事，卒。並有材德。"第二首詩云："令弟皆知己，巖廊兩薦名。"由此可知，靳士達曾舉薦王逢，且不止一次，其中

---

①卷首。
②卷末。
③卷首。
④卷5《寄贈盧宜興希文名僧孺……翰林待制》："中更國務殷，募壯親破賊。謂壬辰冬。"壬辰，至正十二年。
⑤《元史》卷44《順帝紀七》："［至正十五年八月］戊辰，以中書平章政事達識帖睦邇爲江浙行省左丞相，便宜行事，賜鈔一千錠。"中華書局1976年版第3册第926頁。

一次當即第一條中的"浙西分憲繼以晦跡丘園薦，不報"。

　　從上述幾條引錄可知，王逢至少兩次得到元朝政權的薦舉：一次爲"早游金陵"時、江南尚未大亂之前，一次爲至正十九年王逢游杭時。舉薦者有靳士達等人。

　　卷四下《贈王履道還江都》引云："履道名貞，乙未歲避地吳下。久之，太尉張公開藩，博采群材，遂以湖州德清學諭辟之，不受。時予亦以承德郎行元帥府經歷辭。"太尉張公，指張士誠，開藩是在至正十七年。此處王逢謝辭的"承德郎行元帥府經歷"，很可能就是《冥鴻亭詩》中的"大府辟佐戎行"一職。卷四上有《辭帥幕後王左丞復以淮省都事過舉且送馬至以詩辭還》一詩，卷五《宋制置彭大雅瑪瑙酒椀歌周伯温大參徵賦》序云："今太尉開藩之三月，命部將王左丞晟書使踵海上，招至吳中，以予無錫避地説晟勸張楚公歸元，擢淮省都事，辭。"王晟，字彥熙，張士誠部將，與王逢關係很好。卷四下《無錫寓隱謝王左丞彥熙攜酒饌遠過》詩云："深愧草茅優簡拔，未忘蒲柳易飄零。"所詠當即王晟薦舉事。

　　以上幾條可證，王逢兩次得到張吳政權的薦舉，時間相隔很近，一次爲帥府經歷，一次爲淮省都事，均謝辭。舉薦者有王晟等人。

　　入明之後，王逢亦不止一次受到薦辟。卷七《遂歸二首時歲癸亥上春》序云："姑記去鄉兵垂三十霜，僑烏涇亦十有七暑。太尉張公闓幕省僚之拔，浙相達公蕭山之板，迨今松守林公慶、王公貞、葉公茂，薦辟並辭。""太尉張公"、"浙相達公"云云，即指前面所説王逢在元末受到薦舉的情況；"迨今"所云，是指入明後他又受到松江知府林慶、王貞、葉茂的舉薦。"並辭"云云，可知王逢亦均未應辟。據[崇禎]《松江府志》卷二十六"國朝知府"著録："林慶，洪武三年任。"①《梧溪集》卷六有詩《寄石經歷兼柬林知府孟善時歲庚戌》、《松江謝病後寄林知府時歲庚戌》。庚戌爲洪武三年(1370)，詩題中的"林知府"、"林知府孟善"，即林慶②。另，卷五有《癸丑九月松府遣徐掾具舟再辟復謝免口號簡徐》，卷六有《松守遣郡博士辟至府既病謝張上海招宴不赴》。癸丑爲洪武六年(1373)，此處"再辟"云云，主事者亦應爲"松守"。卷五《癸丑上元日試筆寄示外甥俞董》有句云："年踰富貴五看燈，拙守丘園兩謝徵。"卷六寫於洪武八年的《瘞冠銘》序云："因憶九寒暑閒避兵塵再，今儒卿守臣致書幣以予應詔三，卒苟全，且不起，冀復舊業。"上述材料證明，洪武初王逢約有三次受到舉薦，除了林慶，王貞、葉茂等"松守"繼任者，亦有舉薦王逢的

　　①書目文獻出版社 1991 年版《日本藏中國罕見地方志叢刊》本第 675 頁。
　　②《列朝詩集小傳》甲集"林翰林公慶"（名字誤爲林公慶）："公慶，字孟善，括蒼人。洪武三年，知松江府。"上海古籍出版社 1983 年版，第 92 頁。

行爲。

洪武十四年(辛酉,1381),王逢再次遇到來自朝廷的徵召,此即"徵召甚迫"那次。卷七《遂歸二首時歲癸亥上春》序云:"洪武辛酉夏,平陽府隰州大寧縣丞蔣會以逢文學疏聞於上。既有旨召,會逢怔淋攣跛,更輊互發。幼子拊屢訴有司,歷十又九月,弗見聽。遣行迫甚,乃十二月朔,京師大雪,時長子掖承乏通事司令,從百官侍聞奏,蒙特恩命吏部符止之。"從序文看,王逢此時患有"怔淋攣跛"的病症,屢愈屢犯,幼子王拊不斷向上求情,歷經十九個月未果,王逢被迫上路。時值十二月寒冬,京師正下大雪,時任通事司令的長子王掖,在皇帝面前"以父年高,叩頭泣請"①,最終蒙恩得到赦免。自辛酉夏至癸亥春這兩年間,王逢有《連理梅頌》、《隱憂六章時有司奉吏部符敬依令旨起取》等詩文②,均提到此次被徵事。

以上數條可證,入明後王逢有四次得到薦辟的機會,前三次爲松江知府所爲,第四次爲朝廷下令。

以上各條累加去重,可以確定,王逢一生共有八次被薦舉:元王朝兩次,張吳政權兩次,明王朝四次③。最後一次"召之甚急","徵召甚迫",以此奠定了王逢誓不入明的故國遺民形象。

王逢之所以不願入仕,許守泯文及何麗娜文認爲是受到家庭影響,筆者贊同,這在王逢詩中不難找到印證。如卷七《遂歸二首時歲癸亥上春》序云:"逢性曠野,寒宗微跡,竊已略具内兄李四莆萄圖詠,版行舊矣……逢念夙佩大母徐氏慈誨、先君庫使嚴訓,學龡自立,素貧承祀,遺囑炯炯在心。""内兄李四莆萄圖詠",是指卷一《題内兄李四彥梁所遺温日觀蒲萄》一詩,序中提及祖母的教誨云:"而祖上自高、曾,逮而父,咸獨植門户。汝僅有弟唐寶,又蚤喪。使汝苟富而玷宗,不若素貧而承祀,薄田敝廬,可粗守也。汝其毋忘。"此詩末句云:"歷歷重闈訓,終身誓不渝。"可見王逢確實是以家訓爲行事準則。但筆者以爲,王逢的不仕,還應有其他更重要的原因,即王逢的個性及他對時世的清醒認識,這纔是導致他放棄宦途更爲重要的因素,其與家訓並不違背。卷六《松守遣郡博士辟至府既病謝張上海招宴不赴》詩後四句云:"饌違松上銀鱸膾,酒遠洲前白鷺波。野性自今甘放逐,水禽山鹿不吾多。"享受"松上銀鱸膾"、"洲前白鷺波"的自由生活,是其"野

---

①《明史》卷285《文苑傳》,中華書局1974年版第24册第7313頁。
②俱見卷7。
③陳敏政後序云,王逢"獻《河清頌》於朝,大臣薦之,辭不受"。但《梧溪集》中未見到獻頌之後被薦的任何記載,故不採用。

性”使然，也是處於末世的他洞明世事的明智選擇。王逢最早將詩集命名爲《澄江櫂歌》和集中有不少嚮往歸隱的詩歌，就可以看出這一點。對時世的清醒認識及其志之所在，則可以從卷二《題徐孺子小像》一詩見出。徐孺子，即東漢徐穉，《後漢書》卷83有傳。詩云：

> 士何以居亂世兮，言欲遜而行危。苟背夫聖哲之明訓兮，離刑戮也固宜。昔漢室猶大木將顛兮，非一繩之能維。故先生有見於斯兮，蕡瓊辟而悉辭。蚌以珠而腹披兮，孰若閟采於川坻。金不爲燥濕而變渝兮，常介然而自持。夫窮達之道同兮，樂天命而焉悲。矧高風軼節之不可攀兮，足以振頑懦而羞汙卑。像載拜兮載薦兮，微先生而吾誰師！

王逢所處的元末，與徐穉所處的漢末，均爲衰亡之世。大樹將傾，一繩難以維繫，居亂世而不知進退，就是違背聖哲明訓，不可避免要“離刑戮”。王逢讚賞徐穉識見高卓，洞曉窮達之道，樂安天命，是自己學習的榜樣。擁有這樣的心志，才足以解答詩人不仕的真正原因。在卷三《冥鴻亭詩》和《簡趙茂叔山長》等詩中，詩人也表達了“高舉遠蹈”、“頭白終師魯仲連”的願望。其晚年所作的《即事五首寄桃浦諸故知》①，不無對自己一生行事進行總結的意味，其中特別表達了對薦舉的態度，同樣可以印證他居亂世而不與任何政權發生直接關係的宗旨，其第三首云：

> 有章擲還太尉閣，有版不受丞相垣。南朝天子許謝病，竊長木石儀鸞園。平生氣節詩千首，才非元亞元遺山甘劉後劉靜修。素聞魯廟鑄金人，晚學程門坐泥偶。雙平原裏新得原名庶全歸，他日壙銘辭大手。

這裏的“太尉”、“丞相”、“南朝天子”，分別代表了三個政權，他們都曾徵辟過王逢，而王逢辭謝的態度也是非常明確的。“平生氣節詩千首，才非元亞甘劉後”二句，是詩人對自己一生的自詡。數年後，詩人果然自己親手撰寫壙銘，銘末云：“昨惺惺，今起起。無强近親鮮昆弟，有芹薦者二三子。”②回望往事，對朝廷大府的授職徵辟可以固辭，而對那些推薦的朋友，他還是心存感激的。

---

① 卷7。
② 卷7。

二、王逢其詩

謝辭薦舉,不入仕途,並不意味著不關心世事,《梧溪集》中充滿了詩人對國家政治、民生世事的關懷。觀《梧溪集》,其詩歌内容可分爲如下幾大類:旌揚忠孝節義、"志在乎元"的故國情懷、感時哀民、寄友酬贈、雜聞瑣事,其中前兩類數量最多,也最爲重要,我們予以重點分析。

旌揚忠孝節義

王逢晚年所作《壙銘》①,有"詩旌忠孝節義鬼"之句,這是詩人本人對自己一生所作詩歌的總結。爲詩集作序的幾人,也都表達了相同的意思,周伯琦序云:"其吐而爲歌詩也,一則闡彝倫之大,一則襮幽潛之光。一物一事之詠,未嘗不重致其憂思慨嘆焉。"②楊維楨將其比之杜詩之"詩史",其序云:"予讀其詩,悼家難,憫國難,採摭貞操,訪求死節,網羅俗謠與民謳……皆爲他日國史起本。"③《四庫全書提要》云:"集中載宋元之際忠孝節義之事甚備,每作小序,以標其崖略,足補史傳所未及,蓋其微意所寓也。"④詩人在集中也多次表達以旌揚"忠孝節義"爲己任的使命意識,如卷二《避地梁鴻山六言四首》之四:"風塵涉五六載,忠孝録數十人。"卷六《故鄉先執贛州興國縣尹葉公挽詩》序云:"予惟生晚世亂,甘晦以老,竊嘗録忠孝節義數十百,於鄉先哲敢辭。"卷七《擊石一首癸亥冬作》後序云:"或謂予老伏荒遠,無補於民生,得録數節義鬼,亦足自見。"王逢並因詩詠忠孝節義而得到别人的資助,卷四下《憶朱芹湖》序云:"[朱顯忠]席上徐謂曰:'竊審子製作率節義事,私錢四萬,敬爲壽梓助。'予辭文不稱事,公曰:'事非文不傳,幸毋讓。'今節義事盛行,公之力半焉。"王逢詩詠"率節義事",足見其彰顯忠孝節義之目的。正如他自己所感嘆的:"於乎!采詩觀風之政,並廢久矣。而職太史者,又多缺遺。教弗復興,俗益大壞。間有才德士,幸或見於野史,又不必傳將來,卒同澌滅草腐。於乎!天高地遠,瞻望無及。變遷離索,吾誰與歸也。"⑤此詩末四庫全書本有不知名者評語云:"先生黍離之感,慷慨

_____

① 卷 7。
② 卷首。
③ 卷首。
④ 卷首。
⑤ 卷 4 下《讀俞建德詩藁》後序。

激昂,往往見諸篇什,而於忠孝節烈大致,尤三致意焉。讀此序至末幅,吾尤竦然起敬。"
《元詩選初集》辛集録王逢詩《宋婉容王氏辭》後有小字云:"原吉詩於忠孝節義之事,往
往三致意焉。表微闡幽,美不勝記,兹特採其尤者録之云。"①均道出了《梧溪集》宣揚忠
孝節義、爲之立傳存史的主旨。

　　忠孝節義,是中國古代社會維護綱常觀念的正統意識,貫穿於上至宮廷下至百姓全
體人民的思想之中,是維護封建社會正常秩序的思想柱石。作爲浸透封建意識的正統文
人來説,宣揚忠孝節義是義不容辭的責任。歷朝歷代的正統文人,都不約而同地實踐着
這一宗旨。王逢生活於亂世,先是農民起義風起雲湧,到處烽火連天,接着是江山變色,
新舊政權易手。在這大動蕩的時代,忠孝節義之事可謂層出不窮。不僅王逢,許多維護
正統綱常的詩人,在這時都用手中的筆,記録並謳歌那些忠烈殉國、孝悌傳家、守節不辱、
俠肝義膽的可歌可泣之人之事,以使他們青史留名,並寄托自己對國家民生的憂慮。如
鄭元祐、戴良、周霆震、郭鈺等,他們的作品同王逢詩一樣,也往往被世人或後人冠以"詩
史"之名。王逢和他的《梧溪集》,則是這一行列中最典型的代表。

　　《梧溪集》中表彰忠孝節義的詩每種都有數十首,下面我們按類予以分析。

　　忠,即忠烈,是指那些精忠報國、以命相殉的壯烈事跡。承平時期不多見,亂世特別
是國家政權處於危急時期,忠烈之舉則處處可見。《梧溪集》中褒揚忠烈的作品有二三十
首,其中元末人物有禿堅等二十二人、帖木兒、丑廝、汪澤民、李守道、蔡德榮等,宋末人物
有王安節、姚訔、劉師勇、姚舜元等,此外還有五代、金末、南北宋之交一些生逢亂世的人
物。我們略舉數首爲例:

帖侯歌有引②

　　仙居縣丞寇海邦,白晝突入千矛鏦。帖侯親騎大宛馬,快劍躍出蒼龍雙。
　　須張眥裂赫如虎,殺氣雄風助虓武。髑髏擲地血飛雨,短兵未接寇偃鼓……
　　君不見,台州牧長金兜鍪,氣節自是名臣流。
　　情鍾兒女挫堅鋭,卒墮賊計空貽羞。
　　男兒真僞那料得,長松古柏寒增色。鴻飛冥冥我何及,落日荒山淚橫臆。

據詩前小引,帖侯名帖木兒,高昌人,任昌國州達魯花赤。當時海寇進犯,帖木兒連續與
之奮戰。雖有戰績,但雙方力量懸殊,有人勸其退走,答曰:"是我死所也。"終因衆寡不敵

而戰死。詩中"帖侯親騎大宛馬"數句,著力描繪了帖木兒英勇殺敵的雄武形象,並以"情鍾兒女"、"卒墮賊計"的"台州牧長"作襯托,更加突出了帖木兒忠誠殉國的壯舉。

《梧溪集》中類似這樣褒揚忠於國事的詩還有很多,這些詩作或歌詠決戰沙場的烈士,如卷一《杭城陳德全架閣録示至正十一年大小死節臣屬其禿公以下凡十三人王侯以下凡九人徵詩二首並後序》、卷二《故將軍歌》,分別歌頌了山東副都元帥禿堅、徐州兵馬指揮使禿魯、廣州推官王宗顯共二十二人及上萬户丑廝與敵力戰、輸忠報國的忠勇事跡;或哀挽陷於敵手、不肯屈服的志士,如卷三《故贈江西省左丞謚文節汪公挽詞》、《寄李守道》、《題僧教求傳先世姚氏遺事》、卷五《夢觀閭元賓》、《檢校蔡公挽詞》等。

此外,詔諭敵方、不屈而死的使節,也是詩人歌詠的對象,如卷一《讀國信大使郝公帛書》,記載元世祖至元初出使南宋被羈十幾年的郝經一行"雪霜蘇武節,江海魏牟心"、雁足傳書得以返回的"奇事"。另一首卷六《邊至愚竹雉圖歌》詩云:

> 南臺管句有氣節,手寫竹雉心石鐵。鐵厓捫其三寸舌,奉命西諭慎開説,韓愈一使廷湊悦。竹不撓,寧寸折;雉寧死,不苟活。使衣無光日明滅,悲風蕭梢吹馴驥。齊城竟蹈酈生轍,土花尚碧萇弘血,我爲作歌旌汝烈。

邊至愚,名魯,字至愚,號魯生,北庭人。元末畫家。南臺即江南行御史臺,原設立於集慶(今南京),至正十六年(1356)三月,朱元璋取集慶,九月,於浙江紹興重建南臺。據王逢詩前小序,邊魯"以南臺宣使奉臺命西諭時","竟以不屈辱死,朝廷追贈南臺管句",又有記載説他"往金陵詔諭,死節",則知邊魯是在南臺重建後任宣使前往金陵詔諭朱元璋時被殺害的①。詔諭細節不知,但從王逢此詩"齊城竟蹈酈生轍"一句來看,朱元璋在邊魯面前可能有不尊重甚至侮辱使節之舉。事後朱右有《題邊魯生死節事後》一文,給與很高評價。作爲西域人的後代,邊魯具有相當高的漢文化修養,至今其詩畫均有存世作品。此次赴金陵宣諭臺命,臨走之前爲楊維楨畫了這幅《竹雉圖》。王逢此詩看似題畫,實則處處寫人,如"竹不撓,寧寸折;雉寧死,不苟活",並以"萇弘碧血"爲比,謳歌邊魯忠於使事、寧死不辱的忠烈氣概。

卷一《僧蓮松繪圖歌書遂昌山人鄭明德序後》、卷二《毗陵秋懷》,是對宋末堅守常州、誓死不降的宋將姚訔、王安節、劉師勇的稱頌:"箭痕刀瘢盡鞍裂,用命欲拄將崩天。王姚王安節、姚訔憑城親被堅,身殲城破百代傳。無人上請配張許,日夜二物風雷纏。"在

---

① 見陳高華《元代畫家史料彙編》第 657 頁,杭州出版社 2004 年版。

《毘陵秋懷》後序中詩人並發出這樣的議論：

> 趙宋苟安吳會，姦臣擅權，國以殄瘁。天兵所臨，望風渙散。襄陽一文焕，以孤軍抗守六年，卒以援兵不至而降。失江漢蔽，因以危亡。師勇與貲，智足以濟難，職分所寄，僅得收復一城。率創殘之卒，以禦百萬之師，雖古雄烈，蔑以加此。貲之死綏，亦足愧死汝鑒、彬、彦之徒矣。師勇智略絶人，其軼出重圍，可謂驍將。戰之不利，天也。扈王入閩，猶昔人即墨之志。事之成敗，君子有不論焉。文丞相嘗謂滿城皆忠義鬼，是誠德化所致。若安節出處大略，視强毅不屈，凜然有烈士之風。嗚呼偉哉！

南宋末期奸臣當道，王綱不振，國勢疲弱。面對强敵，沒有不敗之理。不論成敗結果如何，王、姚、劉等人忠勇護國、堅毅不屈的凜然烈士之風，則是永遠值得稱頌的。

《梧溪集》中還記述了不少眷戀舊朝、不事二姓的忠烈事跡，如卷一《題宋太學鄭上舍墨蘭》，記鄭思肖"坐必南向，遇歲時伏臘，輒野哭南向拜而返"的"義不忘趙北面他姓"之忠。卷二《過楊員外別業》，記浙省員外郎楊乘黜官依友人居，張士誠遣使來欲起用爲官，楊乘將二子托付友人，留下遺囑，從容自縊身死。詩中喻其"譙玄初謝遣，龔勝終守節。譬如百鍊鋼，不撓從寸折。又如合抱松，豈藉澗底蘗"，其英名將長留天地之間。

孝，即孝悌，是指那些父慈子孝、兄友弟恭、甚至不惜以命相換的親情摯舉。如卷一《銀瓶孃子辭》，讚揚岳飛女"聞王被收，負銀瓶投井死"的貞孝舉動；卷三《繆孝子》，書寫了一個子代父死的感人故事：孝子繆倫侍父游於杭，"至正十六年，淮兵執其父，將殺之。倫哀號乞免，弗聽。傾家貲贖父命，又弗聽。乃自縛請以身代，於是父見釋而殺倫"。詩人不禁大爲感嘆："於乎！人心不泯兮，亂有底極！"卷四上《讀郭孝子傳》所描述的另一個以命代親的主人公郭汴，則比繆倫幸運。事情發生在南宋建炎年間，"盜卒至，劫汴母，責窖藏物。既脅以火，加慘酷焉。汴泣告，願以身代，盜義而釋之"。

詠歌兄弟之間以身相代的詩歌亦復不少，如卷五《寄題俞達敦義軒》，述俞達兄因受牽連被貶謫服勞役，俞達時尚幼，"憫兄孱弱，必客死，毅然請代庸於濠。凡三載，例構公廨完，乃放還"。同卷《贈沈氏雍穆伯仲楊鐵厓傳附》，述至正二十七年松江城破，兄弟二人沈雍、沈穆"守家廟不去"，均中箭受傷，在"悍卒"面前互相以身遮蔽，願替對方去死，"卒感而止，曰：'弟義兄友，殺之不祥。'遂兩舍去"。卷六《黃良臣哀辭》，述洪武四年黃良臣、良佐兄弟因犯事"械送秋曹"，良臣對弟弟説："我本孤哀嬰，保護之，傅教之，迨長，皆叔父賜。"爲報叔父養育之恩，他要自己承擔全部罪責，以換取弟弟的無罪。兄弟二人"遂相對慟，聞者莫忍仰視"。後果如其所願。詩歌末尾，詩人以"朱顏鐵肝天下奇"稱讚這種孝悌之行。

歌詠孝悌的詩還有很多，如卷二《古孝篇贈軍曹陳貞》、《孝僧行》、《感宋遺事二首》之一、《題鄒旅雲青山老隱圖》、《題張會嘉桶底圖》、卷三《惠孝子行》、卷四上《雲山萬重辭》、《題戴崧先府君良才諱善行號蒼山處士小像》、《紫岡贈華亭徐克振書其邑丞魯淵道源序後》、卷四下《張孝子》、卷五《題何婦黃氏卷》、《贈孝僧琳》、《贈河南理幕沈易之》等。

節，即貞節，是指那些堅貞守節、志不受辱的貞烈舉動，主要發生在亂世中的女性身上。婦女是最柔弱的群體，當侮辱即將襲來時，她們往往表現出比鋼鐵還要剛強的堅定意志。《梧溪集》中褒揚貞女烈婦的詩很多，如卷一《題烈女廟》、《感宋遺事二首》、《婦董行》、卷二《題沈氏死節卷》、《和吉州何節婦詩韻》、卷三《朱夫人》、卷四下《劉節婦》、卷五《二烈詩》、《宋婉容王氏辭》、《華劉二節婦》、卷六《陸貞婦趙氏》、《吳興楊節婦辭》、卷七《周芙哀辭》、《張貞哀辭》等。其中以《婦董行》最為有名，詩寫金末山東勇士劉進妻董氏，在劉進死後逃往南宋統治區淮南，不幸因溺水落入宋招撫吕文德裨將手中，當夜生下一男孩。此前進兄劉順已投奔蒙古軍石珪，將弟婦陷敵事告訴石珪後，石珪派三百步卒隨順南來。劉順派人偵知董氏所在，見面後為感大伯救命之恩，董氏將兒子取名"伯祐"，並將兒子交與偵者，遂"投江以死"。至正五年秋，王逢從劉進玄孫劉士行口中得知此事，"高其節義，作詩哀之"。

夫死守節、矢志不二，甚或殉夫而死之節烈事跡，詩人亦與表彰，如卷二《題程員外撰汪夫人傳後》、《三嫭辭書陳衆仲監丞傳後》、《張春兒》、卷四上《讀吕節婦傳》、《題葛溪權以制所撰孟志剛夫婦誌後》、《秦筆妻》、《楊女貞為鐵厓提學作》、卷四下《經楊節婦故居》、卷五《寄題歐陽文公所撰前侍御史周公伯琦曾妣方氏宋封安人元贈鄱陽縣君墓道碑銘》、卷六《愛萱堂》等。我們舉下詩為例：

題程員外撰汪夫人傳後傳附

弱齡身服苴，盛年髻束髢。孤生況新寡，不謂壽命遐。
牆陰斷腸草，牆外合歡花。衰榮異本根，且復藝桑麻。
桑麻日以長，雨露日以養。夫幸從弟賢，命子承祭享。
洋洋靈在天，蒼蒼天在上。忍為奔月娥，冥心共泉壤。

詩寫婺源女子程悌，四歲喪父，事母以孝聞。既長，嫁汪德裕，生一女而寡。他人多勸之再嫁，里之富人，亦因媒妁具聘幣數次議婚，均不許，"家貧紡績自給，課童奴樹藝，歲時奉祭祀，如夫在時"。後序引程文發出如下感慨：

予從閣老著書，睹春官旌表節義事甚悉，率多京畿内郡之民，閭閻幽遠，蓋罕焉及。讀陳助教繹曾作夏侯玉珍傳，許汴卿善録載許伯冬妻，頗與汪夫人類，皆節義卓卓，可以羽翼名教。朝廷著旌表之令，以風勸天下，而有司莫之省，使志行湮鬱，不顯白於世。悲夫！

詩人所以喋喋不休爲那麼多節婦寫詩作傳，歌詠她們"早寡守節"、"孀節卓偉"、"壼闈恬布素"、"冰檗自持"、"清儉勤苦，堅自卓立"等等，就是要使她們的事跡大顯白於世，爲"察民風者"提供樣板，以使其青史留名，羽翼名教，風勸天下。

更有甚者，詩人筆下還出現了寧死不辱的倡女形象，如卷二《娼婦徐》、卷四下《李哥》。前詩寫至正十二年冬，徽寇進犯常州，召娼婦徐氏佐宴，徐氏"憤罵弗聽"，最後遭裂腹刳腸而死。詩中歌頌徐氏"虜庭歘死報皇恩"的節烈精神，詩後並載章琬爲徐氏所作詩，末句有"不得籍除今義死，天容娼婦愧降臣"之句，褒貶之意自見。後詩寫灤州倡女李哥自尊自愛，"不粉澤茹葷，所歌多仙曲道情，有召者，必詢客主姓名乃往，人亦預相戒無戲狎"，後爲知州次子所娶。紅巾軍起，"夫婦被執，以哥美將殺其夫。哥前抱夫項，大呼曰：'吾斷不從汝求活。'寇并殺之"。詩首句"蟬蜕汙塵配鳳難，亂中同死義尤安"，言其身世與命運；末句"艾蕭荊棘蘭參伍，畢竟幽香獨占春"，稱讚李哥出污泥而不染的貞節品質。

義，即義行，是指那些拯溺濟世的善舉行爲，在平時表現爲施捨、人文關懷，亂世則體現爲守節尚義、不畏强敵。王逢本人就有不少義行值得稱道，已如前述。

《梧溪集》卷二《題華亭吕氏伯仲德恒德厚市義卷》記載了吕德恒、德厚兄弟二人"焚券責報天，爲計鉅萬石"的仗義行爲，認爲此義舉出自二人本心，超過了戰國時焚券邀買人心的孟嘗君。同卷《連環歌》一詩，詠杜友開遇災荒時不肯聽人言斬丘木、賣墓地以少延生命，與妻吴氏"遂相枕籍而卒"。詩及小序既肯定了友開孝親爲先的義行，也稱讚吴氏"共患難，同貧賤"的精神，明代修江陰志書者據此將二人入傳。同卷《題松江府學訓導胡師善遺跡後》，記胡師善兩衛松江廟學。先是在叛將縱火焚城時"親冒煙焰，籲天呼地，願捐生衛廟學"，後是在苗兵"墮掠尤甚"時與苗兵交涉，言"學校不可毀"，不幸遇害。詩人次年拜謁此地孔廟，又聽聞胡氏"吾以死扞廟學，廟學不存，士曰不競"的誓言，哀其"生既不偶，死復泯泯"，遂寫下此詩，稱頌胡師善"守廟義同全趙璧，禦災心似哭秦庭"，比擬他爲當代的藺相如、申包胥。同卷《故封安陸府同知飛騎尉華亭縣男謝公德嘉挽詞》、《哭吕貞惠處士》，分別歌頌了謝德嘉辟義山埋葬他鄉死者、有奴嘗盜金置不問（"墓山依客鬼，金帑貸家奴"）和吕貞惠"周旋鄉里難"、"屢散千金積"的慈善行爲。卷四下《葉公政還金辭有序》，寫葉公政受朋友之託保存財寶，後朋友死於盜，葉如數償還財寶給其家人。同卷《寄慧朗元白》，寫至正末張士信爲斂財加重徵收僧人的度牒錢，時住持杭州天華寺的慧朗，"因斷一臂，說四句偈以獻，於是賴免者衆"。類似的詩還有卷四上《義鄧》、《贈黃將軍中奉其故主將邁里古思判樞母夫人歸吳分韻得煙字時歲戊戌》、《史驟兒》、《范氏義夫賢婦辭》等。我們節取卷三《義僧行》一詩作分析：

> 僧臻生夏浦，俗號徐大師。勇敢重意氣，赤手可獵麋。
> 張忠郭解流，任俠不計貲。臻願出門下，效死誓不移。
> 盜尋寇馬洲，魚肉乎蒸黎。元戎堅營壁，大姓深溝池。
> 壯哉張父子，分率脫項兒。父擒子死難，家不得斂屍。
> 臻聞切齒恨，恨死不同時。夜即操斧刀，奮身斫藩籬。
> 徑入牛宮內，斧斷張繫維。手殺盜六人，力挽閒道歸。
> 妻孥拜堂下，金幣謝所私。上公賜巾裳，欲以好爵縻。
> 幡然掉臂辭，還山弄摩尼。……

詩記一位佛門弟子釋臻，武勇有力，因仰慕張忠的俠肝義膽而願效力門下。盜寇襲來，"元戎"、"大姓"皆深溝壁壘以自保，只有張忠率家族抵抗。但寡不敵衆，父子二人或擒或死。釋臻聞訊，夜操斧刀，砍斷繩索，救出張忠。歸來後張氏家人和當地長官，或謝以金，或許以官，釋臻均不接受。詩人在歌頌這種俠義行爲的同時，也不禁發出如下感慨："方今國步艱，中外罷瘡痍。銅虎盡懸綬，鐵馬誰搴旗。嗟爾匹夫臻，足張三軍威。何不食君祿，爲君靖淮夷。"他希望釋臻這樣的勇壯俠義之士能爲國效勞，搴旗斬將，剪滅群盜。

與女性堅守貞節的行爲相同，發生在男性身上的節義之舉，詩集中也有不少描寫，如卷《題宋進士謝安節故堂》，詠南宋進士謝國光在元初被薦不起、隱逸而終，稱頌其爲"雲霄一去高風在"，"鴻鵠終巢越樹枝"。卷三《哭沈先生》，記文士沈蒙偕友人趙乾宗居馬洲鉅室家避難，"亂兵執先生，索鉅室主，卒不言，遂與趙遇害"的遭遇，讚譽沈蒙"氣節摧強虜"的義行。卷四上《二胡節士》，記胡長孺兄弟晚年寓杭，貧苦守節，不受饋贈，雖已絕糧，也不願爲宦官之父寫墓誌而得到報酬。詩中譽二人氣節如商周時期的伯夷、叔齊，二人之品德相齊則如後漢時的陳紀、陳諶。

"志在乎元"的故國情懷

作爲皇朝子民，王逢雖未入仕，但對元朝的忠誠始終不渝，這在詩集中一以貫之，不過表達上有變化:元亡前以歌頌居多,如卷一《淮安忠武王箭歌題垂虹橋亭》、《奉送董孟起水軍赴樞密判官》、卷二《維杭美沈省掾從董參政出師有功》、《復三關美沈都事》、卷三《奉陪黑左丞觀射石幢門外》、《送楊子明知事從觀孫元帥分制沿江州郡》、《義兵謠》、《梁溪行贈嚴子魯參政》、《喜聞整飭臺綱詔至是日雷雨因感時事寄何憲幕》等;元亡後則爲哀悼,如卷四下《覽周左丞伯溫壬辰歲拜御史扈從集感舊傷今敬題五十韻》、《聞中書平章丁公死節其子伯堅嘗從予游》、《哀故淮省郎中海陵俞忠夫》、《陳子章出示吳藩馬參政誄文因哭以詩諱玉麟海陵人》、卷五《七月聞河南平章凶問》,以及錢謙益稱之爲"傷庚申之北遁,哀皇孫之見獲"的前後《無題》十三首等①。

兹舉數例:

奉送董孟起水軍赴樞密判官名搏霄

驛使傳宣下紫冥,陽侯隨節渡滄溟。雕題外服思文化,白髮中原望將星。秋入羽林兵衞肅,夜經龍島劍花腥。久懷令聞如楊素,今喜威名過衞青。猛士固應煩練習,時特旨練習軍馬。遺黎終得慰飄零。依稀桑棗空原野,蒼莽茅篁接塞庭。此日朝廷深倚注,百年河嶽載清寧。陋儒材力慙無補,惟待燕然續漢銘。

董搏霄,字孟起,磁州人。至正十四年,除水軍都萬户,不久陞任樞密院判官,從丞相脱脱征高郵②。此時元軍形勢很好,此前三年,董搏霄相繼於合肥、杭州、廣德、徽州等地打敗農民軍,收復了不少關隘城池。王逢《維杭美沈省掾從董參政出師有功》、《復三關美沈都事》就對董的上述戰績有所歌頌。此詩寫於董搏霄陞任樞密院判官之時。詩中對董寄予厚望,比喻他爲楊素、衞青,是朝廷倚重的柱石,是失陷地百姓望之如渴的救星。

卷四下有《覽周左丞伯溫壬辰歲拜御史扈從集感舊傷今敬題五十韻》一詩。周伯溫,名伯琦,字伯溫,曾多次隨皇室巡幸上京,《扈從集》即其上京紀實之作。詩題中云"感舊傷今",可知王逢此詩寫於元末農民起義爆發之後。詩歌前半部分描述了元室巡幸上京的盛况,突出了當時承平時期山河鞏固、君臣和諧、簫韶齊奏的至治之音。然而,"蕞爾蘄興祲,紛然潁煽妖",蘄、潁等地燃起了農民起義的烽火,這一切都被打破;"不無雙國士,正賴一嫖姚","扶顛須砥柱,撥亂豈芻蕘",詩人最後呼籲,更多的勇猛之士,爲保衞國家正統力挽狂瀾。

<hr/>

①《絳雲樓題跋》"王原吉梧溪集"條,上海古籍出版社 2005 年版第 113 頁。詩見卷 4 下。

②《元史》卷 188《董搏霄傳》:"十四年,除水軍都萬户。俄陞樞密院判官,從丞相脱脱征高郵,分戍鹽城、興化。"前揭書第 14 册第 4303 頁。

卷三有《歎病駝》一詩,很有象徵意義。詩寫狂夫東游,路遇病駝,"紫毛無復好容色,肉鞍尚聳雙坡陀",遙想當年"灤京避暑日"時,"氣骨礌嵬從鑾和","沈沈金甕夾桐馬,裊裊錦帶懸靈鼉",何等的威風氣派。但來到"吳郊楚甸"後,"熱風吹塵鼻出火,積雨成潦瘡生窠。牛虻狗蝨苦喡血,未由驅除知奈何",很快就要面臨"死溝壑"的悲慘命運。這頭"病駝",何嘗不是當時被農民起義烽火燒得遍體鱗傷的一代皇朝的寫照。

我們再看下面兩首:

聞畿甸消息①

白草生畿甸,黄沙走塞庭。直憂星入斗,兼畏雨霖鈴。

殿閣餘龍氣,衣冠自鵠形。吳粳斷供餉,隴麥向人青。

畿甸,指京城地區。此詩應是至正二十八年詩人聞元室北遁而寫。"直憂"二句,用漢光武帝客星犯帝座和唐玄宗西狩之典,表達了詩人對元朝皇室北遁的擔憂。

後無題五首(之四)②

險塞居庸未易隃,望鄉臺上望鄉多。君心不隔丹墀草,祖誓無忘黑水河。

前後炎劉中運歇,東西元魏百年過。愁來莫較興衰理,只在當時德若何。

"丹墀草"、"黑水河"二句,是説蒙古人來自漠北草原,對這個發祥之地,他們具有很强的草原情結。詩人又以"前後炎劉"、"東西元魏"作比,以"當時德若何"作結,顯然對元朝的統治是肯定的,對退回草原的元朝君臣重新南下是有所期待的。

王逢矢志于元的感情,在卷六《瘞冠銘》中也能看出端倪。據銘前小序,詩人"中葳始冠處士冠,養疴最閒園",在使用九年後,"一夕,戴微月入幽貞谷,將登濯風之所,適露磴滑足,側冠觚石以裂",詩人將其"瘞而藏",並作此銘,其中有"寧觚石碎,不抗塵全"、"新加之首,心其故思"之句③。此銘作於入明之後數年④,這裏所表達的,是詩人的一個信念。冠帽碎裂後,詩人"因憶九寒暑間避兵塵再,今儒卿守臣致書幣以予應詔三,卒苟全,且不起,冀復舊業。與之照影大江,挹爽君山,至同朽席帽峰隴下,詎非願歟"?顯然,這個冠帽已成爲一個信物,是詩人不再應詔、歸隱田園、流連山海以終的見證。今冠雖裂,

---

① 卷3。
② 卷4下。
③ 後兩句《四庫全書》本作"首則惟新,心其故心"。
④ 王逢遷居烏涇後始經營最閒園,時在至正二十六年,九年後當洪武八年。

此志不渝。"心其故思",表達的是對故國的忠誠和懷念。

　　不獨元廷,張士誠政權被滅時,王逢亦有詩哀悼,因此有必要對詩人與張士誠政權的關係再多説幾句。張士誠所部進入詩人所在的江南,是在至正十五年底,先鋒是張士誠之弟張士德。進駐江南後,張士德撤換了一批官吏,又廣招文士,因之獲得了不少民心。王逢曾通過友人王晟之口勸張士德歸元,可見他對張士德寄予了一定希望。張士德很早即爲朱元璋軍隊擒獲,被俘後暗裏傳信給張士誠,希望他降元以抗拒朱元璋。此即錢謙益所云"爲僞吳畫策,使降元以拒淮"①。張吳軍隊過早折損了張士德,對其奪權事業無疑是一個巨大損失。張士誠降元後,朝廷封其爲太尉,封張士德爲淮南行省平章政事②。在張氏兄弟中,王逢對張士德最有好感,在卷四上《游昆山懷舊傷今》一詩中,即可看出他的惋惜之情。詩云:

> 丈夫貴善後,事或失謀始。桓桓張楚國,挺生海陵鄙。
>
> 一門蓄大志,群雄適蜂起。玄珠探覽社,白馬飲浙水。
>
> 三年車轍南,北向復同軌。量容甘公説,情厚穆生醴。
>
> 誓擊祖逖楫,竟折孫策箠。天王詔褒贈,守將躬歲祀。
>
> 翼然東昆丘,蘭橑映疏綺。青蘩春薦豆,翠柏寒動榮。
>
> 乾坤宥孤臣,風雨猶五鬼。銅駝使有覺,荐懼卧荆杞。

　　詩中讚揚張士德有祖逖"中流擊楫"之志,待人寬容,重情厚義,可惜中途折損,壯志難遂,哀惋之情歷歷可見,此即錢氏所云"於張楚公之亡,有餘恫焉"③。《宋元詩會》卷九十四此詩後有小字:"張士誠降元,元追封士德爲楚國公,廟祀崑山,楊廉夫詩所謂'先封楚國碑'也。"④王逢詩中"天王詔褒贈"數句,所詠就是其廟祀情況。

　　張士德被明兵擒獲後,朝廷即將淮南行省平章政事一職復授予張士誠的另一個弟弟張士信。張士信至正末坐鎮杭州,驕奢淫逸,幹了不少勞民傷財的事。王逢對其沒有多少好感,常在詩中對其惡行予以批評指斥。如"至正二十五年冬⑤,丞相張士信重徵僧度

---

① 《絳雲樓題跋》"王原吉梧溪集"條。

② 見《元史》卷45《順帝紀八》,前揭書第4冊第938頁。

③ 《絳雲樓題跋》"王原吉梧溪集"條。

④ 臺灣影印文淵閣四庫全書本1464冊第681頁。

⑤ 至正,原文作"至元",徑改。

牒錢,僧苦之"①;"中州援遠敵在目,叔貴日驕疆日蹙"②;"至正己亥,予游錢塘,會平章張士信壞塔甃城。人知恨楊璉真伽,不知恨士信,楊猶造塔,張乃忍壞塔耶"③! 四庫全書本此詩後有按語:"先生極惋惜張楚公,而不諱其弟之惡,尤見公道。"可見王逢對張氏兄弟是區別對待的,或褒或貶,完全視其行爲而定。另外,卷四下有《劉夫人》一詩,所詠對象爲張士誠夫人劉氏。據史料載,張士誠將敗,問其妻劉氏"將若何",劉答以"必不負君",遂"積薪齊雲樓下",與群妾登樓,讓人放火焚之④。詩中"夫人勇決烈女義,百口樓居親舉燧"二句,就是對其貞烈行爲的詮釋。

張吳覆滅後,王逢有《聞吳門消息二首》、《舟過吳門感懷二首》諸詩⑤,其句如"盡擬田單收故土,不期高幹損雄材";"承制除封八鉅州,士恬馬飽適逢秋。三年弟傲群情懈,十月城圍百戰休";"一聚劫灰私屬盡,三邊陰雨國殤號";"形勝不殊人事改,扁舟誰酹月中醪"。既批評又哀婉,慨嘆痛惜,情見乎詞,正可見出他對這個政權的複雜感情。

作爲一介布衣,王逢有志以詩存史。《梧溪集》中旌揚忠孝節義、哀悼元朝的故國情懷,被人稱爲是"悼家難,憫國難"⑥,"一則闡彝倫之大,一則襮幽潛之光"⑦,爲他贏得了"詩史"的稱譽。作爲元末戰亂時期攻打殺伐、生靈塗炭的見聞者,王逢用手中的筆,忠實記錄下不同身份、不同階層的人在生死去就之間的凜然舉動。這是對那個特殊時代的真實寫照,體現了詩人對百姓、對人生的憂思慨嘆和對社稷國家、人倫大義的有力弘揚。

【作者簡介】 李軍(1952—),女,北京師範大學古籍與傳統文化研究院教授,博士生導師。

---

①卷4下《寄慧朗元白》。
②卷4下《劉夫人》。
③卷4下《白塔行》。小字"人知恨"數句,僅見於《四庫全書》本卷4《白塔行》後序。
④《新元史》卷225《張士誠傳》,第876頁,上海古籍出版社、上海書店1989年版。
⑤均卷4下。
⑥楊維楨序,卷首。
⑦周伯琦序,卷首。

元曲三百首

——一部別饒意義的散曲選本

何貴初

【内容提要】 1927 年左右,任中敏開始編選《元曲三百首》一書,明顯是繼承《唐詩三百首》和《宋詞三百首》的旨趣。這部雅俗共賞的散曲選本收録作家 42 人,作品 305 篇。1943 年,盧冀野重訂《元曲三百首》,廣爲流通。此後,散曲的研究因故停頓下來。打從六十年代開始,散曲研究在港臺出現一個繁興的局面,羅忼烈《元曲三百首箋》便是第一部《元曲三百首》新選本。踏入九十年代,《元曲三百首》注釋和譯本相繼湧現,而標舉《元曲三百首》的新選本亦先後出版三十多種,令人目不暇給。這是任中敏當日編選《元曲三百首》時所意料不及。不妨説,《元曲三百首》的流風永播,而"三百首"更演化爲一個"圖騰"。

【關鍵詞】 元曲;選注本;任中敏;盧前;羅忼烈

1. 散曲選集的歷史回顧

著名學者王運熙(1926—)這樣説:

> 選本(即選集)是選録作品的集子。……對一般讀者來説,要想初步瞭解古典文學中某一領域的大概情况,應該首先選擇一二種較好的選本閲讀。比如讀唐詩,可以選《唐詩三百首》或其它選本閲讀。

他認爲"選本"的作用是令到"某一領域中優秀的作品供讀者揣摩學習,便於人們認識文學作品的精美,獲得思想上藝術上的啟發和幫助"。① 優秀的"選本"帶領讀者進入文學的殿堂,開拓讀者視野,有著不可取代的地位。

現存最早的元人散曲選集是〔元〕楊朝英所編的《樂府新編陽春白雪》和《朝野新聲太平樂府》。《陽春白雪》最遲編定於元泰定元年(1324),書前有〔元〕貫雲石(1286—1324)所寫的序;《太平樂府》大約刊刻於元順帝至正年間(1341—1368),書前有鄧子晉寫於至正十一年(1351)的序。② 至於明清兩代,仍有不少散曲選集陸續刊刻行世,流傳至今。③

2. 任中敏《元曲三百首》

2.1 二十世紀散曲選集的勃興

1935 年初,鄭振鐸(1898—1958)爲陳乃乾(1896—1971)所輯的《元人小令集》寫序。其中有云:

> 元劇的研究,明萬曆(神宗年號,1573—1620 在位)間已很熱鬧了,臧(臧懋循,1550—1620)氏百種曲外,選刊元曲(按:指雜劇)的不下七八家。獨有元人散曲則染指者寥寥。山東李中麓(李開先,1502—1568)家藏詞曲最富,號稱詞山曲海,然他所刊行的,不過喬(喬吉)張(張可久)二家的小令罷了。清人于詞最爲致力,而于曲很少措意。……吳瞿安(吳梅,1884—1939)先生是第一位著手收集元明以來的散曲的;頗有意于流布曲集。……然當宋元詞的研究不能在百尺竿頭更進一步之時,學人們的轉而趨向於散曲的探討,乃是必然的現象。友人任中敏(任訥,字中敏,號二北,又號半塘,1897—1991)、盧冀野(盧前,1905—1951)二先生于此最爲致力。中敏

---

① 王運熙《總集與選本》,《古典文學知識》2004 年 5 期,9 月,頁 75、77。

② 〔元〕楊朝英先編選了《樂府新編陽春白雪》,後來又編選《朝野新聲太平樂府》。有關二書的内容和現存刊本,可參考趙義山《元散曲通論》(成都:巴蜀書社,1993 年 7 月),附錄《元散曲研究基本文獻叙録》,頁 313—316。趙義山認爲楊氏二書爲散曲"總集"。其實,"總集"與"選本"是"既有區別又有交叉的兩個名詞"(王運熙語)。楊朝英的生卒年不可確知。門巋(1943—)推斷約爲 1265—1355,見作者《元曲百家縱論》(北京:教育科學出版社,1990 年 2 月),頁 236;李昌集(1949—)推斷約爲 1285—1355,見作者《中國古代散曲史》(上海:華東師範大學出版社,1991 年 8 月),頁 607。此外,編録於元朝散曲選本,尚有《梨園試按樂府新聲》和《類聚名賢樂府群玉》二書,輯者不可考。

③ 有關散曲總集和選集彙録,可參閱羅錦堂(1929—)《中國散曲總目》,收入《中國戲曲總目彙編》(香港:龍門書店,1966 年 6 月),頁 1—48;王鋼《散曲總集目録(簡稿)》,收入謝伯陽主編《散曲研究與教學》(杭州:浙江教育出版社,1992 年 10 月),頁 323—339。

的《散曲叢刊》（1931 年出版），實集十餘年來散曲研究的大成。①

鄭振鐸正確指出二十世紀初散曲研究勃興的契機。從二、三十年代開始，任中敏和盧冀野受到老師吳梅的影響，專注於散曲的校輯和研究工作。二人惺惺相惜，爲二十世紀散曲研究作出良多的貢獻。②

　　1927 年，任中敏始編《盪氣迴腸曲》③，而所輯《元人散曲三種》則正式出版；④同年底，吳梅編《曲選》面世。⑤ 1928 年，陳虞孫（1904—1994）編《梧葉兒》⑥，而盧冀野編《元曲別裁集》，皆先後刊行。盧書體例效法〔清〕沈德潛（1673—1769）《唐詩別裁集》，沈書以詩歌體裁作編排，盧書則以宮調來歸類。⑦ 1930 年，胡懶殘編，盧冀野校《元明曲選》出版。⑧ 這幾部選本都是二十世紀最早出版的散曲選集。

2.2 任中敏編《元曲三百首》

　　1930 年，任中敏編《元曲三百首》正式出版。酈承銓（1904—1967）在“序言”中謂：

　　太史公曰：古詩三千，孔子定之爲三百。然觀《論語》“誦詩三百”之語，疑三百

---

　　①鄭振鐸《元人小令集序》，收入陳乃乾編輯《元人小令集》（北京：中華書局，1962 年 12 月新一版），頁 1—2。初版由上海開明書局於 1935 年 4 月出版。據吳新雷《吳梅〈詞餘選〉探考》（《東南大學學報》，12 卷 6 期，2010 年 11 月，頁 93—97）一文，吳梅於 1917 年至 1922 年在北京大學主講“詞曲”課時，曾編集元明散曲套數爲《詞餘選》（“油印本”，86 葉）作爲教材，是爲二十世紀最早散曲選本。《詞餘選》“油印本”現藏南京大學圖書館。

　　②有關任中敏和盧前對散曲的貢獻，可參考楊棟（1954—）《記開山創派的任氏散曲學》，收入作者《中國散曲學史研究（續編）》（濟南：山東大學出版社，1998 年 6 月），第 3 章 2 節《近代散曲學的開山者任訥》和第 3 節《三十年代散曲學四家（一）盧前》，頁 162—175，176—183。張錫厚《任二北先生學術傳略》，《文獻》，1990 年第 2 期（4 月），頁 125—126。朱禧《盧冀野評傳》（南京：江蘇古籍出版社，1998 年 4 月），中編·三〈盧冀野著作述評〉，頁 70—127。

　　③該書至 1931 年才由上海大江書鋪用王悠然筆名出版。王悠然是任中敏夫人王志淵的筆名。

　　④任中敏編輯《元人散曲三種》（上海：中華書局，1927 年 1 月），一函六冊。

　　⑤吳梅編《曲選》（廣州：中山大學出版社，1927 年 11 月）。

　　⑥陳虞孫編《梧葉兒》（南京：海角社，1928 年 4 月）；此書收入北京中獻拓方科技發展有限公司於 2007 年出版“民國籍粹”叢書第 1492 冊。

　　⑦盧前編《元曲別裁集》（上海：開明書店，1928 年 9 月）。“例言”第六提及“曲學社同，以詞品爲主，另編《元曲三百首》三卷，與此集可以比較觀之。《三百首》貴乎精，《別裁集》貴乎博。兩書具相反相成之義”，頁 1 上下。“前言”寫於 1927 年，“例言”中《元曲三百首》極可能是指任中敏所編《元曲三百首》。更值得注意的是《元曲別裁集》由盧前編，任中敏校。始見二人之合作。

　　⑧胡懶殘編，盧冀野校《元明曲選》（上海：會文堂新記書局，1930 年 5 月）。

之稱,不始於孔子也。自漢以來,言詩者率以三百篇爲宗主;雖有逸章,鮮或重之。豈興觀之資,三百已足? 蓋亦以其所定者精華既萃,餘不能及耳。降而唐之詩,宋元之詞曲,原皆祖述風雅,淵源有自。吾鄉女子程婉俊(應爲陳婉俊)及歸安朱彊村先生,遂有《唐詩三百首》,《宋詞三百首》之選。簡明而賅,通人不廢。三百之被既遠矣,多奚爲哉! 浸假而至元曲,吾友任子二北,亦取其數,成爲茲編。①

取名《元曲三百首》,明顯是繼承〔清〕孫洙(1711—1778)《唐詩三百首》(乾隆二十八年〔1764〕成書)和清末民初朱祖謀(1857—1931)《宋詞三百首》(1924 年刊行)的旨趣,讓"一代文學"唐詩、宋詞和元曲鼎足而立。取名"三百首",亦有上接《詩經》"三百篇"的遺風,孔子(前 551—前 479)曾説:"詩三百,一言以蔽之,曰思無邪。"②

1918 年,任中敏考入北京大學國文系,受到吳梅賞識,遂專攻詞曲;1920 年於北京大學畢業後,在南京、揚州等地中學教書。1923 年,任中敏任教於蘇州東吳大學,寓居吳梅奢摩他室書齋讀書,用兩年多時間讀遍老師精藏的各種詞曲典籍。1924 年,朱祖謀《宋詞三百首》出版,應給予任中敏莫大的啟示。1925 年,任中敏擔任上海民智書局編輯;1927 年,任中敏著手編選《元曲三百首》,1930 年才出版。③ 這部由現代曲學者編選元人散曲選本出版後,清華大學朱自清(1898—1948)曾撰文加以介紹,以爲《元曲三百首》善取"氣勢灝瀚"之作,所選"寫離別的曲子最爲筆酣墨飽"。徐調孚(1990—1981)曾在上海

---

① 鄺承銓《元曲三百首·序》收入《元曲三百首》,頁 1 上下。序文謂〔清〕程婉俊編選《唐詩三百首》。不確,陳婉俊補注《唐詩三百首》。有關鄺承銓的生平,見吳白匋(1906—1992)《鄺承銓傳略》,《文教資料》,1987 年 3 期,頁 40。編者未能寓目。按:"元曲"既可指雜劇,也可指散曲。而本文"元曲"一詞專指散曲。

文中引録太史公馬遷(前 145—前 86)一段文字,見《史記》(北京:中華書局校點本,1959 年 9月),卷 47《孔子世家》,頁 1936—1937。

② 〔宋〕朱熹(1130—1200)《四書集注·論語集注·爲政第二》(香港:太平書局,1968 年 5 月),頁 6—7。

③ 任中敏《元曲三百首》初版由上海民智書局於 1930 年 12 月出版,72 葉,線裝本。據袁世碩(1929—)主編《元曲百科辭典》(濟南:山東教育出版社,1989 年 4 月)中《元曲三百首》一條所記,此書有 1931 年上海中華書局再版本(頁 282)。而卜鍵(1955—)主編《元曲百科大辭典》(北京:學苑出版社,1991 年 12 月,頁 644)和齊森華(1935—)主編《中國曲學大辭典》(杭州:浙江教育出版社,1997 年12 月,頁 1041)同主此説。筆者未見上海中華書局再版本。有關此書初版年份,衆説紛紜:

鄧傑則認爲《元曲三百首》於 1925 年出版,見《任中敏先生年表》,收入《從二北到半塘——文史學家任中敏》(南京:南京大學出版社,2000 年 3 月),頁 296。

黃俶成(1947—)和陳文和皆謂《元曲三百首》於 1927 年由民智書局出版。依次見《任中敏傳》、《任中敏著作論文目録》二文,同收入《從二北到半塘——文史學家任中敏》,頁 6、17、305—306。

上述兩種説法均不正確。

王小盾(1951—)和李昌集(1949—)則謂任中敏在 1930 年出版《元人小令三百首》。見《任中敏先生和他所建立的散曲學、唐代文藝學》,收入《從二北到半塘——文史學家任中敏》,頁 193。書名不確。

開明書店出版《中學生》雜誌撰文,推介此書爲中國古典文學的普及讀物。① 近時,金啟華(1918—2011)指出《元曲三百首》"所選的作品,確是當行本色,其藝術性是很强的"。② 黄卉亦認爲"眼光不凡","與當今選本首重思想性質有不同"。③ 可以説,《元曲三百首》的地位和影響,一如《唐詩三百首》和《宋詞三百首》,歷久不衰。

任中敏《元曲三百首》選録元散曲作家有姓名可考的 41 人(其中誤"馬九皋"和"薛昂夫"爲二人,故實爲 40 人),作品 305 首,只收小令。其中張可久(1280？—1352 前後,選 72 首)和喬吉(1280？—1345,選 30 首)作品占全書總數三分一。編者爲每首作品圈點佳句,但没有加上注釋,而篇末附"作家姓氏考略"(葉 1 上—12 下)。由於《元曲三百首》以作者爲經,選録的作品可以讓讀者一覽無遺;再者,翻檢方便。在體制上,只收小令,不收套數;在風格上,典麗主導;但在題材上,"思婦"和"歸隱"作品多,有論者認爲"無甚可取的作品被雜於其間,相對削弱了本書'精麗'的特徵"。④ 或許,這是本書的一個缺失。

2.3 盧前重訂《元曲三百首》

1943 年,盧冀野認爲任中敏《元曲三百首》在去取方面仍有未盡善處,於是重訂全書。他在"序"文中謂:

> 往在南都(指南京),中敏有《元曲三百首》之輯,蓋踵蘅塘退士之于唐詩、彊村翁之于宋詞而爲者。時元曲傳本,廑〔僅〕有楊朝英二選與天一閣藏《樂府群玉》;諸家別集,及《樂府新聲》,尚未得見,故卷中所録,頗不稱。或二三首、或十數首,而張可久多至七十二首。選録初畢,殊未自愜。今年,前從閩海還渝城,居北碚山館,纂《全元曲》二百二十八卷成,因取中敏舊選,略加删定,去南都始訂兹編且十七年矣。⑤

---

① 徐調孚《中國文學名著講話》(北京:中華書局,1984 年 5 月),第十講《元曲三百首——一部散曲選》,頁 142—159。《講話》是作者 1949 年以前的舊作。

② 金啟華《談〈元曲三百首〉》,收入作者《中國古典文學論叢》(南京:江蘇教育出版社,2001 年 1 月),頁 98—102。

③ 黄卉評注,《今評新注元曲三百首》(長沙:湖南文藝出版社,1997 年 1 月),"前言";同時,黄卉亦指出《元曲三百首》四個粗疏的地方。頁 9。

④ 李之亮譯注,《白話元曲三百首》(長沙:嶽麓書社,2003 年 6 月),"前言",頁 1—2。

⑤ 盧前"序"文寫於 1943 年 10 月 10 日,故文中"今年"即指 1943 年。見任中敏選,盧冀野重訂《元曲三百首》(重慶:中華書局,1945 年 1 月初版;上海:中華書局,1947 年 1 月第 2 版,1949 年 1 月 3 版),頁 1。有關此書再版資料,可參考北京圖書館編《民國時期總書目·中國文學編(1901—1949)》(北京:書目文獻出版社,1992 年 11 月),頁 443。筆者所見者爲 1949 年 1 月上海中華書局三版本,藏香港大學馮平山圖書館。

序文一針見血指出《元曲三百首》一書的不足。由 1943 年上推十七年,即 1926 年,足證任中敏選《元曲三百首》一書是在這年前後。"重訂本"與"原本"最大區別在於:

入選曲家數目由 41 人增加至 68 人,①而作品總數只增加 3 首,即 308 首。

張可久作品由 72 首減至 41 首,無名氏作品則由 46 首減至 35 首,"原本"其餘作家作品差不多全數保留在"重訂本"。

由於盧冀野"重訂本"對任中敏"原本"作出適當的調整,曲家數目增加了三分一,更能以點見面,反映出元曲不同的風貌。1945 年初版面世後,至 1949 年已經出版第三刷,足見受到重視。② 不過,"重訂本"在作家編排方面仍覺混亂,如倪瓚(1301—1374)、虞集(1272—1348)、張鳴善置於關漢卿(約金末—1297 ~ 1307)之前,胡祗遹(1227—1295)在關漢卿之後,以嚴忠濟(? —1293)殿后;全書不收套數,以至杜仁傑(約 1190 ~ 1205—1269 ~ 1285)【般涉調·耍孩兒】《莊家不識勾闌》、睢景臣【般涉調·哨遍】《高祖還鄉》等當行散套仍被拒諸門外。這些都是"重訂本"有待完善的地方。

任中敏編選《元曲三百首》一書出版於 1930 年,就當時客觀條件來看,一般圖書館恐怕没有入藏,以至不易爲研究者所知。翻檢《民國時期總書目·中國文學編(1901—1949)》一書,亦只記錄北京圖書館、上海圖書館和重慶圖書館藏有 1945 年版的《元曲三百首》,至於 1930 年版的《元曲三百首》則未見記錄。③ 因此,盧冀野重訂的《元曲三百首》自然成爲九十年代以來所有注譯本的"祖本"。

3.《元曲三百首》的注釋本

盧冀野重訂《元曲三百首》,但没有加上注釋④;而元代(1271—1368)距今已七百多年,

---

① 其中馬九皋與薛昂夫被誤爲二人,而"無名氏"作品中有 2 首實爲湯式作品。一減一加,曲家數目依然是 41 人。盧冀野"重訂本"一仍其舊,故曲家數目還是 68 人。按:馬九皋、馬昂夫與薛昂夫被考證爲一人,始於陳垣(1880—1971)《元西域人華化考》(上海:上海古籍出版社,2000 年 3 月),卷四《文學篇》,頁 60—62。原稿寫於 1923 年。又見孫楷第(1902—1989)《元曲家考略·薛昂夫》,《文學研究》,1959 年 4 期,8 月,頁 108—110。

② 任中敏和盧冀野在散曲出版方面往往合作無間,如兩人共同校訂《北曲拾遺》(上海:商務印書館,1935 年 8 月),一共編輯《散曲集叢》。1944 年,盧冀野編選《曲選》(重慶:國立編譯館,1944 年 5 月)出版,校者便是任中敏。

③ 北京圖書館編《民國時期總書目·中國文學編(1901—1949)》(北京:書目文獻出版社,1992 年 11 月),頁 443。

④ 在此之前,盧冀野選注《元明散曲選》(上海:商務印書館,1937 年 5 月)已附有簡單的注釋。

元曲所用詞彙和典故，畢竟會對現代人構成不少閱讀障礙。踏入九十年代，改革開放已漸見成效，書籍出版更見蓬勃，普及知識、弘揚國粹、注重文化傳承，亦爲學術界和出版界的志業。

最早出現《元曲三百首》注釋本是湖南師範大學胡遂和王毅（1952—）共注的《元曲三百首注析》。① 據編者"後記"所述，在整理過程中，"蒙任中敏先生同意特將此書交嶽麓書社重新整理出版"，又得到揚州師範學院（1997 年升格爲揚州師範大學）中國古代文化研究所謝伯陽的關心和指導。② 當日，任中敏和謝伯陽同執教於揚州師範學院，而揚州師範學院更成立詞曲研究室來推動散曲的研究。依筆者推斷，此書得以面世，謝伯陽自有玉成之功；而《元曲三百首注析》亦因此成爲惟一一本得到原來編選者授權的注本。編者對原書作出一定的調整，"以作家出生先後爲序"，無名氏作品中，其中 11 首爲明人作品，不再收錄。除校正曲文外，並有作家簡介，每首作品增附注釋和賞析。不妨説，編者爲《元曲三百首》注釋本作出一個好示例。

自此以後，爲《元曲三百首》一書添加注譯和賞析的工作從沒有間斷，其中包括陳齡彬③、吳戰壘④、劉嚴⑤、焦文彬⑥、黄卉⑦、李淼⑧、馮能保⑨、魯文忠⑩、劉浩⑪、豔齊⑫、李

---

①胡遂、王毅注析《元曲三百首注析》（長沙：嶽麓書社，1992 年 3 月）。編者"後記"中有謂《元曲三百首》爲任中敏先生於 1943 年編選，盧前（冀野）先生重訂"。前半部資料不確。

②編者"後記"寫於 1991 年 10 月。見《元曲三百首注析》，頁 488。此書注析的工作應該開始於 1990 年或 1991 年年初。任中敏於 1980 年由北京中國社會科學院調派回揚州師範學院，而謝伯陽亦于八十年代中由南京大學轉調揚州師範學院。

③陳齡彬注析《元曲三百首》（武漢：湖北人民出版社，1994 年 8 月）。書前附"姓氏小傳"，有"注釋"和"簡析"。該書由太原書海出版社於 2001 年 9 月再版。內容沒有變動，僅"姓氏小傳"移於書後。

④吳戰壘校《元曲三百首》和他所選編《元曲三百首續編》合在一起，爲"幽蘭珍叢"之一，由杭州浙江古籍出版社於 1995 年 2 月出版。兩書只校不注。

⑤劉嚴《元曲三百首》（北京：光明日報出版社，1995 年 6 月），有"注釋"。

⑥焦文彬（1934—）注釋《白話元曲三百首》（西安：三秦出版社，1996 年 2 月），有"作者"、"注釋"、"譯文"和"評析"。此書爲《元曲三百首》第一部語體文譯本。

⑦黄卉評注《今評新注元曲三百首》（長沙：湖南文藝出版社，1997 年 1 月），有"作者"、"注"和"評"。

⑧李淼（1934—）編著《元曲三百首譯析》（長春：吉林文史出版社，1998 年 2 月；臺北：正展出版公司，2000 年 8 月），有"今譯"、"作者介紹"、"注釋"和"簡析"。

⑨馮能保、朱良志編著《元曲三百首譯評》（青島：青島海洋大學出版社，1999 年 6 月），有"作者"、"注釋"、"譯文"和"簡評"，書後附"元曲基本知識簡介"。

⑩魯文忠選注《元曲三百首》（呼和浩特：內蒙古文化出版社，2000 年 10 月）。

⑪劉浩《老學堂元曲三百首》（延吉：延邊大學出版社，2001 年 6 月），有"注釋"和"簡析"。

⑫豔齊《元曲三百首》（北京：中央民族大學出版社，2001 年 10 月），有"注釋"，爲"中國文學傳世範本"三種之一。

明陽①、韋堅②、陸明③、李之亮④、何喬鎖⑤、王星琦⑥、潘天寧⑦、熊蓉⑧、李世前⑨等學者的新注本。翻譯大師許淵沖（1921—）在英譯《唐詩三百首》（300 *Tang* poems：a new translation，1987 年）和《宋詞三百首》（300 *Song* lyrics，1996 年）之後，再接再厲，把《元曲三百首》首次翻譯爲英文⑩。

4.《元曲三百首》的新選本

或許是盧冀野重訂《元曲三百首》仍未能盡如人意，專家學者總有一個力求完善的願望——編選出一部更有特色的選集，就算不能邁越前賢，亦希望能夠別樹一幟、流傳久遠，更能體現到個人的識力，"披沙簡金，示人津梁"。胡適（1891—1962）説得好：

　　我深信，凡是文學的選本，都應該表現選家個人的見解。近年朱彊村先生選了一部《宋詞三百首》，那就代表朱先生個人的見解；我這三百多首的五代宋詞，就代表

---

　　①李明陽、馬藍婕評注《元曲三百首》（合肥：黄山書社，2002 年 2 月），有"注釋"、"導讀·評點"。此書雖標列編者爲任訥和盧前，但所收録曲家和作品篇數略有增減。

　　②韋堅譯注《元曲三百首》（西寧：青海人民出版社，2002 年），爲"中華傳世名著精品文庫"叢書系列一種。

　　③陸明注釋《唐詩·宋詞·元曲三百首》（長沙：嶽麓書社，2002 年 9 月），有"作者"和"注解"。

　　④李之亮譯注，《白話元曲三百首》（長沙：嶽麓書社，2003 年 6 月），有"譯文"、"注釋"和"解析"（包括"作者"和"賞析"）。

　　⑤何喬鎖注析《元曲三百首》（太原：山西古籍出版社，2003 年 8 月）。有"作者簡介"、"題解（帶賞析性質）"和"注釋"，爲"中國家庭基本藏書"（綜合選集卷）一種。

　　⑥王星琦（1945—）注評《元曲三百首注評》（南京：鳳凰出版社，2005 年 5 月），有"注釋"和"品評"。

　　⑦潘天寧注析新編《元曲三百首》（鄭州：中州古籍出版社，2008 年 1 月 2 版），有"注釋"和"解析"。選目略作調整，兼收帶過曲和重頭小令。

　　⑧熊蓉、鄧啟春注釋《元曲三百首》（南京：東南大學出版社，2010 年 5 月），"中華傳統文化經典注音全本"第一輯。

　　⑨李世前、李朝輝《元曲三百首正宗》（北京：華夏出版社，2010 年 6 月），有"注釋"和"評解"。除上述注本外，尚有任訥、盧前編《原注元曲三百首》（南寧：廣西民族出版社，1995 年 4 月）。有"注釋"和"簡析"，前附"姓氏小傳"。該書不標注者姓名，同時只選録 300 首其中 134 首。

　　⑩許淵沖《元曲三百首（300 *Yuan* songs）》（北京：高等教育出版社，2004 年 10 月）。又北京中國對外翻譯出版公司于 2009 年再版，附有楊昕中文注釋，爲"中譯經典文庫·中華傳統文化精粹"叢書系列一種。同一年，翻譯元散曲並出版成書的有辜正坤（1951—）《選譯元曲一百五十首：漢英對照（150 master pieces in *Yuan qu*-poetry）》（北京：北京大學出版社，2004 年 2 月）。

我個人的見解。①

　　從五十到八十年代初,散曲研究在國内處於一個靜止的狀態。差不多三十年,散曲選集僅見一部顧佛影(1901—1955)選注《元明散曲》。② 恰恰在這段期間,香港和臺灣的研究情況卻另有一番景致。1967 年,任教香港大學中文系(2007 年起改爲"中文學院")羅忼烈(1918—2009)出版《元曲三百首箋》。這是第一部另起爐灶的《元曲三百首》新選本。③ 直至七十年代後期,國内的學術氛圍有所轉變,第二部散曲選集——龍潛庵選注《元人散曲選》才正式面世,該書由香港三聯書店出版。④ 打從 1995 年起至今,高標《元曲三百首》的新選本接近三十種。⑤ 當然,好的選本還是不厭其"多"的。下文只談談最早出現和幾本有特色的"新選本"。

4.1 羅忼烈選本

1967 年,羅忼烈《元曲三百首箋》出版。他在"自叙"中謂:

　　近時盧君冀野,綴《元曲別裁集》,任君中敏,綜《元曲三百首》,去蕪存精,馭繁執簡,將以繼蕙塘退士,彊(强)村先生之緒余。然猶間聞嘔殺之聲,未削狂童之什,知者惜之。……餘乃重次斯篇,略箋出處,系以説論,發其端緒,藉消永夏,是用賞心云爾。⑥

羅忼烈在《元曲三百首箋》第二版"再版説明"中又謂:

　　《元曲三百首箋》,是繼《北小令文字譜》編寫的,距今已經十七年。編寫動機,是因爲現代研究元人戲曲的學風一般偏重雜劇,忽略了當時文學地位凌駕雜劇之上

---

①胡適《詞選·序》,收入《胡適選唐宋詞三百首》(北京:東方出版社,1995 年 4 月),頁 1。原書由商務印書館於 1930 年初版。

②顧佛影選注《元明散曲》(上海:春明出版社,1955 年 7 月)。檢視北京師範學院中文系資料室、中國社會科學院文學研究所圖書資料室編《中國古典文學研究論文索引(1949—1966)》(香港:三聯書店,1980 年 10 月)一書,散曲論文有 28 篇。頁 217—219。

③羅忼烈《元曲三百首箋》(香港:龍門書店,1967 年 10 月)。

④龍潛庵選注《元人散曲選》(香港:三聯書店,1979 年 11 月)。直至 1984 年,才由廣州廣東人民出版社在國内再版。

⑤見本文"附録二"。

⑥羅忼烈"自叙",見《元曲三百首箋》(香港:龍門書店,1967 年 10 月),頁 2—3。

的散曲,發展不很均衡。而早年專注散曲的選本,如盧冀野《元曲別裁集》,任中敏
《元曲三百首》,太過樸素,不便於參考。……很簡單,對讀者幫助不大。因此,我嘗
試在兩位先生的基礎上另起爐灶。結果還是走上了前人的老路,只能在傳統的藩籬
內規行矩步,比兩位先生的書多了一些參考材料,如此而已。①

這個箋校本主要選取"清麗雅潔"的作品(如收錄張可久作品 74 首、喬吉 31 首),體
裁以"小令爲主,兼用帶過",曲文嚴分正襯,"箋多但舉出處"(見"凡例")。這幾個特色
令到這個選本遠遠超越同期之制。雖然編者謙虛地説"兹編所采,怡〔旨〕在賞心",《元
曲三百首箋》不折不扣是一部十分可觀的選本。② 此後二十多年,未見有《元曲三百首》
的新選本面世。

4.2 王一玄選本

1992 年,王一玄選注《元曲三百首》面世,與《唐詩三百首》和《宋詞三百首》合訂在一
起出版。依作者"自序"所言,此書應在 1989 年冬前後完成。選注者在篇目的去取與任
中敏《元曲三百首》有不少相同但又相異的地方(兼收套數),至於篇數方面亦有差別,如
張養浩(1270—1329)作品由 4 首增至 22 首,任昱由 1 首增至 10 首,馬致遠(約 1250—
1321/1323?)由 32 首減至 17 首,張可久由 72 首減至 35 首。新選本在注釋方面稍爲簡
略。③ 這是國內第一部《元曲三百首》新選本,首發之功不可抹。

4.3 吴戰壘選本

1995 年,吴戰壘(吴彰壘,1939—2005)繼《元曲三百首》之後,選編《元曲三百首續
編》。他在"序"文中云:

---

① "再版説明"寫於 1979 年 10 月 29 日見《元曲三百首箋》(香港:一山書屋,1979 年 10 月再版),頁
1—2(原文欠頁數)。第二版删柳存仁(1917—2009)"序"、"自序"和附錄二"引用書目"。
② 七、八十年代,臺灣和香港好幾間出版社先後翻印《元曲三百首箋》,足見這個選本有一定的影響
力。2003 年,編者重新整理此書,由香港學海書樓出版,書名改爲《元曲三百首箋重訂稿》。《重訂稿》
編目稍有更動,原本風格面貌依然保留;有"重訂弁言",但删去非常可觀的"叙言"("初版"本,頁 1—
22)。
③ 蘅塘退士(孫洙,1711—1778)選編、上彊村民(朱祖謀)重編、王一玄選注《唐詩三百首·宋詞三
百首·元曲三百首》/(成都:巴蜀書社,1992 年 9 月,1995 年 11 月第二版"修訂本"),王一玄選注《元曲
三百首》見頁 545—814。

本世紀三十年代任中敏先生又有《元曲三百首》之選，繼踵前人⋯⋯所選自別具隻眼，然囿於當時條件，選目、編次均不免粗疏。後經盧前先生修訂，面目有所改變，而仍不無遺憾。⋯⋯乃于任選外簡擇快意者三百餘首，復加詮次，以爲續選。①

編者認定"元曲之魅力在於鮮活"，並以此爲選曲標準，在題材和形式上有所拓展；又增補套數佳作，令體制更見完備。《元曲三百首續編》按作者先後排列，只作校訂；與《元曲三百首》合在一起出版。《元曲三百首續編》是國內第一本全新《元曲三百首》選本。

4.4 俞爲民、孫蓉蓉選本

這是一個別開生面的《元曲三百首》新選本。俞爲民（1951—）爲南戲專家、孫蓉蓉（1953—）爲《文心雕龍》專家，二人同任教于南京大學中文系。此書以散曲題材內容來編排，全書分爲八類：詠物寫景（選 75 首）、歎世刺時（選 49 首）、懷古傷今（選 19 首）、隱逸玩世（選 56 首）、閨情相思（選 63 首）、羈旅鄉思（選 19 首）、友情寄贈（選 8 首）和節令游戲（選 11 首）。選本充分體現元散曲題材的豐富多樣性。"在每一類作品中，按時代先後排列，從元曲形成的初期到元代末年"，"使讀者大致瞭解元曲發展的脈絡"。②

4.5 林玫儀、賴橋本選本

這個選本爲臺北三民書局"古籍今注新譯叢書·文學類"一種。"叢書"早於七十年代已陸續面世，注者多爲大學教授，學有專精，如汪中（1925—2010）注譯《新譯唐詩三百首》（1976 年）、邱燮友（1931—）注譯《新譯宋詞三百首》（1977 年）。至於林玫儀和賴橋本選注《新譯元曲三百首》要到九十代中才出版。林玫儀（1948—）爲臺北中央研院研究員，賴橋本（？—2004）爲臺灣師範大學教授。這部新編《元曲三百首》，依編者所言，在"任氏《元曲三百首》及羅氏《元曲三百首箋》的基礎上，參考各家選本及注本，精選出元曲小令 307 篇，並加以簡單的解釋及精要的賞析"，全書篇目與任中敏和羅忼烈選本不完全相同。體例包括"作者"、"格律"、"注釋"、"語譯"和"賞析"五項，其中"賞析"一欄，除

---

①"序"收入吳戰壘選編《元曲三百首續編》（杭州：浙江古籍出版社，1995 年 2 月），頁 97。按：編者在此之前已編就《唐詩三百首續編》（合肥：安徽文藝出版社，1990 年）。

②俞爲民、孫蓉蓉《新編元曲三百首》（南京：江蘇古籍出版社，1995 年 8 月）。以作品題材內容來編排的散曲選本，最早見於羅錦堂（1929—）主編的《元人小令分類選注》（臺北：聯經文化事業，1991 年 5 月）。

"説明作曲的背景、動機及曲文的弦外之音",還兼引各家評語,融合文學欣賞與文學批評於一爐。① 看來,編者的成果是有目共睹的,而這部厚甸甸一千多頁的選本將永爲元曲愛好者和研究者所重視。

4.6 幾部"方家"的選本

1998 年,由中國社會科學院古典文學研究所幺書儀(1945—)、張福海注《王季思選元曲三百首》出版。王季思(王起,1906—1996)是著名古典戲曲研究專家,對散曲亦素有研究。由於没有"序言",僅知道這個選本是"先生積幾十年研究心得精心輯選而成,其權威性與學術性無庸置喙"。除此之外,再没有透露編者編選的經過。② 早在八十年代初,執教于中山大學的王季思與洪柏昭(1952—)等學者共同選編《元散曲選注》,這是一個普及讀物,也是改革開放後最早一批有分量散曲選本。③《王季思選元曲三百首》包含《元散曲選注》所選録 234 首作品,可以説,《王季思選元曲三百首》正是在《元散曲選注》的基礎上完成的。④

2000 年,由中國社會科學院古典文學研究所吕薇芬(1936—)選注的《元曲三百首》出版。注者在"前言"談及此書的編選緣起:

> 多年以前,吴曉鈴先生(1914—1995)曾打算搞一個元散曲選本,邀我協助。當時興致勃勃,也做了一些工作,卻因種種原因,未能成書。……這一選本,有些地方吸收了當年工作的成果。⑤

此書包括"作者"、"説明"和"注釋"三部分,曲文分正襯。全書完成于九十年代初,但差不多十年後才出版。由於選注者是散曲專家,去取和"説明"都極有見地。

2003 年,先後出版了羊春秋(1922—2000)和張燕瑾(1939　)《元曲三百首》新選本,

①林玫儀、賴橋本選注《新譯元曲三百首》(臺北:三民書局,1995 年 11 月),"導讀",頁 30—33。初版一千多頁,而第二版重排後,頁數縮减爲 638 頁。

②幺書儀、張福海注《王季思選元曲三百首》(北京:東方出版社,1998 年 5 月),"出版説明"。

③王季思、洪柏昭等選注《元散曲選注》(北京:北京出版社,1981 年 6 月)。

④筆者嘗比較二書所收録的作品:如《元散曲選注》選盧摯(1242—1314)作品 10 首,《王季思選元曲三百首》再多收 4 首,共 14 首;《元散曲選注》選徐再思作品 11 首,《王季思選元曲三百首》再多收 2 首,共 13 首。其餘曲家情况都是一樣。足證二書選取的標準基本相約。

⑤吕薇芬選注《元曲三百首》(天津:百花文藝出版社,2000 年 4 月),"前言",頁 1。

值得注意。① 羊春秋是著名的散曲研究學者,又擅作詩填詞,長期執教于湘潭大學中文系。早在 1982 年,羊春秋已選注好《元人散曲選》(湖南人民出版社),入選作品,思想性與藝術性並重,尤措意于那些"新穎而不陳腐,自然而不生造,芳潤而不焦殺,輕俊而不板滯"的作品。十年後,他又編妥《元明清散曲三百首》(嶽麓書社);並在這個基礎上再重新編選《元曲三百首》,作出一部取精用宏的《元曲三百首》新選本,而在"評析"方面尤見其卓識。②

首都師範大學張燕瑾和中華書局編審黄克(1937—)選注的《新選元曲三百首》,是按照俗約《唐詩三百首》和《宋詞三百首》的體制而編選,與出版社《新選唐詩三百首》和《新選宋詞三百首》二書配套。這説明此書編注的目標鮮明,遠紹《唐詩三百首》的本意;而入選的作品"思想和藝術俱佳"。③《新選元曲三百首》是一部優秀的散曲選本,也爲《元曲三百首》長長的書目再添一本。

2007 年,上海古籍出版社編審史良昭(1947—)在《元曲三百首注評》(1997 年)和《元曲三百首新譯》(1998 年)二書的基礎上出版《元曲三百首全解》。全書收録 85 家 305 首作品,每篇作品具列"注釋"、"語譯"和"賞析"。"賞析"部分十分細緻,值得留意。④

南京大學戲劇影視研究所解玉峰(1969—)編注《元曲三百首》,爲"中華經典藏書"一種。該書的特點是"點明(散曲)題旨或風格外,尤偏重其形式體制、結構技巧等方面的疏解"(通常置於每首作品的第一條"注釋"),主要收録小令作品。該書"注釋"簡明扼要,要而不繁,是很好的入門書。⑤

總括而言,這些《元曲三百首》新選本,"吸收了歷代(包括現當代)元曲研究家和選

　　①羊春秋選注《元曲三百首新編》(長沙:嶽麓書社,2003 年 1 月);張燕瑾、黄克選注《新選元曲三百首》(北京:人民文學出版社,2003 年 1 月)。

　　②由於羊春秋書稿未竟身已卒,遺稿中未及撰寫"評析"132 首作品改由伊貫三補評。見伊貫三"後記",收入《元曲三百首新編》(長沙:嶽麓書社,2003 年 1 月),頁 420—421、424。

　　③張燕瑾、黄克選注《新選元曲三百首》(北京:人民文學出版社,2003 年 1 月)。張燕瑾和黄克都是著名戲曲研究學者,著作豐富。

　　④九十年代,史良昭出版《元曲三百首注評》(西安:太白文藝出版社,1997 年 4 月;臺北:建安出版社,1998 年 2 月 2 版,易名《元曲三百首新譯》),有"注釋"和"譯文";至於《元曲三百全解》(上海:復旦大學出版社,2007 年 1 月),有"注釋"、"譯文"和"賞析"三部分。

　　⑤解玉峰譯注《元曲三百首》(北京:中華書局,2007 年 3 月;2009 年 7 月 2 版,"中華經典藏書"之一;2011 年 3 月 3 版,"中華大字經典"之一)。

輯家們的心血和智慧的産物"。① 一般讀者自然可以隨意擷取其精華,而專家學者亦不妨作爲"攻錯"之用。

5. "三百首"的流風

任中敏編選《元曲三百首》已經是四分三個世紀以前的事,直至最近十多年才掀起一股注釋、語譯和賞析的熱潮。深信一如《唐詩三百首》和《宋詞三百首》二書,新注譯《元曲三百首》仍然會與日俱增,造福讀者。這些雅俗共賞的選本,對普及元曲起著積極作用,又豈止於"熟讀'元曲'三百首"呢!

另一方面,以《元曲三百首》作爲書名,重新編選,一於舊瓶新酒。自羅忼烈《元曲三百首箋》於 1967 年出版後,足足二十五年之久,方才有另一部《元曲三百首》新選本面世。此後,受到《元曲三百首》流風的薰染,不少元曲選本都以成數面目出現:如《元曲一百首》、《元曲二百首》、《元曲四百首》,甚至《元人小令七百首》②等等,不可勝數。至於《明曲三百首》和《清曲三百首》亦於近年出版。③ 不單如此,"三百首"這個書名還推展至其它文類,如九十年代嶽麓書社就出版了"韻文三百首系列"叢書,共收錄 11 種。金性堯(1916—2007)注《唐詩三百首新注》(1980 年)之後,又選注《宋詩三百首》(1986 年)和《明詩三百首》(1995 年)。其它像什麼《古詩三百首》、《歷代名詩三百首》、《新編先秦詩歌三百首》、《律詩三百首》、《絕句三百首注評》、《宋詩三百首全解》、《元明詩三百首注評》、《新譯清詩三百首》、《新詩三百首》、《淑女詩三百首》、《豪放詞三百首》、《婉約詞三百首》、《情詞三百首》、《回回詞曲三百首》、《香港回歸詩詞三百首》、《打油詩三百首》,以至古文"三百篇"、駢文也"三百篇",真的非"三百首"、"三百篇"不快,確實是"三百首"多"迷人眼"。

怎樣解讀這個有趣的出版現象呢? 不妨説,"三百首"這個書名是編注者的情意結、是出版商的安全網、是讀者"優質産品"的保證"書"。大家對"三百首"都情有獨鍾。"三

---

① 奚海(1941—)、張國偉《元曲三百首賞析》(石家莊:河北人民出版社,1995 年 4 月),"後記",頁571。

② 〔元〕胡存善輯《元人小令七百首》(長春:吉林人民出版社,1999 年 9 月)。該書實爲無名氏輯《類聚名賢樂府群玉》。

③ 門巋(1943—)選注《明曲三百首》和謝伯陽、翁曉芹選注《清曲三百首》二書皆由天津百花文藝出版社於 2002 年出版。據編者"前言"所言,二書同編成於 1992 年以前。

百首"漸漸變成一個圖騰(totem)。① 任中敏當日編選《元曲三百首》時,萬萬想不到八十年後"三百首"會成爲"取之無盡,用之不竭"的泉源,甚而形成一股"三百首熱"呢!

【作者簡介】　何貴初(1955.4—),男,廣東順德人,香港黄棣珊學校教師。

---

①隨便舉個例:〔元〕楊朝英編《陽春白雪》和《太平樂府》,今天出版也改名《元曲三百首》(北京:中國文史出版社,2003 年 1 月);三十年代胡適編選《詞選》,近時再版易名爲《胡適選唐宋詞三百首》(北京:東方出版社,1995 年 4 月)。

附録一：《元曲三百首》書影

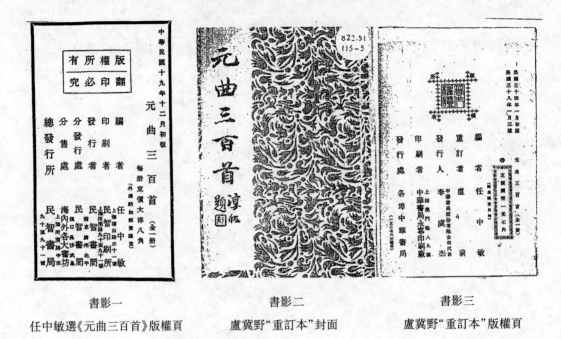

書影一 | 書影二 | 書影三

任中敏選《元曲三百首》版權頁 | 盧冀野"重訂本"封面 | 盧冀野"重訂本"版權頁

附録二：新編《元曲三百首》選本（1930—2010）

任中敏編《元曲三百首》（上海：民智書局，1930 年 12 月）。

任中敏編，盧前重訂《元曲三百首》（上海：中華書局，1945 年 1 月）。

羅忼烈《元曲三百首箋》（香港：龍門書店，1967 年 10 月）。

王一玄選注《元曲三百首》（成都：巴蜀書社，1992 年 9 月；1995 年 11 月第 2 版）。

吳戰壘《元曲三百首續編》（杭州：浙江古籍出版社，1995 年 2 月）。

張國偉、奚海主編《元曲三百首賞析》（石家莊：河北人民出版社，1995 年 4 月）。

俞爲民、孫蓉蓉《新編元曲三百首》（南京：江蘇古籍出版社，1995 年 8 月）。

程傑選注《元曲三百首注》（天津：天津出版社，1995 年 9 月）。

賴橋本、林玫儀注譯《新譯元曲三百首》（臺北：三民書局，1995 年 11 月）。

李復波選注《元散曲三百首》（桂林：灕江出版社，1995 年 12 月）。

褚斌傑主編《元曲三百首詳注》（南昌：百花文藝出版社，1995 年 12 月）。

韓學軍選編《元曲三百首》（長沙：新世紀出版社，1996 年 1 月）。

史良昭《元曲三百首注評》(西安：太白文藝出版社，1997 年 4 月；臺北：建安出版社，1998
　　年 2 月)。

幺書儀、張福海注《王季思選元曲三百首》(北京：東方出版社，1998 年 3 月)。

成濤注譯《元曲三百首注譯》(西安：大衆文藝出版社，1998 年 4 月；臺北：未來書城，2003
　　年 11 月，改名《元曲三百首》)。

鄧紹基等編注《元曲三百首》(大連：大連出版社，1999 年 3 月)。

張國榮編著《元曲三百首譯解》(北京：中國文聯出版社，2000 年 3 月)。(收錄少許劇曲)

呂薇芬選注《元曲三百首》(天津：百花文藝出版社，2000 年 4 月)。

楊春娥編選《學生元曲三百首》(太原：山西古籍出版社，2001 年 1 月)。

張永芳《新注元散曲三百首》(香港：天馬圖書公司，2001 年 5 月)。

鍾林斌《元曲三百首譯注評》(瀋陽：遼海出版社，2001 年 7 月)。

何銳譯注《元曲三百首詳注》(成都：四川大學出版社，2001 年 10 月)。

吳兆基編譯《元曲三百首》(北京：京華出版社，2002 年 8 月)。(原書標示〔清〕不題撰人
　　選編)

彭萬隆編選《全圖本元曲三百首評注》(杭州：浙江古籍出版社，2002 年 12 月)。

張燕瑾、黃克選注《新選元曲三百首》(北京：人民文學出版社，2003 年 1 月)。

羊春秋選注，伊貫三補評《元曲三百首新編》(長沙：嶽麓書社，2003 年 1 月)。

宛新彬編著《元曲三百首》(合肥：安徽文藝出版社，2003 年 1 月)。

王育龍、王平選注《元曲三百首》(臺北：國家出版社，2005 年 5 月)。

史良昭解《元曲三百首全解》(上海：復旦大學出版社，2007 年 1 月)。

解玉峰編注《元曲三百首》(北京：中華書局，2007 年 3 月)。

· 歷史研究

元代唐兀人的漢學

王明蓀

【内容提要】　蒙元時期稱西夏國人爲唐兀人,西夏立國於北宋初時,長期與遼、宋、金朝並立於西北,也長期接觸及漢文化,並於中期時實施漢學教育,形成蕃漢並存的文化型態。蒙元初成吉思汗末年攻滅西夏國,唐兀人成爲帝國較早加入的部份,居於色目族群。元代各族群都有些漢學的研習及表現,唐兀人的漢學共得 113 人,似乎不如預期的多。由元代的初、中、晚三期愈往後愈多,在家世上出於低官階者較多,但有頗多資料不詳者,在仕宦、出身上也是如此,對於統計與分析有所影響。出身以科舉、學校、蔭襲爲多,仕宦以低、高官爲多,漢學的情形以研習、倡行居多,學術上則以文學、藝術爲多。

【關鍵詞】　元代;唐兀人;漢學

一、引言

　　元代時的唐兀人是泛指西夏國人,也稱之爲河西、河申。西夏國是由羌系的党項族所建立,國内還包括有西北的一些少數民族、漢族等。党項政權的建立是由唐代所封都督、節度使等而來,因晚唐至五代的時局紛亂,逐漸發展爲西北地方的政權。當時受唐朝賜姓李氏,以定難軍節度使爲號,領有夏(陝西靖邊縣)、銀(陝西米脂縣)、綏(陝西綏德縣)、宥(陝西靖邊縣東)、靜(陝西米脂縣北)五州之地。到宋朝時又攻下甘州(甘肅張掖市)、涼州(甘肅武威市)、肅州(甘肅酒泉),統轄至瓜(甘肅安西縣)、沙(甘肅敦煌市)二州,控有河西走廊,並將統治中心移往興州(寧夏銀川市)。又同時並受遼、宋二國的册封爲西夏國王,儼然形成北、南、西三國鼎立之局。當遼與北宋相繼亡於女真的金朝,又形成與金、南宋鼎立之局。直到蒙古興起,屢次受到蒙軍攻擊,終於元太祖二十二年(1227)滅亡。

　　唐兀人或西夏及党項族的歷史與發展,在與之相關各朝的史書中幾乎都有專傳記載,一般通論的西夏史論著也易得見,此處不擬贅述,①西夏國的領土,在宋仁宗時有十四州之地,另將其他五處鎮堡改爲州,兵馬近四十萬之衆。② 由於西夏國境及政區設置時有所變更,總估其境土有"方二萬餘里",設州郡二十二。③ 大體以河南地爲重心,往西延伸至河西走廊及河湟地區,往北入內蒙古地區。西夏除農牧並宜有農牧文明之外,又地近漢、藏而通西域,故而易受游牧、漢族、吐蕃、西域等文化影響,形成多種文化的交融而又有其獨特性。關於西夏文化的論述頗多,但並非本文的主旨;本文在於探討西夏入元朝後,唐兀人的漢學情形。

　　元代的多元民族與多元文化頗爲複雜,尤以族屬常因資料不明而難以考察,錢大昕所作《元史氏族表》,列唐兀二十五族,④而後《新元史》、《蒙兀兒史記》,皆作《氏族表》,略有增删。⑤ 大體已有基礎可查在元朝列入色目族群中唐兀人的人物。湯開建以上述三者不夠完備,作《元代西夏人物表》,補正增收達三百三十一人,⑥是目前蒐集元代唐兀人最多的資料,對本文的查閱頗有幫助。史金波《西夏文化》書中有《元朝党項人與儒

　　①自《北史》、《隋書》、兩《唐書》、《宋史》、《遼史》、《金史》諸史書皆有專傳記載。西夏歷史較早的如林旅芝,《西夏史》(臺北市,鼎文書局,1979年),吳天墀,《西夏史稿》(成都市,四川人民出版社,1980年),皆足以參看。唐兀人或唐兀的名稱,參見札奇斯欽,《説元史中的唐古—唐兀惕》,收入《蒙古史論叢》(臺北市,學海出版社,1980年),下册,頁737至751。
　　②參見李燾,《續資治通鑑長編》(北京市,中華書局,2004年),卷120,《仁宗景祐四年》,頁2845。
　　③參見《宋史》(北京市,中華書局,以下所引史書皆此本),卷486,《外國傳二》,頁14028。
　　④參見錢大昕,《元史氏族表》(北京市,中華書局,《二十五史補編》,1998年)第六册。
　　⑤參見柯劭忞,《新元史》(臺北市,藝文印書館,《二十五史》),卷29,《氏族表下》,頁24下至25上。屠寄,《蒙兀兒史記》(臺北市,鼎文書局,1980年),卷154,《表第四之三》,"色目氏族上",頁34下至47下。
　　⑥參見湯開建,《西夏人物表》,《甘肅民族研究》,1986年第1期。後又增訂新作《增訂元代西夏人物表》,《暨南史學》,第2輯,2003年,頁195至215。

學》,列出十餘人,大體與陳垣《元西域人華化考》所舉人物相近。① 一般論及西夏史或民族史書當中,或言及元代西夏遺民時,多採取上述史、陳二氏論述的方式,以例舉人物來言説,而所舉人物也都類同,故不再贅述。至於個別人物相關的漢學討論,將於本文中涉及時提出。

二、西夏國的漢學基礎

《宋史》載西夏"設官之制,多與宋同。朝賀之儀,雜用唐、宋,而樂之器與曲則唐也。"説西夏的禮樂制度是近於唐、宋,無疑受漢文化影響,又説:

> 乾順(崇宗)建國學,設弟子員三百,立養賢務;仁孝(仁宗)增至三千,尊孔子爲帝,設科取士,又置學官,自爲訓導。觀其陳經立紀,《傳》曰:"不有君子,其能國乎?"②

意指西夏的崇儒術、立漢學,經由中期崇宗、仁宗二時期的大力提倡,有以成爲君子之國,其時大約是宋哲宗至宋光宗之間的百年餘時期;百年的崇尚漢學,其成果應可推知。在《金史》中的記載是從金初的夏國王崇宗乾順開始,叙述金、夏間的關係,直到金亡爲止。對於西夏受漢文化影響類同於《宋史》所論,但强調五代之際,禮樂制度毁盡,又説:

> 唐節度使有鼓吹,故夏國聲樂清屬頓挫,猶有鼓吹之遺音焉。然能崇尚儒術,尊孔子以帝號,其文章辭命有可觀者。③

因西夏先世曾爲唐朝節度使,有鼓吹之樂,由於五代興替紛亂,禮樂毁亡,反而在西北邊區的西夏猶能留存唐代鼓吹之樂,似乎有"禮失,求諸於野"的意味,即正統大唐文化的鼓吹樂在西夏可得其遺者。西夏樂在元代列入"國樂"之中,起於太祖時唐兀人高智耀的建言而"徵用西夏舊樂",④這個"舊樂"當是西夏朝廷的"國樂",基本上應是依主要的鼓吹樂而來。在元代中央朝廷的官署中有掌樂工、供奉、祭饗職事的"儀鳳司",其下有"天樂

---

① 參見史金波,《西夏文化》(長春市,吉林教育出版社,1986 年),頁 127 至 131。陳垣,《元西域人華化考》(臺北市,九思出版社,《元史研究》,1977 年),所列人物多在卷四,《文學篇》中。
② 見前揭《宋史》。
③ 見《金史》,卷 134,《外國傳上》,頁 2877。
④ 見《元史》,卷 68,《禮樂二》,頁 1691。

署”（昭和署），是管領“河西樂人”，相應的有管領回回樂人的“常和署”，及管領漢樂的
“安和署”等。① 可知回回、西夏等色目族群的音樂及漢樂都有專屬機構管理，自應是朝
廷“國樂”的組成部分。又在世祖時，以帝師巴思八所言，於大明殿御座上設白傘蓋，名之
爲“鎮伏邪魔護安國刹”，每年舉行袚邪迎福的佛事，儀鳳司掌的漢人、回回、河西三色細
樂即參與此大典。② 上述所舉例證説明西夏制度官方樂曲等，其主體本來自早期唐代節
度使中的鼓吹樂，到元代引進爲朝廷的“國樂”中。至於西夏樂曲另有其民族音樂，是否
也融入其國樂制度之中，則非筆者所能知，無法討論；但推測應該有所融入。

《宋史》、《金史》都强調西夏尊孔子爲帝，但其事載於《宋史》，於紹興十六年（1146），
西夏爲仁宗人慶三年，並令州郡立廟祭祀，“殿廷宏敞，并如帝制”。③ 孔子封諡爲文宣王
始於唐制，歷宋、元至明、清不改，而封諡爲最高的帝，則僅見於西夏，極爲特殊，足見西夏
尊孔崇儒之心，故而宋、金二朝史都特別記載此事。雖然西夏的儒學及漢文化推廣也曾
歷經挫折與排斥，但整體上而言，除去西域、吐蕃等文化影響外，儒學或漢學影響極大，成
爲西夏社會與文化的主導思想。④

西夏國的漢學較明顯表現在漢籍與教育方面，頗多的四部漢籍（包括西夏文譯書）爲
研習的基礎，又有制度的各級學校與科舉爲選舉之法，在論西夏的文化或儒學中都必然
述及。⑤ 然則西夏的儒學與漢文化並非建政立國後新生創始，此前仍有淵源可溯，即尊孔
崇儒有所來自，是爲其遂行儒學政策的基礎。廣義上而言，西夏戎羌之地，至少自漢晉以
來即已與漢文化接觸。至西晉永嘉之亂，中原文化轉而保存於西北涼州之地，迨北魏取
得涼州，河西文化又入於魏，影響北魏及其後北齊典章制度。此則爲陳寅恪所論隋唐制
度淵源的魏齊之源，所謂河隴秦涼諸州所來的文化淵源。⑥ 陳氏指出當漢末中原紛亂，以
家學替代學校的淪廢，學術中心轉移於家族，而西晉五胡擾攘，中原陷於戰亂，河西張氏

① 見《元史》，卷85，《百官一》，頁2138、2139。
② 參見《元史》，卷77，《祭祀六》，頁1926。
③ 參見前揭《宋史》，《外國傳二》，頁14025，夏仁宗令州郡立廟，祭如帝制，又可參見戴錫章，《西夏
紀》（銀川市，寧夏人民出版社，1988年），卷二十四，頁572。
④ 關於西夏儒學並非本文範圍，但略有相關。參見前揭史金波書，第三章部份，另見史金波，《西夏
社會》（上海市，世紀出版集團，2007年），第十章、第二節。西夏受多種外來文化影響，參見張雲，《略論
外來文化對西夏的影響》，《寧夏大學學報社會科學版》，1990年第3期，頁90至97。
⑤ 參見前述各注中相關論著。筆者曾作《西夏的漢籍與漢學教育》一文（未刊），以《俄藏黑水城文
獻》（上海市，上海古籍出版社，1966至2000年）作爲分析，除佛經居多之外，四部古籍皆有。漢學教育
則爲官學各級學校設置，以研習漢學並配合科舉爲主。
⑥ 參見陳寅恪，《隋唐制度淵源略論稿》（臺北市，臺灣商務印書館，1966年），頁1、2，詳論見頁18
至40。

前涼之地尚稱治安,本土世家學術得以保存,外來避禍學者也得就往傳學,河隴文化學術能以形成其地區文化,所保存中原文化也較多。隴右晉秦之地因介於雍涼之間,除受中原長安文化外,又以接河西的治安局面,同樣能保存學術於亂世。故河隴西北之地,上續漢、魏、西晉學風,下開(北)魏、(北)齊、隋、唐制度;承先啟後,五百年間綿延一脈。

陳寅恪所論頗爲詳盡,此種看法在元初馬端臨已粗具提綱式的觀點:

> 河西在漢本匈奴休屠王所居,(漢)武帝始取其地,置郡縣。自東漢以來,民物富庶,與中州不殊。竇融、張軌乘時多難,保有其地。融值光武中興,丞歸版圖,而軌遂割據累世。其後又有呂光、禿髮、沮渠之徒,迭據其土,小者稱王,大者僭號。蓋其地勢險僻,可以自保於一隅;貨賄殷富,可以無求於中土。故五涼相繼,雖夷夏不同,而其所以爲國者,經制文物俱能倣效中華,與五胡角立。中州人士之避難流徙者,多往依之,蓋其風土可樂如此。①

馬氏指出河西所行爲中華文化,中原人士避難而將學術文化帶往該地。但他又指出自唐代安史之亂後,河西淪於吐蕃,使中華衣冠淪爲左袵,故而說"自夷變夏,始於漢",而"自夏復變爲夷始於唐",且僭荒數百年;對西夏似無視於其文化的發展。實際上,早年移居河西的士族,應已土著化,家學未廢,仍有所承傳,故元初時,"太宗訪求河西故家子孫之賢者",②即爲一例。河隴文化基礎當安史亂後的情形並不明顯,晚唐至五代時似未"自夏變夷",而留存爲西夏政權贊治之用,並爲後來崇儒興學時的重要源頭。③

三、元代唐兀人的漢學

唐兀人雖是蒙元時期對西夏國人的泛稱,但西夏國的族群複雜,概括來說即蕃漢綜合體,漢人早在河西地帶有生聚之民,漢姓固然是簡易區別的指標,但仍不可靠,如西夏王室即可姓李、姓趙,皆需以資料根據來判別;同樣地,蕃姓也未必定是番族之人。不過改漢姓的蕃族遠多於改蕃姓的漢族,此爲漢族傳統不輕易改其姓氏之故。以下所列唐兀人的

---

① 見馬端臨,《文獻通考》(杭州市,浙江古籍出版社,1988 年),卷 322,《輿地八》,"古雍州",頁 2537。
② 見《元史》,卷 125,《高智耀傳》,頁 3072。
③ 關於西夏與河隴文化關係,參見李蔚,《略論西夏文化與河隴文化的關係》,收於《西夏史研究》(銀川市,寧夏人民出版社,1989 年),頁 115 至 122。唐代在西夏地區治理以漢文化以及西夏的漢文化採用,參見顧吉辰,《孔子思想在西夏》,《史學集刊》(吉林大學),1991 年,第 4 期,頁 32 至 37。

漢學,主要是指西夏國的北族爲主,其中或許有少數早期入夏國的漢族;仍分三期論述。

(一)、初期漢學

1. 李禎。

字幹臣,西夏國族後人。當金末時曾以經童中選,投蒙古爲質子,因文學得選爲宿衛;元太宗賜名玉出干必闍赤,是文書詔令之職。他曾從蒙古伐金,任軍前行省左右司郎中,建言尋訪天下儒士以優養。定宗末時任爲襄陽軍馬萬戶(高官),從憲宗攻宋,卒於合州。① 李禎除漢學研習外,又有倡行之功,在《宋元學案補遺》列他入《魯齋學案》中。②

2. 李世安。

字彥豪,又名散木。祖父李惟忠,仕至益都淄萊軍民都達魯花赤。父親李恒,仕至中書左丞(高官);家世顯赫。世祖時,安世從父親征戰有功,襲萬戶職,父喪後起復爲僉江西等處行省、參行中書省。成宗時爲湖廣行省左丞,武宗時爲平章政事,仁宗時爲江西等處行省平章政事(高官)。世安少年時即"務學友士,誦習經史,希古聖賢",平生澹泊,無所嗜欲,但著重於延名師以訓誨子孫,勸人爲善,"勉士宦以忠貞,勉子弟以孝友",可稱爲儒將名臣。③

3. 阿里鮮。

生平欠詳,知其爲河西人,任職元太祖時的宣差(高官)。宣差爲可汗親派的節使或地方首長,即後來泛稱的達魯花赤。④ 阿里鮮爲河西唐兀人,是在長春真人邱處機與成吉思汗面見於中亞時,他擔任談論中的翻譯,由此知其頗具漢學程度。後來護同邱處機返回燕京,又奉命往山東詔撫人民等。⑤

---

①參見《元史》,卷124,《李禎傳》,頁3051。

②參見王梓材、馮雲濠,《宋元學案補遺》(臺北市,"國防研究院",中華大典編印會,《四明叢書》,1966年),第五集,第七冊,卷90,頁60下。

③李世安生平等見吳澄,《吳文正集》(臺北市,臺灣商務印書館,《文淵閣四庫全書》),卷85,《元故榮禄大夫江西等處行中書省平章政事李公墓誌銘》,頁7下至15上。李世安家族及文化參見張沛之,《元代色目人家族及其文化傾向研究》(天津市,天津古籍出版社,2007年),頁141至193,文中有頗詳的叙述。

④關於宣差及達魯花赤,參見姚從吾,《舊元史中達魯花赤初期本義爲"宣差"說》,收於氏著《姚從吾先生全集》,第五冊(臺北市,正中書局,1981年),頁427至453。札奇斯欽,《説元史中的達魯花赤》,收於氏著《蒙古史論叢》,上冊(臺北市,學海出版社,1980年),頁465至632。

⑤阿里鮮事蹟出於《長春真人西游記》(王國維注本,臺北市,正中書局,1962年),卷上,頁13下,卷6下、9上、14下、15上等,王國維於卷上,頁13下,對阿里鮮有所注解並考證。另見前揭姚從吾文,頁436。

4. 唐兀閭馬。

世居於賀蘭山，父親名唐兀台，元初以軍功爲千户所彈壓（低官）。閭馬從父親於軍中，簽往山東河北蒙古軍萬户府，後遷爲侍衛親軍（低官），屢得功賞。閭馬雖在軍中，但"好學向義"，勤於耕稼，"常厚禮學師以教子孫"，又有助援鄉親義舉等事，並購屋設學，初奠基礎，知其爲漢學研習並倡行者。① 其家族後人即濮陽唐兀氏，或稱楊氏。

5. 速哥察兒。

河西著族，父親名哈石，受太祖賜號霸都兒，仕歷欠詳。速哥察兒少從軍行伍，定宗時選爲宿衛，憲宗時從征，以功任爲濬州（河北濬縣）達魯花赤（中官）。後無意仕進，於世祖時退居當地黎陽山下，"治生教子"，當有漢學教養。②

6. 師某。

名不詳，寧夏人，從父親徙居河南濮陽。師某生平不喜浮靡，慎厚尚義，"崇重儒術，教子諄切"，終身不出惡言，鄉里人稱他爲"德人"，③當爲漢學研習者。師氏子孫多受漢學，其中以師克恭最著（詳後）。

7. 朵兒赤。

字明道，西夏寧州人。父親名斡札簧，世家主西夏國史，後降於太祖，任爲中興路管民官（總管、高官）。世祖時朵兒赤襲父親官職，以政績陞爲潼川府尹（四川三台），後官至雲南廉訪使（高官）。史稱朵兒赤十五歲時即"通古注《論語》、《孟子》、《尚書》"，因而得以受世祖召見，當時即有"西夏子弟多俊逸"之説，以朵兒赤而言，是最好的例證。④

8. 劉容。

字仲寬，先世是西寧青海人。高祖名阿華，爲西夏國王尚食官。父親名海川，西夏亡國時，徙遷至雲京。世祖時劉容以國師推荐爲太子宿衛，專掌庫藏，他幼時穎悟，稍長即

---

① 參見楊（唐兀）崇喜，《述善集》（焦進文、楊富學，《元代西夏遺民文獻述善集校注》，蘭州市，甘肅人民出版社，2001 年），頁 49、137。關於《述善集》唐兀家世及西夏遺民等，可參看何廣博編，《述善集研究論集》（蘭州市，甘肅人民出版社，2001 年）。

② 參見吳澄，《吳文正集》，卷 66，《元故濬州達魯花赤贈中議大夫河中府上騎都尉追封魏郡伯墓碑》，頁 8 下至 11 上。文中稱"遠"哥察兒，當爲"速"之誤。參見《正統大名府志》（中國書店，《稀見中國地方志彙編》），卷 5，頁 727 上。

③ 參見柳貫，《師氏先塋碑銘》并序，收於李修生主編《全元文》（南京市，江蘇古籍出版社，2002年），第 25 册，頁 384 至 386。

④ 參見《元史》，卷 134，《朵兒赤傳》，頁 3254、3255。又見《嘉靖慶陽府志》（《稀見中國地方志彙刊》），卷 14，《鄉賢》，頁 9 上、下。

喜讀書,可能受家教養成。他任職太子東宮時,"每退直,即詣國子祭酒許衡",從學於名儒。曾奉旨出使江西,不受餽贈,僅載書籍歸獻於皇太子。後任職爲秘書監(卿),仕至廣平路(河北永平)總管(高官)。① 劉容本好讀書,又從許衡游,應有相當漢學程度。

9. 昔里鈐部。

又名益立山、(小)李鈐部,河西世家。父親名答加沙,爲西夏國"必吉"(宰相),出爲肅州鈐部(總兵馬官),由於家世"七世相夏國",先世當爲西夏高官。鈐部於元太祖時降,後從征西域,以功爲千户,再任爲斷事官。定宗時曾任燕京大斷事官(也客札魯火赤),憲宗時任大名路(河北大名)達魯花赤(高官),世祖時以疾卒於家。② 鈐部少負氣節,通曉儒、釋之學及音律,任職於大名路時,見廟學傾頹,以爲風化所繫而新修完治。③ 鈐部不僅有漢學研習又爲倡行者。

10. 小鈐部。

即上述昔里鈐部之子,曾任大名路達魯花赤,可能是蔭襲父職。憲宗"壬子年(1252),葉可(也客)斷事官小李鈐部其子小鈐部來蒞府事",請於朝廷,修飾廟學,創建兩廡,繪七十二賢圖像於壁,④有倡行漢學之功。

11. 李昌祚。

字天錫,族出於沙陀,稱後唐雁門之裔,即沙陀李克用族屬後人。家世爲潞州(山西長治)著姓,祖父名裡,仕爲金朝進義校尉,父親名執(長卿),曾參加科考不利,以節義聞

---

①參見《元史》,卷134,《劉容傳》,頁3259、3260。所任職秘書監,設於至元十年,武宗至大四年改爲卿,劉容任職時爲至元二十四年,參見王士點、高企翁,《秘書監志》(杭州市,浙江古籍出版社,高榮盛點校本,1992年),卷9,頁165。

②參見《元史》,卷122,《昔里鈐部傳》,頁3011、3012。另參見王惲,《秋澗集》(臺北市,臺灣商務印書館,《文淵閣四庫全書》),卷51,《大元故大名路宣差李公神道碑銘》,頁6下至12下。程鉅夫,《程雪樓文集》(臺北市,"國立中央圖書館",《元代珍本文集彙刊》,1970年),卷25,《魏國公先世述》,頁16下至18下。姚燧,《牧庵集》(臺北市,臺灣商務印書館,《四部叢刊》),卷17,《資德大夫雲南行中書省右丞贈秉忠執德威遠功臣開府儀同三司太師上柱國魏國公諡忠節李公神道碑》,頁181下至184上。昔里鈐部的先世族屬及家世等,參見張沛之前揭書,頁88至140。

③參見前注,王惲,《神道碑》,頁9下。

④參見《正統大名府志》,卷8,李謙,《大名路重修廟學記》,頁781上、下。此次修建廟學事或與昔里鈐部修廟學爲同事,但據前揭程鉅夫文,言昔里鈐部於定宗時任大斷事官於燕京,"又以大名隸御前,俾兼大名路達魯花赤",憲宗時"頒虎符,往蒞大名,遇(過?)至燕,則行也客(大)札魯火赤事",李謙文中說"葉可斷事官"即指大斷事官,則當時昔里鈐部似在燕京任舊職,而大名路達魯花赤即其子小鈐部"來蒞府事"。王惲前揭文中所述昔里鈐部在大名路的修建廟學,或爲其任大斷事官兼大名路時所爲。今暫分爲父、子二人各自倡行漢學之事蹟。

名。昌祚七歲時能作詩,十歲舉經童,元初時以配銀符爲潞州招撫使(中官),頗有惠政。① 昌祚或受家學而天資聰慧,爲漢學研習者。

12. 李唐。

字仲卿,即上述昌祚之子。李唐"博學多藝,於國朝語尤習",未冠即從軍,憲宗時以才能補爲行省吏,受興元行省夾谷龍古帶(忙兀帶)知遇,授萬戶府知事。世祖時歷任知事、經歷、四川行省掾、夔州路總管府經歷(低官)。李唐任職四川行省時,即"結廬教子孫,樹藝以居",在夔州路時,興作廟學,率師生奠祀講學,風化俗變。成宗初退官而居,平日"杜門端居,獨以經史自遣",每有所得,寫作成篇,名爲《客窗敗衲》,生活風格高曠。② 李唐研習並倡習漢學於此可見。

13. 黑斯。

名不詳,小字黑斯,遂以字行。至元四年(1267)由内史府諮議出任保定路總管(高官),任内扶弱抑强,勸農興學,有倡行漢學之功。③

(二)、中期漢學

1. 哈剌哈孫。

即前述速哥察兒之子。速哥察兒退居蔾陽山下時,居家治生教子,哈剌哈孫或即從學於父親所教,故能"讀儒書、通文法"。成宗時授爲承事郎、江西行省左右司都事,仁宗後任同知江州路(江西九江)總管府事,泰定帝時以中議大夫、漢陽府(湖北漢陽)知府致仕(中官)。④ 爲漢學研習者。

2. 李萬奴。

昔禮家族第四代子孫,即前述昔里鈐部之孫,小鈐部之子。曾任宿衛,世祖至元時任

---

① 參見《元史》,卷175,《李孟傳》,頁4084。倡李昌祚較詳的身世及其漢學,見劉敏中,《中菴集》(臺北市,臺灣商務印書館,《四庫珍本》二集),卷16,《敕賜推忠保德佐運功臣太傅開府儀同三司上柱國韓國公謚忠獻李公神道碑》,頁4下至10上。另參見黃溍,《金華黃先生文集》(《四部叢刊》),卷23,《元故翰林學士承旨中書平章政事贈舊學同德翊戴輔治功臣太保儀同三司上柱國追封魏國公謚文忠李公行狀》,頁225上至227下。《元史》中載昌祚"授金符、潞州宣撫使",則官階爲高官,但黃溍文中稱潞州"招撫使",又言"配銀符、使潞州",劉敏中文與黃溍文相同,《元史》當有誤,又《元史》言昌祚父執"金末舉進士",但劉、黃二文皆作"不第"、"不利",則《元史》恐又有誤。

② 參見前注劉敏中文。

③ 參見《光緒畿輔通志》(上海市,上海古籍出版社,《續修四庫全書》),卷28,表13,《職官四》,頁118上,卷186,《宦蹟四》,頁641。《萬曆增修保定府志》(《稀見中國地方志彙刊》),卷30,頁22上。

④ 參見吳澄前揭文,《吳文正集》,卷66,《魏郡伯墓碑》。

大名路達魯花赤,繼續擴建廟學,"嗣承先志,樂於爲善,可謂能率前功者也",得以完成教養士子的任務,①有功於倡行漢學,爲祖孫三代戮力廟學的盛事。

3.李教化。

昔里鈐部之孫,愛魯之子,又譯作"嘉琿"。"孝友英發,樂問學、有蘊藉",曾任大名路達魯花赤,江浙行省平章,成宗死時襄助武宗即位而任中書省平章,進位平章軍國重事,後受江南行臺彈劾貪財而罷。② 教化受漢學教養,功高官顯,但好貨貪財,殊爲可惜。

4.李蘭奚。

又名勃,字天廣,昔里家族玉里只吉住支系,爲第五代子孫。祖父小李玉,於太宗時鎮守西土。父親乞哈答,世祖時授昭勇大將軍,後歷任路達魯花赤(高官)。李蘭奚由宿衛出身於武宗,仁宗時任河南行省理問官(中官),後所除各官職,皆不行而居於家中。李蘭奚幼從鄉先生學,"讀經務通大義,銳然立志,以躬行爲本",其學識在於好讀《通鑑》,能評古今事。又從方外高士戴蒙菴游,恐受影響而無意仕宦,加之在短暫出仕的經驗中,頗無意於官場。他學顏平原書法,留意醫藥,曾作秘方,嘉惠於人。又好菊藝,故以"菊心"爲號。是漢學研習,文人雅士生活而多才藝者。③

5.師克恭。

字敬之,又名朵列禿,前述師某之子。成宗時任南臺御史,仁宗時由兵部侍郎遷平江路(江蘇蘇州)總管,泰定帝時爲江西廉訪使(高官)。克恭任職平江路時修飾廟學館舍,塑繪聖賢像,以倡行廟學爲責任。④

6.楊朵兒只。

河西寧夏人,祖父名失剌,父親名失剌唐兀台,先爲世祖宿衛,後爲真金太子東宮宿衛,但未出任外朝官。朵兒只幼孤,與兄教化分別受隆福太后(察必皇后)派往仁宗、武宗府邸爲侍從。朵兒只即爲後來仁宗的宿衛,參與迎立武宗繼位之事,任東宮(仁宗)家令

---

① 參見李謙前揭文。王惲前揭《李公神道碑》稱萬奴爲"中朝侍從官",應是宿衛(怯薛)身份。

② 參見王惲前揭文。

③ 參見歐陽玄,《元禮儀院判昔李公墓銘》,收於《正德大名府志》(《天一閣藏明代方志選刊》),卷10,頁40下至45上。又據黃溍,《德清縣學祭器記》,有縣達魯花赤同名爲李蘭奚,爲"河西右族",似名爲同一人,但據歐陽玄所記,昔里李蘭奚僅短時間出仕,應非同一人。

④ 參見《洪武蘇州府志》(臺北市,成文出版社,《中國方志叢書》),卷26,頁21下至22下。《正德姑蘇志》(上海書店,《天一閣藏明代方志選刊續編》),卷40,《宦蹟似》,頁18上至19上。《至正金陵新志》(中國地志學會,《宋元地方志叢書》),卷6,頁53上,載朵列禿於成宗大德七年(1303)任南臺御史,家世詳情參見柳貫前揭文,《師氏先塋碑銘》,平江路修廟學事見楊載,《平江路重修儒學記》,《全元文》,第25册,頁573、574。

丞之職。仁宗繼位任爲禮部尚書,因與仁宗的淵源關係極受親信,爲官正直敢言,官至御史中丞、平章政事(高官)。英宗未繼皇位時,答已太后所寵信的權臣鐵木迭兒,乘機以太后詔令殺害朵兒只及平章蕭拜住。朵兒只兄弟的漢學情形欠詳,但史載仁宗與朵兒只討論與《貞觀政要》之事,應可知君臣二人都有漢學的研習。①

7. 楊不花。

即上述朵兒只之子。幼有才氣,"好讀書、善畫"。當仁宗時曾力辭翰林直學士之職,後逢家難,"益自勵節爲學",英宗時蔭補爲武備司提點,轉任僉河東廉訪使司事。文宗時任通政院判(中官),但未及上任,死於陝西叛軍亂事。不花除有相當漢學水準外,也具有畫藝之才。②

8. 唐兀達海。

即前述唐兀閭馬的長子,閭馬居家時延師教子,故達海應受過漢學教育。達海蔭襲父親百夫長之職,贈官階忠顯校尉,故又稱他爲唐兀忠顯。閭馬當年曾有意於鄉里購屋興學,初奠基礎,但未完成。達海有意於父志擴建興學,仍是未完全實現其理想而卒。達海興學約在泰定帝時間,晚年在順帝至正五年(1341)時創立"龍祠鄉社義約",斟酌古禮,以禮義聚會鄉社,期能美化風俗,與一般宋元以來鄉約義社近似;興學、鄉約都是倡行漢學事業。③ 閭馬有五男一女,若其延師教子,則子女都應有漢學教養,但惜無具體資料可言,僅第三子閭兒可知。

9. 楊閭兒。

即上述達海之弟,閭馬第三子。其漢學或受於家庭教師,僅知他是"天資明敏,性體純粹,儒吏兼優",保荐爲左翊蒙古侍衛親軍令史,但以父母年高,不願遠離,未就任吏職。④

10. 楊按札爾不花。

生平欠詳,於仁宗延祐年間爲行臺御史,曾彈劾權臣鐵木迭兒,後屢任肅政廉訪使,

---

① 參見虞集,《道園學古錄》(臺北市,臺灣商務印書館,《國學基本叢書》),卷 16,《御史中丞楊襄愍公神道碑》,頁 269 至 273,卷 42,《正議大夫江南湖北道肅政廉訪使特贈宣忠效力翊戴功臣大司徒金紫光禄大夫上柱國夏國公諡襄敏楊公神道碑》,頁 713 至 716。另見《元史》,卷 179,《楊朵兒只傳》,頁 4151 至 4155。所載係據上述二神道碑而來。

② 參見前揭《楊朵兒只傳》附傳,頁 4155、4156。

③ 參見前揭《述善集》,《龍祠鄉社義約》,頁 23,《自序》,頁 49、50。達海官階忠顯校尉爲從六品中階官,但係因其子崇喜之故而贈封,故不計入其仕宦,仍以襲父職左翊蒙古侍衛親軍百夫長爲準,參見頁 139,《大元贈敦武校尉軍民萬户府百夫長唐兀公碑銘并序》,此文中也述及《義約》之事。

④ 參見前注《唐兀公碑銘并序》,頁 141。

在任內"力農桑、修學政、勵風俗、教戒家"。仕至宣政院使,改陝西行臺治書侍御史(高官)。楊氏掌憲司而致力於倡行漢學。①

11. 達實帖木兒。

生平欠詳,於文宗大曆年間爲南樂縣(河北南樂)達魯花赤,後官至刑部侍郎(中官)。② 蒞官有善政,具漢學教養而工於詩。《元詩選》錄有《岐山八景》詩二首,今舉其《五丈秋風》詩如下:③

八陣圖荒認葛痕,當年蜀將駐三軍。

出師不遂中原志,老樹寒煙鎖暮雲。

詩句以蜀漢諸葛亮駐軍五丈原,身死軍中,壯志未酬,爲抒感懷古之詠。

12. 李峴。

字伯瞻,號熙怡,又名薛(徹)徹干,前述李世安之子。世安延師教子,其五子應都受過漢學教育。李峴於泰定帝時翰林直學士,順帝初仕至兵部侍郎(中官)。④ 對於李峴的漢學,吳澄有極精簡説法:"伯瞻博儒術,精國語,又工晉人書法"。⑤ 知道他通博漢學、能蒙古語文,有晉人風格書藝。許有壬又稱他能繪畫"一香圖"(水仙?),並作詞題其畫。⑥ 伯瞻作有詞曲傳世,《太平樂府》收錄七首小令及殘曲不全者一首。⑦ 今錄一首參看:

到閑中,閑中何必問窮通? 杜鵑啼破南柯夢,往事成空。對青山酒一鐘,琴三年,此樂和誰共? 清風伴我,我伴清風。

詞句洒脱暢快,詞意自適瀟洒,澹泊名利。其他數首曲作,都是同樣胸懷,如"田園成趣知閑貴,今是前非","浮生待足何時足,早賦歸歟","青山邀我怪來遲","無何鄉裏好潛

① 參見許有壬,《至正集》(《文淵閣四庫全書》),卷31,《宣政使楊公行實序》,頁5上至7上。彈劾鐵木迭兒事,見前揭《新元史》,卷196,頁12上。

② 參見前揭《正德大名府志》,卷6,頁17下。

③ 見顧嗣立、席世臣,《元詩選癸集》(北京市,中華書局,2001年),上册,《癸之丁》,頁401。

④ 參見吳澄前揭文《李公墓誌銘》,另參見孫楷第,《元曲家考略》(臺北市,文史哲出版社,1989年),頁94至98,對李峴家世及其本人有頗詳細的考證。

⑤ 見《吳文正集》,卷61,《跋李伯瞻字》,頁3下。

⑥ 參見《至正集》(《文淵閣四庫全書》),卷80,《玉燭新》,頁7上。

⑦ 見於隋樹森,《全元散曲》(北京市,中華書局,1989年),下册,頁1290、1291。

身"等。

13. 安住。

父親名阿闍(贄),由吏員出身,仕爲奉訓大夫、中衛千户所知事(低官)。安住自幼讀書,不愛俗好,少年游太學,訪問求賢,受太學名師教導,學問淵博,泰定元年(1324)進士及第,任爲内黄縣(河南内黄)達魯花赤(低官),以教養爲務,召縣中子弟爲學官弟子員,免除徭役,又舉義行,表彰孝弟,立宣聖加號碑等。安住本身即好學而爲進士,又於地方教育養士,倡行漢學。此外,於任内政平訟理,民安物阜,百姓爲之立碑。①

14. 吉泰。

字祐之,家世不詳。虞集記吉泰説:"祐之,西夏之後也。西夏之學,明於佛理,致吉之道亦多術哉。祐之從仕憲府,乃獨於吾《易》有取焉,此善於處泰者也"。② 可知吉泰有漢學研習;又"從仕憲府",當是任職於廉訪司,似爲低階官吏。

15. 劉完澤。

字完甫,西夏亡,徙居張掖,元初爲安西王宿衛,後入爲唐兀衛。武宗時任南臺御史,仁宗時移西臺,泰定帝時入中臺,仕至廉訪副使(中官)。辭官後居家教子,奠定子弟漢學基礎,則他本人當有漢學研習,故虞集説其子弟"世家宿衛舊臣,有家學"。③

(三)、晚期漢學

1. 星吉。

字吉甫。曾祖朵吉,祖父搠思吉朵而只,父親搠思吉,三世任爲太祖、憲宗、世祖的怯里馬赤(譯史,低官),都具有言語材藝。武宗時星吉襲繼爲譯史,通漢語文及諸國語,任爲仁宗潛邸宿衛,英宗時出爲中尚監丞、右侍儀同修起居注,泰定帝時爲監察御史,文宗時爲江南行臺治書侍御史,順帝時爲大都路總管府監,後任宣徽院使、湖廣行省平章、江南行臺御史大夫、江西行省平章(高官)。時元末亂事已起,星吉力戰拒敵,傷重而死。星

---

① 參見楚惟善,《内黄縣達魯花赤安住去思碑》,《全元文》,第31册,頁140、141。另參見《正統大名府志》(《稀見中國地方志彙刊》),卷5,頁16上。

② 見虞集,《吉泰祐之字説》,《全元文》,第26册,頁417、418。以虞集生平多在元代中期時,故列吉泰於中期漢學。

③ 參見虞集,《彭城郡侯劉公神道碑》、《江西監憲劉公去思碑》,《全元文》,第27册,頁318至322,頁257至260。

吉爲譯史世家,又參與修起居注,能讀閱秦檜傳記,故知有漢學教養。①

2. 福壽。

家世不詳。史稱他"幼俊茂,知讀書,尤善應對",知有漢學研習。由宿衛爲長寧寺少卿,出爲饒州路(江西饒州)達魯花赤,後任爲監察御史、户部尚書、同知樞密院事、淮南行省平章等職。元末戰亂,福壽於至正十六年(1356)戰死於江南行臺御史大夫(高官)任内。②

3. 六十。

字子約,家世欠詳。六十爲國子生出身,順帝時歷任濠州(安徽蚌埠)同知,浦城(福建浦城)縣監、南陽(河南南陽)府同知、監察御史等,至正年間爲平江路(江蘇蘇州)達魯花赤(高官)。在南陽府時,六十即致力於延師興學,到平江路時仍以養士興學爲己任,增加學子名額,聘名師教考,中試者可補爲吏員,又增飾學宫、儲學糧等。他平日又教誨府衙屬吏修身理人,以經史爲教材,言教、身教不倦,激勵士子生員。六十於爲官蒞政本經義而參酌章程,忠貞廉恕,是由於他"學淳識正,性尚寬和"的才性,極得時人的讚譽。③

4. 哈剌。

家世不詳。知於順帝元統三年(1335)爲南臺監察御史,至正九年(1349)時爲信州路(江西上饒)達魯花赤(高官),任内事上馭下皆依中禮法,且尊尚儒雅,爲漢學研習者。④

5. 吉祥。

字文卿,生平欠詳,順帝時曾於茶陵州(湖南茶陵)任職,退居於洛陽,築有"知還亭",取陶淵明高蹈賦歸之意。陳基於至正七年(1347)爲他作《知還亭記》,文中説吉祥"浩然賦歸,左右琴書,沾沾自適",⑤是儒士文人優雅生活的寫照。

① 參見宋濂,《文憲集》(《文淵閣四庫全書》),卷18,《元贈開府儀同三司上柱國録軍國重事江西等處行中書省丞相追封咸寧王諡忠肅新濟公神道碑》,頁26上至36下。"新濟"即星吉,另參見《元史》,卷144,《星吉傳》,頁3438至3440,即據神道碑改寫而成。

② 參見《元史》,卷144,《福壽傳》,頁3441、3442。另參見宋訥於明初時所作《敕建元衛國忠肅公祠記》,《全元文》,第50册,頁102至104。

③ 參見陳基,《夷白齋藁》(臺北市,臺灣商務印書館,《四部叢刊廣編》),卷12,《平江路達魯花赤西夏六十公紀續碑頌》,頁1上至4下。另參見吳炳,《南陽縣新建廟學記》,《全元文》,第46册,頁493至495。

④ 參見《至正金陵新志》,卷6,《官守志》,頁61下。《嘉靖江西通志》(濟南市,齊魯書社,《四庫存目叢書》,1996),卷11,頁28下。

⑤ 見陳基,《夷白齋藁》,《外集》,頁39下、40上。

6. 田廙。

生平欠詳,順帝至元五年(1339)任職昌平縣(屬北京市)達魯花赤(低官),到任後即"課能講學,興利除害"。而後率僚佐祭孔廟,巡歷廟學,見有缺壞不完,於是捐俸規度並興工完繕,頗有功於倡行漢學。①

7. 伯顏。

字魯卿,曾祖名刺真,祖父名禿弄歹,父親名赫閭。爲元統元年進士,授官成都路同知崇慶州事(四川崇慶)。② 順帝至正元年(1341)爲忠州(廣西上思西北)達魯花赤(中官),任內整修文廟,使合於制度,又招收英才,擇師教育生員,致力於倡行漢學。③

8. 墊僊。

又作墊仙,字若思,生平欠詳。順帝時由長慶寺蒙古譯史轉任柘城縣(河南柘城)主簿(低官),精勤於本職,縣賴以治。由於柘城素來崇尚儒學,墊僊又立社學,擇師教育地方子弟,使文風益振。④

9. 買住。

字從道,曾祖名業母,爲縣達魯花赤,祖父名唐兀歹,父親名□哈答兒,爲縣達魯花赤(低官)。買住爲元統元年進士,授官保定路同知安州(河北安州)事,⑤調松陽縣(浙江松陽)達魯花赤(低官),於學校尤爲加意,整頓學田,加惠學子。賓禮才俊之士,每月必會教官、學生講論經史,立先賢祠,祀敬周敦頤至朱熹等六子,使士生知理學道統。平日時而集會公堂,"賦詩詠歌,終日忘倦",公退閒暇時則涵泳於典籍。⑥ 除個人喜好讀書外,又興學養士,率先講論學術,立理學學脈,日常生活倡導以文學歌詩爲尚,買住很有文儒士大夫的本性,也是治績清明的良吏。在《元詩選》中收有他的詩作一首,是唱和西域人名士伯篤魯丁的詩,録下作參看:⑦

　　　　馬首山光潑眼青,柳邊童叟遠歡迎。

①參見李溶,《重修儒學記》,《全元文》,第58册,頁242。
②參見蕭啟慶,《元統元年進士録校注》(上),《食貨月刊》,第13卷,1、2期(1983年),頁75、76。
③參見買元,《重修父廟繪像置田記》,《全元文》,第58册,頁275至277。
④參見《嘉靖柘城縣志》,卷5,頁1下、4下,卷9,頁10。另見奴都赤,《墊僊德政碑記》,《全元文》,第54册,頁118、119。
⑤參見蕭啟慶前揭《進士録》,頁75。
⑥參見季仁壽,《達魯花赤買住公善政碑》,《全元文》,第47册,頁32至34。
⑦見《元詩選癸集》,上集,《癸之已上》,頁756。陳垣於《華化考》中僅言及於此,其他相關漢學事蹟皆未述及,故補述列入。

> 花飛南苑芳春暮,涼入西樓夜月平。
>
> 野鳥喚晴聲正滑,主人留客酒初行。
>
> 明年我亦燕山去,稻可供炊魚可羹。

詩句清朗流暢,平遠高闊;可惜僅得見一首。

10. 脱脱。

字清卿,生平欠詳。西域名士迺賢曾有詩二首贈與脱脱,其一爲《送都水大監托克托清卿使君奉命塞白茅決河》,其二爲《寄浙西廉訪托克托使君》注文言"字清卿,西夏人",①都水監是掌治河渠、堤防、水利、橋梁、牐堰等事,爲從三品高官,而浙西廉訪使爲正三品高官。② 迺賢送詩、寄詩,脱脱當有漢學研習,二人相得甚洽,如第二首詩中有"銀牀清夜憶高譚"之句可知。

11. 脱脱。

生平欠詳。順帝至正四年(1344)時任江西廉訪副使(中官);參與修繕東湖書院,並參與宗濂書院修建完成後的聚會,他"以世家敦歷中外,達於詩禮"。③ 除有漢學研習外,又能倡行漢學。

12. 愛魯。

生平欠詳。知於順帝元統二年(1334)任爲監利縣(湖北監利)達魯花赤(低官),因廟學傾頹,愛魯捐俸興修,親自督視,得以完成大成殿興修,"文學、政事二美兼具,故能成其事也"。④ 愛魯有漢學而重於倡行。

13. 脱因。

字宗善,國子生出身,家世欠詳。順帝至元六年(庚辰,1340)任涇縣(安徽涇縣)達魯花赤(中官),致力於興修廟學,且與縣令石珉共同督工,倡行漢學。⑤

14. 王翰。

又名那木罕,字用文。先世爲山東漢族,當西夏李元昊時被俘,遂淪爲西夏人。曾祖爲蒙古千户,父親名也先不花,襲千户職而仕至淮西宣慰副使(中官)。王翰少年時即世襲千户,至正乙巳(二十六年,1365)年任福建行省理問官,任守禦事務,後仕至潮州路(廣東潮

---

① 見迺賢,《金臺集》(《文淵閣四庫全書》),卷1,頁37上、下,卷2,頁17下。

② 都水監見《元史》,卷90,《百官志》,頁2295。廉訪使見卷86,《百官二》,頁2180、2181。

③ 參見虞集,《新修東湖書院記》,《宗濂書院記》,《全元文》,第26册,頁490至494。

④ 參見孔思明,《重修監利縣大成殿記》,《全元文》,第53册,頁624、625。

⑤ 參見郭雷焕,《明倫堂記》,《全元文》,第55册,頁125、126。

州)總管(高官)。元亡後隱居於福建永福(永泰),與樵牧爲伍,自號"友石山人"。明初時朝廷徵辟,迫他出仕,王翰不從而自殺死。王翰善於篆書,好友吳海爲他寫《傳》、《墓誌》、《真贊》等,説他平日閲讀書史,喜作詩,幼時受繼母孫夫人的教養,並訓導他立節建功以顯親揚名,故而能"好善篤學,居官巖巖,正直不阿,而仁愛惠下",後終以殉國來明志成仁。①

王翰有詩集《友石山人遺稿》傳世,②寄情寫意自然流暢,舉《故人遂初過山居》:

> 秋氣誰相同,荒居懶閉門。劍歌雙鬢換,國步寸心存。
> 漫寫當年事,偏驚此日魂。風流非舊日,有風對誰捫。

著稱的《自決》詩,表明其死的心志:

> 昔在潮陽我欲死,宗嗣如絲我無子。
> 彼時我死作忠臣,義祀絶宗良可恥。
> 今年辟書親到門,丁男屋下三人存。
> 寸刃在手顧不惜,一死了卻君親恩。

15. 張訥。

生平欠詳,知其歷仕臺省,至於河南行省參政(高官),因夫人張氏之憂而棄官不仕,順帝至元四年(1338)建義學於保定居家地方,"有厚倫之道,有易俗之心",③是漢學倡行者。

16. 賀庸。

號野堂,武威人,曾受經學於余闕,累官至弘文館(或官爵不詳)。元亡明初時寓居於興化(江蘇興化),以教授爲業,有文集《野堂集》。今可見其詩一首,《至正二十三年秋九月同孟知州登玉龍山》,④如下:

> 東州玉龍山,嵯峨倚雲嶠。黃花傲西風,紅葉映殘照。
> 屬兹公暇日,登高寄暇眺。萬象入品題,衆賓恣懽笑。

---

① 參見吳海,《聞過齋集》(北京市,中華書局《叢書集成初編》,1985),卷3、卷5、卷6、卷7等。關於福建守禦事參見施高,《葛王二公惠政碑》,《全元文》,第59册,頁194、195。又王翰家世、生平及其詩文等參見蕭啟慶,《元明之際的蒙古色目遺民》,收於氏著《元朝史新論》(臺北市,允晨文化實業公司,1999年),頁131至135。

② 王翰,《友石山人遺稿》(嘉業堂刊本)。

③ 參見劉岳申,《申齋劉先生文集》(《元代珍本文集彙刊》),卷6,《瑞藝堂記》,頁17上至18下。

④ 賀庸生平簡述及其詩,參見《元詩選癸集》下册,《癸之辛上》,頁1150。

　　時艱念疲民,材拙愧高調。悠然醉忘歸,隔林響清嘯。

　　詩句平實清暢,兼寫時局及無奈之情,然而當時已是元朝亡國前四年。

　　17. 八里顏。

　　生平欠詳。至正十一年(1351)時任崇明州(江蘇崇明)達魯花赤(中官),因州址爲海潮侵呑,另擇地遷建,又率丁壯抵禦海寇,在動亂之際仍與知州等謀新建廟學,次年底新學建成,達成重教育才之志。①

　　18. 恩寧普。

　　字德卿,生平欠詳。至正十二年(1352)時爲浙東宣慰使,十四年爲江浙行省參政,與右丞阿兒溫沙共同總兵攻討方國珍,後仕至福建行省右丞、行臺御史大夫(高官),曾受皇太子親筆所賜"文行忠信爲善最樂"八字。② 恩寧普任職江浙行省時,名儒王毅曾上書,書中稱恩寧普爲勳舊閥閱家世,又"閤下讀聖人之書",③可說明有其漢學研習。

　　19. 朵而只。

　　生平欠詳,於順帝至元初任曲沃縣(山西曲沃)達魯花赤(低官),因有善政,進士張士明爲他作《德政碑》,碑文中稱他"外寬裏明,涉獵書史",以世家而授任職,知爲漢學研習者。④

　　20. 觀音奴。

　　字志能,爲泰定四年(1327)進士,由户部主事轉歸德(河南商丘)知府,廉明果斷,判案如神,後仕至都水監(高官)。⑤ 志能爲進士,與當時諸多儒士有詩文往來,如虞集爲其寓所"剛齋"作文申論大義,説他曾任應奉翰林文字,以及廣西廉訪司簽事,又因以"剛齋"著名,"中朝學士大夫,又爲之賦"。又如薩都刺,與他同榜進士,又同任南臺從事,且

　　①參見《正德姑蘇志》,卷14,頁34下、35上。張士堅,《崇明州遷建儒學記》,《全元文》,第56册,頁250、251。

　　②恩寧普仕歷參見《元史》,卷42,《順帝紀五》,頁898,卷43,頁914。其他受皇太子書,參見李士瞻,《經濟文集》(上海書店,《叢書集成續編》,1994),卷6,《爲福建監縣恩德卿作》,并序文,頁1上、下。

　　③參見王毅,《木訥齋文集》(《續修四庫全書》),卷3,《上恩寧普元帥書》,頁7下、8下。

　　④參見張士元,《元朵公德政》碑,收於《嘉靖曲沃縣志》(《天一閣藏明代方志選刊續編》),卷19,頁377,卷21,頁501至503。張士明爲延祐二年(1315)年進士,參見蕭啟慶,《元延祐二年與五年進士輯錄》,收於《臺大歷史學報》,第24期,1999年,頁396、397。故知所記至元年號當爲順帝之後至元。又文中曾言"至元丁丑遇歲大歉",當爲後至元三年(1339)時,《元史》,卷39,《順帝紀二》,載該年由正月至五月,每月皆有大飢荒及救荒事宜,可爲旁證。

　　⑤參見《元史》,卷192,《觀音奴傳》,頁4368、4369。

有詩贈送等。① 志能有詩作三首可見，②今録詩二首，其一爲《四見亭》以爲參看：

> 卧麟山前江水平，卧麟山下望行雲。
>
> 山雲山柳歲時好，江水江花顔色新。
>
> 長江西來流不盡，東到滄海無回津。
>
> 我欲登臨問興廢，今時不見古時人。

其二，詩題爲《棲霞洞》：

> 柱仗訪棲霞，神仙信有家。聽泉消俗慮，拂石看雲花。
>
> 海内年將暮，山中日未斜。何堪聰馬去，回首一雲遮。

詩句清新高逸，迤邐自暢。

21. 三旦八。

字山堂，號飛山子，生平欠詳。至正間曾任雲南行省右丞，有善政而得民心，至正十二年（1352）任江浙省平章（高官），統三衛軍專征江南之亂，到十五年功成班師，後又有亂事，仍往江浙任職，似乎長期皆在江浙。楊維禎爲他作《勳德碑》，文中稱他"自幼警悟，博達載籍，淹貫哕銘，善劍術騎射"，是爲文武雙全的儒將。③

22. 元童。

河隴人，生平欠詳。順帝至元元年（1335）任長州縣（江蘇蘇州）達魯花赤（中官），興利除弊，有善政，尤以興學著稱。楊維禎記元童勸募興學事於至元三年，其事之詳情則見於鄭元祐爲元童所寫《遺愛碑》，但文中稱元童爲高昌人，而《洪武蘇州府志》則稱他爲河隴人，錢大昕《元史氏族表》列入唐兀人。據鄭元祐所記，元童建言上級平江府勸募徽州路儒學教授陸德元創建學宫，設禮殿、講堂、學齋、廊廡等，又募民捐田爲養士膳費，有倡

---

① 參見虞集，《剛齋説》，《全元文》，第26册，頁404、405。薩都剌，《雁門集》（臺北市，臺灣學生書局，景印明鈔本，1970年），卷4，《送觀志能分題得君字韻，志能與僕同榜又同南臺從事考滿北歸》，頁83。

② 見《元詩選癸集》，上册，《癸之丙》，頁322、323。

③ 參見《萬曆雲南通志》（《新編中國方志叢刊》），卷9，《官師志六之一》，頁13、14。楊維禎，《江浙平章三旦八公勳德碑》，《全元文》，第42册，頁171至174。黄溍作《翰林學士承旨致仕脱脱公先塋碑》，以至正十年時，脱脱女婿爲宣徽使三旦八，並書寫碑文，若爲同人，則三旦八出任江浙平章前曾任宣徽使，且知爲篯兒乞人脱脱之婿。見《金華黄先生文集》，卷28，頁286。又《福建金石志》（《石刻史料新編》），載於晉江清源山有《修彌陀岩記》，有平章三旦八等捐款建塔舍事，《記》作於至正二十四年，則三旦八似長期任江浙平章，見《石十二》，頁36下。

行漢學之功。①

23. 卜元吉。

生平欠詳,知其爲吉祥贅婿,家居天台(浙江天台),曾中鄉試副榜舉人,後爲慶元路(浙江寧波)録事(低官),又任翁州書院山長,元亡明初時,仍以舊職起任。② 卜元吉爲舉人又主持書院,當爲漢學研習有水準之士。

24. 亦憐真。

字顯卿,生平欠詳。順帝至正九年(1349)任旌德縣(安徽旌德)達魯花赤(低官),才具幹略,勸民務本,又"崇學育民"、"善教惠民",卓然有政績,倡行漢學。③

25. 石賢。

又名傑烈,字安卿,生平欠詳。於順帝至正十九年(1359)任崑山州(江蘇太倉)同知(中官),倡議修整三皇廟,以爲教化勸民,又致力於學田土地、帳籍,考察追究,歸之於學宮之用,對倡行漢學有所貢獻。④

26. 囊加歹。

生平欠詳,知其爲宿衛出身,順帝至元元年(1335)出任永城縣(河南永城)達魯花赤(低官),任內勸農興學,抑豪强、直冤獄,舉廢興墜,有循吏之風,人民爲之立碑,碑文説他資器遠大,儀容嚴雅,以興校爲首務。每月朔望親奠祭文廟,鼓勵學生而課講讀,頗能見其成效。⑤

---

① 參見楊維禎,《長州縣重修學宮記》,《全元文》,第41冊,頁336。鄭元祐,《僑吳集》(《元代珍本文集彙刊》),卷11,《長州縣達魯花赤元童君遺愛碑》,頁11上至13下。《洪武蘇州府志》(《中國方志叢書》),卷26,頁24上、下。錢大昕,《元史氏族表》,頁61。

② 參見《天台山志》(《四庫存目叢書》),卷10,頁7下。卜元吉爲吉祥贅婿,此吉祥未知是否爲趙孟頫所作《大元贈嘉議大夫禮部尚書上輕車都尉追封馮翊郡侯吉公墓誌銘》中之吉祥,但文中未見卜元吉之名,見《山右石刻叢編》(《石刻史料新編》),卷32,頁26下至28下。又據《延祐四明志》(《宋元地方志叢書》)載慶元路録事司,有卜元吉曾任録事司,爲正八品官職,或即爲同一人。見卷2,頁29下。

③ 參見《嘉慶旌德縣志》(南京市,江蘇古籍出版社,《中國地方志集成》,1998年),卷6《職官表》,頁13上,《政績》,頁45下。

④ 參見許規五,《崑山州重修三皇廟記》,《全元文》,第59冊,頁127、128,文中稱石賢爲西夏人,又據《江蘇通志稿》(《石刻史料新編》)載《三皇廟記》爲江浙行省參政陳秀民所撰,文中稱石傑烈,又稱爲鞏昌人,錢大昕《跋尾》言"鞏昌蓋亦河西之族矣",見《金石二十四》,頁17上至18下。二文作者不同,內容幾乎一致,錢毅,《吳郡文粹續集》(《文淵閣四庫全書》),卷17,載《記》爲許規五撰,朱珪,《名蹟録》(《石刻史料新編》),卷1,載《記》爲陳秀民所撰,有所不同。至於鞏昌人未必即西夏人,亦有汪古族在該地,暫以之爲西夏人。

⑤ 參見《嘉靖永城縣志》(《天一閣藏明代方志選刊續編》),卷4,《政事》,頁25上、下,碑文見范圭,《達魯花赤囊加歹公樹政之碑》,卷6,《藝文》,頁27上至31上。

27. 順昌。

生平欠詳，泰定二年(1325)曾任南臺御史，於順帝至元四年爲浙東廉訪副使(中官)，見學舍衰敝，與總管共商恢復，於是縮省浮費供作修整之用，殿堂廡宇至於祠堂齋舍、門窗全易壞更新，以爲講學養士之用，廟學由是大備。①

28. 楊衍餙。

字弘正，號靜隱，即前述楊朵兒只侄子，教化之子。幼受母教力學，清明端直，順帝至元六年授爲儒林郎、南臺監察御史(中官)，才氣茂宏，爲漢學研習者。②

29. 楊崇喜。

字象賢，即前述唐兀達海之子，世襲百夫長(低官)，前此曾爲國子生，受學於國子司業潘迪，潘迪爲崇喜父親達海所創龍祠鄉社約寫《序》，又爲崇喜居所齋舍寫《靜止齋記》，以及崇喜所創辦"觀德會"作《跋文》，當時名士儒者多有爲他作文章，如危素、陶凱、張以寧、張壽等。崇喜家世三代經營鄉里於濮陽甄城，建鄉社約會，敬宗收族，而以建"崇義書院"最著，他不但爲漢學研習者，且是倡行漢學於鄉里者，同時又留下相關文章於《述善集》中，可供參看。③

崇喜在《述善集》中除與父親達海聯名作《鄉社義約》外，又有七篇文章收入，詩則僅見一首，題爲《唐兀公碑》，詩如下：

> 欲鐫金石記宗枝，特特求文謂我師。
> 爲感念親無可報，且傳行實後人知。

崇喜之師潘迪爲唐兀家世作碑銘及序文，故以詩爲記。

30. 唐兀敬賢。

又名卜蘭台，上述象賢之弟。敬賢習儒書及蒙古文字，通曉水利農務，授爲敦武校尉、百户(低官)，潘迪視他如國子生，並爲他作《孝感序》言其孝義，又作《知止齋記》言其能適時知止，其他有張禎、程徐等也爲之作箴、銘，張以寧作《知止齋後記》說到象賢興學實得力於敬賢提議及資助。④ 兄弟二人皆爲研習並倡行漢學者，然則象賢有兄弟十四人，理應都受漢學教養，但大多數情形不詳。

---

① 參見陳旅，《慶元路儒學新修廟學記》，《全元文》，第 37 册，頁 340 至 342。順昌任南臺御史見《至正金陵新志》，卷 6，頁 58 下。

② 參見虞集前揭《襄敏楊公神道碑》。南臺御史見《至正金陵新志》(《宋元地方志叢書》)，卷 6，頁 63 下，又見大訢，《靜隱字說》，《全元文》，第 35 册，頁 445。

③ 參見前揭《述善集》，相關各卷文。家世以潘迪，《唐兀公碑銘》爲據。

④ 參見前揭《述善集》，相關各卷文。家世以潘迪，《唐兀公碑銘》爲據。

31. 唐兀伯都。

為國子生出身,博學高識,曾任濮陽縣達魯花赤,密州(山東諸城)學正(低官),後應約為崇義書院師席。① 在《述善集》中收有他為《鄉社義約》而作的詩兩首,錄其一為參考:

　　雖假龍祠立社名,本書相約正人情。
　　祈晴禱雨非淫祠,勸善懲邪實義盟。

32. 楊雙泉。

　　生平欠詳,順帝至正年間為都水庸田使(高官)居於江蘇吳縣,寓所建水雲亭,江浙平章儒臣慶童為之題扁,陳基為之作《記》,文中稱他居家"讀古人之書,求古人之心",②知有漢學研習。

33. 何伯翰。

先世西夏人,祖父名息簡禮,曾掌杭州錄僧事,父親早逝,因而依舅家生活,姓母姓何氏,何氏賢慧且通文史,伯翰於日間出外就學於楊維禎,夜間由何氏督課所學。十六歲時伯翰即通《春秋三傳》、《毛詩》,尤長於《易》。平日除奉養母親、讀書之外,閒暇則整理其師楊維禎遺散文章,編成《古樂府集》刊行於世。③

34. 常方壺。

西夏名族,少有高世之志,方壺為其別號。博學好古,工於詩文,"下筆驚人,如不食煙火之語",喜游歷四方,以充學廣見,故著述矩度可觀,但終似未出仕。④

35. 高納麟。

字文璨,為元初名臣高智耀之孫,南臺御史中丞高睿之子。成宗時入為宿衛,武宗時為宗正府郎中,仁宗時為河南省郎中,英宗時為都漕運使,泰定帝時為湖南、湖北廉訪使,文宗時任湖廣省參政,順帝時歷任中央、行省要職,仕至御史大夫(高官)。⑤ 納麟退居於

---

① 參見《述善集》,頁36,注5。
② 參見陳基,《夷白齋槀》,卷27,《水雲亭記》,頁2上、下。
③ 參見楊維禎,《東維子文集》(《四部叢刊初編》),卷8,《送何生序》,頁57、58。
④ 參見胡行簡,《方壺詩序》,《方壺記》,二文皆收於《全元文》,第56冊,頁12、18、19。
⑤ 參見《元史》,卷142,《納麟傳》,頁3406至3408。其祖高智耀及父高睿參見卷125,《高智耀傳》,頁3072至3074。陶宗儀,《輟耕錄》(臺北市,臺灣商務印書館,《叢書集成簡編》),卷23,載有《譏省臺》條,言納麟再任江南行臺御史時,以其子安安為判行樞密院,"大夫之政,一聽於院判",時人作詩譏諷行省達朱帖木兒好財貨,及行臺納麟。見頁338,其事是否可靠,可待探討。

蘇州時,地方人士作有詩歌頌其"耆德夙望",而他本人也留有詩一首,是贈給名士、同爲西夏人的余闕,詩如下:①

> 一山松檜勸歸鶴,五塔香燈送落暉。
> 惟有玻瓈同我志,閑來時復濯纓歸。

詩句清遠有闊氣,詩意取玻璃清亮滌塵喻其志。

36. 劉中守。

生平欠詳。知於文宗時參加撰修《經世大典》,且善於書法。順帝時任宣文閣博士(原奎章閣),工部員外郎,僉福建廉訪使司事(中官),後以言去職,遂返回京師,閉門讀書,日夜不已,"興至,即賦詩寫字,或援筆畫山水,意趣天出"。② 中守有詩文之才,善書畫,故能參與修《經世大典》,又爲鑑書博士,爲文藝之士。③

37. 劉伯温。

又名沙剌班,父親即前述劉完澤,由唐兀衛軍出身,後多任爲臺憲官職,仕至廉訪副使(中官)。④ 伯温爲長子,國子生出身,順帝時爲甘肅省檢校官,續升爲監察御史、廉訪副正使、江浙省郎中、陝西行臺侍御史(高官)。⑤ 伯温既爲國子生受業於黄溍,且嗜好古書,雄文博識,於居所長安建有"養正堂"、"學齋",以示"求聖賢之學,成養正之功",其好學涵養之心可知。⑥ 他對於興學養士,教化風氣,極爲費心著力,於江西廉訪使時修廣東

---

① 蘇州士人作詩事,參見李祁,《美太尉高公詩序》,《全元文》,第45册,頁441。納麟詩作,詩名《題第一山答余廷心》,見《元詩選癸集》,下册,《癸之庚上》,頁942。

② 參見貢師泰,《送劉中守僉事還京師序》,《全元文》,第45册,頁147、148。

③《經世大典》修於文宗至順元年(1330),劉中守參與工作不詳,但修纂中似未見及,參見蘇振申,《元政書經世大典之研究》(臺北市,中國文化大學,1984年),頁11至13。宣文閣鑑書博士,姜一涵於《元代奎章閣及奎章人物》(臺北市,聯經出版事業公司,1981年),書中論宣文閣中的鑑書博士,列有"劉某",並舉王偁《盧舟集》,言劉某爲其外祖父,"由宣文閣博士出僉閩憲"即合於前注貢師泰所言,但又記"再召入爲秘書丞,沒王事",則有待考察,或劉中守退居京師後,再受召,終死於國難。又王偁之父即友石山人王翰,劉中守爲其岳父,有線索可查,據前揭吳海,《友石山人墓誌銘》中載王翰元配夏氏卒後,再娶劉氏,生子三人,即偁、侶、偉,當王翰自殺死時,劉氏自裁,絕食但皆未達成殉夫之志。以上當可補鑑書博士劉某的考察。

④ 參見虞集,《彭城郡侯劉公神道碑》,《全元文》,第27册,頁318至322。

⑤ 劉伯温仕歷參見陳旅,《江浙省郎中沙剌班伯温之官序》,《全元文》,第37册,頁234、235。虞集,《清獻室銘》,《新建陸文安公祠堂記》,《全元文》,第27册,頁62、62、17、18。

⑥ 參見虞集《學齋記》,《劉氏長安園池記》,《全元文》,第26册,頁630、631,652、653。黃溍,《學齋記》,《全元文》,第29册,頁294、295。

湖書院,並親至學宫教學,參與宗濂書院士大夫聚會,又於宣慰山南道時,建請地方官修
陸九淵祠堂等。① 在閒居時,以四書教導鄉中子弟,從之求學者甚衆。興學教育頗影響風
氣,又命提舉學校事者,取經義、治事文義,列條目以頒布給學官,便於求學者。又禮敬士
人,用程子教學法"開待賓吏師齋於東湖,致耆老以居,親與客主人之禮"等等。伯温不僅
通經學,且以程朱理學爲主,另外還"觀史傳,得古今之變",參與修《金史》。虞集爲他作
《去思碑》有較詳地説明,又作《畫像贊》,概括説其生平與貢獻:②

> 執簡筆削之功,持節湖江之轅。
> 大興學以成化,蒙稽古之三復。

38. 劉仲賓。

上述伯温之弟,又名觀音奴。曾任御史,中書右司郎中,刑、兵部郎中(中官)。爲御
史時上言請修遼、金、宋三史,又善於楷書、行草,文學彰著,又能畫,是多才之士,風采英
名一如其兄伯温。③

39. 鄔密仲貞。

生平欠詳。家世富貴,居於江蘇吳縣,建居舍名"聽雪齋",左右琴書,陳基曾作歌賦
以應鄔密公所奏白雪之曲,並書寫於屋壁間,知仲貞有漢學教養。④

40. 亦憐真班。

父親名俺(暗)伯,世祖時爲知樞密院事(高官)。他於仁宗時任宿衛,不久超拜爲翰
林侍講學士,英宗時任唐兀親軍都指揮使,文宗時認同知樞密院,順帝初爲翰林學士承
旨,受權臣伯顏忌害,謫居於海南,伯顏敗後召還爲御史大夫、知經筵事,後仕至浙江、江
西行省左丞相(高官)。亦憐真班任職翰林,又知經筵,當有漢學研習,且於進講時"必詳
必慎,故每讀譯文必被嘉納",其所講所讀皆爲漢學。⑤

---

① 參見虞集,《新修東湖書院記》、《宗濂書院記》,《全元文》,第 26 册,頁 490 至 494。《新建陸文安
公祠堂記》,《全元文》,第 27 册,頁 17 至 19。

② 參見虞集,《江西監憲劉公去思碑》、《劉伯温畫像贊》,《全元文》,第 27 册,頁 257 至 260,頁 129。

③ 參見虞集前揭《劉公神道碑》,另文《雪山記》,《全元文》,第 26 册,頁 651、652。

④ 參見陳基,《夷白齋稾》,卷 28,《聽雪齋記》,頁 1 上、下。另見鄭元祐,《聽雪齋記》,《全元文》,第
38 册,頁 693、694。

⑤ 參見《元史》,卷 145,《亦憐真班傳》,頁 3445 至 3447。家世見卷 133,《暗伯傳》,頁 3237。至正十
一年任江浙行省丞相,見《萬曆杭州府志》(《中國地方志叢書》),卷之九,《會治職官表二》,頁 42。

41. 拓跋元善。

西夏龍川公侄子,先世顯官,但生平欠詳。曾歷仕象州監(廣西象州),湖廣省理問官,至正二十四年(1364)任爲平樂府(廣西平樂)監(中官),到任後見府學傾圮,以崇興學校爲責任,遂與學官各自捐俸,選匠購材,修建殿堂館廡,學宫焕然一新,有功於倡行漢學。①

42. 唐兀天祐。

生平欠詳。爲泰定元年進士,順帝至元六年(1340)任新城縣(何北新城?)達魯花赤(低官),見縣學廟宇摧敝,毅然以興造爲己責,捐俸爲倡,僚吏與民間相應共助,撤舊成新,增廣殿屋,俾廟學相依,以達教育風化之效。②

43. 脱因不花。

生平欠詳。知爲國子生出身,於至正中任澤州高平縣(山西高平)達魯花赤(低官),見學宫及孔子廟毀壞,倡議修建,更新孔廟,並學宫堂舍等,完成興學事業。③

44. 也兒吉尼。

字尚文,元末爲監察御史,以劾丞相别兒怯不花著名。至正十一年爲廣西廉訪副使,以平地方亂事升湖廣省平章(高官),後與明軍攻戰,被俘而死。在廣西任内作新三皇、孔子廟以廣教化,"稽古敬先,尊德尚賢,禮樂有容,講肆有筵",是漢學倡行者。④

45. 鄔密執理。

字本初,河西人而隱居於賀蘭山。順帝至正初召爲集賢翰林待制,後爲行簽書樞密院(高官)。元末名儒見心禪師與文人儒士多有交往,其中即有鄔密執理作詩四首,題爲《滿上人歸定水謾賦五言四絶奉寄見心禪師方丈》,⑤其一如下:

　　　一室桂花下,天香滿衲衣。

　　　何時解簮笏,來觸箭鋒機。

詩句清新,頗有棄官交游於方外之想。

---

① 參見常挺,《平樂府學記》,《全元文》,第 59 册,頁 149、150。
② 參見黄溍,《金華黄先生文集》,卷 10,《新城縣學大成殿記》,頁 97 下 98 上。
③ 參見宋紹昌,《重建高平孔子廟記》,《全元文》,第 56 册,頁 165、166。
④ 參見《新元史》,卷 219,《也兒吉尼傳》,頁 8 上至 9 下。其倡行漢學見鄒魯,《奉議大夫嶺南廣西道肅政廉訪司副也兒吉尼公德政碑》,載於《永樂大典》(臺北市,世界書局景印本),卷 2343,頁 18 上至 19 下。
⑤ 鄔密執理生平簡述及其詩,見於見心,《澹游集》(上海市,上海古籍出版社,《續修四庫全書》),頁 222。

46. 邁里古思。

字善卿,至正十四年進士,授紹興路(浙江紹興)録事司達魯花赤,江南行臺移治紹興,因功爲行臺鎮撫,再任爲行樞密院判官治紹興分院(中官)。當時方國珍降順朝廷,但仍擴充勢力侵擾地方,邁里古思有舉兵問罪意圖,而朝廷正倚重方國珍,御史大夫拜住哥又與國珍通賄賂,遂以擅兵壞事爲由,誘殺之。① 據楊維楨爲邁里古思所寫的《墓銘》及《哀詩序》,説他曾祖父、祖父皆不仕,父親别古思曾在杭州任官。他初任官爲紹興録事司録事,鎮撫之後曾任江東道廉訪司經歷。又稱他雖善於搏技,但以爲“伎勇有敵,聖賢之學無敵也”,於是從師學習,通《詩》、《易》二經,以《詩經》登進士第。② 邁里古思於元末對浙江紹興路一帶有禦敵平亂之功,且約束吏卒,同時注意收羅人才,在地方及時人言説中都讚譽其貢獻,而對其遭遇也大爲哀挽。③

47. 必申達兒。

字號樵隱,家世欠詳。至元六年時曾任南臺御史,前此於文宗時任奎章閣中藝文監轄下的藝林庫提點,又攝爲授經郎,當爲文藝之士;至正年間爲奉訓大夫、西臺御史(中官)。④ 必申達兒任職御史時,前後各有一文,其一爲《棲霞洞題名》,時爲南臺御史時與行臺官員游歷所作,且以行書題寫,可知其書藝必佳。其二爲《涇渠圖序》,時爲南臺御史時,爲行臺治書侍御史李惟中所著《涇渠圖説》寫序,序文中有“走年二十餘,從先臣宦游於關中”,可知他父親曾在關中地區爲官,但一時難以考察。⑤

48. 也憐帖木兒。

字文卿,家世欠詳。起身爲譯史,至正年間因功任爲浙西廉訪司經歷(中官),楊維楨稱他“性忠朗峻直,有文武才略”,⑥推知有漢學研習。

---

① 參見《元史》,卷188,《石抹宜孫附邁里古思傳》,頁4311、4312。

② 參見楊維楨,《故忠勇西夏侯邁里公墓銘》,《全元文》,第42册,頁54、55。《九靈山房集》(《四部叢刊初編》),卷13,《邁院判哀詩序》,頁92上、下。《跋墓銘》見卷31,頁233下、234上。

③ 參見同前注,另見《萬曆紹興府志》(《四庫存目叢書》),卷37,《人物志三》,頁62上、下。馬道貫,《邁里古思與元末兩浙地方的守護》,《蒙元史暨民族史論集》(北京市,社會科學文獻出版社,2006年),頁282至295。

④ 必申達兒任職奎章閣官職參見虞集,《道園學古録》,卷3,《題張希孟中丞送畢題點申達卷後》,頁54,揭傒斯,《送藝林庫提點畢申達棄官歸養詩序》,《全元文》,第28册,頁382、383。任職御史參見《至正金陵新志》,卷6,頁63下,《全元文》,第55册,頁96、97。

⑤ 參見前注《全元文》第55册。又《題名》以行書題寫,參見《粵西金石略》(《石刻史料新編》),卷14,頁16下。

⑥ 參見楊維楨,《東維子集》,卷12,《浙西憲府經歷司提名記》,頁84下。

49. 明安帖木兒。

生平欠詳。於至正五年(1345)任爲贊皇縣(河北贊皇)達魯花赤(低官),以孝悌忠信治導人民,先教化而後刑禁,以先儒格言爲政,懲貪愛民,有德政碑紀念。① 於漢學方面有倡行之功,起於元初名臣趙良弼,以私財購地興學,贊皇縣分得田地,又爲築學宫、殿廡、講堂等。明安帖木兒於元末時任縣監,詢知縣學之所以建立實爲良弼之功,念其德澤地方,於是在學宫旁邊立祠崇祀,使師生邑人歲時致祭。同時又重修學宫敝壞之處,至於鄉野各學堂,以完備教養。②

50. 孛羅帖木兒。

字存中,號一齋,生平欠詳。於至正元年爲崑山州(江蘇崑山)達魯花赤(中官),開疏河渠,嘉惠於官民,又修舉廟學、禮樂等,力善愛民,有仁恕之風,爲漢學倡行者。③

51. 禿滿歹。

爲赫思之孫,父祖皆未仕,宗室魯王宿衛出身。禿滿歹幼涉書史,又長於蒙古語,於文宗至順二年(1231)時任濟寧路(山東巨野)達魯花赤(高官),任内興學勵士,倡行漢學,有子三人,皆好學。④

52. 燕不花。

字孟初,知爲張掖人,出於河西貴胄,雖家貧但有操守。據《輟耕録》載,名士杜清碧(本)應朝廷徵召,旅次於浙江錢塘,士子儒生爭趨往其門,燕不花因此景象,作詩句諷嘲之,有“紫騰帽子高麗靴,處士門前當怯薛”,傳爲士人笑趣。⑤ 杜本爲博學隱士,朝廷屢次徵召不出,元末至正三年,右丞相脱脱又以隱士荐召,杜本行至杭州,致書丞相而返。⑥故推斷燕不花爲晚期漢學人物。《元詩選》收有燕不花詩作一首,並稱他“讀書爲文,最善持論,嘗建月旦人物評,人以其言多中云”。⑦ 其詩題爲《西湖竹枝詞》,録之如下:

> 湖頭春滿藕花香,夜深何處有鳴榔。
>
> 郎來打漁三更裏,凌亂波光與月光。

---

① 參見《嘉靖真定府志》(《四庫存目叢書》),卷24,《名宦》,頁37下、38上。
② 參見張曾,《趙文正公祠記》,《全元文》,第58册,頁746、747。
③ 參見《正德姑蘇志》(《天一閣藏明代方志選刊續編》),卷41,《宦蹟五》,頁32上。
④ 參見《道光鉅野縣志》(《新修方志叢書》),卷20。
⑤ 參見《輟耕録》,卷28,《處士門前怯薛》條,頁427、428。
⑥ 參見《元史》,卷199,《杜本傳》,頁4477。
⑦ 參見《元詩選癸集》上册,《癸之已下》,頁888、889。

一派清雅悠閒,寫景而融入其中,平淡有興致。

除上述所列西夏漢學人物及其漢學情形外,另有少許人物在時間上不易明確,列之如下。

1. 卜顏。

生平欠詳,以進義副尉(低官)知龍泉縣(江西遂江),任內"賦役均、詞訟簡、開農田、崇學校,民到於今稱之",可知卜顏於地方倡行漢學。①

2. 山馬。

生平欠詳,爲澧州路(湖南澧縣)同知(中官),其人"好學不倦,治行卓異",人民立碑紀念其政績,當爲漢學研習者。②

3. 拜帖木兒。

生平不詳。《元詩選》收其詩作一首,題爲《溪山春晚》,詩作工整,成熟而淡雅。

> 興來無事上幽亭,雨過郊原一片春。
>
> 路失前山雲氣重,帆收遠浦客舟亭。
>
> 笛笙野館二三曲,燈燭林坰四五星。
>
> 坐久不堪聞杜宇,東風吹我酒初醒。

4. 帖木兒不花。

河朔人,生平欠詳。曾任林州(河南林縣)達魯花赤(中官),因政績良好,又勸農興學,州民刻石頌其德。③ 是倡行漢學者。

元代中央及地方皆立學校,承金、宋制度,又有書院、鄉邑村里之學,教學內容以傳統漢學爲主,即如蒙古國子學,也教授漢文化的部份經典。④ 因此,可以説凡入國子學者都曾受過漢學教養;而地方各種學校,也應如此。元代科舉雖實施不長,但科舉入仕仍爲士子所嚮往,又以分榜考選,北族不需與漢人較試,右榜所取進士爲蒙古、色目人,北族進士仍大有人在,而國子生榜爲進士考選,也不乏由國子學而爭取進士的機會。地方各種學校就學之士,人數應相當龐大,但若無記載,則不易確知。今將這類對漢學研習者列出,

---

① 參見《嘉靖江西通志》(《四庫存目叢書》),卷25,《吉安府》,頁49下、50上。

② 參見《萬曆湖廣總志》(《四庫存目叢書》),卷66,《宦蹟十一》,頁43上。

③ 參見《嘉靖彰德府志》(《天一閣藏明代方志選刊》),卷5,頁34下。

④ 參見蕭啟慶,《大蒙古國的國子學》,收於氏著《蒙元史新研》(臺北市,允晨文化實業公司,1994年),頁65至94。

他們都是未見其他漢學有關的情形，故不便列如前面的論述方式。

在進士、國子生方面，除列入陳垣《華化考》數人之外，另有下列資料可知：

1. 師孛羅。

泰定元年(1324)進士，爲前述師克恭的侄子，父親名脱脱木兒。孛羅仕爲承事郎、同知濬州事(低官)。① (擬列入中期)。

2. 丑閭。

泰定四年進士，爲前述師某的外孫，克恭的甥子。授滑州白馬縣(河南滑縣)丞(低官)。② (中期)

3. 美里吉台。

字洪範，至順元年(1330)進士，仕爲秘書監校書郎(低官)。③ (晚期)

4. 丑閭。

字時中，元統元年進士。至正十二年(1352)任安陸府(湖北鐘祥)知府(中官)，死於兵亂。④ (晚期)

5. 明安達兒。

字士元，元統元年進士，至正十二年爲潛江縣(湖北潛江)達魯花赤(低官)，死於兵亂。⑤ (晚期)

6. 安篤剌。

元統元年進士，授輝州(河南輝縣)判官(低官)。⑥ (晚期)

7. 塔不歹。

字彥輝，元統元年進士。至正年間仕爲襄陽縣(河南襄陽)録事司達魯花赤(低官)，死於兵亂。⑦ (晚期)

8. 教化。

即前述速哥察兒之孫，哈剌哈孫之子。泰定四年鄉貢進士，仕爲瑞昌縣(江西瑞昌)

---

① 參見柳貫前揭文，《師氏先塋碑》。

② 參見同前注。

③ 參見王士點，《秘書監志》(浙江古籍出版社，1992)，卷10，頁205。

④ 參見蕭啟慶前揭《元統元年進士録校注》，頁76。《元史》，卷195，《忠義傳三》，頁4417。傳文中稱丑閭爲蒙古人，有誤，見傳文《校注》(三)條。

⑤ 參見前注《元史》，頁4415。

⑥ 參見前揭《進士録校注》，頁77、78。

⑦ 參見前揭《進士録校注》，頁79，另見《元史》，卷194，《忠義傳二》，頁4398。

達魯花赤(低官)。①（中期）

9.同某。

名字缺,爲至正年間國子試進士副榜。②（晚期）

10.張長吉。

字彥中,至正間進士,仕爲宣城縣(安徽宣城)録事(低官)。元亡後,於江蘇松江任教。③（晚期）

11.師魯。

即前述師克恭之子,爲國子生公試入等,授承事郎、同知泗州事(江蘇臨淮)(低官)。④（晚期）

12.師升。

師克恭之子,國子生。⑤（晚期）

13.師安兒。

即前述師克恭的甥子,爲國子學高等生,出爲承務郎、江州彭澤縣(江西彭澤)達魯花赤(低官)。⑥（晚期）

14.至22。前述濮陽唐兀楊氏。

以楊崇喜同堂兄弟共十四人,其中知爲國子生者有换住(思賢)、留住(繼賢)、教化(居賢)、伯顔(希賢)、春興(高賢)、僧(世賢)、廣兒(志賢)、拜住(好賢)等八人;另知崇喜之子理安共爲九人。全部可列入晚期漢學研習者。⑦

23.趙德平。

先世爲唐兀人,居於開平(内蒙古多倫),以儒業爲學,泰定年間科舉不利,朱德潤爲作《送趙德平下第序》,⑧知其爲中期漢學研習者。

其他西夏漢學如高智耀、余闕、斡玉倫徒、張翔、完澤、甘立、孟昉昂吉等人,陳垣《華

①參見吳澄前揭《魏郡伯墓碑》,頁10下。

②參見《元國子試題名記》,《金石萃編未刻稿》(《石刻史料新編》),頁2下。

③參見蕭啟慶,《元明之際的蒙古色目遺民》,收於氏著《元朝史新論》(臺北市,允晨文化實業公司,1999年),頁142、143。

④參見柳貫前揭文《師氏先塋碑》。

⑤參見同前注。

⑥參見同前注。

⑦參見前揭《述善集》,潘迪《唐兀公碑銘》,另見《附録》二,平昇,《楊氏重修家譜序》,頁273至275。

⑧參見《全元文》,第40册,頁512。

化考》皆已收入,不再贅述。但依其漢學情形採計入統計數中。

四、結語

元代唐兀(西夏)人的漢學情形已如上述,總計113筆資料(人)可知,其中初期爲13人,中期爲20人,晚期爲75人,不詳時期者4人(屬於晚期可能居多)。明顯呈現愈往後愈增多的情形,且到元末晚期時增多爲五倍上下,似可説明西夏亡後入元,愈往後相關於漢學的情形愈受到重視。若再計入《華化考》中8人,初期有1人(高智耀),不詳者1人(完澤),中期1人(甘立),餘皆爲晚期。則總計初期14人,中期21人,晚期80人,不詳者5人,總數可得120人。綜合所述,作成幾種表格,以便參閲。

表一:元代唐兀漢學者家世表

期別	高官	中官	低官	未仕	不詳	總計
初	4 28.6%	1 7.1%	1 7.1%	0	8 57.1%	14 100%
中	5 23.8%	2 9.5%	3 14.3%	1 4.8%	9 42.9%	21 100%
晚	5 6.3%	5 6.3%	15 18.8%	0	55 68.4%	80 100%
總	14 11.7%	8 6.7%	19 15.8%	1 0.8%	72 60%	120 100%

①列入時間不詳者5人,而此5人家世皆爲不詳。
②格内前面數字爲人數,旁邊爲比率。以下皆同。

上表中列入家世不詳者接近或超過半數,而且在三期中都是如此,限於史料難以考察,但爲數過多,故表中的統計不易反映出更確實的情形。初中期的唐兀漢學者家世以高官居多,似可説明家世爲高官較易栽培下一代研習漢學的機會。到晚期時高官家世仍居於其次,比率上以低官家世爲首位,不知是否到元代晚期漢學風氣已盛,漢文化薰染已久,低官家世多投入其中。或者説明在重門閥的元代,低官家世不易有"出頭"的機會,而元代中期以後,並無元初時可以軍功獲官爵的環境,故低官家世多鼓勵或栽培子弟們研習漢學,可多出仕至騰達的機會;而又與科舉憑個人努力以取功名有關。

表二：元代唐兀漢學者出身及仕宦表

出身 時期	蔭襲	荐辟	宿衛	學校	科舉	降附	無	不詳	總計
初	3 21.4%	17.1%	3 21.4%	0	0	2 14.3%	1 7.1%	4 28.6%	14 100%
中	2 9.5%	3 14.3%	5 23.8%	0	4 19.1%	0	2 9.5%	5 23.8%	21 100%
晚	6 7.5%	3 3.8%	4 5%	17 21.3%	22 27.5%	0	4 5%	24 30%	80 100%
總計 ①	11 9.6%	7 6.1%	12 10.4%	17 14.8%	26 22.6%	2 1.7%	7 6.1%	33 28.7%	115 100%
總計 ②	11 9.2%	7 5.8%	12 10%	17 14.2%	26 21.7%	2 1.7%	7 5.8%	38 31.7%	120 100%

仕宦					
	高官	中官	低官	未仕	不詳	總計
初	9 64.3%	2 14.3%	2 14.3%	1 7.1%	0	14 100%
中	5 23.8%	6 28.6%	8 38.1%	2 9.5%	0	21 100%
晚	19 23.8%	19 23.8%	24 30%	4 5%	14 17.5%	80 100%
總 ①	33 28.7%	27 23.4%	34 29.6%	7 6.5%	14 13%	115 100%
總 ②	34 28%	29 24.2%	35 29.2%	7 5.8%	15 12.5%	120 100%

①未列入時間不詳者 5 人
②列入時間不詳者，其中高、低階官各 1 人，中官 2 人，不詳者 1 人。

《表二》中出身不詳者佔最高，是受史料的偏限所致。降附者僅見於初期，即元初攻滅夏國的時代因素。初期出身學校、科舉者皆未見，也是時代因素，科舉未行，學校未廣之故。中期仍無學校出身，較爲意外，但已見行科舉後有唐兀子弟應舉出身，至於晚期，科舉出身入仕者佔最高，學校則佔其次，說明唐兀漢學者較習於漢文化社會中視爲"正途"的方法，而元代晚期這兩者的發展已普遍受到重視，且爲獵職求官的途徑，也或許是在漢文化社會中士大夫們於各方面的眼光及態度仍是傳統式的，即由學校、科舉出身者較受到"正視"，在士大夫交往與生活圈裏，往往會重視這類出身者，表示入仕不是靠"身份"取得,而是靠"成就"取得,至少表示出一種身份。但以"身份"取得者在元代也不容輕視,元代重身份取向,故而蔭襲、宿衛仍可以佔有相當的比重,這是元代的複合體制或說"征服王朝"的特色,自然這種色彩也易於在此出現。同時荐辟也是元代的特色,即以吏進入仕,在其時是相當普遍且重要的一種方式,不過在唐兀人的漢學之士所佔的比重頗低,須連同不在漢學者的唐兀人入仕來併作考察,始能瞭解荐辟這種方式與入仕的關係。

無出身身份者即爲仕宦欄中"未仕"的數人。其餘仕宦的情形在初期高官居多,其中有一半是家世本即高官子弟,一半家世不詳,而出身也一半是宿衛與蔭襲的特殊身份,很能表現蒙元初期的特色。中期三階層官職差別不大,而低層漸有居上的趨勢,到晚期則成爲低、高與中的排序,這與整體仕宦的結果相同,但其間的差別也並不大。似乎與漢學相關的情形並不能決定其仕途,應尚無其他因素。

表三:元代唐兀人漢學人次概況

分類 時期	研習	倡行	經學	史學	子學	文學	藝術	技術	總計
初	14 63.6%	5 22.7%	1 4.6%	1(1) 4.8%	0	0	1 4.6%	0	22(1) 100%
中	12 46.2%	5 19.2%		1 3.9%	0	4(3) 15.4% (100%)	3 11.5%	1 3.9%	26(3) 100%
晚	34 39%	24 27.6%	4 4.6%	1 1.2%	0	18(14) 20.7% (100%)	6 6.9%	0	87(14) 100%
總計 ①	60 44.4%	34 25.2%	5 3.7%	3(1) 2.2% (5.6%)	0	22(17) 16.3% (94.4%)	10 7.4%	1 0.7%	135(18) 100%
總計 ②	61 43.6%	36 35.7%	5 3.6%	3(1) 2.1% (5%)	0	24(19) 17.1% (95%)	10 7.1%	1 0.7%	140(20) 100% (100%)

①未列入時間不詳者
②列入時間不詳者,計研習1、倡行2、文學2(作品2)
注欄內括弧數目爲作品數。又列入研習者即不再列入經、史、子、文四類

由《表二》可看出唐兀人在元代的漢學情形，各期其整體看來都以研習者居多，也就是得知有漢學基礎或教養者最為多數，一方面表示能具有漢學教養應相當普遍，一方面是史料中未載明其專長或具體表現之故。倡行漢學者居於其次，與研習情形相同，每期及整體皆如此。倡行的範圍較廣，包括倡導、鼓吹、實行三種表現，其中又往往同具二、三種表現者。故最多見的是興學養士，即致力於教育方面，如興修學宮（包括孔廟），延師教學，整治學田，勸讀勵學，親臨講學等等，都是在倡行漢學。元代各路、州、縣正官、監官對於興學養士頗為常見，尤其在中、晚時期，似乎成為一種興學的風潮，這也與地方官員的考績有關，可待進一步的專題探討。在倡行之中，以觀音奴、六十、賢住、劉伯溫等人較值得注意，他們修建學校外，還親臨講學或教育吏員、鄉人子弟，極為投入。

在專長方面以文學居首，幾乎全為詩歌專擅，而作品也幾乎全在於此，這是士大夫作文吟詩的傳統，凡文人士子莫非都能寫詩作文一樣。詩歌為情感胸懷的抒發，也是士大夫生活與交往的普遍現象，在漢學中佔有最基礎、最普遍的地位。唐兀人繼習染漢文化，研習漢學，作詩為文應不足怪，於漢學專長中居於首位應屬當然。藝術類居次，除元初昔里鈐部通音律外，多在於書畫，書畫藝術在漢學中有長遠的發展，尤其兩宋書畫極盛，金、元皆大受習染。以筆墨為書寫工具，習漢學者焉有不能書寫？普遍日常的生活工具對於學者而言，易於養成興趣，揮筆熟練之餘，或能出書法名家，當然這也與個人的興趣有關。

在漢學專長中，子學未見到，甚為特殊。史學、技術類各一，是昔里家族的字蘭奚，其技術是他通醫學、作藥方又有"菊藝"，暫將之列入。史學如劉伯溫，他參與修《金史》，故列入史學中，而他又通經且主程朱理學，為經史之才。經學中朵兒赤以十五歲之年即通古注《論》、《孟》、《書》，是唐兀俊逸，何伯翰也是以十六歲之年通《三傳》、《毛詩》，又長於《易》，邁里古思通《詩》、《易》，而以《詩》登第。這些學術精通不易，可惜都未有著作能見。文學中以王翰《友石山人集》最著，他又不仕於明朝而自殺，頗有其人格的特質。其餘漢學者多為詩作但僅少許能見到。在興學方面要以濮陽唐兀（楊）崇喜最著，家世並不顯赫，但數代以來於地方聚族而居，立鄉約，辦觀德會、建崇義書院等，教化鄉里，極具有代表性，又其族人可知者，也多受漢學教育。

綜觀元代唐兀人的漢學，數量不多，可知者僅百餘人，主要是受限於資料。原來西夏國已倡漢學百年餘，在研習漢學上具有基礎及風氣，入元以來，士大夫及民間應尚能延續此種求學風氣，理應在北族群中有較突出的表現，但實際情形似不如預期。初步的設想其原因有幾：其一是蒙元大帝國由多元族群構成，唐兀人不過是其中之一，影響到資料的分散，所載有限。其二是唐兀人在元代雖列入色目族群之中，但在色目族群裏，唐兀人遠不如西域地區如畏吾兒來的"重要"，因此資料所載也遠不及。其三的原因恐怕就是唐兀人的漢學情形可考察者大體即爲如此,不如想像的情形。事實上尚有許多中央、地方各學校的士子,科舉的鄉貢進士、進士登第的人數,以及家學、私學的受教者都不能掌握,唐兀人在元代的漢學應是不止這些有資料的百餘人而已。

【作者簡介】 王明蓀(1947.9—),男,湖北當陽人。臺灣中國文化大學史學系教授。

元代鄉試策問與對策

邱居里

【內容提要】　鄉試是元代科舉三級考試的第一級,也是惟一的地方考試。鄉試策試考察當朝時務及與之相關的經史問題,是蒙古、色目、漢人、南人都必須參加的考試科目。傳世的元代鄉試策問與對策雖然十分有限,仍不失其代表性。本文分析鄉試策問所反映的地方特色、考生群體特徵,以及探討當世急務、關注士風經學、咨詢朝廷制度政事等面向,揭示其與元朝政治文化的聯繫。

【關鍵詞】　元代;科舉;鄉試;策問;對策

鄉試是元代科舉三級考試的第一級,也是其中惟一的地方考試。根據皇慶二年(1313)頒布的科舉程式及中書省續降條目,元代鄉試每三年一屆,分十七個考區舉行,包括大都、上都、真定、東平四直隸省部路分,河東、山東二宣慰司,河南、陝西、遼陽、四川、甘肅、雲南、嶺北、征東、江浙、江西、湖廣十一行省。鄉試的時間,一般是在會試、廷試前一年的八月下旬。每屆鄉試各地共考選貢士三百名赴京參加會試,其中蒙古、色目、漢人、南人四等人各七十五名,似乎公平,實則應試者絕大多數是漢人和南人,因而在貢士的員額上,對蒙古、色目人無疑有著巨大的優惠。元代科舉實行蒙古、色目人與漢人、南人分場考試、分別命題,蒙古、色目人鄉試只考經學、策試兩場,漢人、南人則須加考詞賦一場。策試是四等人都必須參加的考試科目,蒙古、色目人安排在八月二十三日,漢人、南人在八月二十六日,均爲各自鄉試的最後一場①。策試命題(策問)與答卷(對策)要求

---

①［明］宋濂等:《元史》卷81,《選舉志一·科目》,北京:中華書局,1976,冊7,頁2020-2021。參見本文後附錄表一:《元代鄉試考區與貢士員額表》。

也不同,蒙古、色目人"以時務出題,限五百字以上",漢人、南人則須在"經史時務内出題,不矜浮藻,惟務直述,限一千字以上成"①。

傳世的元代鄉試策問只有二十三篇,在有元五百多場鄉試策試、一千多份鄉試策問及備選策問中②,不過百分之二。此外還有鄉試對策五篇,其中兩篇與策問相因應,另外三篇雖策問已佚,仍可從對策中瞭解策問的主旨。以作者而言,策問作者十二人,漢人四名(包括女真人),南人六名,無名氏二名。對策作者五人,一名高麗人,屬於漢人,四名南人。雖缺少蒙古及色目人,卻也符合策問作者和鄉試應考者絶大多數是漢人與南人的歷史事實。所存策問與對策的時間,延祐至至順年間有策問二十篇、對策四篇,至正以後僅策問、對策各一篇,另有策問二篇未能確定考試時間,是知絶大部分作于元順帝至元停罷科舉之前。就考區而論,策問有大都六篇、上都一篇、陝西三篇、征東一篇、江浙四篇、江西八篇;對策爲征東一篇、江浙四篇。雖然只有六個路、省,不足以涵蓋十七處考區,但其中既有蒙古、色目考生會聚的大都路與上都路,又有鄉試水準最高、南士雲集的江浙和江西行省,也有漢人考生爲主的陝西省,甚至邊遠的征東行省。何況,存留策問與對策最多的江浙、大都、江西三地,同時也是貢士員額最多,鄉試影響最大的三個考區。因此,鄉試策問與對策雖然傳世者不多,卻仍不失其代表性③。

策問的主要内容,是當朝時務及與之相關的經史問題。由於鄉試屬地方選舉,並具有會試、廷試的預試性質,決定了鄉試策問既有很濃的地方色彩,又須顧及本地區考生群體的特徵,同時還應關注朝廷急務、大政方針及學術動向。故而,鄉試策問在元代科舉策問中,往往具有更多的特點。本文嘗試分析鄉試策問所反映的地方特色、群體特徵,以及探討當世急務、關注士風與經學、咨詢朝廷制度與政事等面向,揭示其與元朝政治文化的聯繫。

一、鄉試策問的地方特色

作爲科舉中惟一的地方考試,鄉試策試往往問及地方政事與要務,頗具地方特色。

---

①《元史》卷81,《選舉志一·科目》,册7,頁2019。

②元朝凡舉行科舉十六次,其中鄉試分十七個考區,至正十九年,又增設福建行省鄉試。每次鄉試,蒙古、色目與漢人、南人分别進行策試,每場策試還需草擬兩份策問以備選用。故有元一代,各地鄉試約二百七十五次,策試五百五十場,策問一千一百篇。不過元末戰亂,自至正十九年始,即有部分省司無法舉行鄉試,故實際場次與策問數難以確計。

③參見文後附錄表二:《傳世元代鄉試策問及對策表》;表三:《鄉試策問及對策分析表》。

　　大都是元朝京師,在元代十七處鄉試考區中,有著特殊的地位和影響。大都路的鄉試考官,由中書省、禮部直接選差在京的翰林國史院、集賢院或中書省官員充任,而策問也常常涉及京師特有的一些問題。

　　京師的糧食供給,一直是元朝的重要問題。《元史》云:"元都于燕,去江南極遠,而百司庶府之繁,衛士編民之衆,無不仰給於江南。"元朝最初是由運河與陸路輾轉運輸糧食以供給大都,"勞費不貲,卒無成效"①。至元二十年(1283),丞相伯顏開海運之策,每年春、夏二次運江南之糧入京師。最初一年不過四萬餘石,最多時達三百多萬石,基本解決了這一問題。不過,一旦遭遇水旱災荒,漕運不足,大都食糧仍會發生困難。延祐前期,民生安泰,每年海運至京的糧食穩定在二百三、四十萬石左右,供應充裕,穀價低廉。延祐四年(1317)的大都鄉試策問,即不失時機地提出京師糧食儲備問題。這道策問的作者,是當年的大都鄉試考官袁桷。袁桷(1266—1327)字伯長,號清容居士,江浙行省慶元路鄞縣(浙江寧波)人。袁氏自大德初年薦任翰林國史院檢閱官,歷仕應奉翰林文字、同知制誥兼國史院編修官、翰林修撰、待制、集賢直學士,在京都任職近二十年,熟知風土民情,對京城的糧儲輓輸有切身體會。策問指出,"京師天下之本,實粟重內,理所當急"。"聖天子惠養元元,實粟內畿,間遇不登,漕運或不能足"。如"今天時雨澤,上協聖心,中外豐熟","上下給足",正當議行京師儲糧,以備不虞。策問舉西周統計民數、漢代設置常平倉、唐朝京師轉輸三例,要求考生説明如何豫爲設防,以便水旱雖多而民不病。更在探討本朝便宜之法,是建立社倉,"藏富於民"? 還是官府收儲,以防"穀賤傷農"? 如藏富於民,如何使"貧者得濟"? 若官爲收儲,"積歲朽腐",又"何以處之"? 期望"習進士業者,通識時務,宜陳説便利,以俟(朝廷)講明焉"②。

　　京師是首善之區,其官員揀任與治道,非但關係都城的穩定和繁榮,而且足以儀表天下。至正元年(1341)大都秋闈,陳旅即于策問中著重探討京師地方官的爲治之道。陳旅(1287—1342)字衆仲,江浙行省興化路莆田縣(福建莆田)人。薦任閩海儒學官,後游京師,受到馬祖常、虞集贊賞。泰定四年(1327),以薦授國子助教,執教國學六年。元統二年(1334),出爲江浙儒學副提舉。後至元四年(1338),復入朝任應奉翰林文字,陞國子監丞,先後任京職近十年,對京城事務民風亦有深入了解。至正元年,陳旅受聘大都鄉試考官,其策問首先指明:"京師,天下風俗之樞機也。""然而五方聚居,習尚不純,而豪侈踰僭、奸詐竊發者,往往有之。"故其長官職任重大,惟"能以柱後、惠文彈治之者",或"能宣

―――――――――――

①《元史》卷93,《食貨志一·海運》,册8,頁2364。
②[元]袁桷:《大都鄉試策問》,《清容居士集》卷41,《四部叢刊》影印元刊本。

上教化以表率之者”，方可勝任①。陳旅以西漢歷史爲鑒，歷舉“前有趙、張，後有三王”，説明這五位著名京兆尹雖“皆以能名”，其治理之道卻各具特色：趙廣漢“善爲鈎距以得事情”，張敞“越法縱舍輔以經術”，王尊“文武自將”，王章“剛直守節”，王駿則“功無可紀而人稱之”②。希望諸生辨析五者不同的治道，並參考雋不疑、黄霸、孫寶等地方官的卓異治蹟，爲本朝大都路長官“取法”。策問還進一步提出任人與任法的均衡問題：“漢於京兆，委寄之專，使人人得爲條教，以自致其力。”自爲條教，即各地郡守爲便民，得以因時因地制定相應規章，此即西漢地方吏治成功之道，備受後世所推崇。然而，元代蒙古、色目人當權，往往恃勢凌法，間有漢人、南人，亦惟稟承上司，謹守成法。故陳旅特地揭出：“專任人而不任法，則民有受其虐者矣。尚任法而不任人，則中材以下救過不給，又何暇論繩墨之外哉。”要求考生透過歷史，結合當世，討論如何做到“任法而無拘牽之弊，任人而無縱恣之虞，人得盡其才，法得達其用，使首善之地治效彰著，以表儀於天下”③。可見陳旅此策，專爲大都治理而發，極具針對性。

原屬南宋統治區的江南諸行省，面臨的問題顯然與大都、上都及北方各省有所不同。天曆二年（1329）江浙鄉試的南人策問，即追詢公田和鹽法這兩項東南地區的最大弊政。此策問今已不存，作者亦不詳，然當年中舉的馮勉對策卻得以幸存，其云：“執事發策秋闈，下詢承學，首及東南公田、鹽利之弊。”明言策問的宗旨。馮勉字彦思，江浙行省池州路建德縣（安徽東至）人。皇慶間，師從程端禮於建德縣學。延祐中爲縣學教諭，刊行程氏《讀書分年日程》，並以之教授諸生。天曆二年，參加江浙鄉試中選，次年舉進士。馮勉鄉試對策認爲，宋代“公田之賦倍蓰於民田，而又限之以定額，饒沃者輸税僅足，而徒有耕耨之苦；磽瘠者輸賦不給，而民常有終歲之憂。富者以是而日就貧困，貧者以是而日就流亡。且世爲之害，而莫得以貿易之”。因而歷代田賦之弊，莫過于宋代公田。元朝平定江南，田賦不求羨餘，急征剗除殆盡，“獨公田之弊，有司失於申明奏減”④。即如江浙省松江府上海縣，“歲收官糧十七萬石，民糧三萬餘石”⑤，可見元代江浙公田比例之大，田賦之重。對策將公田之弊推之宋代，元朝只是因循未改，委婉地暴露出公田對元代江南經

---

①［元］陳旅：《至正元年大都鄉試策題》，《陳衆仲文集》卷13，元至正刊明修配清鈔本。柱後、惠文，古代御史所戴冠名，亦指代擔任彈糾之職的御史等官員。

②參見［漢］班固：《漢書》卷76，《趙廣漢傳》《張敞傳》《王尊傳》《王章傳》；卷72，《王駿傳》；卷71，《雋不疑傳》；卷89，《循吏列傳·黄霸傳》；卷77，《孫寶傳》；北京：中華書局，1962，册10，頁3199、3216、3226、3238；册10，頁3066；册10，頁3035；册11，頁3628；册10，頁3257。

③陳旅：《至正元年大都鄉試策題》，《陳衆仲文集》卷13。

④［元］馮勉：《解試策》，載［清］周興嶧等：《建德縣志》卷19，清道光八年刊本。

⑤《元史》卷65，《河渠志二·吴松江》，册6，頁1636。

濟、民生的殘害。馮勉進一步指出,即便公田"歷年既久,厥數猥多",無法一旦盡蠲,亦可"覈其田之肥磽,較其賦之虛實,果可征者而征之,果可去者而去之"①,從而減輕百姓負擔,去除江南積弊。

　　鹽法是元朝重要的財政收入,"國之所資,其利最廣者莫如鹽"②,"供國家之需至廣也"。馮勉對策云,元初鹽法"與民同利",禁止"高價椿配"、"急徵其直","置買用食從民便",故不致爲害。其後管理者"未盡得人","度口計升,月考嬴屈","以錙銖之微利、耳目之所不及而笞辱"有司,致使"郡縣不得不下虐於鄉都,抑配農民,占認引數,追繫鞭撻",遂重爲民害。馮氏認爲:"誠使能毋急徵其直,而民不被抑配之苦,能必聽從民便,而官不受三犯之責",方能"上不失國家之課,下不失官民之心"。由此,對策強調,"蠲公田之弊,在於申明源流之害,蠲鹽利之弊,在於遵守祖宗之法",而二者的關鍵,"在於得人而用之,則事不終日而理矣"。"公田而不得其人,則因循苟且,而不能以申明其害;鹽利而不得其人,則貪昧隱忍,而不能以遵守其法"。只有選擇"明理慎行之士而用之,二者之弊庶可以去矣"③。顯而易見,江南的公田、鹽法問題,朝廷的弊政才是根本原因。而馮勉作爲應考的南士,既無法直接批評朝廷政策,也就只能申明公田源流之害,祖宗鹽法之利,寄望於地方長官的賢明,以求適當減輕其弊而已。

　　東南地區的水利建設,也曾是江浙鄉試的策試問題:

　　　　先儒以經義、治道分齋教諸生,而水利居其一。然則水利,亦儒者之所當知也。古所謂水利,曰河渠,曰溝洫。溝洫施於田間,故其效易見;河渠限於地勢,故其功難成。方今言東南之水利,莫大於吳松江。視古之河渠與溝洫,其爲力孰難而孰易?其爲利孰少而孰多?諸君子習爲先儒之學,必夙講而深知之矣。幸試陳之,以裨有司之餘議④。

依據延祐科舉程式,江浙鄉試每屆考選蒙古貢士五名,色目貢士十名,員額之多,在十七個考區中僅次於大都。這道策問文字簡約、宗旨明確,即是對江浙蒙古、色目考生的鄉試策題。北宋名儒胡瑗在蘇州、湖州任教期間,一反崇尚辭賦的當世學風,設立經義、治事二齋教授諸生。經義齋講明六經,治事齋研習治民、講武、水利、算曆等治理之道,慶曆中

　　①馮勉:《解試策》,道光《建德縣志》卷19。
　　②《元史》卷94,《食貨志二·鹽法》,冊8,頁2386。
　　③馮勉:《解試策》,道光《建德縣志》卷19。
　　④[元]黃溍:《江浙鄉試蒙古色目人策問》,《金華黃先生文集》卷20,《四部叢刊》影印元刊本。

遂爲北宋太學所取法①。策問首舉此例,意在説明水利是江浙地區的當務之急,即便蒙古、色目人,只要他們希望透過科舉入仕,即須通曉水利問題。

當時的江浙水利,以吳松江的治理最爲緊要。吳松江是浙西諸水由太湖入海的重要通道。由於潮汐來往,逆湧沙石,上淹河口,所以宋代專門設置撩洗軍人,負責修治。元平南宋之後,罷散軍士,不復修濬,加以勢豪之家,趁機租占河道爲田蕩,致使"河口湮塞,旱則無以灌溉,潦則不能疏洩","水旱連年,殆無虛歲",不惟農桑失利,而且"虧欠官糧,復有賑貸之費"。即如上海縣歲收官糧十七萬石,民糧三萬餘石,迨延祐七年、至治元年(1320–1321)連續兩年災傷,即損失税糧十萬七千餘石②。元朝以"江浙税糧甲天下",而太湖、吳松江流域的"平江、嘉興、湖州三郡,當江浙什六七"③。故吳松江的疏濬治理,是江浙行省不容忽視的要務。至治三年(1323),江浙省臣委嘉興路高治中、湖州路丁知事,"同本處正官體究舊曾疏濬通海故道,及新生沙漲礙水處所,商度開濬"。其中平江路合濬河道五十五處,松江府合濬河渠二十三處,"其豪勢租占蕩田妨水利者,並與除闢"。次年,行省上奏朝廷,"吳松等處河道壅塞,宜爲疏滌,仍立牐以節水勢"。得旨準擬疏治,遂於是年冬季開工修濬④。策問作者黃溍(1277—1357)字晉卿,江浙行省婺州路義烏縣(浙江義烏)人。延祐二年(1315)進士,曾任台州寧海縣丞、石堰西鹽場監運、紹興路諸暨州判官等江浙地方官十多年。至順、後至元間,雖入朝爲應奉翰林文字、國子博士,至正元年(1341)又出任江浙等處儒學提舉,故能熟知江浙政事,並在策問中徵詢行省要務。

不同的鄉試考區,面臨的地方政務與社會問題亦有差異,這是鄉試策問富於地方色彩的原因所在。上述四篇策問及對策,或探求治理之道,或徵詢地方急務,或商榷政事積弊,充分體現了鄉試策問的地方特色。

二、鄉試策問的群體特徵

鄉試策問除關涉地方政務外,還明顯體現各考區主要應試群體的差異。

元代鄉試有嚴格的地域規定,與試者必須"從本貫官司於路府郡縣學及諸色户内推

---

① [清]黄宗羲、全祖望:《宋元學案》卷1,《安定學案》,北京:中華書局,1986,册1,頁24。
② 《元史》卷65,《河渠志二·吳松江》,册6,頁1635–1637。
③ 《元史》卷130,《徹里傳》,册10,頁3163。
④ 《元史》卷65,《河渠志二·吳松江》,册6,頁1635–1637。

選,年及二十五以上,鄉黨稱其孝悌,朋友服其信義,經明行修之士","冒貫者治罪"①。規定對漢人、南人的限制更爲突出,漢人只能在大都、上都、真定、東平、河東、山東、河南、陝西、遼陽、四川、甘肅、雲南、嶺北、征東十四處參加鄉試,南人更被局限在江浙、江西、湖廣、河南四考區。而蒙古、色目人在十七個考區都設有名額,可以在其附籍的任一省、路參加鄉試。

鄉試的貢士員額,原則上每屆三百名,四等人各七十五名,名額相等。但是,不同考區內員額比例卻存在極大差異,大致可分四類:其一,大都、上都、甘肅、雲南、嶺北、遼陽、征東考區,蒙古、色目的貢士員額明顯優于漢人,如大都、上都、甘肅,二者的比例是五比二,嶺北甚至達到五比一;其二,真定、東平、河東、山東、陝西、四川考區,蒙古、色目與漢人的貢士名額大體持平;其三,江浙、江西、湖廣考區,南人貢士員額優于蒙古、色目,比例約二比一;河南情況較爲特殊,是四等人都有貢士員額的唯一考區,其中蒙古、色目和漢人名額大致相當,而南人稍低②。可見員額的分配比例,基本取決于各考區應試的主要士人群體。如大都、嶺北等第一類地區,大體是都城和西部、北部邊疆行省,蒙古、色目考生相對集中;真定、東平等第二類地區,以漢人爲應試主體;江浙等第三類地區,屬南士群體爲主的原南宋地區;而河南,則原金、宋統治區兼而有之,考生亦以漢人和南人爲主。由于不同考區應試的主要士人群體存在差異,其身份資質和面臨的問題也自然有別,從而導致鄉試策問的群體特徵,尤以大都路與江浙行省最爲鮮明。

大都作爲元朝京城,是蒙古、色目人聚居的中心,也是蒙古、色目科舉考生最爲集中的區域。因而大都路鄉試蒙古、色目員額最多,冠于全國。在每屆三十五名貢士中,蒙古十五名、色目十名,所佔比例高達七分之五。與此相似的還有上都路,每屆十四名貢士中,蒙古六名,色目四名,也佔到七分之五。鑒於考選對象以蒙古、色目人爲主,所以大都、上都鄉試,往往關注蒙古、色目的特有問題。如天曆二年(1329)大都鄉試策問:

> 誦《唐風》者,慕堯之遺俗;歌《豳》《雅》者,念周之初基:載籍可稽也。國家龍興朔方,渾厚之風,雄武之氣,所以度越百王,奄有四海者也。當是時,國人忠君親上之誠,一出天性。既而高昌親附,乾竺、大夏諸國景從,域葱嶺,民流沙,碣石以北,祁連以西,皆隸職方。收其豪傑而用之,亦既尊尚國人之習,而服被其風矣。承平既久,散處宇内,名爵之所砥礪,才諝之所滋演,捷出百家,未有紀極。雖風氣大開,文治加

①《元史》卷31,《選舉志一·科目》,册7,頁2018、2023;又見《元典章》卷31,《科舉程式目》;《通制條格》卷5,《學令·科舉》。

②參見文後附錄表一:《元代鄉試考區與貢士員額表》。

盛,埶有然者,然而黜浮而崇雅,去漓而還淳,豈無其道歟? 親筆札者兼弓矢之藝,飫
膏粱者知稼穡之難,其教當何先歟? 別氏族以明本原,同風俗以表歸會,其政有當講
者歟? 才諝既培養矣,名爵既錫予矣,其所以圖報稱者以何事歟? 願悉以對①。

策問含蓄地指出,蒙古初起朔方,國人風氣渾厚,出於天性。其後征服西域諸國及東北,
色目豪傑亦能尊尚蒙古風習。迨滅金平宋,天下一統,蒙古、色目人散居宇内,朝廷錫予
名爵,培養才諝,待遇優渥,反有浮華之風,澆漓之俗。因此,策試考問蒙古、色目人別氏
族、同風俗、黜浮華、崇教化的措施,及其如何報效國家等問題。策問作者歐陽玄(1283–
1357)字原功,號圭齋,湖廣行省湖南道瀏陽州(湖南瀏陽)人。延祐二年(1315)進士,先
後任平江州同知、蕪湖州尹、武岡縣尹等地方官。泰定中,入朝爲國子博士,陞國子監丞、
翰林待制,兼國史院編修官,曾攝行院事,"日直内廷,參決機務"②,對大都蒙古、色目貴
族重臣貪淫奢華風尚,有較多的了解。歐陽玄贊成元代大一統。楊維楨《正統辨》力闡元
承遼、金之統,極論元當承宋統。此論一出,玄即允爲"百年公論"③。然元代蒙古、色目
人漸失淳樸舊俗,放縱無度,無疑成爲危及社會穩定的災難。歐陽玄能在蒙古、色目考生
會集的大都路鄉試中,針對二者的危害,提出挽救之策,亦非偶然。

如果説大都爲蒙古貴族集中之區,江浙經濟文化最爲發達,則是漢族文人薈萃之地。
與蒙古、色目考生相較,漢人、南人要應對的問題顯然不同。延祐元年(1314)江浙鄉試的
南人策問,是一道《經史時務策問》。其命題背景,是上年仁宗頒行的元朝科舉程式規定,
科舉中的策試,蒙古、色目只考時務,漢人、南人則不僅考問時務,還應遠溯時政的經史背
景來命題,意在增加漢人、南人的考試難度,既保證科舉對蒙古、色目人的優待,也便於在
考生雲集的漢人和南人中鑑拔人才。策問開宗明義,指出"經史所載,皆時務也"。後世
政治衰頹,正是由於統治者只"知爲務以救時,而不知稽經以爲務"。仁宗皇帝首開"科舉
取士",並非"徒務以經術變前代設科之陋",而是"務得真儒而用,使風移俗易",以臻於
至治。策問列舉官冗、吏汙、民囂、俗敝等當朝面臨的四大弊端,要求考生借鑒經史,尋求
拯救時弊的措施。策問又特舉唐代爲例:"魏徵論五帝三王不易民而化,封德彝非之曰:
'魏徵書生,豈識時務!'彼不知教化乃時務也。魏徵言焉,太宗納焉,是以有貞觀之治。"

---

① [元]歐陽玄:《鄉試策問》,載[元]蘇天爵:《國朝文類》卷47,《四部叢刊》影印元至正西湖書院
刊本。

② [元]危素:《大元故翰林學士承旨光禄大夫知制誥兼修國史圭齋先生歐陽公行狀》,《危太樸文續
集》卷7,民國二年吳興劉氏嘉業堂刊本。

③ [清]張廷玉等:《明史》卷285,《文苑列傳一·楊維楨傳》,北京:中華書局,1974,册24,頁7308。

以爲闡明經史的教化功能，才是真正的時務之所在①。這道專對南人策問的主旨，不是要對時務策與經史時務策的劃分提出異議，也不欲對蒙古、色目人只考時務不及經史進行質疑，只是向應考的南士强調時務與經史之間密不可分的關係，以證明經史時務策的合理性。徽州休寧朱學學者陳櫟的對策，根據策問思路，詳細論述經因載道而爲本，時務只是道之運用，很好辨析了兩者的關係②。陳氏亦在鄉試中脱穎而出，中選舉人。

這裏要説明的是，討論經史與時務關係的策問出現于江浙行省，實非偶然。江浙是原南宋都城所在地，人文薈萃，也是科舉與試者最爲密集的行省。延祐元年首科鄉試，江浙應試者"一千二百有奇"③。至正元年順帝復行科舉以後，每科"應詔而起者不下三四千人"④。所以，江浙鄉試在元代十七考區中員額獨多，每屆貢士四十三名，甚至超過大都路。其中除蒙古五人、色目十人外，南人貢士二十八名，在可以考選南士的江浙、江西、湖廣、河南四省中，也是名額最多者。這道元朝首次鄉試的策問，探討漢人、南人最爲敏感的經史時務策，顯然考慮到江浙鄉試的主要對象，是儒學和科舉水準最高、參加者最多的南士群體。

上述兩問，就是根據各地的考生群體而設計策試命題的突出例證，體現了元代科舉應試者的多樣性，以及鄉試的區域特點。

三、探討當朝急務

在元代科舉三級考試體系中，鄉試作爲預選考試，自然會關注會試、廷試的命題方向。因而，朝廷的緊要政務，也經常是鄉試策問的考試内容。

泰定三年(1326)的大都鄉試策問，提出宋、遼、金三史的纂修問題：

　　趙宋立國三百餘年，遼、金二氏與之終始，其君臣嫩惡，其俗化隆汙，其政事號令征伐禮樂之得失，皆宜傳諸不朽，爲鑒將來。然當世史官，記傳叢雜，不可盡信。虞初稗官之書，又不足徵。昔《晉書》成於貞觀，唐史作於慶曆，蓋筆削之公，必待

---

①［元］無名氏：《經史時務策問》，載［元］陳櫟：《陳定宇先生文集》卷13，清康熙三十三年陳嘉基刊本。

②陳櫟：《經史時務策》，《陳定宇先生文集》卷13。參見拙作《時務策與經史策》，載《歷史文獻研究》第29輯，上海：華東師範大學出版社，2010，頁227。

③參見［元］胡長孺：《送欣都朱盧饒諸生會試京師詩序》，載［明］葉盛：《水東日記》卷12，北京：中華書局，《元明史料筆記叢刊》，1980，頁127。

④［元］程端禮：《江浙進士鄉會小録序》，《畏齋集》卷3，民國二十一年張氏約園《四明叢書》刊本。

後世賢君臣而始定。聖天子方以人文化天下,廷議將並纂三氏之書,爲不刊之典。左氏、史遷之體裁何所法? 凡例、正朔之予奪何以辨? 諸君子其悉著於篇,用備采擇①。

前朝史的修撰,始于元世祖中統二年(1261)初立翰林國史院,翰林學士承旨王鶚即提出編纂遼、金史的設想②。至元十三年(1276)平南宋,又收集"宋史及諸注記五千餘册,歸之國史院"③,以備宋史纂修。仁宗延祐間,宋、遼、金三史修撰再次提出,並在朝廷集議,終因"舊史多闕軼"④,及"互以分合論正統,莫克有定"而未能舉行⑤。然三史纂修,實爲元朝的當務之急。時任太常博士的虞集于廷議云:"三史文書闕略,遼、金爲甚,故老且盡,後之賢者見聞亦且不及,不於今時爲之,恐無以稱上意。"⑥明確指出修撰三史的緊迫性。英宗即位,右丞相拜住"獨秉國鈞","欲撰述遼、宋、金史",責成翰林直學士、同修國史袁桷⑦。桷草擬《修遼金宋史搜訪遺書條例事狀》上奏朝廷,詳細開列徵尋書目,並提出宋史修纂原則和對一些重要歷史問題的看法⑧。至治元年(1321),袁桷擔任禮部會試考官,在其命題的策試中探討《尚書》、《春秋》、《史記》、《通鑑》四書的編修特點,紀傳、編年兩種史書體裁的源流演變,最後云:"我國家隆平百年,功成治定,禮樂方興,纂述萬世之鴻規,敷闡無窮之丕績,吾儒之事也。故樂與諸君子討論之。"⑨顯然有意爲三史編修徵詢建議並掄選人才。

　　修史之事,雖因"南坡之變"、英宗和拜住被殺而告終止,不過,三史修撰應爲朝廷急務,已是當時諸多有識之士的共見。袁桷的思想,也影響到其門生翰林國史院屬官宋本。宋本(1281-1334)字誠夫,大都路(北京)人。幼年,從父官游學杭州、歸州、武昌、江陵等地,曾補江陵路儒學弟子員。延祐七年(1320)參加大都路鄉試,以第一名中舉。至治元

　　①[元]宋本:《鄉試策問》,載蘇大爵:《國朝文類》卷 47。

　　②《元史》卷 160,《王鶚傳》,册 12,頁 3757。

　　③《元史》卷 156,《董文炳傳》,册 12,頁 3672。

　　④[元]虞集:《送劉叔熙遠游序》,《雍虞先生道園類稿》卷 21,臺灣《元人文集珍本叢刊》影印明初覆刊元至正五年本。

　　⑤虞集:《跋孟同知墓誌銘》,《雍虞先生道園類稿》卷 33。

　　⑥虞集:《送劉叔熙遠游序》,《雍虞先生道園類稿》卷 21。

　　⑦蘇天爵:《元故翰林侍講學士知制誥同修國史贈江浙行中書省參知政事袁文清公墓誌銘》,《滋溪文稿》卷 9,中華書局 1997 年點校本。

　　⑧載袁桷:《清容居士集》卷 41。參見陳高華等:《元代文化史》第三編第六章第一節《宋遼金三史的修纂》,廣州:廣東教育出版社,2009,頁 536-547。

　　⑨袁桷:《會試策問》,《清容居士集》卷 42。

年,又以左榜進士第一,授翰林修撰、同知制誥,兼國史院編修官。泰定間,歷任監察御史、國子監丞、兵部員外郎、中書左司都事等。宋本任職翰林國史院期間,曾參與編修《仁宗實錄》,並受知于袁桷。而袁氏命題的至治元年會試,又是宋本所親歷。泰定初年,袁桷雖已辭歸,然有關三史修纂的廷議仍在舉行,"將並纂三氏之書,爲不刊之典"。泰定三年,宋本受聘爲大都鄉試同考試官,遂承繼袁桷,在策問中進一步討論宋、遼、金三史的體裁、凡例與正朔,爲朝廷纂修三書提供借鑒。

至和元年(1328)七月,泰定帝病卒,蒙古貴族之間,爲擁立泰定幼子或武宗之子而爆發大規模戰爭。天曆二年(1329)四月,戰事以武宗之子的勝利告終。八月,文宗毒死兄長明宗,正式登上帝位。戰爭的破壞和連年的自然災害,造成民生凋弊,社會動蕩,應對災荒與恢復治安成爲朝廷的當務之急。天曆二年江西鄉試的兩道策問,即針對當時江淮亢旱不雨,赤地千里,米價騰湧、社會動蕩,提出應對災荒和轄制軍隊兩個問題。其中有關荒政的南人策問云:

> 國家土宇之廣,歲入之豐,而調度實繁,郡縣寡儲。年或不登,則所在告匱,茫然不知所措,賑救一仰於兼併之家,至不愛名器以假之,丁未之災,亦可監矣。比歲水旱相仍,間有樂土,民仰懋遷,未至大困。今夏亢陽,徂秋不雨數月,江淮南北,赤地數千里,米價翔貴,饑饉之憂,兆於此矣。朝廷雖設義倉,有司漫爲文具,緩急不可倚也。《周官》荒政十有二,可歷舉而講求歟?開倉發粟,伺得請則常緩不及,當早計而先定歟?督糴勸分,使民重困而無實惠,何術而能周防歟?儒者之慮,常失之過。今之災未若丁未之甚,然有備無患,亦不可以緩也。繼今而後,義倉之政,若何而無弊?李悝之平糴,耿壽昌之常平,亦在所當行歟?諸君子以經術、時務出爲世用,其毋以過慮爲嫌,出位爲諱,悉心以陳,將以轉而告之上①。

元朝荒政,包括蠲免差税、朝廷賑貸、常平義倉、督勸富戶平價糶糧或施賑等措施,其中前二者是賑災的主要方式。蠲免差税,需要地方申報災傷情況,由朝廷驗實確定減免的額度。朝廷賑貸,也必須呈報中書省覈實批準,才能開倉賑濟,地方官無權根據災情便宜處置,故常常遲緩不及。常平倉、義倉制度,始于世祖至元六年(1269)。義倉設於鄉社,"社置一倉,以社長主之,豐年每親丁納粟五斗,驅丁二斗,無粟聽納雜色,歉年就給社民",是民間備災糧倉。常平倉立於路府,"豐年米賤,官爲增價糴之;歉年米貴,官爲減價

---

① [元]吳師道:《江西鄉試南人策問》,《吳正傳先生文集》卷19,臺灣《元代珍本文集彙刊》影印明鈔本。

糶之”,是官府救災糧倉。二倉設置的初衷,是“使饑不損民,豐不傷農,粟直不低昂,而民無菜色”。然而“行之既久,名存而實廢”①,到天曆年間,早已是“有司漫爲文具,緩急不可倚”了。此外,勸率富户平糶或施賑,原本也是賑災的權宜之計,但是由於官吏貪暴,强制實施,反而“使民重困而無實惠”。至於地方官府,由於元代賦税收入絶大多數輸送中央,郡縣存留無幾,故一遇災荒,除仰仗兼併之家外,毫無禦災能力。天曆二年,大規模戰事剛剛結束,文宗新近復位,未暇顧及大範圍的災荒和社會混亂,更增加了救荒的困難。面對大旱和隨之而來的飢饉,策問要求考生借鑒《周禮》記載的十二項荒政,重點討論當今的救災事宜:朝廷賑濟,如何預先措施以免延誤;勸富糶賑,如何避免强迫而有實惠;常平、義倉,如何恢復舊制而去除積弊,以供江西行省從事救災。

轄制軍隊,恢復治安,也是天曆年間當政的要務。帝位更迭導致的戰爭,嚴重破壞了社會秩序。爲了征討支持泰定幼子、擁兵抗命的四川行省平章囊加台,文宗先後調發湖廣、河南、江浙、江西、山東等地軍隊,造成各省的動蕩混亂。天曆二年江西鄉試的備用策問,就尖鋭地指出:“我朝承平,兵久不試,邊徼材武所萃,備則嚴矣;内郡武臣,繼襲者多不更事,兵惰律廢,殆無所用之。去歲西陲小警,江淮遣戍,命下,或群起剽劫殺傷,城邑震擾,野無居人。部統者莫之誰何,甚則縱之爲奸,未獲分毫之力,而良民先被其害。”事後,當政又“不敢痛懲,務爲姑息,此風甚不可長也”。策問認爲,出現混亂局面的原因,在於軍隊平時缺乏訓練教化,不明義理所致。因此,策問要求諸生考察《周禮·大司徒》記載的軍事訓練方法,漢、唐兩朝選拔將領的規制,近代武舉對兵法方略和軍事技能的考核,以及軍士孝弟忠信的教化,使軍隊閑習有素,訓禦有方,臨事足以折衝,倉卒可以無患,爲國家長治久安服務②。

上引兩道策問皆出自江浙學者吳師道,不過,這並非吳氏避居書齋的杞憂,而是親歷賑災抗暴之後的深刻思考。師道(1283—1344)字正傳,江浙行省婺州路蘭溪州(浙江蘭溪)人。自幼習儒,曾從許謙問學,以發揮義理、攘闢異端爲先務。至治元年(1321)中進士,授高郵縣丞,疏通水利,勘察災情,有善治之名。泰定中,調寧國路録事。寧國路治宣城,自古爲雄富之邦,又是江東建康道的治所,地大民衆,政繁事夥。録事則“掌城中户民之事”③,佐路總管府和廉訪司長官爲治。據《吳師道墓表》,天曆元年,“徵兵江淮,以遏西師。掌兵者統禦無狀,軍士肆爲攘奪”,“人或憚不與,則縱火殺傷人。城人震慄,府縣

①《元史》卷96,《食貨志四·常平義倉》,册8,頁2467。
②吳師道:《擬江西鄉試策問》之一,《吳正傳先生文集》卷19。
③《元史》卷91,《百官志七·諸路總管府》,册8,頁2317。

吏胥皆閉門自守，無敢誰何”。師道“乃單騎按行，捕殺傷人縱火者，榜掠市門外”。“會諸路兵涉道爲暴，君晝則綜理官事，夜則巡視營落，兵衆讋服，城人以寧”。天曆二年，“大旱，黎民阻飢，宣城一縣，仰食於官者三十三萬口。廉訪使者議賑民，以君攝（宣城）縣事，措置荒政”。師道首倡“禮勸大姓”，“平估而糶者一萬餘石”，又“籍其户爲九等，得（施賑）粟三萬七千六百石，以均賦飢人”。次年春，“二麥猶在田”，吳氏又預先“建白廉訪使者，轉以聞中書、御史，得官粟四萬石，贓罰錢七百三十定”，並“勸分旁郡，得鈔三萬七千七百定”，“以等第分與民”，“三十餘萬人，皆賴以不困”①。由於親自參與賑災，吳師道對荒政利弊有切身體會，曾倍嘗勸賑的艱難。一方面，“民之訴不能自食者餘五十萬口，老弱纍纍，日數千百，擁府縣門不去”；另一方面，“豪民大家，方懼己削，顯抗陰沮，怨怒謗讟群起”。以致師道曾與同事申彦直語“事之難，仰屋太息，繼以痛哭”②。而爲維持治安，制止軍隊橫暴，吳氏又曾受到“必殺録事”的死亡威脅。因而，吳師道的鄉試策問，絶非對時政的泛泛討論，而是具有很强的針對性和現實意義。

　　荒政、治安二問，還只是吳師道對當朝急務的思考，至於他爲江西鄉試草擬的第二道備選策問，則展示出吳氏對文宗即位後朝政改革的期待和設想。這首長達八百言的南人策問首先揭明：“有國家者，必稽古以爲治；爲子孫者，必視祖以爲法。”“遠稽諸古，近法乎祖，而治道畢矣。”策問明確提出復行常朝、設置諫官、確定給事中職掌、兼用錢幣四項應當恢復的古制，參用南北士人、科舉薦徵並行兩項應當效法世祖的舊制。師道自至治元年中進士到天曆二年的十年中，一直輾轉地方郡縣，尚未任職朝廷，但他以稽古制、法世祖爲名，列舉的朝政、官制、貨幣、銓選等多方面改革建議，卻能切中元朝統治體制的積弊。尤其是皇帝不常朝，政事取決於少數大臣近侍；幣制混亂，影響經濟、財政；歧視南士，“一憲府掾亦屏而不用”等項，更是急待更化的根本性弊端，反映了以吳師道爲代表的有識之士，對朝政改革的深入思考。策問最後曰：“諸君子平居問學，有志當世，察於古今之宜熟矣。凡此歷代之所不廢，祖宗之所已行，有關於世務之要者，是用樂聞啟告，以裨政化。”③要求考生對改制發表建言，意在造成廣泛的社會輿論，促成新朝更化。然而，新即位的文宗並無意進行真正的體制改革，吳氏的策問也自然束之高閣，未被主考官選用爲當年的鄉試策題。

---

①［元］張樞：《元故禮部郎中吳君墓表》，載吳師道：《吳正傳先生文集》附録。

②吳師道：《贈申彦直序》，《吳正傳先生文集》卷14。

③吳師道：《擬江西鄉試策問》之二，《吳正傳先生文集》卷19。

四、關注士風與經學

士人的風習時尚,經學的源流演變,關乎朝廷時政,也是歷代策試的傳統命題。元代鄉試中的漢人、南人策問,亦往往涉及上述問題。

至順三年(1332)陝西行省的一道鄉試策問,即以士風爲題。該策共設三問,其一,學以致用,自古而然。《論語·侍坐》,孔子亦許仲由、冉求、公西赤爲邦之志。今科舉之士,有志於用世,"當以何爲體,以何爲用"?其二,剖析孟子闢異端諸説,觀察考生對異端學説的精察明辨。其三,科舉考試,"言之者則皆談仁與義矣,聽之者亦取其説之合經矣,用之者自夫州縣以達朝廷矣",如何做到聽言觀行,循名責實①。上述三問,論及士人學養和異端闢除,其核心卻在科舉取士的標準與利弊。這是延祐科舉以來亟待探討的問題,爲世人所關注。是年陝西鄉試的另一道策問,對此作了更爲明確的引申:

> 國家設進士之科,於今七舉矣。廷對入官者,不啻五百人而多,其政事文學卓然見稱於時者,僅不及半。將遴選之不精而僥倖歟?抑既得之後自滿,棄其舊學猶弊屣歟?或爲利慾所牽,而不能守其素歟?莫可得而究也。今欲使人人奮勵,精白其心,益黽勉其學。居館閣者,其文章足以黼黻皇猷;登臺省者,其政事足以貞固幹事,化民善俗;居守令者,其廉足以律身,而撫字無愧于古之良吏:將何道以致之?夫前代以詞賦設科,得人猶有可稱者。矧今日以其浮華纖巧廢之,而專尚經學,宜有敦厚樸實任重致遠之材。今乃如是,況敢望制禮作樂,以興太平之治歟?學者當無負聖朝作養舉用之意,詳悉以對,庶得觀其志焉②。

自延祐肇開科舉,到至順三年鄉試已是第七屆,以進士入仕者四百三十九人,能以文章、政事著稱的卻不足半數,其原因究竟何在?是遴選不精?還是士人拋棄舊學,或爲利慾所誘?策問要求諸生就此進行討論,以期科舉之士能不負重望,在各自職任上都做出卓越成績,甚至輔佐朝廷制禮作樂,以興起太平之治。策試的問題並不複雜,卻有著深刻的現實背景。

有元科舉在世祖時即已正式提出,並經集議,訂立程式,成宗、武宗朝,又有大臣、學者多次建言。但是,由於朝廷中守舊的蒙古、色目權貴及少數出身吏員的漢人官僚的反

---

① [元]蒲道源:《鄉試三問》之二,《閑居叢稿》卷13,清愛日精廬藏影抄元刊本。
② 蒲道源:《鄉試三問》之三,《閑居叢稿》卷13。

對,遷延近五十年未能實施。仁宗即位,雖科舉得以正式下詔頒行,反對的聲音卻並未止息,"上而大臣且笑且怒,下而素以士名恥不出此,亦復騰鼓謗議,贊其成者才數人耳"。延祐之後,凡帝位更迭,輒有動搖科舉的議論出現。"蓋設科來,列聖首詔,必有因而搖之者。庚申之春(英宗即位),則剝復之機係焉。癸亥冬(泰定登基),惴惴幾墜"①。科舉興廢始終是朝廷激烈論爭的重大問題。攻擊者或言儒士迂闊,可任用者寥寥;或曰"科舉取士,實妨選法";或指責科舉之士冒認籍貫,虛報年齡,"有假蒙古、色目名者","舉子多以贓敗"②,甚至"有人取凡敗於貨賕闕官者列於朝"③,"群然鼓簧,謂士不足用,科舉無補于國計,不罷不止"④。實際上,元朝吏道雜而多端,選官的主要途徑,"首以宿衛近侍,次以吏業循資"⑤,而科舉這一傳統的入仕渠道則壅滯狹仄。朝廷規定科舉三年一屆,每屆取進士一百名,相對唐、宋、金各朝名額都要少得多。而且至順之前的六屆,取士皆不滿額,累計不超過四百四十名,平均每年不足二十五人,遠遠不能與通過怯薛(宿衛)和吏員入仕的官員相比。何況,有幸中進士者,亦止授翰林國史院編修、檢閱、集賢院修撰、秘書監校書郎、典簿等文學侍從,或路府錄事、州同知、判官、縣丞等地方小官,根本無能握持權柄,影響政局。正如揭傒斯所言:"新荑稚藥不足以勝夫深根固蒂,牛羊日夜又從而牧之,信道篤者類指爲迂闊,稍出芒角爲國家分憂者盡格之下位,急功利者遂從而彌縫附會,覬旦夕之餘景,而不知已爲他人所銜轡矣。"⑥這才是進士出身者難以政事、文學著稱的根本原因。在無能觸動基本政治體制的前提下,只能首先保住科舉制度得以延續,而其希望所在,則是通過獲得科名者卓有建樹,方可改變視聽,影響朝局。故士人的風習德行,不僅涉及個人的榮辱,更關乎科舉的興衰,正是在這樣嚴酷的背景下,堅守儒學傳統,加強自身修養,檢束個人德行,成爲科舉之士必須首先講究的內容,這就是上述兩道策問的主旨所在。

策問作者蒲道源(1260—1336)字得之,號順齋,陝西行省興元路南鄭縣(陝西漢中)人。早年居鄉教授,"以濂洛諸儒之説倡于漢中",曾爲郡儒學正。蒲氏爲學,"務自博以入約,由體以達用,真知實踐,不事矯飾","教人具有師法,大抵以行檢爲先",是講求操守、重視踐履、富於識見的儒家學者。皇慶二年至延祐七年(1313–1320),蒲道源入朝任翰林國史院編修官,進國子博士,"以性理之學施於臺閣之文"。而其子蒲機,適中延祐五

① [元]許有壬:《送馮照磨序》,《至正集》卷32,清宣統三年石印本。
② 《元史》卷142,《徹里帖木兒傳》,冊11,頁3405。
③ 許有壬:《送馮照磨序》,《至正集》卷32。
④ [元]揭傒斯:《送也速答兒赤序》,《揭文安公文集》卷4,民國九年胡思敬《豫章叢書》刊本。
⑤ [元]朱德潤:《送强仲賢之京師序》,《存復齋集》卷4,《四部叢刊續編》影印明成化刊本。
⑥ 揭傒斯:《送也速答兒赤序》,《揭文安公文集》卷4。

年進士，"士大夫尤以爲榮"①。這又是蒲氏策問關注科舉與士風的個人因素。事實證明，策問所及絕非蒲道源的杞人之憂，不過三年，後至元元年（1335）十一月，守舊的蒙古權臣伯顏、徹里帖木兒等，即以種種理由要求順帝"詔罷科舉"②，而且一停就是兩屆。直至至元六年順帝清除伯顏勢力，科舉方得以重新舉行。

六經是儒學的基本典籍，也是科舉考試的主要依據，因而，六經的源流演變，自然成爲科舉策問的重要內容。尤其元朝科舉，標榜"經學實修己治人之道，詞賦乃摛章繪句之學。自隋、唐以來，取人專尚詞賦，故士習浮華"。因而元朝"專立德行明經科"③，經學爲首要考試科目，遂更爲士人矚目。"執事先生發策秋闈，問以六經之學，俾條陳以對"，這是至正元年（1340）常州無錫學者王寔的鄉試對策，儘管該策問未能傳世，仍可據對策知曉當年江浙鄉試南人策問的宗旨。王寔字安節，少勵志於學，曾參加鄉試，以直言未能中選，遂以著述爲事，至正間以文名江南。其對策首先指明："六經載聖人之道以行於世，猶萬古行天之日月也"，"不明六經，不足以爲吾儒之致用。"而從事科舉者"方以經術用世"，故必須對六經之學考覈精詳。對策依《易》、《書》、《詩》、《春秋》、《禮》的順序，逐條闡述各經及其注釋的淵源流變。其《詩》説云：

> 《詩》之《集傳》，考亭子朱子晚年筆力，一灑漢、唐訓詁之陋，誠可謂無憾者矣。
> 而序文之去，斷斷然以爲非孔子所作，其淺近反戾於經，有不合者，朱子則既屢辯之
> 矣。若夫協音韻以諧其讀，分經緯以釋其辭，而宏博碩大之學，本諸古而得於心傳之
> 妙，不可輕議之者。若齊之轅固、燕之韓嬰、魯之申公，亦皆有所授受，則或失之繁，
> 或失之偏。而葛之學，以其列諸國而無不備，國風、雅、頌無有或偏，所以獨行於世，
> 而不可以齊、燕、魯三國之《詩》并言也。朱子取之，其以是歟！

對策雖也論及齊、魯、韓三家詩的失傳與《毛詩》獨行的原因，但其重點，卻在説明朱熹《詩集傳》對《詩經》的羽翼和漢唐注疏的糾正之功。非但《詩經》如此，其他各經，對策雖也略述其淵源，最終則無不以程朱理學注釋爲歸依。以爲"六經之道，賴聖人修正而後明；六經之傳，得考亭訓釋而大義闡"。可見，對策雖以六經之學入手，其主旨乃在論證以程朱理學傳注爲元朝科舉標準的合理性。至正元年，是順帝恢復科舉後的首次鄉試，科舉程式作了部分調整。一方面，經學傳注仍以程朱理學爲中心，這是不容更改的原則。即

---

① 黄溍：《順齋文集序》，《金華黄先生文集》卷18。
② 《元史》卷38，《順帝本紀一》，冊3，頁829。
③ 《元史》卷81，《選舉志一·科目》，冊7，頁2018。

"方今設科取士，俾各專一經。《易》則主於程氏、朱氏，《詩》、《書》則本於朱、蔡二氏，《春秋》則兼用三傳、胡氏"。只有《禮記》一經，由於没有適合的朱學注釋，仍"用古注疏"，"尚有待於大賢之生，以啟後學之憒憒者"①。另一方面，在經學考試中，削減《四書》的份額而增加五經的比重。蒙古、色目人原只考《四書》經問五條，現減去二條，而加考五經義一道；漢人、南人原考《四書》明經、經疑二問，五經義一道，現減去《四書》疑一問，而改考五經疑②。即非但漢人、南人五經試題重於《四書》，而且原本只考《四書》的蒙古、色目人，現在也必須選修五經之一，才能參加科舉。這説明，隨著科舉的發展，"《四書》賦題，世已括盡"，不得不兼用"五經爲疑問"③，以增加經學考試的難度；也反映出蒙古、色目人儒學與應試水準的提高。而此年江浙鄉試策問，强調六經源流和程朱傳注，顯然意在與新調整的科舉程式相因應。

有的儒學經典，雖未能列入元朝科舉程式，卻也因爲其實際價值，受到士人關注。例如《周官》一書，記載先秦官制及政治經濟思想。秦焚滅典籍，《周官》在西漢最爲晚出，且其内容與《尚書》、《禮記·王制》、《孟子》等書多有抵牾，又殘佚《冬官》一卷，漢人補以《考工記》，所以在先秦典籍中爭議最多。西漢古文經學家劉歆，以其爲"周公致太平之跡"，爲王莽改制提供理論依據；而東漢今文經學家何休，則以爲是"六國陰謀之書"，屏棄不取。唐代經學統一，賈公彦爲鄭玄《周禮注》作疏，《周禮》正式列爲儒家經典。王安石新政，又特作《周官新義》頒行天下，以爲變法基礎和科舉準的，更加重了《周官》的歧疑。

元朝科舉，禮學只考《禮記》，《周官》不列入經學考試科目。但是，對該書的討論並未減少，虞集、柳貫、吳師道、蘇天爵等人的科舉策問或國學策問，都曾據《周官》命題。黃溍任江西鄉試考官，更以專策探討《周官》的性質、保存、缺補、記載異同諸問題。黃氏認爲，"國家以經術取士"，是書雖"不列於科目"，然而"厥今朝廷内建六曹，蓋古六官之遺意也"，"其成法固在所取"，"有可舉而行者"。因此，"諸君子爲有用之學"，《周官》一書亦當"熟講之"④。可見，爲朝廷的官制建設提供經典參證，是黃氏策問命題的真正宗旨。

由上可知，無論是士風的討論，還是經學的辨析，並不是純粹的學術探討，而是與科舉制度、朝廷政事密切相關，體現了鄉試策問仍須以時務爲中心的特點。

---

① ［元］王寔：《策一道》（江浙鄉試），《聽雪先生集》卷1，上海圖書館藏清鈔本；參見《元史》卷81，《選舉志一·科目》，册7，頁2019。

② 參見《元史》卷81，《選舉志一·科目》，册7，頁2026。

③ 許有壬：《送馮照磨序》，《至正集》卷32。

④ 黃溍：《江西鄉試南人策問》，《金華黃先生文集》卷20。

五、朝廷制度與政事

爲朝廷的制度完善與政事變革建言,也是鄉試策題的重要内容。畢竟,策試以時務爲主,在這方面,鄉試與會試、廷試並無二致。而制度與政事,正是時務的主要内容。例如延祐四年吳澄爲江西行省鄉試擬定的三道策問,分别考察朝廷禮樂、法律和刑罰制度①。天曆二年吳師道江西鄉試策問,探究官吏銓選與薦辟②。至順三年黃溍上都鄉試策問,追問人才、征徭、崇儒與吏治③。同年蒲道源陝西鄉試策問,討論禮樂、風俗與民食④。而孛朮魯翀大都鄉試策問,關注禮樂、刑政與士農工商⑤。蘇天爵大都鄉試策問,徵詢古今曆法⑥。黃溍江浙鄉試策問,商榷古今賦稅和選舉制度⑦。甚至至順三年征東行省鄉試策問和高麗人李穀的對策,也是考究古今皇朝的財用盈虚和戶口增減⑧。

禮樂制度,是古代皇朝的基本制度,也是科舉策問著重探討的問題之一。鄉試雖然是地方考試,但策問中相關的討論並不少見。至順三年(1332)蒲道源的陝西鄉試策問,引徵《論語》,論述禮樂與刑政之關係,還只是理論上的一般探討。孛朮魯翀大都鄉試策問,則進一步關注禮樂制度的古今演變。如禮由三代損益,到漢叔孫通定朝儀、唐開元禮、及宋、金兩朝的發展,樂在近古及元朝的變革等等。魯翀(1279–1338)字子翬,女真人,居河南鄧州順陽(河南淅川東南)。以薦入仕,敭歷中外,任職翰林國史院、廉訪司、御史臺、中書省、國子監、集賢院等機構。曾爲太常禮儀院僉事、院使,參與纂修《太常集禮》,並佐文宗親祀天地、社稷、宗廟,故對元朝禮樂制度有清晰了解。他認爲,"禮,天地之節也","樂,天地之和也",綱常教化之所係,天下治忽之所關。因此,策問注重當朝禮樂制度的改革,以求"盡古昔之道,適時措之宜"⑨。上述二策,禮樂還只是問題之一,至

---

① [元]吳澄:《丁巳鄉試策問》三首,《臨川吳文正公集》卷2,明成化二十年江西撫州方中、陳輝刊本。

② 吳師道:《江西鄉試策問》(蒙古色目),《吳正傳先生文集》卷19。

③ 黃溍:《上都鄉試蒙古色目人策問》,《金華黃先生文集》卷20。

④ 蒲道源:《鄉試三問》之一,《閑居叢稿》卷13。

⑤ [元]孛朮魯翀:《大都鄉試策問》,載蘇天爵:《國朝文類》卷47。

⑥ 蘇天爵:《大都鄉試策問》,《滋溪文稿》卷24。

⑦ 黃溍:《江浙鄉試南人策問》,《金華黃先生文集》卷20。

⑧ [元]無名氏:《鄉試策問》,[元]李穀:《鄉試策》,均載李穀:《稼亭先生文集》,韓國成均館大學校大東文化研究院藏本。

⑨ 孛朮魯翀:《大都鄉試策問》,載蘇天爵:《國朝文類》卷47。

于延祐四年(1317)吳澄的江西鄉試策問,則是一道討論禮樂的專策:

> 昔在有虞,伯夷典禮,后夔典樂。逮至成周,宗伯、司樂,悉屬春官。周道衰微,禮樂在魯,韓起得見周禮,季札得觀周樂。周之經制,破壞於秦。漢定朝儀,雜采秦制。魯兩生謂禮樂百年而後可興,故文帝謙讓未遑。至于武帝,而後號令文章,焕然可述。然古制不復,君子不無憾焉。天佑國家,光啟文治,學校盛,貢舉行,禮樂之興,于其時矣。厥今璣衡曆象,太史掌之,輿圖職貢,秘書掌之,至精至詳,度越千古。獨太常禮樂,尚循近代之遺。伊欲大備皇元之典,若之何而爲禮? 若之何而爲樂? 必有能明制作之本意者,庶幾有補於明時①。

吳澄指出,仁宗延祐之治,儒學興盛、科舉復行,禮樂制度的改革也適當其時。元朝太史院制定的授時曆,秘書監執掌的輿圖職貢,都已經"至精至詳,度越千古",只有"太常禮樂,尚循近代之遺"。不同時間,不同行省,吳澄與孛尤魯翀的鄉試策問卻不約而同提出禮樂的復古問題,其實並不偶然。元朝肇興朔漠,朝會燕饗之禮,多從蒙古舊俗。世祖至元八年(1271),始命劉秉忠、許衡制定朝儀。此後,凡皇帝即位,諸王、外國来朝,册立皇后、皇太子,郊廟祭祀,群臣朝賀等,多用朝會之儀,"而大饗宗親,錫宴大臣,猶用本俗之禮爲多"。至于樂,則是西夏舊樂、金朝遺制與宋代雅樂兼容並蓄。"大抵其於祭祀,率用雅樂,朝會饗燕,則用燕樂,盖雅俗兼用者也"②。可見,恢復古代禮樂,固然出于儒家以上古三代爲理想的傳統思維,卻也反映了元代禮樂古制與舊俗兼用的現實狀況。正所謂"古制不復,君子不無憾焉"。由此,兩位考官方異口同聲要求諸生,考本末與精粗,"明制作之本意",以期完善當代的禮樂制度。

　　吏治是古代皇朝政事的重要方面,尤其在以宿衛近侍和吏業循資爲主要入仕途徑的元代,官員缺乏正統儒學思想熏陶和長治久安的政治眼光,文化素質較低,無社會責任感、道義感,只知刻剥百姓,聚斂營私,官吏的貪腐成爲統治的痼疾。因此,關于吏治的討論,也是鄉試策試的常見命題。黄溍至順三年(1332)上都鄉試策問,即提出"吏治非不嚴,而未能發奸摘伏"③。袁桷泰定三年(1326)江浙鄉試策問,則以專策討論官吏的貪廉。策問指出:"用賢之道,治天下國家先務也。人才之賢否,本乎心術之邪正。邪正者,義利公私之辨,君子小人之所由以分。"袁氏列舉儒家經典和漢代歷史的諸多例證,探討

---

① 吳澄:《丁巳鄉試策問》之一,《臨川吳文正公集》卷2。
② 《元史》卷67,《禮樂志一》,册6,頁1664。
③ 黄溍:《上都鄉試蒙古色目人策問》,《金華黄先生文集》卷20。

官吏貪廉與國家治亂的關係,説明"官吏之貪廉,其於政事之臧否,民生之休戚,所係至重也"。策問將官吏貪廉的討論歸結到本朝:"方今聖明在上,薦紳之士分布中外,封贈足以遂顯揚,禄廩足以供事育,而十二章之典又嚴且密也,刑賞勸懲之道亦至矣。然廉者守法奉公,未必見知;貪者嗜利營私,不爲少戢。豈刑賞之外,猶有當加意者歟?"①要求考生爲吏治的清明提供意見。

同年,江浙士人汪克寬從鄉試對策角度,對吏治問題作了全面探究:"執事先生發策秋闈,下詢末學,以究時務之實,舉昔人論吏治之八計爲問。"説明當年江浙鄉試的南人策題有兩問:其一,時務與經術的關係;其二,吏治八計。汪氏認爲,三代以上,經術施於治道,孔子刪《詩》、《書》,贊《易》象,定《禮》、《樂》,修《春秋》,遂使唐虞三代之治道,悉具於六經之策。秦漢以後,治道隱於經術,雖有董仲舒、倪寬、劉向等少數儒士能即經術求治道,然不能通治道之大體,故行事亦未能盡善。隋唐科舉,明經、宏詞分科取士,治道別於經術,章句之徒遂與案牘之吏如冰炭之不侔。惟有"聖朝興崇文治,取士以德行爲首,較藝則以經史、時務兼之,將欲求治道於經術。其中選者,俱授州縣之官,使朝廷之行皆合六經,而牧民之職多出儒士,甚盛舉也"②。汪氏從經學與科舉發展的視角,總結經術與治道密不可分的關係,最後歸結到元朝的科舉程式,可謂切中策題設問的關鍵。

至于吏治八計,出自唐代名臣陸贄。唐德宗初立,遣使巡行天下,陸贄請以"八計聽吏治",即就户口豐耗、墾田贏縮、賦役薄厚、案籍煩簡、囚繫盈虚、姦盜有無、選舉衆寡、學校興廢八項,考核地方官員政績③。汪克寬認爲:"八計之策雖不盡出於經史,而聖賢之大意不越是矣。經術而施之治道,不過如此而已矣。"故對策逐條辨析古代户口、墾田等八計的情況,著重説明其在今朝的設施之要:"今求户口之增,不必待十年而生聚也,但輕其徭税,俾安其業,家給人足,無流離轉徙之患,則户口豐而撫字稱矣。""今田不可復井也,欲求墾田之多,不必如李悝盡地力,但核勸農之實,加優卹之方,罷妨農之務,則墾田廣而本末辨矣"等等④。以八計考吏治,是對地方官員的全面考察,實際已突破官吏貪廉的狹隘命題,而涉及到朝廷的銓選制度。因此,汪氏將八計與元朝考課官吏的五事相比較:

> 國朝之典,凡州縣之官,以五事爲殿最,給由、銓注則驗之,即所謂稽撫字,稽本末,稽廉冒,稽聽斷,稽禁禦者也。他如學校、選舉之事,則令風憲之司以糾察之。蓋

---

① 袁桷:《江浙鄉試策問》,《清容居士集》卷41。
② [元]汪克寬:《省試策》,《環谷集》卷3,清康熙十八年《汪氏三先生集》刊本。
③ [宋]歐陽修、宋祁:《新唐書》卷157,《陸贄傳》,北京:中華書局,1975,册16,頁4911。
④ 汪克寬:《省試策》實際只論述了户口、墾田、賦役、囚繫、姦盜、選舉、學校七項,而漏掉案籍一項。

如陸宣公之八計，自有吻合焉者，而古人三考黜陟，不外是矣。然愚竊謂：興崇學校，選舉人材，非細務也。宣公所以先戶口、墾田，而終之以二事者，所以庶而富、富而教之意也。然學校不修則民不知義，人材不舉則吏不稱職，二者爲政之所當重也。今國家之法，長吏給由而不述其事，吏部銓注而不考其績，雖曰風憲糾察，而或失其詳，得非善政之小疵歟？五事之備，往往未覩其成效，得非州縣之官未盡出於科舉，而政治不本於經術之故歟？抑朝廷千里之遠，給由或得以詐僞，恐考績者猶有未盡其實歟？執事先生欲求設施之要，則愚已粗陳於前，欲其八計之成效，則在考績之覈實而已矣。

學校、選舉二計，關係教化的興衰與官吏的素質，是爲政的當務之急。吏治八計始以戶口、墾田，終以選舉、學校，實際蘊含著孔子既庶而富、既富而教的治國之道。至元八年（1271），元朝"詔以戶口增、田野闢、詞訟簡、盜賊息、賦役均五事"考核地方守令①，而不包括選舉、學校二項，雖有御史臺、廉訪司等風紀官員負責糾察，銓選制度仍付諸闕如。而五事之核察，又不見實效，究其根由，則在地方官多不出于科舉，以至政治不本於經術，以及官吏考核失實所致。對策于此，已經觸及到元代選舉制度的根本，即官員選任多出于宿衛與吏員，而非科舉之士的弊端。相同見解，又見于黃溍、吳師道的策問。黃溍質疑："唐之循資"，"迄今以爲定格，其果皆無弊乎？"②吳師道更尖銳指出："國家幅員既廣，職官亦衆，銓衡進叙，專以年勞，由是選法多壅，簡拔未精，清濁混淆，賢愚同貫，積久成弊，有識患之。"③有鑑于此，汪氏對策特標舉學校和選舉，以求解決之道："今學校不必復興也，但能擇師儒之官，而講習無虛日，敦養育之規，而既廩無侵漁，使所養皆在儒生，而儒生盡得其養，則學校興而教化勤矣。""今選舉之法不必更定也，但核薦舉而革冒濫，厚敦遣而公遴選，棄其小以取其大，因其文以觀其心，數年之後，人才既盛，又當增中選之額，則選舉衆而風化行矣。"④對策提出的解決方式，是一方面由崇興儒學而培養人才，一方面藉擴大薦舉和科選而任用儒士，逐步改變元朝的官員構成，最終澄清吏治。

汪克寬（1304—1372）字德輔、仲裕，學者稱環谷先生，江浙行省徽州路祁門縣（安徽祁門）人。泰定三年（1326）江浙行省鄉試中舉，次年會試下第，遂棄科舉，盡力於經學著述與教授。明初與修《元史》，書成辭歸。汪氏是元後期江南較有名氣的經學家，數與鄭玉講論理學，意氣相得，有輔翼程朱經學傳注的著述多部。他的對策，代表了當時江南的

①《元史》卷82，《選舉志二·銓法上》，册7，頁2038。
②黃溍《江浙鄉試南人策問》，《金華黃先生文集》卷20。
③吳師道《江西鄉試策問》（蒙古色目），《吳正傳先生文集》卷19。
④汪克寬：《省試策》，《環谷集》卷3。

有識之士,改革吏治與選舉,廢除朝廷對儒士尤其是南士不平等待遇的殷切期望。

除了禮樂、吏治、銓選諸方面,曆法、賦稅、財政、刑法等制度,人才、崇儒、風俗、户口、四民等政務,也都是鄉試策問中反復出現的熱點命題,體現了元代鄉試,對朝政的多方面關注與設想。

策試是科舉三級考試都要考察的唯一科目,也是蒙古、色目、漢人、南人各類士子都須應對的考試。鄉試策試的考試方式、命題原則、對策要求,與會試、廷試並無二致,然而,命題的内容和取向,則與二者既有聯繫,又有所區别。鄉試作爲國家掄選人才的初級考試,須與會試、廷試相接續,需要士子關注朝廷的大政方針和當務之急;同時,鄉試考區面臨不同的地方事務和亟待解決問題,應試群體的身份資質又各各有異。因而,較之會試、廷試,鄉試策問與對策視野開闊,題材豐富,問題尖鋭,特色鮮明,能夠更全面地反映當時的政治、社會、文化、學術狀况,也更適宜各地儒家學者發揮其遠見卓識。現存的鄉試策問與對策雖然十分有限,仍然是了解和研究元代歷史與文化的富于價值的資料,值得認真關注探討。

【作者簡介】　邱居里(1954—),女,北京師範大學古籍與傳統文化研究院副教授。

附録

表一:元代鄉試考區與貢士員額表①

	大都	上都	真定	東平	河東	山東	河南	陝西	遼陽	四川	甘肅	雲南	嶺北	征東	江浙	江西	湖廣	合計
蒙古	15	6	5	5	5	4	5	5	5	1	3	1	3	1	5	3	3	75
色目	10	4	5	4	4	5	5	3	2	3	2	2	2	1	10	6	7	75
漢人	10	4	11	9	7	7	9	5	2	5	2	2	1	1				75
南人							7								28	22	18	75
合計	35	14	21	18	16	16	26	13	9	9	7	7	7	3	43	31	28	300

①因元末戰亂,自至正十九年(1359)始,部分考區的鄉試地點和貢士員額時有調整,並增設福建行省鄉試,員額 7 名。見《元史》卷92,《百官志八·選舉附録·科目》,册 8,頁 2346。

表二：傳世元代鄉試策問及對策表

策問				對策			時間		地點
作者	人等	蒙古色目	漢人南人	作者	人等	篇數	時間		地點
無名氏	不詳		1	陳櫟	南人	1	延祐元年	1314	江浙行省
吳　澄	南人	3					延祐四年	1317	江西行省
袁　桷	南人		1				延祐四年	1317	大都路
			1				泰定三年	1326	江浙行省
				汪克寬	南人	1	泰定三年	1326	江浙行省
宋　本	漢人	1					泰定三年	1326	大都路
歐陽玄	南人		1				天曆二年	1329	大都路
吳師道	南人	1	1				天曆二年	1329	江西行省
		2					天曆二年	1329	江西行省
				馮　勉	南人	1	天曆二年	1329	江浙行省
蘇天爵	漢人	1					天曆至順		大都路
蒲道源	漢人	3					至順三年	1332	陝西行省
無名氏	不詳		1	李　毅	漢人	1	至順三年	1332	征東行省
黃　溍	南人	1					至順三年	1332	上都路
			1				不　詳		江西行省
		1	1				不　詳		江浙行省
孛术魯翀	漢人	1					後至元前		大都路
陳　旅	南人	1					至正元年	1341	大都路
				王　寔	南人	1	至正元年	1341	江浙行省
合　計		23				5			

表三：鄉試策問及對策分析表

	作者			鄉試時間			鄉試地點					
	漢人	南人	不詳	前期	後期	不詳	大都	上都	陝西	征東	江浙	江西
策問	4	6	2	20	1	2	6	1	3	1	4	8
對策	1	4		4	1					1	4	

元人生平札記二題[*]

張建松

【内容提要】 本文在學界已有成果基礎上,試對元人述律杰與金元素生平作進一步研究。一般認爲,述律杰的確切生年已無從考證,但據高麗文獻,可定其生年於至元二十三年(1286);關於金元素生平,本文發現一則尚未引起學界關注的新材料,材料顯示,金元素曾任職江浙行省右丞。文章認爲,金元素在元末官職升遷頗爲迅速,在江浙行省期間,歷任行省參政、行省左丞等地方要職,之後又曾出任右丞。

【關鍵詞】 述律杰;金元素;生平

一、述律杰的生年

元人述律杰,本名朵兒只(鐸爾直),字存道(從道、遵道),别號鶴野,契丹人。《元史》無傳。《元詩選》收有“元帥述律杰”《題西洱海》一詩,並附小傳,[②]但簡略殊甚。柴劍虹教授著《〈元詩選〉癸集西域作者考略》及王德毅、李榮村、潘柏澄編《元人傳記資料索引》對其生平分别作有扼要研究。[③] 楊毓驤教授對述律杰兩次奉帝命入滇的作爲、于雲

---

* 本文得到華北水利水電學院高層次人才科研啟動項目資助。

② 〔清〕顧嗣立、席世臣編:《元詩選癸集》丙,中華書局,2001 年版,第 334 頁。

③ 柴劍虹:《〈元詩選〉癸集西域作者考略》,氏著:《西域文史論稿》,臺北國文天地雜誌社,1991 年版,第 175—176 頁;王德毅、李榮村、潘柏澄編:《元人傳記資料索引》(第二册),中華書局,1987 年版,第 830 頁。

南任參知政事期間的詩文成就及其"在執掌臨安府和雲南參政大權期間"對儒學和佛學文化的貢獻等方面作了介紹與研究。① 方齡貴教授、陳世松教授及林威博士以豐富材料爲基礎對其名號、行實、家世等諸問題作了翔實研究。②

述律杰"是一位顯赫的軍政大員,可是從另一方面説來,他早已漢化甚深,被服儒術,風儀卻更象一個文人。他能詩,能文,在四川主持過一省的'文衡',還興辦過石室書院,在他所從游交往的人當中,所可考見的也以文人學士爲多"。③ 近年,方齡貴教授對其與"有元一代文人學士,乃至政要、方外"的交游情況作了系統研究,共得許有壬等三十三人。④

已有研究使我們對述律杰本人及其社交網絡有了比較全面深入的認識,但其生年仍是一個疑問,方齡貴教授以述律杰本人撰《寶珠山能仁寺之碑》所記其至正十三年告老的信息與《元史》卷八四《選舉志四·考課·凡官員致仕》及《元典章》卷一一《吏部五·職制二·致仕》所記元代職官原則上年七十致仕的年齡規定進行逆推後認爲,述律杰"當生於至元二十年(1283)"⑤,論證較爲可靠,結論已近於史實。但其確切生年尚可據高麗文人李穡(1328～1396)的相關詩作進一步推知。其《奉題陝西省參政述律公詩卷》(以下簡稱《詩卷》)詩曰:

> 潼關自古咽喉地,述律將軍七十翁。韜略傳家真將種,圖書滿座有儒風。
>
> 周秦城郭秋雲白,淮楚旌旗晚照紅。應使苗頑似車里,赫然青史繼前功。⑥

詩中的"周秦"、"淮楚"當泛指元末紅巾軍起義蔓延的地區。"車里"指今雲南西雙版納,至元二十九年(1292)步魯合答征八百媳婦時,攻平其地;元貞二年(1296)十二月,立徹里

---

① 楊毓驤:《值得紀念的元雲南參知政事述律杰》,政協昆明市五華區文史資料委員會編:《五華文史》第14輯。

② 方齡貴:《元述律杰事蹟輯考》,《元史叢考》,民族出版社,2004年版,第247—274頁。本文原載中國社會科學院民族研究所主編《中國民族史研究》,中國社會科學出版社,1987年版;陳世松:《元代契丹"詩書名將"述律杰事輯》,《寧夏社會科學》1996年第2期;林威:《蒙元時期契丹人研究》第十一章《述律杰家族》,山東大學2004年博士學位論文,第153—163頁。

③ 方齡貴:《元述律杰事蹟輯考》,《元史叢考》,第272頁。

④ 方齡貴:《元述律杰交游考略》,郝時遠、羅賢佑主編:《蒙元史暨民族史論集——紀念翁獨健先生誕辰一百周年》,社會科學文獻出版社,2006年版,第242—268頁。

⑤ 方齡貴:《元述律杰事蹟輯考》,《元史叢考》,第270—271頁。

⑥〔高麗〕李穡:《牧隱詩稿》卷3《奉題陝西省參政述律公詩卷。公名杰,字存道。先時爲雲南元帥,叛者車里自降。今年七十,守潼關。公之祖有功國初》,《韓國文集叢刊》本。

軍民總管府;泰定二年(1325)七月,置車里軍民總管府。① 《元史》卷四〇《順帝紀三》載,
至正元年十二月"壬戌,雲南車里寒賽、刀等反,② 詔雲南行省平章政事脱脱木兒討平
之。"此事多賴述律杰調停,得以和平解決。至正十五年(1355)春正月,命"陝西行省參知
政事述律朵兒只守禦潼關"。③ 李穡對述律杰過去的勳勞及此次任命事是清楚的。面對
風起雲湧的起義局面,他對這位文武全才的將軍此次受命充滿期待與信心,"應使苗頑似
車里,赫然青史繼前功",語氣豪邁,希望被任守潼關的"述律將軍"能援先例,以和平方式
解決戰亂。這裏的"苗頑"似源于《尚書·益稷》。據稱,禹曾在舜面前説,自己在治水
時,"苗頑弗即工",惟有三苗頑抗,不肯接受任務。恭愍王十年(1361)五月,時任左承宣
的李穡曾爲恭愍王講授《尚書·洪范》,④ 可見,李穡對《尚書》當有深入研究。以《尚書》
中的"苗頑"喻指反叛勢力或爲其習慣表達。⑤

　　上引詩歌意義既明,下面將《牧隱詩稿》所錄《詩卷》等詩與《高麗史》、《牧隱先生年
譜》加以對照,對李穡生年作一考察。

　　高麗恭愍王四年(元至正十五年,1355 年)三月甲辰,遣"密直副使尹之彪謝封公
主",⑥李穡充書狀官偕往,並作詩《是歲春,密直宰相尹之彪爲謝恩使,予忝書狀官赴都。
金郊途中》記錄此事。⑦《牧隱先生年譜》亦稱,當年,李穡爲"書狀官,赴京師。八月,禮
任翰林院。冬,權經歷。"⑧《高麗史》本傳記載説,李穡于恭愍王"四年,升內書舍人。又

---

　　①〔明〕宋濂等:《元史》卷 132《步魯合答傳》,中華書局,1976 年版;《元史》卷 17《世祖紀十四》;《元
史》卷 19《成宗紀二》;《元史》卷 29《泰定帝紀一》。《元史》卷 17《世祖紀十四》記,至元二十九年八月
"詔不敦、忙兀禿魯迷失以軍征八百媳婦國。"方國瑜先生認爲此與《元史》步魯合答本傳所記征八百媳
婦爲一事。他説:"步魯合答當與不敦忙兀禿魯迷失同出征八百媳婦而至車厘,蒙兀兒《史記》改車厘作徹
里,是也。"見方國瑜主編《雲南史料叢刊》(第三卷),雲南大學出版社,1998 年版,第 46 頁。
　　②中華書局點校本《元史》此處校勘記云:"雲南車里寒賽刀等反。按本書卷 29 泰定帝紀泰定元年
十月己巳條有'(塞)〔寒〕賽子尼面雁、構木子刁零出降'。此處'寒賽'下之'刀'字另指一人,其下當有
脱文。林威博士"據別處史料補"爲"刀(温)",見其博士學位論文,第 157 頁。
　　③《元史》卷 44《順帝紀七》。
　　④〔朝鮮〕鄭麟趾:《高麗史》卷 39《恭愍王世家二》,東京國書刊行會,1908 年版。
　　⑤李穡另有組詩《有感》(《牧隱詩稿》卷 11)亦以"苗頑"喻指元末進入高麗的紅巾軍勢力。詩曰:
　　　　辛丑山城癸卯京,奉恩開泰仰威明。喧傳太祖英靈在,垂裕千秋永太平。
　　　　占三從一八稽疑,洪範明明永世垂。最是人心尤可畏,盤庚口舌鎮時危。
　　　　市虎從來易惑人,況今城堞聳嶙峋。苗頑歸我玆兆,惡獸先降似已馴。
　　⑥鄭麟趾:《高麗史》卷 38《恭愍王世家一》。
　　⑦李穡:《牧隱詩稿》卷 3《是歲春,密直宰相尹之彪爲謝恩使,予忝書狀官赴都。金郊途中》。
　　⑧李穡:《牧隱稿》《牧隱先生年譜》。

如元,禮任翰林院,權經歷。五年,以母老棄官東歸。"①《丙申正月,出齊化門東歸。明日紀行》②一詩便是恭愍王五年(丙申,1356年)東歸之際所作。則《詩卷》正作於其至正十五年(1355)使元與次年(1356)返國之間。因在《詩卷》詩後尚有詩歌記錄至正十五年(1355)冬他以"權行經歷事"在元廷的活動,③所以,更確切地説,《詩卷》創作於該年底。

李穡在《詩卷》一詩中稱"述律將軍七十翁",並在詩題中明確指出,述律杰"今年七十",則其生年可定於元至元二十三年(1286)。

述律杰於至正十六年死於陝西行省參知政事任上,據《元史》載,該年"九月庚辰,汝、穎賊李武、崔德等破潼關,參知政事述律杰戰死。"④是述律杰生卒年爲至元二十三年(1286)至至正十六年(1356)。而由李穡此詩,我們亦可推知,除與元朝文人、政要及方外人士有廣泛交往外,述律杰與高麗士人當也曾有往來。

二、金元素生平述略

關於金元素(1305?~?)的生平與文學成就,學界已有較多探討。⑤ 但其生平的一些細節仍有完善的必要。筆者擬在此基礎上對其生平作進一步檢討。

考察元素生平,元明之際名僧釋來復(1319~1391,字見心,號竺曇叟、蒲庵)所作小傳及元人劉仁本爲元素《南游寓興詩集》所作序文尤爲重要。

釋來復在《澹游集》中所作哈剌小傳云:

> 字元素,莆林人。至順庚午篤烈圖榜登進士第。歷仕至監察禦史、淮東廉訪副使、江浙行省左丞。有《玩易齋集》、《南游寓興集》行於世。⑥

哈剌與釋來復曾有詩文交往,哈剌爲來復作有《天香室敬爲見心老尊宿賦》、《奉題見心禪

---

① 鄭麟趾:《高麗史》卷115《李穡傳》。

② 李穡:《牧隱詩稿》卷4《丙申正月,出齊化門東歸。明日紀行》。

③ 李穡:《牧隱詩稿》卷3《院中首領官皆公差。穡權行經歷事,蒙召赴省。……》。

④《元史》卷44《順帝紀七》。

⑤ 學界對哈剌其人作系統研究者主要有蕭啟慶《元色目文人金哈剌及其〈南游寓興詩集〉》,氏著:《元朝史新論》,臺北允晨文化實業股份有限公司,1999年版,第299—322頁;楊鐮《元西域詩人群體研究》第三部第三章《馬祖常·元詩史的也里可温》,新疆人民出版社,1998年版,第343—358頁;段海蓉《從交友詩看金哈剌的思想》,《民族文學研究》2009年第1期;段海蓉《元代莆林詩人金哈剌寄寓東南的詩詠》,《新疆大學學報(哲學·人文社會科學版)》2010年第1期。

⑥ 〔明〕釋來復輯:《澹游集》卷上,《續修四庫全書》本。

師蒲庵》①,釋來復有《夜宿大慈山次金左丞韻》、《次韻金左丞送妙峰居士》②。來復詩題中的"金左丞"當即哈剌。則兩人當有一定交情。

從釋來復的叙述中可知,金元素即金哈剌,元素爲其字。至順庚午(1330)登進士第,曾任監察御史、淮東廉訪副使、江浙行省左丞。作品有《玩易齋集》、《南游寓興集》。但其族屬,據蕭啓慶教授研究,並非莆林人,而爲汪古人③。

關於其仕履情形,劉仁本爲元素《南游寓興詩集》所作序文相對來説更爲詳細,該序稱:

> 蚤歲掇高科、隮膴仕,自試縣綽綽有餘,會朝廷始辟天官司續署,首擢置之。繼拜中台御史,奮身抗志,言事忤時,出任淮東憲貳。既又遭陁阻路,浮江涉海,持節開藩閫,爲東南防禦。

劉仁本所述爲金元素早年之仕途情形。蕭啓慶教授對這段話分析甚爲明晰,他據此序及歐陽玄《刑部主事廳題名記》(見熊夢祥纂、北京圖書館善本組輯《析津志輯佚》《朝堂公宇》,北京古籍出版社,1983年版)等材料指出,哈剌於登第後"浮沉于州縣達十年之久。任職中樞後,在品階上亦無進展"。至正四年(1344),任刑部主事,後轉任中台御史。因"言事忤時","由中台御史外任淮東僉憲"。"哈剌在東南初任之官職爲海道防禦都元帥(簡稱爲"海道防禦"、"東南防禦")"。蕭教授並據劉仁本《賀金元素拜福建行省參政仍兼海道防禦》一詩及金元素《南游寓興詩集》卷首趙由正所作序文指出,"金哈剌由文官轉任海道防禦都元帥是在至正十六年(1356)。"至正二十年,"哈剌則又自福建轉任江浙行省參政"。哈剌《西鄉雜詩》(之六)"我本朝參客,來兹近六霜"句顯示,"哈剌在台州、慶元(按:蕭氏原文誤作"州")一帶滯留至少有六年之久","故其北返不會早於至正二十二年(1362)。至正二十三年九月起,因糧源斷絕,海運不通。哈剌可能此時被調北返。"④

釋來復、劉仁本兩人與金元素均有交往,故所述當可資信賴。此外,《(成化)中都志》對金元素的生平也有記載:

①釋來復輯:《澹游集》卷上。
②釋來復輯:《澹游集》卷上;釋來復:《蒲庵集》卷三《次韻金左丞送妙峰居士》,禪門逸書,臺北明文書店,1980年版。
③關於哈剌族屬,文獻記載不一,學界也有爭議。楊鐮教授認爲是莆林人,蕭啓慶教授則認爲是汪古人。此處暫從蕭教授説。詳參楊鐮《元代蒙古色目雙語詩人新探》,《民族文學研究》2004年第2期;蕭啓慶《元色目文人金哈剌及其〈南游寓興詩集〉》,氏著:《元朝史新論》,第303—307頁。
④蕭啓慶:《元色目文人金哈剌及其〈南游寓興詩集〉》,氏著:《元朝史新論》,第309、310、311、312、313—314頁。

哈剌,字元素,賜姓金,也里可溫人,賜進士出身。至順間爲鍾離縣達魯花赤,能反冤獄,政爲諸邑最。濠州學正曾好問爲著碑。累官廉訪僉事、江浙行省左丞,拜樞密院使。①

其中稱元素曾任江浙行省左丞、樞密院使等職。其所載元素官拜樞密院使一事,蕭啓慶教授頗爲懷疑,他説,"樞密使一職,例由皇太子兼任,向不授予他人。哈剌如曾任職樞密,當不致高於知樞密院事。"②另據陶宗儀《書史會要》記載,金元素後"官至中政院使"。③ 對此,蕭教授曾經指出,兩者"孰是孰非,不易斷言"。④ 不過,他在新近研究中則提出,元素"官至知樞密院事",⑤當即指《北巡私記》中之"哈剌"。⑥ 至於其任江浙行省左丞一事,蕭教授則並不認可。⑦ 但從當時的文獻記載來看,元素確曾出任此職。除上引釋來復輯《澹游集》及明《(成化)中都志》兩書所載小傳外,文獻中也有其他相關線索。

《澹游集》中,有多首詩均提及"金左丞"。這些詩歌中,除前舉釋來復《夜宿大慈山次金左丞韻》及《次韻金左丞送妙峰居士》外,尚有《游大慈山。過史衛王祠下,次金左丞韻一首》及賈實烈門《奉次金左丞游大慈詩韻》。⑧

另外,現存蒙古遜都思氏月魯不花(1308～1366,字彥明,號芝軒)詩中,亦有提及"金左丞"者,爲《余嘗遣僕奉商學士山水圖一幅爲見心禪師壽,又嘗與師同宿大慈山,和金左丞壁間所題詩韻。而師有"白河影落千峰曉,碧海寒生萬壑秋"之句,故末章及之》,⑨月

①〔明〕柳瑛纂修:《(成化)中都志》卷六《名宦·臨淮縣·前代·元》,南京圖書館藏明弘治刻本。

②蕭啓慶:《元色目文人金哈剌及其〈南游寓興詩集〉》,氏著:《元朝史新論》,第314頁。

③陶宗儀:《書史會要·補遺·元》,文淵閣《四庫全書》本。

④蕭啓慶:《元色目文人金哈剌及其〈南游寓興詩集〉》,氏著:《元朝史新論》,第314頁。

⑤蕭啓慶:《元代多族士人網絡中的師生關係》,《歷史研究》2005年第1期。

⑥劉佶《北巡私記》(民國三年雲窗叢刻景咸豐九年鈔本)中多次提及哈剌,並言其爲"哈剌知院"。

⑦〔明〕陳善等修《杭州府志》(明萬曆九年刊本)卷九所記有名哈剌者曾任江浙行省左丞、江南浙西道肅政廉訪司僉事。蕭啓慶教授認爲:"此一哈剌當指金哈剌而言。但金哈剌顯然未曾任此二職。"(蕭啓慶:《元色目文人金哈剌及其〈南游寓興詩集〉》,氏著:《元朝史新論》,第312頁注42)。

⑧釋來復輯:《澹游集》卷上《至正乙巳閏十月八日,余偕伯防工部、仲能憲使、定水見心禪師游天童山,夜宿元明禪師方丈……》(以下簡稱《至正乙巳閏十月八日》);同卷《至正乙巳秋,余以使事浮海至慶元……》。《游大慈山。過史衛王祠下,次金左丞韻一首》的作者,據《至正乙巳閏十月八日》組詩看,非月魯不花,而當爲揭汯(字伯防)或程徐(字仲能)。另,釋來復《夜宿大慈山次金左丞韻》,《元詩選》錄有同題詩歌,以爲月魯不花作,但內容與釋來復輯《澹游集》當中《游大慈山。過史衛王祠下,次金左丞韻一首》同。見顧嗣立編《元詩選》三集卷9,中華書局,1987年版,第324頁。

⑨顧嗣立編:《元詩選》三集卷9,中華書局,1987年版,第324頁。此詩不見《續修四庫全書》本所收《澹游集》。

魯不花筆下的"金左丞",有學者認爲正是金哈剌。①

不難發現,以上詩歌均與釋來復有關。如前所述,元素曾有詩贈來復,而來復亦有次韻詩作,兩人相識相交是無可懷疑的。以上賈實烈門、月魯不花諸人之詩或爲翻看來復所編《澹游集》所作和詩,或爲與來復同游大慈山而作和詩,他們筆下的金左丞亦當是金元素無疑。

此外,衆人詩中所及之"大慈山",在今浙江杭州九曜山西南。從至元二十六年二月以來,"杭州固定地成爲江浙行省的統治中心"。② 而元末任江浙行省左丞的金元素足跡涉及當地並留下詩文本屬正常。

綜合以上文獻記載,不難看出,金元素確曾擔任江浙行省左丞。左丞一職當在其任江浙行省參政不久升任。而且,從這些記載可以發現,身處元末干戈擾攘之際的金元素,其官職升遷頗爲迅速。

金元素仕途的順遂始于其任官東南。據前文可知,至正十六年(1356),金哈剌由文官轉任海道防禦都元帥。數年之間,又歷任福建行省參政、江浙行省參政、江浙行省左丞等地方要職。之後,元素又曾出任右丞一職。學者論及元素生平,似均未提到此點,故下面對此加以詳細介紹。

元明之際人劉三吾在所作《寄呈存吾兄同年(金元素右轄公二首爲丐先兄褒贈之文)》詩中稱金元素爲"右轄公"。中(尚)書省設右丞、左丞,"副宰相裁成庶務,號左右轄。"③行中(尚)書省左右丞,亦稱"左右轄"。④ "右轄"即"右丞"。但元素此職究竟是中書右丞還是行省右丞呢? 不妨先看三吾詩歌。

茶陵州(今湖南茶陵)人劉三吾兄耕孫于寧國路(屬江浙行省,治今安徽宣城)推官任上死難。劉三吾曾以二詩相寄耕孫同年金元素,希望獲得朝廷的"褒贈之文",詩云:

> 兄到宣州纔四月,秖因抗節殞高城。文章坎坷生前遇,簡册流傳身後名。寧使諸孤當日恨,無慚同榜昔年盟。相君如念年家好,丐一褒文達帝京。
>
> 三十八年纔兩考,暮年冝郡最悲辛。三湘幸脱干戈險,一死終爲社稷臣。前代忠貞耿相望,明時科第豈無人? 海天隔斷鴒原路,惟有臨風淚滿巾。⑤

---

①王叔磐、孫玉溱:《古代蒙古族漢文詩選》,内蒙古人民出版社,1984 年版,第 117 頁。

②劉如臻:《元代江浙行省研究》,《元史論叢》第六輯。

③《元史》卷85《百官志一·右丞左丞》。

④周伯琦(字伯溫),饒州(古稱番邑、鄱陽)人,元末曾任江浙行省左丞。劉仁本就稱其爲"浙省左轄番易周君伯温"。見劉仁本《羽庭集》卷5《説叟叙》,文淵閣《四庫全書》本。

⑤〔明〕劉三吾:《坦齋文集》卷下《寄呈存吾兄同年(金元素右轄公二首爲丐先兄褒贈之文)》,北京圖書館藏明萬曆六年賈緣刻本。

劉耕孫(1296～1355)，字存吾，“年三十，中天曆庚午進士第”①。一生曾兩次參加科考②，終得中舉。《元史》本傳記載耕孫中舉及之後的仕宦經歷說，“至順元年進士，授承事郎、桂陽路臨武縣尹……歷建德、徽州、瑞州三路推官，所至詳讞疑獄，其政績卓然者甚衆。至正十二年春，蘄黄賊攻破湖南。耕孫傾家貲募義丁，以援茶陵，賊至輒卻，故茶陵久不失守。十五年，轉儒林郎、寧國路推官。歲饑，勸富民發粟賑之，活者萬計。會長槍瑣南班、程述、謝璽等攻寧國，耕孫分守城西南，日署府事，夜率兵乘城固守。”③劉氏任官所到之處，頗有政績。寧國城被攻陷後，死於亂兵激戰中。據稱，“賊攻寧國，畊孫題高城門曰：‘身隨士卒同甘苦，誓與高城共死生。’”④表示自己與城共存亡的決心。

　　至正十五年(1355)，耕孫于寧國路推官任上因城陷死難。劉三吾對先兄耕孫爲元“死節”的慷慨壯舉頗爲在意，但自己卻無由申達於朝廷，正如他在專爲耕孫所作悼詩中所説，“弱弟自慚無氣力，未能申請達宸旒”，表達出希望朝廷給予褒揚的心願與自己難以實現這一願望的苦悶。⑤或許正因如此，耕孫同年金元素升爲“右轄公”後，劉三吾遂將獲得朝廷“褒贈之文”的希望寄託於元素。

　　金元素所任之“右轄”，當即江浙行省右丞，而不太可能爲中書右丞。這主要基於以

①宋濂：《宋文憲公全集》卷四九《韓刻補輯·故寧國路推官劉君墓誌銘》，四部備要本。

②劉耕孫於泰定三年(1326)與天曆二年(1329)兩次參加湖廣鄉試(陳高華：《兩種〈三場文選〉中所見元代科舉人物名錄——兼說錢大昕〈元進士考〉》，氏著：《陳高華文集》，上海辭書出版社，2005年版，第182、184頁)，故知其曾有兩次會試經歷，分別在泰定四年(1327)與至順元年(1330)。劉三吾詩中，“三十八年纔兩考”之“三十八”似爲約數。

③《元史》卷195《忠義傳三·劉耕孫傳》。另外，《元史》記耕孫登科年份在至順元年，劉三吾稱金元素爲耕孫同年，則元素亦在該年中第。這與釋來復在《澹游集》中所記及元素自述是一致的。釋來復的説法可見前引；元素在七律《簡德剛元帥》中記：“天曆三年同應舉，錦衣行樂帝城春。花枝壓帽閑騎馬，竹葉傾杯醉勸人。”可見元素於天曆三年(亦即至順元年，1330年)中第。參見蕭啟慶《元色目文人金哈剌及其〈南游寓興詩集〉》，氏著：《元朝史新論》，第308頁。

④〔明〕蔣一葵：《堯山堂外紀》卷七九《國朝·劉三吾(名如孫，三吾其字也，別號坦坦齋，以字行。系出宋楚國公之裔，世爲茶陵人。元末爲永平教諭，洪武初以文學應辟)》，《四庫全書存目叢書》本。

⑤劉三吾《坦齋文集》卷下《哭伯兄存吾推官二首(天曆庚午進士，署高城門曰：身隨下士同甘若，誓與高城共死生)》載全詩云：

寸心忠厚古人流，兩鬢風霜爲國憂。黄甲題名前進士，白頭死難古宣州。高城留得萇弘血，故友應同李鬴游。弱弟自慚無氣力，未能申請達宸旒。

舉義鄉間多涉險，之官寧國復遭兵。高城誓死生前句，信史流芳身後名。子克保家存胤嗣，妻能削髮效忠貞。傷心瘞骨江東地，望斷鵑原淚雨傾。

此處詩文揭示，作者本人對兄耕孫的死難深爲震撼與敬畏，同時對自己無能將其事蹟申達朝廷表示慚愧。此外，詩歌還顯示，不僅耕孫父子爲國死難，而且“妻能削髮效忠貞”，當是遁入空門，亦能堅守“忠貞”。

下三點考慮：首先，前引劉三吾寄耕孫同年金元素詩有句云"相君如念年家好，丐一褒文達帝京"，似乎表明金元素當時並不在元都。元素出任江浙行省右丞，與劉三吾該詩情境正相符合；其次，況且劉耕孫死難之寧國路正屬江浙行省，由行省右丞出面要求朝廷褒贈也甚爲合理。另外，《元史》卷一一三《表第六下·宰相年表二》所記爲元統元年（1333）至至正二十八年（1368）宰相名單，但無論右丞相或是右丞，都見不到元素的蹤影。①

金元素出任江浙行省右丞當在任行省左丞之後至其由江浙北返這段時期內，即約在至正二十三年（1363）九月之前。若以三職均任職一年的速度計算，至至正二十二年（1362），金元素已任行省右丞。

最後略提金元素的交游情況。研究此問題的主要依據是現存元素所作《南游寓興詩集》。"《南游寓興詩集》系哈剌供職浙閩期間詩作之彙集。"此集於至正二十年（1360）四月之前已結集。② 段海蓉教授據此集分析指出，"金哈剌交游的人主要有三類：官吏、非官員文化人士和僧侶，與官吏酬唱詩歌數量最多，幾乎占交游詩歌的一半。"③此外，元素還曾與高麗文人交往。至正二十三年（高麗恭愍王十二年，1363 年），高麗宰相田禄生出使浙東時，元素與使團副使金汝用曾有過從，並有詩文相贈，④其時金元素當已出任行省右丞。

【作者簡介】 張建松（1982—），男，河南鄭州人，歷史學博士，華北水利水電學院思想政治教育學院講師，主要從事中韓關係史和文化交流史研究。

---

①據余元盦先生研究，《元史·宰相年表》上卷出自《經世大典·宰相年表》，《元史·宰相年表》下卷出自順帝朝之《時政篇》。（見余著《元史志表部份史源之探討》，《西北民族文化研究叢刊》第 1 輯）。《元史·宰相年表二》（即余先生所説"下卷"）史源既爲《時政篇》，記載遺漏的可能性甚微。
②蕭啟慶：《元色目文人金哈剌及其〈南游寓興詩集〉》，氏著：《元朝史新論》，第 309、315 頁。
③段海蓉：《從交友詩看金哈剌的思想》，《民族文學研究》2009 年第 1 期。
④〔朝鮮〕權近：《陽村集》卷 15《贈金仲顯方碼詩序》，《韓國文集叢刊》本。

· 青年園地

揭傒斯佚文十七篇及其考證

杜春雷

【内容提要】 揭傒斯是元代著名文臣,其詩文集早已被整理出版。《全元文》收揭傒斯文 176 篇,後來又有學者補輯 3 篇。本文在此基礎上,廣搜博采,新輯揭氏佚文 17 篇,並附簡要考證,希望對相關研究有所幫助。

【關鍵詞】 揭傒斯;輯佚;文本整理

揭傒斯(1274—1344),字曼碩,龍興富州(今江西豐城)人,歷任館閣清要之職,卒後追封豫章郡公,謚文安,爲元廷重要文臣。揭氏爲詩爲文,無論當時後世,皆享盛譽。其詩名素著,與虞集、楊載、范梈並稱"元詩四大家";其文章亦甚受推崇,與虞集、黄溍、柳貫並稱"儒林四傑"。《四庫全書總目》云:"其文章叙事嚴整,語簡而當,凡朝廷大典册及碑版之文,多出其手,一時推爲巨制。獨於詩則清麗婉轉,別饒風韻,與其文如出二手。然神骨秀削,寄託自深,要非嫣紅姹紫徒矜姿媚者所可比也。"①這是較爲中肯的評價。

揭傒斯生前雖曾親自編訂詩文別集,但早已湮没無聞,楊士奇《録揭文安公文四集》(《東里集》續集卷一八)云揭傒斯有文集五十卷,缺十三卷,《千頃堂書目》據楊氏所述著録。此五十卷本爲揭氏門生燮里浦化編訂,明初亡佚。後世流傳諸本,已無全帙。今天我們可以利用的最完備的揭氏別集爲李夢生先生的點校本《揭傒斯全集》②。該本以豫

---

① 紀昀等《四庫全書總目》卷 167,中華書局 1965 年,第 1441 頁。
② 李夢生点校《揭傒斯全集》,上海古籍出版社 1985 年。

章叢書本揭傒斯集爲底本，校以四部叢刊本、海山仙館本，間有考證附在校語中，是訛歸正，精訂詳考，洵稱揭氏功臣①。且從方志及他人文集附録序跋中輯出詩文若干，編爲《輯遺》，附於全集之後，使揭氏作品更加完備。其後，在 2004 年出版的《全元文》第 28 册中，李先生又在《全集》收文 133 篇基礎上，搜佚補缺，增收 43 篇，使揭文總數達到了 176 篇，這無疑爲揭傒斯的研究提供了更多的原始資料。

對於揭傒斯文的補遺，筆者所見還有黄建榮先生《揭傒斯佚文兩篇及其考證》②和李舜臣先生《揭傒斯佚文二篇》③兩篇文章，黄文所輯佚文爲流坑董氏族譜所收，《全元文》未收，可補佚闕。李文所輯兩篇之一《此山詩集跋》，早已爲《全元文》收入，當爲作者失察重輯。

補遺察闕，良非易事。對於全集的搜輯，要做到“幾無一字一句之或遺矣”，是很困難的。筆者在翻檢相關文獻的過程中，從新輯得爲《全元文》和其他補遺文章未收的揭氏文章 17 篇，現標點整理出來，並附簡要考證，以爲揭傒斯研究之一助。原文無標題者，根據文意擬題，並於題後附“擬”字以示區别。

題《靜心本定武蘭亭禊飲叙》後（擬）

右定武蘭亭禊飲叙，當以此爲第一，真古今絶品。至元三年歲在丁丑四月初吉，揭傒斯書。（［明］汪砢玉《珊瑚網》卷一九，清文淵閣四庫全書本；同見［清］倪濤《六藝之一録》卷一六〇，清文淵閣四庫全書本）

　　按，北宋定武太守薛珦據唐歐陽詢摹本蘭亭石刻，另刻一石，其本稱《定武蘭亭禊飲叙》，《靜心本定武蘭亭禊飲叙》乃趙孟頫友吴森（號靜心）所藏另一種《定武蘭亭禊飲叙》。題此帖者尚有趙孟頫、康里巎巎、張雨、王蒙等人。

題歐陽玄《臨溪亭記》文後（擬）

歐公爲此文時，余扈從上都。歸，則公已謝疾去。明年十月，鼎翁之子本禹求予書。

①該書所據底本爲民國九年（1920）胡思敬輯刻豫章叢書本《揭文安公詩集》八卷《續集》一卷《文集》九卷《補遺》一卷，此本論卷帙之大，收録之全，已可稱最佳，然而可以推測，相較五十卷本，揭氏亡佚之作当不在少數。

②黄建榮《揭傒斯佚文兩篇及其考證》，《江西師範大學學報》（哲學社會科學版）1999 年第 1 期，第89—92 頁。

③李舜臣《揭傒斯佚文二篇》，《南京師範大學文學院學報》2005 年第 2 期，第 52 頁。

歐公年未六十,欲分臨溪之樂,予垂七十而書此,可愧矣。揭傒斯識。(録自歐陽玄《圭齋文集》卷六《臨溪亭記》文後,四部叢刊影明成化本)

　　按,歐陽玄(1283—1358),字原功,號圭齋,爲元代著名文臣。據危素《大元故翰林學士承旨光禄大夫知制誥兼修國史圭齋先生歐陽公行狀》(歐陽玄《圭齋文集》卷十六),歐陽玄嘗於至正元年(1341)九月南歸,直到至正三年始再次入京。至正元年,歐陽玄五十九歲,揭傒斯六十八歲,正合揭氏文中所言"歐公年未六十"、"予垂七十"之言。如此,則本文當作於至正二年(1342)。

題程文《石君世家》文後(擬)

　　右新安程以文爲九江方叔高作《石君世家》一首,而言司馬用彰作者,新安程氏出周大司馬休父之後。以,用也;彰,文也,猶屈原字平而曰靈均、正則也。内言方叔者即叔高也。新安俞飛卿使蜀,得美石於魚腹浦上,歸以遺叔高,叔高愛之。見之者皆競爲文章相誇詡,而以文爲作是篇。予愛其文雅馴,故爲之書。元至順四年二月十日,富州揭傒斯記。([明]陳邦俊《廣諧史》卷二,明萬曆四十三年沈應魁刻本;同見程敏政《新安文獻志》卷三六雜著,清文淵閣四庫全書本)

　　按,方叔高,名積,叔高爲其字,九江(今屬江西)人。[明]朱存理《珊瑚木難》卷五録程文《小混沌石銘並序》云:"新安俞彦聲從使者入蜀,還,以一石遺其友九江方叔高曰:'此武侯八陣圖物也。'其石卵形而玉質,厚外而洞中,高奇之,號小混沌。"此處"俞彦聲"與揭氏所言"俞飛卿"當爲同一人。又,[元]傅若金有《混沌石行》詩一首(《傅與礪詩集》卷三),題下小注云:"九江方叔高得武侯八陣磧中小石於其處,白質而黄章,狀若雞子,字曰小混沌。揭藝文爲作《混沌公傳》云。""揭藝文"即揭傒斯(嘗官藝文監丞),可知揭傒斯曾作《混沌公傳》,酬和方叔高得石一事,可惜此文已佚。

王右軍《破羌帖》跋(擬)

　　右米南宫所藏王右軍《破羌帖》一卷。米公嘗論右軍草書,惟《王略帖》數行是真,其餘皆一手僞帖,則其寶重此帖爲可知也。今孫君伯立得之,可謂得所歸矣。右軍學書帖有云:"但人世中寶玩,千分不得吾書一分。"則此帖伯立寶之,當何如哉! 至元改元四月朔,揭傒斯跋。([清]卞永譽《式古堂書畫匯考》卷六書六,清文淵閣四庫全書本)

　　按,米南宫即米芾,米芾《跋王右軍帖》(《寶晉英光集》卷七)評價《王略帖》云:"古今印跋完備,有傳授之緒……信天下第一帖也。"

化度寺邕禪師塔銘跋(擬)

此帖之妙,不獨法書摸勒之工,亦非後世所及。近年趙文敏公書法爲天下第一,而刻者得其形神,百無一二,則知古今之殊,可歎者多矣。今日即使歐陽信本復作,豈易得此刻工耶? 至正改元二月既望,揭傒斯書於京師樂道里、程文憲公故宅之西軒。([明]汪砢玉《珊瑚網》卷二十,清文淵閣四庫全書本;同見[明]郁逢慶《書畫題跋記》卷二,清文淵閣四庫全書本;[清]倪濤《六藝之一録》卷一六四,清文淵閣四庫全書本)

　　按,《化度寺邕禪師塔銘》,全稱《化度寺故僧邕禪師舍利塔銘》,唐李百藥撰文,歐陽詢(字信本)書。碑立於唐貞觀五年(631),楷書35行,行33字。

趙孟頫雜書跋(擬)

右故翰林學士承旨魏國趙文敏公《與升元杜真人》翰墨一卷,文敏平生於真人雖片紙必自稱弟子,真人固有道之士,非文敏篤於情誼不能也。語曰:"故舊不遺,則民不偷",余於文敏見之。適從真人高第弟子袁安道觀此卷,爲之感歎不已。至元五年歲己卯三月十九日,揭傒斯謹題。([清]張照《石渠寶笈》卷三十,清文淵閣四庫全書本)

　　按,文中杜真人即杜道堅。杜道堅(1237-1381),字處逸,號南谷子,安徽當塗人。元代著名道教學者,茅山宗道士,著有《道德玄經原旨》等。陳旅《跋趙孟頫雜書》(《石渠寶笈》卷三十)云:"右趙文敏公自壯至老之所書者,袁安道次爲一卷。"可知,所謂《趙孟頫雜書》,乃杜道堅弟子袁安道輯録。

淵明歸去來圖跋(擬)

右淵明歸去來圖及辭一卷,乃何昭文畫,張承旨書。何昭文畫在當時即爲人所愛重,至今京師之人猶然。張承旨書自謂當與趙吳興雁行,然當時求之中貴之中已莫能。及以趙吳興書畫皆當爲天下第一,二絶之評足爲此書此畫之重。李士弘平生好寫竹,臨帖每作一紙,必自求趙公跋,然後與人政,欲托不朽也,況他人乎! 因並記於此。至元二年歲丙子九月廿七日夜,揭傒斯跋。([清]卞永譽《式古堂書畫匯考》卷四十五畫十五,清文淵閣四庫全書本;同見[清]吳升輯《大觀録》南宋諸賢名畫卷十五,民國九年武進李氏聖譯樓本)

　　按,揭氏另有《淵明歸去來圖》、《淵明歸去圖》、《題何昭文所畫歸來圖》詩三首。《淵明歸去來圖》又名《歸莊圖》，現藏吉林省博物館。作者何澄，嘗官昭文館大學士。文中作書者張承旨，名起岩，字夢臣，爲元代著名文臣。

與太虛書

傒斯昨見詹君麟，頗聞動靜，想此時已達清江矣，不勝懸情。進賢楊顯民，其兄弟叔侄皆愛吟，且願得當世作者之詩刻而傳之，而先生之作企慕已久，望盡取得意而可傳者，並錄而歸。幸勿以江湖采詩邀利者視之，此公實有意千載之事者，非其人者決不與茲列者也。德機處更望指迷爲佳，及楊志雲集希尹處或有並選，以示之爲佳。非其人者，切不使之聞之，此實盛舉也，幸相與玉成之。不過欲傳詩耳，非有所求。匆匆不宣，傒斯再拜。

（〔元〕何中《知非堂稿》卷七，清文淵閣四庫全書本）

按，楊顯民，名鎰，字顯民，南昌（今屬江西）人，元處士，不屑科舉，惟以吟詠爲樂。余閱《楊君顯民詩集序》（《青陽先生文集》卷四）言其有《水北小房集》傳世。文中言楊顯民將錄輯何中詩作，范椁有《贈答楊顯民四方采詩》（《范德機詩集》卷五），陳旅有《題楊顯民采詩卷後》（《安雅堂集》卷三），可知楊氏確曾有采詩之舉。

送張戀實歸省吳興序

吳興，古稱水精宮，蓋極山川之明秀而言。近若魏國趙文敏公，又能專其秀者也。其爲書爲詩爲畫，皆本朝第一。至書之於篆，自李斯而下，未能或之先也。魏國常爲余言，吳興之人多學而不屑於仕，及科舉行，始稍稍有之，然舍科舉無見也。其又賢而秀者，曰張君戀實。數以其藝試有司，不效。乃束書入京師。京師之人，貴者交之，賢者友之，少者師焉。監察御史察其才，薦爲侍儀舍人，宰相不能用。奎章閣章士悅其學，奏爲國子生，天子從之，而人猶以爲屈也。居久之，思其母若兄，謁告而歸。祭酒司業而下皆是其請，又賞之以文章，以厚其歸，以爲諸生勸。夫學固所以明人倫也。入其學，行其道，所謂士也。自君之入京師，每過余，與之語，常恐其去之速；誦其詩，讀其文，常恐其易盡。余今年踰六十，食五品之禄而不能去。君方盛年，又始爲國子生，一思其親，翩然而歸。余不及君遠矣。魏公所謂多學而不屑於仕者，不其信歟！然魏公所以早見稱於天下者乃其華，非其實也。魏公通經術而不能授之以政，魏公明律呂而不能使之正雅樂，故魏公非不用而實未嘗用也，以其華之勝也。觀君之才，終當自致青雲之上，宜專求其實，勿自誤於華也。而孝弟固其本矣，以君之待我厚於其別，故贈之以言。後至元二年歲在丙子三月朔,揭傒斯序。

　　按,張懋實爲元人無疑,而王德毅等編《元人傳記資料索引》不載。查［明］吳寬《跋所録楊參
謀誄後》(《家藏集》卷四八)云:"右元張文蔚撰《楊參謀誄》……文蔚,字懋實,吳興人。"則大致可
知其姓字籍里。臺灣故宮所藏書畫中,有一副内嵌鈐印曰:"張懋實印",其文後則署名"張文蔚",
可以作爲此人曾經在歷史中存在過的又一證明。

贈筆工温國寶序

　　吳興多名筆,温國寶其最後出者。天曆至順間,余在奎章閣,有以其筆獻余者,視之,
毫短而過肥。余曰:"是令人書善癡而多肉。"試之,信然。繼續有獻者,無不儘然。余告
之如初,人往往習聞余説,遂不敢復獻。既而歎曰:"彼獻者且非善書,徒取價廉而費約,
聊藉以隨俗作人情耳。惡能得其善筆哉!"其後二三年,頗復有獻者,其製作既異,其病亦
無復前日獻者。其數愈少,其筆愈善,且獻而善者必其能書者。自是凡有自吳中來者,余
必求温氏之筆而愈不可多得矣。今年春,余以使事過錢塘,始識其人,與之坐,以前言告
之。温作而曰:"吾一筆工耳,豈不欲極其材之良,盡其藝之精,以取名聲於天下哉? 而凡
來求吾筆者,惟欲其價之廉,數之夥。夫價欲其廉,數欲其夥,而又求吾善筆,雖國工不能
爲已。且吾非有先世之資,負郭之田,所以隱忍而爲此者,庶得自食其力,其身安,其志
平,上無忝於祖考,下無累於妻子,終吾生而已耳。吾非欺世而盜名者,人不求吾之善筆
也。且吾筆之價有倍之者,有五之者,有十之者,而一視之,是以罷牛之價而求千里之馬
也,其可乎? 天下非無善筆,求之者不以其道也。"因獻其善筆,且進曰:"此猶未也。"此特
所謂倍之五之者,然視京師最後之所得者,又有間焉。由是言之,天下之得善筆者寡矣,
而温氏之言亦可感矣。及並書以贈之。

　　按,文中言:"今年春,余以使事過錢塘"。所謂"使事",當指南祀南鎮會稽山。揭氏《代祀北
嶽廟》云:"(後至元五年)以正月十有七日丙子御□□殿,召翰林侍講學士、集賢直學士揭傒斯至
殿上,敬授香幣,曰:'汝其代祀北嶽,若北海、濟瀆、南鎮,其往,欽哉!'"歐陽玄《元翰林侍講學士
中奉大夫知制誥同修國史同知經筵事豫章揭公墓誌銘》(《圭齋文集》卷十)云:"(至元)五年,奉
旨代祀北嶽、北海、濟瀆、南鎮,竣事,引疾便道由浙左歸豫章。"揭氏《代祀南鎮記》則云:"三月庚
申至於南鎮。"由此可知,揭傒斯於至元五年春,曾因代祀南鎮,來到浙江。又揭氏《別鄉友徐明
初》序云:"僕近游集賢,以使事過錢塘。"歐陽玄《墓誌銘》云:"後至元四年,擢集賢直學士。"揭傒
斯於至元四年升任集賢直學士,得以"游集賢",則所謂"以使事過錢塘",當指次年的南祀,才大致
符合《別鄉友徐明初》序中所言"近"字。可知,揭傒斯見温國寶當在至元五年春南祀南鎮會稽山
期間。此文的作年是至元五年。

章子端字説

吳興章紳字子端，宋兩世宰相之後，純雅而有志，求余説其名若字之義。大帶謂之紳，玄端謂之端，皆古朝服。夫服玄端垂紳儼然而立於朝，可謂得事君之禮矣。不知事君之道，得乎？否乎？未能事君，必先知事親；未能事親，必先知修身。知修身而後可以事親，知事親而後可以事君，知事君而後可以澤加於民。是故德不稱服，身之災也；服不稱德，君之過也。君子寧使服不稱其德，不敢有歉於服焉。子毋曰："端，未之服也；紳，未之垂也。已既名而人字之矣。"必當惕然曰："使我誠一日端紳而立於朝，將何以稱之乎？"毋廢學，毋躁進，毋厭貧賤，必求所以稱之者，其説具在六經，子試求之。（以上三文録自［明］董斯張輯《吳興藝文補》卷二八，明崇禎六年刻本）

按，章紳生平，今已不詳。［元］丁復有《維山送章子端調浙東奏差》（《檜亭集》卷一）詩，［明］王禕有詩《贈章子端憲史遷江東並呈周憲使》（《王忠文公集》卷二）云："章子吳興彥，多才遂壯圖。"可藉以瞭解章紳的仕途遷轉。

許旌陽鎮蛟鐵柱銘（擬）　至元丁丑

晉太康中，有蛟孽窟宅豫章江中，大爲民患。許旌陽以方士術治之，蛟逃去，追斬之長沙，還，役鬼工鑄鐵柱郡牙城南井中以鎮之。功成，許公拔宅飛去。今鎮浮福地鐵柱延真萬年宮，其處也。宋徽猷閣直學士江西安撫使胡公世將嘗爲《鐵柱銘》。新住持提點閔君德源復以銘請。其辭曰：

漢置豫章，三面江流。下塹無極，地皆上浮。晉失其綱，陸沉九州。蜃奮於淵，蛟騰於邱。或幻而人，或鬥而牛。乘濤鼓浪，吞野欲洲。民憂爲魚，城慮爲湫。神君赫怒，心與天通。磨劍石上，呼雷地中。出蛟與角，萬變莫窮。蛟懼遁逃，躡景追蹤。斬之長沙，湘流爲紅。還望故鄉，江水溶溶。昔有逋誅，久將爲凶。何以鎮之，憂心忡忡。神運其鐵，鬼輸其功。煉以日月，鼓以雷風。於提砥柱，投之龐鴻。下貫地軸，上當天樞。維以八索，奠之四隅。屹如四極，截焉中居。功侔造化，德媲堪輿。神君去之，拔宅元都。江流既安，地道既寧。山嶽有摧，此柱弗傾。神功盤盤，靈泉澄澄。有德罔極，有功莫名。載思神休，載念民生。神其歸來，毋久玉京。雖聖不語，吾著斯銘。（［清］金桂馨《逍遥山萬壽宮志》卷一七，清光緒四年江右鐵柱宮刻本）

按，許遜，字敬之，南昌人，東晉著名道士。因曾任旌陽（今四川德陽）令，世人又稱"許旌陽"。

南昌各地流傳著許多他鬥蛟斬蛇、爲民除害的神奇故事。鐵柱延真萬年宫,原爲祀奉許遜的祠宇,歷代多有封敕,元成宗嘗賜名"鐵柱延真萬寧宫"。胡世將(1085—1142),字承公,常州晉陵(今江蘇武進)人。有《胡忠獻集》六十卷,今已佚。《鐵柱銘》今亦不傳。

吳全節《青城像》贊(擬)

有番君之子孫,爰應運而挺生。擢華嶽以爲質,振黄鐘以爲聲。雷風出其呼吸,龍虎爲之服乘。或翱翔於魏闕,或招摇乎太清。指函關以朝鴽,夕以庋乎青城。合玄元於一體,撫玉局於千齡。哂方士於碧雞,追神飆於鶴鳴。臨飛泉而解帶,拂高霞而抗旌。雪山避其高潔,錦水讓其泓渟。蓋其爲道也有要,雖欲極而難名。語禱祀則以修德爲本,論沖舉則以忠孝爲經。齊莊惠於物我,會孔李之粹精。加以卿相而不易,寵以恩數而不驚。宜能每前席於宣室,永揚風於八紘。人徒見其寓形於青城也,庸詎知即前日空同之廣成。([明]趙琦美《趙氏鐵網珊瑚》卷十五,清文淵閣四庫全書本;同見[明]朱存理《珊瑚木難》卷三,民國適園叢書本)

> 按,文前有小序云:"(吳全節)大德元年丁酉,代祀江瀆,至於青城之山。流觀乎清湍巨壑,終日忘去,作《青城像》。豫章揭傒斯贊:……"吳全節(1269—1346),字成季,號閑閑,又號看雲道人,饒州(今江西鄱陽)人。元代著名玄教道士。吳全節出身儒門,與揭傒斯等文人士大夫交往頗密。揭傒斯有《和吳真人大明殿早朝》及《壽吳大宗師》、《寫興五首壽吳大宗師》等詩作存世。

代祀南鎮記

皇帝仁覆天下,明徹宇内。乃者天變屢作,地道失寧,水旱薦臻,盜賊不息。君相同德,哀矜元元。意者事神治民之道有所闕歟。於是法世祖舊制,以正月之吉分,遣廷臣清望素著,簡在帝心者,代祀嶽瀆,以召休貺。而北嶽、北海、濟瀆、南鎮,則以命翰林侍講學士愛牙赤,集賢直學士揭傒斯。

三月庚申,至於南鎮。翼日辛酉,祗率守臣潔其牲牢,陳其醴齊,致其香幣。大神靈雨先戒,祥飆徐集,倏陰忽陽,肸蠁布寫,潛孚密暢,格夫帝誠。竣事徊徨,靡敢怠豫。惟昔者初受命於廷也,親祝香幣以授,其禮甚隆重,其意甚恭懇。爲之臣者,何敢不虔!夫以厚載萬物莫重乎土,故在天爲鎮星,其積而峻極者因其方而名之曰嶽,其次曰鎮。其祀事皆有秩於帝典,所以庇生民、衞社稷也。夫不以災異數見、人民愁苦而益謹其山川之恒祀者,君之禮;不以祀事敬怠而時其雨暘、弭其患災以屏翰國家者,神之職。君盡其禮,神效其職,使民知有生之樂,實爲太平之盛觀。而南土之民困以極矣,神其忍使聖天子日有南顧之憂乎?

是日,與祭官江浙行省所委官中順大夫同知温州路事楊清孫,守臣中順大夫紹興路達魯花赤紐璘,通議大夫紹興路總管亦祖丁,中議大夫紹興路同知伯顏,朝列大夫紹興路治中僧吉巴,奉旨直大夫紹興路判官蘇澄,承直郎紹興路推官張溇,儒林郎紹興路推官林宇,承事郎紹興路經歷董鬱,將仕佐郎紹興路知事林元亨,紹興路提控案牘兼照磨承發架閣林鏞,進義校尉紹興路鎮撫管從政,紹興路儒學教授曾汝巽,學正王實,進義校尉山陰縣達魯花赤阿兒渾沙登,仕佐郎會稽縣主簿法都忽刺,給祀事者府吏李公澤周,惟政縣典史董圭。爲文及書者揭傒斯,從行者集賢院穆薛飛兒也。([清]杜春生《越中金石記》卷七,清光緒十年山陰詹波館刻本;同見《北京圖書館藏中國歷代石刻拓本彙編》第49册,第195頁。)

按,據前《贈筆工温國寶序》考證所引,揭氏南祀南鎮會稽山,當在至元五年。碑文後亦刻"至元五年,歲次己卯三月日建,趙良魁刊。"碑在浙江紹興,拓片通高89釐米,寬62釐米。

天一池記

至正二年,信之龍虎山大上清正一萬壽宮提點程君靜、提舉李謹修請命於三十九代天師張公、玄教大宗師吳公。□大池宮南門之外二十步,縱廣二百尺,衡倍之,深二尋,而去其一尺,礱石爲防而欄楯其上,外爲周垣而缺其北涯,以納拒馬,以拱乎宮門,渠東南以受諸水閘,其西北以制夫蓄泄之宜,於是琵琶、塵湖、藐姑之諸峰倒□其中。與天光相摩,清風微動,若有神物出没,雲雷雨電潓洞膠葛不測,而龍虎之勝,不可名狀。池成,使道士彭元鼎至京師請名,吳大宗師、大宗師曰:"夫生天地者,道也;載天地者,氣也。無形曰道,有形曰氣,氣者道之用也,道爲萬物之祖。氣爲萬物之母。道與氣,一而已,故天一生水。一者,萬物之所由生也。一之生無窮,萬物之生生亦與之無窮,故一者萬物之終始也。宜名曰天一之池,因之靜可以見道之體,因之動可以見道之用。一靜一動而生變化,不可端倪,而莫不本乎一也。"既書以名之,又請余從而記之。

在宋景定中,有管轄張尊師聞詩者宮□有道者也。嘗有異人立宮之南,下臨通衢曰:"宜於是爲大門以據山川會,前爲大池,以蓄風氣,則其教必大興,其道必盛行,而鬱攸之災永世無患。"尊師如所指所,既大作南門而未暇及池也。及皇元混一,天師樹教於南,玄教大宗師樹教於北。其教果大興,道果盛行。初,吳大宗師嘗施田宮中曰特進莊,至是,程君追念或人之説,會其數歲之入,以爲□池之費,不煩於公,不病於私私,遹潰於成,亦惟主乎上,有道惟明,克斷作乎下,有道惟勇,克勤繼以提,舉周復禮□宮戴永堅及宮之衆,又克左右之。故不待涉歲歷時而有成功,至若汪汪湟湟,上下無光,窈窈冥冥,雲雨降升,千巖增爽,潤及四壤,而不知誰之掌;洋洋悠悠,鱗者以游,超超搖搖,羽者以浮,矰繳不施,網罟不持,而不知誰之爲。風乎其潯,泠然若聞詠歸之音,臨乎其深,凜然而有戰兢之心。修其天以求其一,即其切以懟其述,豈徒爲厭勝如或人之説哉?且□□君之主是宫也,靡不盡道,弗止斯池也。至正三年二月,翰林侍講學士中奉大夫知制誥同修國史同知經筵事揭傒斯記並書,前榮禄大夫御史中丞張晏篆。(《北京圖書館藏中國歷代石刻拓本彙編》第50册,第29頁)

按,碑文後言"至正七年五月十五日立石"。碑在浙江鄞縣。拓片高133釐米,寬88釐米,記上有邵章1935年跋,下題章鈺1932年跋。據全祖望《揭文安公天一池記跋》(《鮚埼亭集》卷三八),此貼嘗歸寧波天一閣范欽所有,後歸全氏。

歙令鄭君墓道之碑

徽歙令鄭君諱安,字子寧,宋末奇士也。其先自諱球者,居歙雙橋里,號雙橋鄭家。曾大父諱仁遠,大父諱孝全,父諱文政,世以貲雄鄉里,然一用爲義,好恤匱,賙饑貧,不能昏嫁喪葬者,輒相之。至歙令,行之益篤。令早孤,事祖母陳極孝謹。二兄欲分財異居,弗能止,悉以讓之,寸田尺宅無所受,貧而無怨。内兄黄嬰死淮間,徒步往歸其喪,故世稱鄭氏爲德門。令幼篤學,獨恥事進士業,放浪淮漢間,以材勇爲淮帥秦琳客。琳用其謀計輒有功,奏授忠翊郎宿州符離尉,不拜;又辟兩淮制置從事,棄而歸。

宋亡之明年春二月,寧國萬户張杲帥師入徽,都統李銓以城降,盡易置吏守之。五月,行中書省遣總管忽都觸調副將李世達兵戍瓜洲道,殺忽都觸,還據城守,盡殺所置吏。王浚以下境内壯士皆起兵以應。六月,唐、鄧、均三州招討使孛尤魯敬帥衆來攻。李世達以潘興兵拒戰境上。世達、興敗走。敬駐兵昱嶺關,三日以觀逆順否,且屠城。鄭君召所知,曰:"吾昔不仕者,非薄禄仕也。食人之禄,則當死人之事,知時不可爲而死之,是不智也。今城民危急如此,我等坐視不顧,是不仁也。吾其行乎!"乃纓冠杖策伏軍門謁,謁人,長揖而言曰:"將軍承天子之命,攻城掠地,非徒欲得其土地也,欲得其民也。今爲亂者李世達一人耳。李世達既敗走,民爭具金帛牛酒以俟將軍。聞將軍且欲屠城,固降而屠此,安所不識也。"曰:"蠢尔衆反復僬亂,不殺何待?"曰:"將軍殺人以立威,孰若不殺以得衆,人聞將軍殺降,誰肯服將軍者?且以帝王之師,而求釋憾於一邑,何以示衆,甚爲將軍不取也。"乃許之。按兵而入,兵不血刃。郡士丘龍友得郡印綬以獻,遂以龍友攝郡事,而以鄭安治歙。歙鄉邑又承喪亂之後,一以靜理之,未嘗修睚眥之怨。居三年,邑大治。民爭詣府,請留府上,其事始更。賜銅章,拜真命,爲從仕郎,仍歙縣令。尋以老自免去,遂不復仕。至元二十九年七月廿又六日以疾卒,年七十二。夫人洪氏,賢明淑慎,德爲九族師,晚好釋氏,斷滋味二十年。大德十年三月五日,無疾而殁,年七十五,合葬里之葉干。子男五人,昌齡、鬥齡先卒。千齡,今從仕郎、泉州録事;椿齡,郡文學掾;嶽齡累仕,當改秩而卒。昌齡實兄子立以爲後者。孫男十有五人,千齡之子玉以父命至京師請銘。玉力學,善爲古文,矯然有高世之志,人謂似其祖雲。

揭傒斯曰:吾聞黟歙之間"高者摹雲日,深者鏡毛髮",士生其間,多磊落而奇傑。方至元之世,孰不欲乘風雲,依日月?而令君確乎其進退,如冬夏之不可易也,豈非山川之英,士林之特哉?若世之聾聲音,盲采色,常瀕死於覆車之轍者,何啻相視於秦越!嗟夫!
([明]鄭燭輯《濟美録》卷一,明嘉靖十四年刻本)

按,《濟美録》四卷,明嘉靖十四年(1535)鄭燭輯刻,搜録其祖上元人鄭安、安子千齡,千齡子玉、璉四人的傳記狀志類資料,人各一卷。四庫館臣將該書列入存目。此文介紹鄭安事蹟甚詳,對元軍攻打歙縣的過程描述的也很詳細,頗具史料價值。文前云:"奎章閣授經郎從仕郎揭傒斯撰,奉直大夫秘書監著作郎程大本書,奎章閣侍書學士翰林直學士中奉大夫知制誥同修國史兼經筵官虞集篆。"程文《貞白先生鄭公千齡行狀》(《新安文獻志》卷八六)云鄭千齡至順元年,升從仕郎、泉州録事。卒於至順二年四月癸亥,享年六十有七。而此文中言"千齡,今從仕郎、泉州録事""千齡之子玉以父命至京師請銘",則可知本文的寫作時間應在至順元年至二年四月癸亥間。

貞白里門碑

至順三年春二月之望,歙郡文武官屬勸農於郊郡西袞繡鄉善福里,諸耆臺咸盛衣冠扶杖輯屨來言曰:"僕不佞,竊慕君侯之義久矣。夫政有關於教化系風俗足爲民望者,亦君侯事也。僕之里有鄭先生千齡者,其父安在國初時,嘗爲邑宰。我等獲保首領長子孫養生送死於此土者,皆其力也。今先生又能推先世之德,擴君子之教,使我服禮義,涵教化,垂髫戴白不失爲良民,皆其力也。先生嘗爲淳安祁門尉,其政亦如其父宰邑時,不幸以從仕郎泉州録事,卒浙江肅政廉訪副使。涿郡張君士弘、南陽鎮平縣尹嚴陵吳君暾、郡教授太原王君瑄等,言先生於家爲孝子,於國爲良臣,於鄉爲賢父兄,是宜有諡於私。既相與諡曰'貞白先生'。若夫宅里之表,著於三代,惟君侯圖之。"皆曰然。乃擇日作里門,易"善福里"爲"貞白里",表諸四達之衢里,四鄉諸耆臺又盛衣冠扶杖輯屨詣府而言曰:"僕不佞,竊聞君侯特表鄭先生里,我等涵濡先生父子之化深矣,而不獲竊光,以庇子孫,殁且不瞑。願以地附先生里,惟君侯圖之。"又皆曰:"公等景行懷德,不移死生,風教之幸

也,敢不敬從。"於是東西行者出入是門,莫不仰先生之風,慕長吏之義,油然興起,不能自已。乃謀刻石以告來者,其辭曰:

惟古致治,褒德顯庸。厥有典常,諡以易名。表以著行,式昭四方。茫茫歆郊,乃有鄭公。德音孔良,民懷其惠。士服其教,既殁不忘。或議其諡,或表其里。靡不用道,愚夫愚婦。抃手頓足,懿德是好。莫濬匪黔,莫高匪黄。是爲奧區,在昔有言,惟歆西里,神秀所都,民習禮讓。女秉貞潔,士恥佞諛。聯公累卿,政事文學,竹帛所書。於鑠鄭公,孕沖毓和。與世作模,巍巍高門。貞白是旌,過者式趨。([明]鄭燭輯《濟美録》卷二,明嘉靖十四年刻本)

【作者簡介】 杜春雷(1984—),男,山東淄博人,北京師範大學古籍與傳統文化研究院博士研究生。研究方向:文學古籍整理與研究(元朝)。

國家圖書館藏《說郛》鈔本考述

——兼談《說郛》的纂輯與流傳

施賢明

【内容提要】 國家圖書館藏有七部明鈔《說郛》,其中引錄有非議孟子的言辭,説明陶宗儀纂輯《說郛》時没有以個人價值取向爲剪裁標準,而是以我國整個文化爲對象,爲多維呈現社會百態,雜采經史傳記及百家之言,有廣博見聞之效。此外,七部明鈔中,五部體例相同,屬於同一版本系統,它們中卻有明人著述屬入,非陶宗儀原本所有,這種對元本的偏離是龔鉄所爲。《說郛》原佚三十卷,龔氏取《百川學海》等書補足之,遂成今傳百卷鈔本之祖。

【關鍵詞】 説郛;明鈔本;龔鉄;郁文博

原本《說郛》是陶宗儀於元末采摭經史傳記及百家雜説之書纂輯而成的大型綜合性筆記式叢書,其書鴻篇巨製,蒐羅甚廣。關於《說郛》的版本,今人影印出版的《〈説郛〉三種》①中收録有通行於世的張宗祥校定百卷本與宛委山堂百二十卷本,兩本内容大相逕庭。據筆者考查,能夠代表百二十卷本系統基本面貌的宛委山堂順治刊本不僅從明人所纂叢書《百陵學山》中徵引文獻,而且據明人所輯類書《天中記》輯佚條目,甚至還引用《楮記室》(卷十四)、《蠹海録》(卷二十三)、《大嶽志》(卷六十四)、《攝生要録》、《林下清録》、《譚苑醍醐》(以上卷七十五)、《蘭莊詩話》(卷八十一)、《六義圖解》(卷八十六)、《蹴鞠圖譜》(卷一百零一)、《野菜譜》(卷一百零六)等明人著述,此外,由於明季人刊書多犯妄作之弊,原書被割裂卷帙、移花接木者屢見不鮮,此本卻據已失原貌的明刻引録文

---

① (元)陶宗儀等:《〈説郛〉三種》,上海古籍出版社 1988 年版。

獻(譬如《武林舊事》分題數部），凡此種種，足證此本絕非陶宗儀原本。因此，百二十卷本系統不在本文的研究視野之中，本文將主要以筆者所寓目的國家圖書館藏《説郛》七部明鈔本爲關注對象，一一叙録，兼及其餘有跡可循的鈔本，從中追尋陶氏真本的線索，並辨析陶氏纂輯文獻的特點，探討鈔本流傳過程中偏離原本的可能動因。

一、涵芬樓舊藏本（國圖藏書號：7557）

收入《〈説郛〉三種》的百卷本乃是張宗祥合諸種明鈔而成，所用各種鈔本詳見張氏所撰並附於書末的《〈説郛〉跋》。《跋》中張氏指稱一涵芬樓藏本，"似系萬曆鈔本，未缺各卷，每數卷前有一目録，今書目録，即從此本寫定者"，即此本。我們有三條理由可以確證這一點：該鈔本《〈説郛〉序》頁鈐有"涵芬樓"及"海鹽張元濟經收"兩方朱文印，第一百卷卷末則鈐有"涵芬樓藏"白文印，此本爲涵芬樓之故物當無可疑，此其一。誠如張氏所言，此本確實每數卷前有一目録，分別爲《説郛目一》（卷一至卷八的書目）、《説郛目二》（卷九至卷十五的書目）、《説郛目三》（卷十六至卷二十三的書目）；只是，當《説郛目四》並未出現在卷二十四之前時，嗣後再次出現的每數卷之目録皆只標明《説郛目》而於"目"字之下並無具體的數字，卷三十四至四十一、卷四十二至四十九、卷五十至五十八、卷五十九至六十三、卷六十四至七十、卷七十一至七十五、卷九十一至一百共七部分目録（卷七十六至九十的目録缺佚）均是如此。此其二。筆者經詳細比對，可以確信涵芬樓排印本之書目次第與此鈔本基本一致，此其三。

該部涵芬樓藏本四周雙邊，每頁 10 行行 22 字，藍格、白口①，現存卷首至卷二、卷五至二十、卷二十三至八十五、卷九十一至一百共計九十一卷。該本卷一正文前有"南村真逸陶宗儀纂""南齋龔鈇校正"兩行文字。

此本所據抄録的底本有所殘佚，這不僅從七部分目録有目而無序數中可以見出端倪，在文本內容上更有明顯的體現。譬如，依據卷前分目録，卷六十七理應由《孫公談圃》、《平泉山居記》、《國史異纂》、《驪國樂頌》、《詩論》五書合成，然而，該卷正文僅餘《孫公談圃》一目。倘若仔細甄別，則可發現序、"藝祖"條、"司馬溫公薨"條、"毀碑"條、"孫莘老"條（抄録者誤脱"毀碑"條文末一"死"字，並將"孫莘老"條續接於後，合二爲一）以及"王德用"條前兩行半內容確爲《孫公談圃》所有，不過同版緊接"王德用"條"狀類藝祖父母所生"（斟酌正文八字之前的內容，此處應是"狀類藝祖宅枕乾岡"，因之前若

---

① 筆者僅能寓目據鈔本拍攝的膠卷，膠卷未能呈現的版式信息（譬如行格顏色等）據國圖著録補足，下同。

干字相同而竄行）之後的所有内容以及下一版内容，即自"曾買江南千本盡，歸來一筆不中看"至終，恰爲百卷本《説郛》所引《詩論》的文末部分。無疑，由於涵芬樓鈔本所據底本缺漏甚多，該卷僅餘卷首尾部分内容，抄録者不加甄别，從而誤將底本《詩論》始自新版的内容屬入前文，録進"王德用"條。根據這一卷的抄録情況，我們當可管中窺豹，對涵芬樓舊藏本的質量有所認識。

需要明確的是，目録"從此本寫定"的涵芬樓排印本《説郛》收入《錢譜》（卷八十四）、《格古論》（卷八十七）、《稽古定制》、《勸善録》、《神僧傳》、《效顰集》（以上卷九十七）等六部明人著述，反觀此本，除《格古論》不便確指外（卷八十七不存），確實收入其餘五部明著，而這些絶非完成於元末的原本《説郛》所有。

二、京師圖書館舊藏本（國圖藏書號：A00487）

此即張氏《跋》中所指京師圖書館殘本，張氏稱"似隆萬間寫本"。該本四周雙邊，每頁 12 行行 20 餘字，黑格、黑口，鈐有"京師圖書館收藏之印"、"國立北平圖書館收藏"印。此本現存卷三、卷四、卷二十三至三十二共計十二卷，每卷一册，所存諸卷序目與涵芬樓舊藏本基本一致。

三、溽南書舍鈔本（國圖藏書號：A00485）

該本四周單邊，每頁 13 行行 19—20 餘字，藍格、白口，版心作"溽南書舍"。現存卷六至十一、卷十五、卷十六、卷二十一至四十三、卷六十四至八十以及卷八十五至九十一共計五十五卷。此本天頭上多有批注，批注或爲釋詞，或補充史實，或作評論。

略加翻檢該本細目，便可發現此書乃割裂卷帙、拼湊而成，而其母本恰好就是涵芬樓舊藏本那一系統的。現擇取其首尾數卷簡要説明之：其首卷（卷六）爲《談壘·下》，具體爲涵芬樓本卷三末的《實賓録》、《隨隱漫録》、《紹陶録》及《古杭夢游録》四種；卷七爲《墨娥漫録·上》，卷八爲自《封氏聞見記》始的《墨娥漫録·下》，兩卷即是涵本卷四之内容，不過割裂卷帙的始作俑者將涵本此卷内容誤以爲全是《墨娥漫録》的子目；卷九、卷十分别是涵本卷五之首《鶴林玉露》以及同卷《傳載》以下四種；卷十一乃合涵本卷六《讀子隨識》、《杜陽雜編》以及卷五《家世舊聞》、《常侍言旨》而成……卷八十八爲涵本卷五十八前兩種《江表志》、《江南别録》；卷八十九由涵本卷六十第三部書《品茶要録》、卷五十八第三部書《資暇集》合成；卷九十、卷九十一則由涵本卷五十九《史記法語》割裂而成。無疑，作僞者割裂卷帙之時只是簡單地將相鄰篇章拆分、重組，並未刻意打亂原有序次、移前補後，倘若溽南書舍鈔本卷帙俱存，當約爲涵芬樓本系統的一至六十餘卷的内容。

四、鈕氏世學樓鈔本（國圖藏書號：2408）

此本四周單邊，每頁 10 行行 24 字，藍格、白口，版心皆有"世學樓"字樣。現存卷首至九十、卷九十四至一百共計九十七卷，卷首爲楊維楨《序》以及百卷總目。

《〈説郛〉序》頁鈐有"會稽鈕氏世學樓圖籍"朱文印、"稽瑞樓"白文印及白方"何焯之印"。世學樓，明人鈕緯所建。鈕緯，嘉靖二十年（1541）進士，因仕途不順解甲歸里後，於家修建藏書樓，是爲世學樓。世學樓藏書至明末紐石溪時蔚爲大觀，商浚《〈稗海〉序》（《稗海》乃是商浚抄撮世學樓數百種説部鈔本中"記載有體、議論的確者"，重加釐正，於萬曆年間刻成）云："吾鄉黃門鈕石溪先生，鋭情稽古，廣購窮收，藏書世學樓，積至數千函、十萬卷。"黃宗羲《天一閣藏書記》言世學樓"崇禎庚午間其書初散"，該鈔本《説郛》應爲此時或稍後散出。故此鈔本迭經鈕氏、何焯以及稽瑞樓主人陳揆之手。

世學樓鈔本卷前總目與涵芬樓藏明鈔本書目及次第極爲相似，總目及書中正文均收錄有明人著述六種，兩者當屬同一版本系統。

五、明抄清配本（國圖藏書號：3907）

該本左右雙邊，每頁 10 行行 21—22 字，藍格、藍口，現存卷首、卷二、卷四至六、卷九至二十一、卷二十三至三十二、卷三十五至六十一、卷六十四至七十共六十一卷。卷七十末書寫"《説郛》卷第七十，全集終"九字，不過"全集終"三字與前六字略有不同，當爲後補。該集各冊書皮均題"陶宗儀《説郛》原書"，卷四冊書皮題簽稱："元陶宗儀《説郛》五十本，明初人抄……按，此書明時已無全本，此部舊鈔尚是宗儀原本，誠罕見之秘冊也。祈鑒察之。"

此本卷二首頁自下而上依次鈐有"日華"及"周鑒齋削漢劍魏熨斗主人"朱文印、"常熟恬莊楊氏善慶堂書畫記"白文印，書目《古典録略》之上又鈐有"希世寶"朱文印，卷二末則有"曾藏張蓉鏡家"朱文印。"日華"、"希世寶"以及"曾藏張蓉鏡家"復見於嗣後諸卷。此外，卷十一、卷五十六等處又見阮元之"文選樓"及"揚州阮氏琅嬛仙館藏書印"；卷二十三、卷三十七等處鈐有白方"翁斌孫印"。至於散見於全書的批注，則有卷六末的"天啟乙丑夏六月下澣竹懶李日華觀"（鈐"日華"印）以及"同治癸酉冬十月上旬香蓀彝覽"（鈐"兒孫"印）、卷十一卷末的"天啟乙丑六月，藕華初放，五日瀏覽十六冊，因志竹懶"（鈐"日華"印）以及"吳郡趙氏珍藏"（鈐"希世寶"印）、卷十二末的"古吳趙氏珍藏"、卷二十八的"古吳趙氏珍藏，子孫寶之"等。另外，一個自署"曹憨子"的人還對該集進行過校勘，他的工作主要體現在卷七十，不僅針對文字訛誤出多條校語，而且更定諸條目次第。其中，署名的識語有三條：卷七十冊副頁粘一書簽，上云："劉蒙《菊譜》及《山居雜誌》校對，至'顧玩而樂'句逢缺頁，不得對，復至'定品'對起。戊辰十一月曹憨子識。"與此相同，該卷正文另兩條作於是年十一月廿五日黄昏的識語，亦是言因缺頁而跳過某段文字的校勘。僅以名實可考的人而論，該部鈔本至少迭經李日華、阮元、張蓉鏡、朱克敬、翁斌孫等名人之手，卒入北圖，十分珍貴。

　　需要説明的是，常熟恬莊楊氏，舊時當地（今屬張家港市）大姓，才人輩出，如楊岱、楊景仁、楊泗孫、楊沂孫、楊崇伊等。《恬莊小識》①所收王文治《常熟楊氏義莊碑記》云："常熟楊氏系宋少師葉石林公之裔，至明季而孔璋公爲楊氏後，始遷於常熟之田莊……遷常熟則在康熙九年。"葉石林公，即葉夢得，其二十三世裔孫德賢，於襁褓中被其父過繼給好友楊源甫爲子，嗣後舉家遷徙。又，《恬莊小識》卷首楊希濂識語稱："前明奚浦錢氏創田莊市，爲收田租之莊，一小聚落也……自楊氏買鄰，俗尚恬懋，乃易今名。"易名之事，即指《恬莊小識·疆域》所云："乾隆四十年，里人楊孝子岱於街浚大溝，鋪大石四十餘丈，於南北立巷門，南曰'仁亨里'，北曰'恬養莊'。"恬養莊，簡稱恬莊，故印章上既爲"恬莊"之名，則該部《說郛》入藏楊氏善慶堂的上限即是乾隆四十年（1775）。此外，朱克敬字香蓀，晚年患眼疾，得朋友資助，於同治十年（1871）寓居長沙，直至病歿，故該部《說郛》同治十二年癸酉時或許曾流寓長沙。

　　此本卷首存楊維楨《序》以及百卷總目，此部分爲清人抄配，因爲卷七《諸傳摘玄》、卷五十三《鉤玄》等書目，凡"玄"字均避諱。筆者經過詳細比對，發現此本總目與鈕氏世學樓鈔本完全一致，譬如各書目下或注明撰著朝代、或點明作者、又或作簡要注釋（如《意林》書目下注"内編雜書計一百一十種、一千七十一卷"等），兩者均同，而且，卷七《雞林類事》重出、卷九十七《效顰集》又見於卷九十九也一模一樣，甚至於世學樓本總目的諸多改動之處也被保留在了此本之中（如世學樓本卷一百末三種《隨筆》之《續筆》、《二筆》、《三筆》等皆補注"缺"字，該本亦注"缺"）。因此，筆者認爲，該本楊《序》及總目應該是清人據世學樓本抄補。正文儘管只有七十卷，與總目不完全相符，不過，觀其正文書目及次第，亦與涵芬樓藏本基本一致。

　　最後，該部明鈔本所據底本存在書頁前後錯置的問題：譬如，卷六十七《孫公談圃》"歸遺細君"至"忠信獲罪"共六條内容緊接"俯拾地芥"條後，考之其餘諸本，當知其所據底本此六條内容與"以己方人"至"俯拾地芥"條應分屬單獨一頁且前後錯置（抄録時版式改變，各自不再獨立成頁）；卷七十則更爲明顯，《筍譜》一書中竟夾雜《菌譜》"栗殼蕈"

①（清）楊希濂：《恬莊小識》，見於沈秋農、曹培耕編：《常熟鄉鎮舊志集成》，廣陵書社2007年版，第913—966頁。

以下七條及"四季蕈"目,顯然,這是因爲底本該頁與録有"四季蕈"(無目)、"鵝膏蕈"直至《筍譜》部分内容頁錯置所致。

六、北平圖書館舊藏本(國圖藏書號:A00488)

該本四周雙邊,每頁 11 行行 20 字,紅格、紅口,鈐有"國立北平圖書館收藏"印。此本共存三卷,文本上直觀看來爲卷四、卷五及卷三十,但事實恐未必如此。因爲"説郛卷第四"、"説郛卷第五"之下兩個字符的紙面明顯有摳損,而所存最後一卷僅作"説郛卷第"便無下文,只是天頭補有"卷三十"字樣。所謂的卷四,其細目爲《澹山雜識》、《昭德新編》、《巖下放言》、《玉堂逢辰録》、《家王故事》、《二老堂詩話》、《北風楊(案:應爲"揚"字)沙録》、《白獺髓》、《歲寒堂詩話》等九種;卷五爲《瀟湘録》、《三水小牘》、《國史補》、《真誥》、《武侯心書》等五種;卷三十爲《蜀道征討比事》、《雋永録》、《拾遺記》、《小説》等四種。

七、借尌山房舊藏本(國圖藏書號:A01507)

該本四周單邊,每頁 10 行行 22 字,藍格、白口,存十二册,首頁鈐有"借尌山房"白文印。此本著録爲"不分卷本",實則首卷"説郛卷第"字下貼有書簽,上書"第五"二字,子目爲《傳載》、《藏一話腴》、《墨客揮犀》、《續墨客揮犀》以及《藝圃折中》;次卷"説郛卷第"字下書簽上題"第六",子目爲《讀子隨識》以及《意林》。嗣後諸卷,皆僅有"説郛卷第"字樣。此書最後一卷子目爲《大業雜記》、《五代新説》、《嶺表録異記》以及《海山記》等。

至少有兩人曾爲該書作過批注,震澤吳曉鉦即是其中之一。在首卷"吳俗薄惡"條正文天頭上,針對前一位批注者"吳人鄙江右人,呼爲'臘雞頭',臨川人故此以報復"的説辭,吳氏乃稱:"吾吳無此俗,亦不待爭辨,乃沾沾以報復爲辭,吾等閲書者之量更淺於著書者也。丁巳重九日曉鉦漫記。"考之《冷廬醫話》,有"咸豐戊午冬月,吳曉鉦應京兆試歸,寄我《齊氏醫案》六卷"及"《坤元是保》⋯⋯咸豐丁巳,吳曉鉦以重值購自吳門,借余録之"之語①,不僅可知吳曉鉦頗涉獵醫學(《冷廬醫話》卷五"鴉片煙"條稱其族叔椿齡習岐黄家言,吳氏醫學或爲家學),而且據其活動時間,當爲道光、咸豐間人,《説郛》之批注應是吳氏咸豐七年丁巳(1857)所作。觀曉鉦此條批注,其爲人當較爲通達,但是,作爲一名儒者,對非儒的言辭難免反應過激而失去公允的評價和判斷。

該卷《藝圃折中》收有"孟子"、"孔孟"二條,皆爲非議孟子之辭,稱孟子抱縱横之具

---

① (清)陸以湉著,朱偉常注:《冷廬醫話考注》,上海中醫學院出版社 1993 年版,第 136、208 頁。

而飾以仁義,企圖鬻於齊,且如市井商販一般,愚不知價者,妄圖從齊王那兒謀求更多的利益,有所謂“孟子生而周絶”、稱孔孟爲“孔墨”之語。① 在“孟子”條天頭,吳曉鉦稱:“此下二條放誕已甚,其人殆有心疾。”本卷卷末,吳氏又作以下言辭:

> 《藝圃折中》,原本六卷,南村僅取九條,又皆支離背謬之説。予觀《説郛》一書,其去取殆不可曉,不過以多佚書而傳耳,視曾氏《類説》相去殆不可以道里計也。丁巳重九日曉鉦閲一過,並識。

薄《説郛》而厚《類説》者,吳氏並非第一人,郎瑛即云:“陶南村作《説郛》百卷,蓋倣曾慥之《類説》而爲者。然《類説》删取精到,而《説郛》如未删之書,不若不删,總而名之如《百川學海》可也。……《説郛》不獨淫褻而鄙俚無稽者亦有之。”②其實,“《類説》於每書僅録書名及撰者(按此據鐵琴銅劍樓藏殘宋本及今傳之舊鈔本,明天啟刻本則删去撰者),而《説郛》於原書之卷帙,撰者之字號、爵里並録之”“《類説》於書每條但撮大要,故所録不盡同於原文;《説郛》則悉據原文節録”③,《説郛》對原材料的剪裁不同於《類説》,自有其價值,對此持全盤否定的態度殊爲不妥。

那麼,此類非議之辭究竟是代表了陶宗儀的價值取向,還是陶氏剪裁材料時另有考量? 他的自我定位正可以幫助我們回答這個問題。

首先,無可否認,陶氏是以正統儒生自居的。他在《南村輟耕録》中,屢屢指稱釋道爲異端、異教:僧膽巴以妙語回絶皇后請求爲太子延壽一事,陶宗儀按語云:“此語即吾儒死生有命之意。異端中得此,亦可謂有口才矣。”④卷二“后德”條更是借太子母后之口稱:“治天下者,須用孔子之道。舍此它求,即爲異端。佛法雖好,乃餘事耳,不可以治天下。”⑤又如,劉時中貧無以爲葬,道士王眉叟舉其柩歸葬且周其遺孤,陶氏評之云:“此事行之於異教中,尤不易得。”⑥

其次,陶氏的交游對象亦多是儒生。至正間,“向予避兵雲間泗濱時,其地有林泉之勝,而無烽燧之虞,同時嘉遯者,皆文人高士,因倣司馬溫公故事,俾予作約語云:‘百歲光

---

① 國圖諸藏本中,除淳南書舍鈔本(相應卷帙缺失)、北平圖書館舊藏本之外,均引録此二條,唯兩條目均作“孟子”且次第稍異。既爲不同版本系統所有,當非好事者羼入。

② (明)郎瑛:《七修類稿》卷18“説郛”條,明刻本。

③ [台]昌彼得:《〈説郛〉之纂輯》,見於《〈説郛〉考》,臺灣文史哲出版社1979年版,第11頁。

④ (元)陶宗儀:《南村輟耕録》卷5“僧有口才”條,中華書局2008年版,第56頁。

⑤ (元)陶宗儀:《南村輟耕録》卷2“后德”條,第21頁。

⑥ (元)陶宗儀:《南村輟耕録》卷9“王眉叟”條,第114頁。

陰,萬物乃天地逆旅;四時行樂,我輩亦風月主人。幸居同泗水之濱,況地接九山之勝,盡可傍花隨柳,庶幾游目騁懷。節序駸駸,莫負芒鞵竹杖;盃盤草草,何慚野蔌山肴。雖云一餉之清懽,亦是百年之嘉話。敢煩同志,互作遨頭。慨元祐之耆英,衣冠遠矣;集永和之少長,觴詠依然。訂約既勤,踐言勿替。'用附於此,以見真率之會不讓游山之樂也。"①儘管不詳交游之人,但觀其言辭,頗有真率脱俗之風,而且既然追慕元祐蘇門耆英、永和蘭亭集會,當不至於有如此鄙薄之語。《南村詩集》中亦有陶氏於明初的交游記録,譬如《洪武癸丑八月二日,與諸暨趙用賓、黄漢章、趙自立、江陰孫大雅、大年丘宗岱、程傳可同游鐘山,分韻得"落"字》(卷一)、《正月二十有六日,余與邵青溪、張林泉,會胡萬山、夏雪蓑、俞山月、高彦武、張賓暘於余北,踰嶺而南,訪陳孟剛,席上分韻得"船"字》(卷二)等,邵亨貞等乃是儒士甚至是儒官,不可能作如此言辭。

　　既然交游群體中並無如此非議孟子之人,陶氏理應不會獨樹一幟;我們也没有在陶宗儀自著或相關文獻中發現陶氏類似的思想傾向,其人當不會如此鄙薄孟子,换言之,陶宗儀不可能認同自己節録的《藝圃折中》的内容。因此,陶氏纂輯此書時並没有以個人價值取向爲剪裁標準,而是"以我國整個文化爲對象,凡是他認爲有價值的史料,都在收輯的範圍之内"②,《説郛》正是他在此思想指導下閱讀文獻時所作筆記的完整呈現。《説郛》一書跳出以儒學爲指歸的樊籬,不再以經傳、正史及雅文學等爲主體,爲多維呈現社會百態而雜采三教九流之言,所引内容多士林所未見者,當可起廣博見聞、慎思明辨之效。以此論之,對陶氏《説郛》剪裁未精的批評實非公允。正因爲《説郛》兼容並包的纂輯特點,不少爲儒士所輕視而逐漸湮滅不聞的文獻賴之以存,張宗祥對此即有"三善"的讚譽之辭,昌彼得則别有"六善"之説爲之正名。③

　　綜觀國圖諸鈔,從書目次第及内容來看,涵芬樓舊藏本、京師圖書館殘本、溥南書舍鈔本、鈕氏世學樓鈔本以及明抄清配木的同源性毋庸置疑,加之張宗祥校訂《説郛》時所利用的傅增湘雙鑒樓藏本、坊間明鈔本④,這一版本系統在現存諸鈔中佔有極大的比重,

---

① (元)陶宗儀:《南村輟耕録》卷20"真率會"條,第242—243頁。
② 徐小蠻、王福康:《試論陶宗儀〈説郛〉的編輯思想》,《編輯學刊》1986年第2期,第66頁。
③ 張宗祥:《〈説郛〉序》,《説郛》三種本;[台]昌彼得:《〈説郛〉之評價》,《説郛》考第38—42頁。
④ 傅氏藏本子目可參見《中國古籍善本書目》(上海古籍出版社1993年版),該本經由書賈之手拼湊而成,割裂卷帙、移前補後,而原本恰是涵芬樓本系統的,各本割裂拼湊配合得天衣無縫,亦可證明各本體例相同;將張宗祥校訂《説郛》時所用諸鈔合而觀之,其人在得到坊間明鈔本之前,尚缺卷二十二的正文、卷八十六至九十的目録與内容,而據《説郛跋》,張氏稱將此本"檢閱一過,缺卷皆在",當知此本亦屬於該系統,否則張氏此語無從説起。

是《説郛》所有明鈔本中最重要以及流傳最廣的。可是,我們注意到,涵芬樓排印本收録《錢譜》等六部明人著述,上述鈔本但凡相應卷帙仍存則收録這幾部圖書,未能一睹子目的坊間明鈔本亦概莫能外①,毫無疑問,這已經偏離了元本《説郛》的原貌。如此重要、流傳如此之廣的版本系統卻羼入明人著述,足以證明該版本系統在流傳與演變過程中,除陶宗儀元末原本這一祖本之外,必然還存在某一個極其重要並且影響頗廣的節點,正是在這一個節點上,《説郛》的書目及次第被改動並羼入明人著述,嗣後諸本多據此繼續演化。問題在於,這個節點出現在明朝的什麼時間? 到底是誰完成了這一項工作?

昌彼得認爲這種偏離來源於弘治初年郁文博的編校。在《郁文博删校説辨僞》②一節中,昌氏稱"國立中央圖書館藏有明鈔本《説郛》一部,約抄於嘉靖間,題'天台南村陶宗儀九成纂,上海後學郁(郁訛作都)文博校正……此本所收之書,較涵芬樓校印明鈔本略少數種,蓋此本間有缺葉,然分卷則兩本大抵相同",而近人莫伯驥《五十萬卷樓藏書目録初編》亦著録有一部存有郁文博、楊維楨二序的明刊本百卷《説郛》③,昌氏遂有"近世所傳之百卷《説郛》,實出同源,皆出自弘治初年郁文博編校之本"的結論。昌氏立論的基點在於否認郁文博《較正〈説郛〉序》之言。郁氏弘治九年(1496)自序言"《説郛》一百卷……成化辛丑,予罷官歸鄉,於士人龔某家得借録之……其間編入《百川學海》中六十三事,《學海》近在錫山華會通先生家翻刊銅版活字,盛行於世,不宜存此,徒煩人録。於是,以其編入並重出者盡删去之。當並者並之。字之訛缺者,亦取諸載籍逐一比對,訛者正之,缺者補之;無載籍者以義釐正之。終歲手録,仍編爲一百卷。猶恐有未盡善,留俟後之君子重較而刊行焉。"④郁氏自稱删去與《百川學海》重出者,而據昌氏統計,今傳百卷本尚有重出者凡七十二種,昌氏遂據都印《三餘贅筆》稱《説郛》本七十卷、後三十卷乃松江人取《百川學海》諸書補足以及邵懿辰《四庫簡明目録標注》所云"《説郛》原本一百卷,後佚去三十卷,弘治中郁文博仍補爲一百卷"之語,推定郁文博僅得七十卷殘本,他所作的工作是補足而非删並,郁氏《序》不過是"欲圖掩飾其殘缺之跡"。與昌氏的態度不

①既然排印本卷二十二的内容、卷八十六至九十的目録與正文據此坊間明鈔本補足,此鈔本當收録《格古論》。

②昌彼得:《郁文博删校説辨僞》,《〈説郛〉考》第13—19頁。

③莫伯驥:《五十萬卷樓藏書目録初編》"子部四",上海商務印書館1936年鉛印本。關於明刊本百卷《説郛》是否存在,衆説紛紜,昌氏《郁文博本之雕印》(《〈説郛〉考》第20—22頁)力證其是,而伯希和《〈説郛〉考》(《國立北平圖書館刊》第六卷第六號,第639—660頁)、陳先行《〈説郛〉再考證》(應再泉等:《陶宗儀研究論文集》,浙江人民出版社2006年版,第392—400頁)等則堅持認爲並無百卷《説郛》刻本,筆者傾向於認同後者的論斷。

④(明)郁文博:《較正〈説郛〉序》,《〈説郛〉三種》本。

同,伯希和、渡邊幸三①以及陳先行等人則未懷疑郁《序》。

筆者認爲,昌氏否定郁《序》没有道理,今傳百卷鈔本確實偏離原本,但這並非郁文博所爲。郁文博稱那部與《百川學海》重出若干種之《説郛》得自士人龔某家,無獨有偶,涵芬樓舊藏本稱"南村真逸陶宗儀纂,南齋龔鈇校正"。龔鈇具體系何人並不知曉,但以此度之,理當是龔家所得《説郛》即爲殘本,而取《百川學海》之書與明人著述等補足百卷的正是這位名不見經傳的龔鈇。既然郁氏是歸鄉後得自龔家,龔鈇自是松江人無疑,這正與《三餘贅筆》所言相合;而邵懿辰之語,文獻依據本自都印之言,拾人牙慧偏又妄自參以己意,不足採信。正是在龔鈇這一節點,《説郛》被妄加三十卷内容(其中含明人著述),這一工作當完成於成化十七年辛丑(1481)郁氏歸鄉之前。郁氏《較正〈説郛〉序》稱得到龔氏之本後,本欲校正,然而"屢爲司牧部使者借去,分命人録",直至十餘年之後,借録者頗簡,方才予以校正。借録者多,且俱是在郁氏校正之前,便是今傳該版本系統多見的原因之一;同時,因爲俱是從郁文博手中借出,其人又素秉校正之志,某些借録之人不明所以,誤傳誤信,遂以爲所借之書便是郁文博校正本,所以昌氏所指稱的臺灣中央圖書館藏明鈔本才會題作"郁文博校正"。據郁序,郁文博校正之本理當没有與《百川學海》重出者,惜今未見此本。至於莫伯驥所著録的百卷刊本,未必可信,或是百卷鈔本之誤(倘若如此,不知是已删去與《百川學海》重出者之郁文博校本,還是鈔手誤書郁氏之名,惜未睹細目,無法斷言),又或者是百二十卷刊本之誤?

《郁文博删校説辨僞》一節,昌彼得經過詳細對舉論證,得出結論:"《説郛》原本百卷,宗儀卒後,稿藏其家,佚三十卷……(郁文博)於是取《百川學海》等書以足之,自卷六八開始補入。自卷六八開始者,殆其見卷六五、六六、六七所録適有見於《百川學海》之書,如此欲不露痕跡也。而將原本卷六八至七十等三卷之書,散列以後各卷。"②除了誤將補足之事歸於郁文博之外,其餘結論基本可信。據此論斷,我們當知陶氏原書僅存七十卷,前六十七卷應與今傳百卷鈔本差異不大。國圖藏明抄清配本今存七十卷,且題以"陶宗儀《説郛》原書",是否即未經龔氏竄亂之本呢?答案是否定的。此本七十卷内容均與涵芬樓本無甚差異,所謂《説郛》卷第七十,全集終"之"全集終"三字亦系後補,當是抄録者雖據百卷本抄寫,但聞聽真本僅爲七十卷之語,遂有此魚目混珠之舉。

① (日)渡邊幸三:《〈説郛〉考》,應再泉等:《陶宗儀研究論文集》,第302—337頁。
② 昌彼得:《郁文博删校説辨僞》,《〈説郛〉考》第19頁。考之涵芬樓排印本《説郛》,自卷六十八至一百共收書149種,録自《百川學海》者64種,有8種與卷六十七以前重出,摘自《紺珠集》者19種,再扣除散入以後各卷的原書卷六十八至七十的内容,所剩無幾,作僞文獻來源單一,足證作僞者用力未深,與郁文博自稱"予之較正,經歷歲月,竭盡目力心思"不符,亦可佐證補足的工作並非郁氏完成。

　　正因爲陶氏原書僅存七十卷,饒宗頤與徐三見兩位先生遂據此各自指認一部《說郛》爲真本①。饒氏因香港大學馮平山圖書館所藏吳江沈瀚鈔本爲六十九卷且頗能以類相從,不似張本之紊亂,斷言"以分類而論,應以沈本較勝,必陶氏原稿大致如此,未經郁氏重編之竄亂"。徐氏則因爲汲古閣舊藏本並没有百卷鈔本七十卷之後的諸多問題(譬如諸書與《百川學海》相同至多,不僅收入明人著述,且一書兩收、一事重載,前後錯出),而且該本以同音尾字約略分類、卷首楊維楨《序》稱"纂成六十卷"等,斷言今藏於臨海市博物館的六十卷鈔本"所據底本必爲南村稿本,至於稿本的卷數,恐怕本來就只有六十卷"。

　　饒氏否定孫作、楊維楨百卷之説以及葉盛《水東日記》卷六所云"近聞《說郛》百卷尚存其(案:指陶宗儀)家",並據葉盛"有九成塗改去取處""其亦未成之書歟"的推測,稱"其書本爲未完之稿""安知非九成原意初擬編成百卷,後屢經塗改,僅得七十卷",不認可原書百卷、後佚去三十卷之説。若陶氏《說郛》果爲未竟之稿,初編雜亂無可厚非,饒氏僅持孤證且非硬性證據即下斷語,過於武斷。至於徐氏,既以都印七十卷之説否定百卷之辭,復據卷首楊序認爲六十卷爲真本,未免自相矛盾。而且,其餘諸本所收楊序均稱百卷,唯獨此本爲六十卷(惜楊序不見於其別集),我們不能排除抄手爲替此本張目而故意修改數據的可能性。百卷鈔本後三十卷的問題確實存在,但這不能成爲我們否定前七十卷的理由。此外,兩位根據類似的理由所各自指認的真本居然迥異,這一事實證明兩位的邏輯值得商榷、斷言不足爲信。就當下文獻資料而言,恐怕並無陶氏完整的原本存世,唯有經過龔鉽竄亂三十餘卷的百卷鈔本最接近《說郛》原貌。

【作者簡介】　施賢明(1985—),男,江蘇南京人,北京師範大學古籍與傳統文化研究院博士生。研究方向:元代文學文獻。

---

① 饒宗頤:《〈說郛〉新考——明嘉靖吳江沈瀚鈔本〈說郛〉記略》,見於《饒宗頤史學論著選》,上海古籍出版社 1993 年版,第 654—666 頁;徐三見:《汲古閣藏明抄六十卷本〈說郛〉考述》,《東南文化》1994 年第 6 期,第 112—127 頁。

《元代文獻與文化研究》徵稿啟事

　　爲加强學術交流,展示學術精品,推動元代文獻與元代文化研究的發展,北京師範大學古籍與傳統文化研究院決定從 2011 年起創辦學術性集刊《元代文獻與文化研究》,暫定每年一輯,每輯 35 萬字左右。

　　一、本刊歡迎有關元代文獻及元代文化各領域研究的原創性稿件。來稿請嚴格遵守學術規範,堅決反對剽竊、抄襲行爲。

　　二、稿件長短不拘,但均需充實精到。來稿請使用繁體字。引文出處或補充性注釋一律採用腳注方式,以圈碼標示。

　　◎引文出處示例:

　　1. 古籍及整理著作:

　　[元]陳澔《禮記集説》卷 8,元天曆元年建安鄭明德宅刻本。

　　[明]宋濂等《元史》卷 6《世祖三》,頁 109,中華書局 1976 年版。

　　[元]蘇天爵《新陞徐州路記》,《滋溪文稿》卷 3,頁 39,中華書局 1997 年版,陳高華、孟繁清校點本。

　　[元]王公孺《衛輝路廟學興建記》,李修生主編《全元文》册 13,頁 253—254,江蘇古籍出版社 1999 年版。

　　2. 今人研究著作:

　　徐遠和《理學與元代社會》頁 101,人民出版社 1992 年版。

　　3. 期刊、集刊及論文集論文:

　　郭預衡《文變染乎世情——研究元代文章的一些想法》,《信陽師範學院學報》1995 年第 1 期,頁 77。

　　(韓)李玠奭《元朝仁宗朝的財政穩定措施及其意義》,中國元史研究會編《元史論叢》第 7 輯,頁 49,江西教育出版社 1999 年版。

【補充説明:當反覆引用相同文獻時,可自第二次起只注書名、卷數(或頁數,或册數加頁數)或篇名、頁數,如:《禮記集説》卷 12;《元史》頁 508;《全元文》册 20,頁 167;《文變染乎世情》頁 78。】

三、本刊採用匿名審稿制。每篇文稿由兩名以上專家審讀,最後由主編根據專家審讀意見決定刊用與否。審讀者與作者雙向匿名。審稿期間,稿件請勿另投。如三個月内未發出用稿通知,作者可自行處理文稿。

四、來稿請附摘要(200 字左右)、關鍵詞(2—6 個),並與題目一併譯成英文。請附作者信息(包括姓名、性別、出生年月、籍貫、職稱、工作單位、詳細通訊地址、郵政編碼、電話號碼)。來稿請將 word 文檔電子版發送至本編輯部電子郵箱: yuandaiwenxian @ sohu. com。

五、來稿刊發後,即奉寄薄酬及樣刊 2 本。